国家社科基金项目“国家治理视角下明清时期
壮族地区的开发与改土归流研究”(16XZS024)最终研究成果

广西历史地理
研究丛书

蓝 武——著

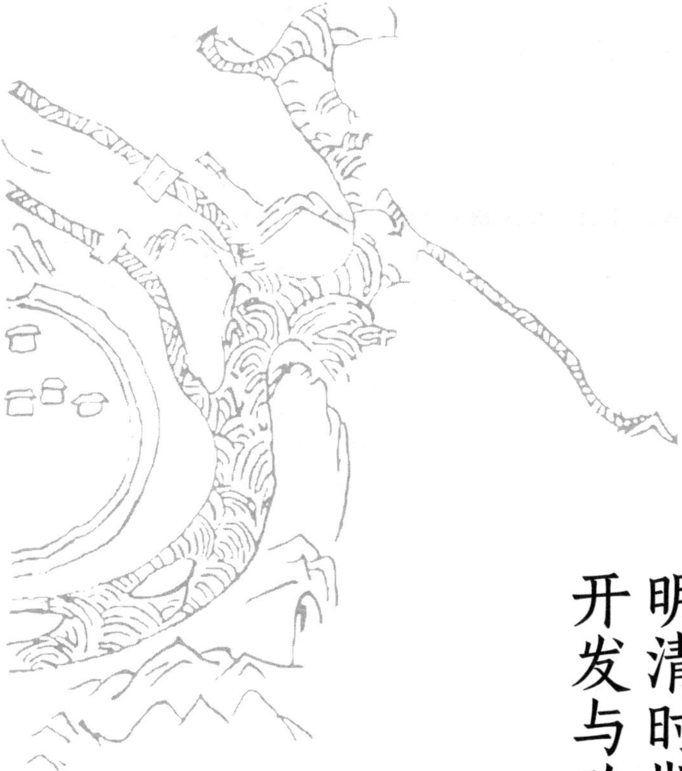

经略边地：明清时期壮族地区的开发与改土归流

广西人民出版社

图书在版编目（CIP）数据

经略边地：明清时期壮族地区的开发与改土归流 / 蓝武著．—南宁：广西人民出版社，2023.12（2024.6 重印）
（广西历史地理研究丛书）
ISBN 978-7-219-11682-1

Ⅰ．①经…　Ⅱ．①蓝…　Ⅲ．①壮族—民族历史—研究—中国—明清时代　Ⅳ．① K281.8

中国国家版本馆 CIP 数据核字（2023）第 242716 号

JINGLÜE BIANDI：MING-QING SHIQI ZHUANGZU DIQU DE KAIFA YU GAITUGUILIU

经略边地：明清时期壮族地区的开发与改土归流

蓝　武　著

总 策 划　赵彦红　　　　责任校对　黄　熠
执行策划　李亚伟　　　　封面设计　王程媛
责任编辑　徐蓉晖　卢秋韵　廖　献　　版式设计　李彦媛

出版发行　广西人民出版社
社　　址　广西南宁市桂春路 6 号
邮　　编　530021
印　　刷　广西昭泰子隆彩印有限责任公司
开　　本　889mm × 1240mm　1 / 32
印　　张　17.75
字　　数　414 千字
版　　次　2023 年 12 月　第 1 版
印　　次　2024 年 6 月　第 2 次印刷
书　　号　ISBN 978-7-219-11682-1
定　　价　108.00 元

作者简介

蓝武，广西马山人，历史学博士，教授，博士生导师，现任广西师范大学历史文化与旅游学院副院长，兼任中华炎黄文化研究会土司文化研究分会常务理事、中国古代铜鼓研究会理事、广西历史学会历史地理研究分会会长、广西地方志协会副会长、广西壮学学会副秘书长等。主持国家社会科学基金项目3项、教育部全国高校古籍整理研究项目1项、其他各级各类项目多项，出版学术著作5部，在国内公开刊物发表学术论文近百篇。曾获广西壮族自治区社会科学优秀成果奖三等奖1项。长期从事岭南教育史、区域文化史、西南边疆民族历史地理、民族文化遗产保护与利用等领域研究。

总　序

历史地理学是研究历史时期地理状况的一门学问，历史地理反映历史时期地球表层自然和人文要素的空间分布及其演变的过程与规律。人类文明的起源和发展、人类历史的进程都离不开当时的地理环境，通过研究历史地理了解这一环境的重要意义不言而喻。中国历史地理学的研究对象是中国历史时期的自然地理和人文地理，是中华文明赖以起源和发展的物质基础，是中华民族形成和壮大的共同家园，是了解和理解中国历史进程的关键所在。

20世纪80年代以来，中国历史地理学的研究取得长足进步，不仅产生了像《中国历史地图集》那样里程碑式的巨著，也完成了一系列历史自然地理、历史人文地理和综合性的论著，填补了在目前条件下可能填补的空白，已基本形成中国历史地理学的体系。但中国历史地理涉及一千多万平方千米的空间和三千多年有文字记载以来的时间，没有区域性的历史地理研究成果，全国性的研究必然会存在诸多空间和时间上的空白。此外，全国性、整体性的研究，往往只能择其大端，述其概要，无法全面顾及区域性的、局部性的现象或演变过程，即使它们对于某一区域而言是关键性的、决定性的。一种产生在某一区域的地理现象或景观，一种发生在某一区域的演变过程，在全国性的研究成果中，或许只能显示其中某个片断，或者仅仅是其中某一阶段。

文献考证是中国历史地理研究的主要手段。限于体例和篇幅，全国性的文献记载只能着眼全局，以记载全国性的内容为主，对区域性的内容不能不有所省略，甚至完全不予记录。但在区域性文献中，不仅会有更详细的记载，而且还可能提供可资考证的不同记录，有的甚至是相关内容的唯一出处。对于近百年来的人文地理现象，当地还可能保留着未曾搜集整理的口碑资料，足以弥补文献的缺漏。就田野调查而言，一些局部的、较小的自然地理演变往往不为全国性的、综合性的自然地理考察所注意，却是区域历史自然地理的重要证据。一些未被记录的历史人文地理的遗址、遗迹、遗物，也可能在现场被发掘或发现。

中国历史地理是由各区域的历史地理构成的，所以有些区域历史地理问题的研究就是中国历史地理研究的一部分，有的甚至是全国性的、整体性的研究中唯一的、独特的部分。这些问题的研究如能深入，如能找到正确的答案，就是中国历史地理研究的重大突破和进展，有助于中国历史地理学的进一步优化和完善。

就广西壮族自治区的范围而言，秦朝疆域的界线划在哪里，就取决于象郡郡治的位置定在哪里。由于两条最早的史料说法不一，象郡郡治的位置一直有在广西境内或今越南境内两种意见。先师谭其骧先生在主编《中国历史地图集》时，采用了广西境内说，将象郡郡治临尘定在今广西崇左，因而秦朝边界的最南端就划在今越南海防附近。《中国历史地图集》正式出版不久，《历史地理》编辑部就收到持不同观点的论文，作为刊物主编的谭先生立即予以发表。在谈及此事时，谭先生说："关于象郡郡治的两种说法都有史料依据，虽相互矛盾，但不能相互否定。我取广西说只是认为相对比较合理，图上这样画比较稳妥，也不是有十分把握。如果将来找到更可靠的根据，完全可以改。"

这条界线不仅是广西的界线，也是历史上中国的重要界线，因为它曾经是中原王朝内部政区间的界线，以后又成了中原王朝的边界。在南越政权期间，或许它是南越不同政区间的界线，或许并不存在这条界线。到汉武帝统一南越后，它大致是交趾刺史部内部郁林郡、合浦郡与交趾郡之间的界线。到唐朝，这条界线大致还是岭南道内部不同政区间即安南都护府与其他州之间的界线。但到公元10世纪吴权脱离中国，这条界线就成为南汉政权与越南的界线，也是以后宋、元、明、清王朝的南部边界。但随着明初永乐五年（1407年）至宣德二年（1427年）设置交趾布政使司，这条界线又曾成为明朝不同政区之间即广西与交趾两个省级政区间的界线。

所以研究清楚这条界线在不同历史时期的具体走向，不仅是广西历史地理研究的重要题目，而且是中国历史地理研究不可或缺的重要环节。这也有利于解决历来有争议的重大问题。

《汉书·地理志》附刘向《域分》和朱赣《风俗》："自合浦徐闻南入海，得大州，东西南北方千里。"这是从广西到海南岛的海上交通路线的最早明确记载。又称："自日南障塞、徐闻、合浦船行可五月，有都元国；又船行可四月，有邑卢没国；又船行可二十余日，有谌离国；步行可十余日，有夫甘都卢国。自夫甘都卢国船行可二月余，有黄支国……自黄支国船行可八月，到皮宗；船行可二月，到日南、象林界云。黄支之南，有已程不国，汉之译使自此还矣。"这是迄今为止史料所载最早、最具体的对外海上交通路线。《后汉书·循吏列传·孟尝》也提到，孟尝任合浦太守时，"且南海多珍，财产易积，掌握之内，价盈兼金"。证明在东汉后期，还有大量珍贵的商品从海上输入中国，所以合浦的地方官掌管着巨大的财税收入。尽管今人对其中一些古地名的现今属地有不同的判断，但这条路线的存在确定无疑，并且已经得到大量考古发掘和研究成果的支持。但是这条海上交通路线究竟是何时形成的？是为了满足汉武帝的好大喜功、王莽"欲耀威德"的需要，还是起着经常性的作用？合浦、徐闻这两个海港的腹地有多大，有什么输入的产品和可供输出的产品？西汉以后的情况如何？诸如此类，如果广西的历史地理研究能够取得成果，自然也是对中国历史研究的新贡献。

秦始皇命史禄开凿沟通湘江和漓江的灵渠是中国运河史

上的大事，早已列入历史课本，可谓尽人皆知。由于原始史料极其有限，也由于对相关的历史地理问题从未做过深入研究，大多数人包括一些历史学者和历史地理学者，都想当然地认为，从此就有了一条连接南北的水路通道。国家提出“一带一路”倡议后，就有人提出恢复灵渠，作为重开海上丝绸之路的延伸，并希望以此推动广西的“一带一路”建设。其实，《后汉书·郑弘传》说得很明白：“建初八年，（郑弘）代郑众为大司农，旧交阯（趾）七郡贡献转运，皆从东冶泛海而至，风波艰阻，沉溺相系。弘奏开零陵、桂阳峤道，于是夷通，至今遂为常路。”直到建初八年（83年），包括今广西在内的岭南交趾七郡与中原的交通运输主要还是靠海运，即从南海沿海岸经过福建、浙江，进入杭州湾或长江口，再转陆路运输。而在郑弘建议开通桂北、湘南翻越南岭的山路后，才以这条陆路交通为主。所以即使有良好的愿望，有为现实服务的热忱，但如果不了解历史地理的实际，想当然地“复原”“重构”，就难免事与愿违，甚至适得其反。

1987年冬，先师谭其骧先生应邀至南宁、崇左及中越边境考察，与相关专家座谈交流，还作了学术报告，我有幸随行。在此期间，谭先生经常与当地学者、耆旧探讨一些长期得不到解决的历史地理问题。他寄希望于当地学者的深入研究，也寄希望于新史料、新证据的发现。

多年来，广西和全国其他地方的专家学者对广西历史地理的研究已经取得了显著的成果，发表出版了一批有全国性影响的论著，如《广西历史民族地理》等。现在，广西壮族自治区党委宣传部高度重视贯彻落实习近平总书记的系列重要指示精神，决定启动广西优秀传统文化出版工程，并委托广西人民出版社策划、出版“广西历史地理研究丛书”。这套丛书规模大、门类全、品种多，不仅有综述性的广西历史地理著作，而且有自然、政治、经济、文化、军事、交通、城市、人口、旅游等历史地理各个分支，还有诸如《中国南方历史地理考论》等专题性著作。在此基础上，还将及时进行学术成果通俗化的转化，编著一批普及性的读物，讲好广西的历史故事。这套丛书的问世，将使广西历史地理研究形成一个完整的体系，也将使中国历史地理学研究更加全面、完善。

全国历史地理学界和我热切地期待着！

葛剑雄

2023年12月

（复旦大学文科特聘资深教授，教育部社会科学委员会历史学部委员，中央文史研究馆馆员）

CONTENTS

目录

导　言

中国自古就是一个多民族的国家，各民族对中华民族的形成和发展都做出过重要的贡献。一部中国史，就是一部各民族交融汇聚成多元一体中华民族的历史，就是各民族共同缔造、发展、巩固统一的伟大祖国的历史。在多民族国家形成与发展的历史长河中，边疆和民族问题始终是历朝历代必须直面的重要问题，因此边疆经略与民族事务治理成为历朝历代必须正视的重要课题。2019年9月27日，中共中央总书记、国家主席、中央军委主席习近平在全国民族团结进步表彰大会上的讲话中明确指出，我们辽阔的疆域是各民族共同开拓的，我们悠久的历史是各民族共同书写的，我们灿烂的文化是各民族共同创造的，我们伟大的精神是各民族共同培育的。中国南部疆域的形成，是各民族共融共创、各种因素综合作用的结果。其中，对明清时期包括壮族地区在内的西南边疆民族地区的全面开发与改土归流以及明清王朝国家势力在边疆地区的不断深入与区域统合，起到了相当重要的作用。

明清时期，王朝统治者仍承前代旧制，在壮族地区因地制宜，因时制宜，因俗而治。一方面，进一步完善壮族地区的行政建置，沿袭前代“以夷制夷”的土司制度；另一方面，不失时机地实施改土归流，进一步强化对壮族地区的管理与控制。与区域政治制度相对应，王朝国家进一步加强对壮族地区在经济、文化等诸方面的制度设计与管控施治，通过实施一系列针对壮族地区的开发举措，包括移民实边、屯田垦荒、建立卫所、边防建设和传播儒学等，进一步发展壮族地区的农业、手工业、商业贸易、交通建设和文化教育事业，全面加快对壮族地区的开发。在明清这一特定的历史时段，通过王朝国家主导下的开发与改土归流，壮族地区的社会生产力发展水平得到明显提高，社会经济文化得到进一步发展，内地化进程进一步加快，国家认同意识空前增强。

从我国多民族国家形成与发展史来看，明清时期专制主义中央集权制度空前强化，其在边疆治理层面上的体现，一方面是国家治理不断向边疆地区和边界地带稳步推进，另一方面是加快推进边疆地区和边界地带的内地化进程。毋庸讳言，壮族地区地处祖国南部边陲，与全国其他经济文化发达的地区相比，在历史上其文明开化程度稍显滞后，此乃不争之事实。但是，缘于地处边疆民族地区的区位特征，壮族地区自古以来在王朝国家的边防建设与边疆防卫、维护多民族国家的统一与稳定、捍卫国家主权安全和发展利益等方面的地位与作用极其重要，因而历代王朝无一不重视对壮族地区的经营与开发。从历史上看，全面开发与改土归流实乃明清时期壮族地区社会发展史上的重要篇章，是明清时期壮族地区两个互为交织的重要历史活动，加强对壮族地区的经营与开发，着力推进壮族地区的改土归流，加快推进壮族地区的内地化进程，成为明清王朝边疆经略和国家治理的显著特征。在开发与改土归流双管齐下的时代背景下，明清时期壮族地区经济社会取得了前所未有的发展，在壮族地区社会发展史上占有极其重要的地位。因此，对明清时期壮族地区的开发与改土归流进行专门研究实属必要。

毋庸置疑，学术与时代不可分离。近年来，随着中国改革开放的不断深入和经济社会的快速发展，文化事业空前繁荣，学术氛围甚为活跃，区域研究方兴未艾，学界有关国家治理、区域开发、土司制度与改土归流等诸领域研究持续未断，且已取得相当丰硕的成果。本书基于前人已有研究成果，从国家治理的视角，致力于对明清时期壮族地区的开发与改土归流问题进行全面系统梳理和深入研究，希冀借此进一步深化对壮族历史及中国土司制度的研究，为推进新时代广西的开放开发和铸牢中华民族共同体意识提供必要的历史借鉴。

一、壮族与壮族地区概述

壮族，一个古老的民族，是我国所有少数民族中人口最多的民族，中国境内第二大民族，是中华民族大家庭的重要成员。就空间分布而言，中国境内的壮族主要聚居于广西壮族自治区、云南省的文山壮族苗族自治州全境以及曲靖师宗、红河河口等地。以2000年第五次全国人口普查各省份壮族人口数量为依据，广西为壮族最集中的省份，占全国壮族人口的87.77%；云南为壮族人口第二多的省份，占全国壮族人口的

7.07%。从2010年第六次全国人口普查中各少数民族人口数据来看，壮族人口为16926381人。而从2020年第七次全国人口普查数据来看，各少数民族人口为12547万人，占人口总数的8.89%。与2010年相比，各少数民族人口增长了10.26%，少数民族人口比重上升了0.40个百分点。鉴于此，需要特别说明的是，为便于行文，也便于读者识读，本书所谓的壮族地区，主要指现今的广西壮族自治区行政区划范围，而今广西壮族自治区在明清时期的区划范围中，今钦州、防城港、北海时属广东，为行文方便，且基于整体性视角，部分章节会兼及这些地方的古地名及其地域范围，同时也会兼及邻省云南地区的一部分，故恳请读者阅时鉴焉。

作为中国境内设置的五个自治区之一，广西是以壮族为主体的多民族共同居住的民族自治地方，地处祖国南部边陲，区域位置十分重要。长期以来，广西居住着壮、汉、瑶、苗、侗、仫佬、毛南、回、京、彝、水、仡佬等12个世居民族，常住人口5013万人（2023年），其中少数民族为1880万多人，占广西人口总数的37.52%，壮族人口1572.2万人，占广西人口总数的31.36%。广西“既是我国少数民族人口最多的一个自治区，也是壮族主要聚居地”[①]。因此，可以说，要了解广西区域的历史与文化，断不可不了解壮族的历史与文化。反之，要了解壮族的历史与文化，断不可不了解广西区域的历史与文化。从这个意义上说，本书以广西壮族地区为中心进行考察，无疑最具有代表性。

---

① 章彩銮：《广西开发史》，广西师范大学出版社，2013年版，第14页。

明清时期，中央王朝在经济上注重发展农业、手工业和商业，推动社会经济文化进一步发展，加上大量汉族人口源源不断地迁居广西，从而极大地促进了广西区域的开发；在政治上推行土司制度与改土归流政策，进一步强化对壮族地区的管理与控制。随着明清时期王朝国家边疆经略的进一步加强、壮族地区社会政治制度的发展变迁，以及外省移民的大量迁入，壮族地区的开发进程大大加快，经济社会得到前所未有的发展，为近代广西壮族地区的转型发展创造了良好的条件，奠定了坚实的基础。

需要特别指出的是，古代文献中，对少数民族的族称习用“犭”旁，多含侮辱或歧视之意，引文中少数民族族称，如“獞”“猺”等，本书改为“壮”“瑶”等，予以纠正，以示区别。由于历史和阶级的局限性，古代文献中还出现“峒”“蛮”“寇”“夷狄”等字词，为保存历史原貌，本书引文中不做改动。文中不再一一注明，请读者鉴焉。

二、研究现状及其问题

继承性是学术研究的显著特征之一。任何科学研究尤其是传统学科领域的学术研究大多是在前人已有研究成果的基础之上的继承、创新与发展，土司制度研究也不例外。本书在进入正式的主题研究之前，特先对学界目前在该领域的研究状况做一粗略梳理与评述，因为这是本书深入研究的前提与基础。由现有成果观之，学界对与本主题相关的国家治理、壮族地区开发、壮族地区改土归流等诸问题的研究业已取得一定成果，嘉惠士林者良多。

（一）关于“国家治理”问题的研究现状

迄今，学界侧重从以下三个方面就“国家治理”问题进行专门探讨和研究：

一是关于国家治理的历史逻辑与历史经验教训的研究。这类成果侧重基于历史的视野，运用历史学研究的理论与方法，对中国古代的“国家治理”状况进行历史性回溯和考察，通过总结中国古代“国家治理”的历史经验，为当今推进国家治理体系和治理能力现代化提供历史借鉴，旨在发挥历史研究“以史为鉴”“古为今用”的实用功能①。这些研究成果均强调要从历史上的国家治理形态中获得历史启迪和逻辑思维，从中汲取有价值的营养，为当今国家治理提供重要的资料信息和历史经验借鉴。

二是关于国家治理效能的研究。所谓国家治理效能，简而言之，就是指国家治理的效果和能力。它是国家治理的重要内容，是国家治理研究中的重要课题和重要领域。“完善国家治理体系、提升国家治理能力和效能，是一项长期的系统性工程和重大的战

---

① 这方面的成果主要包括：俞慈珍著《推进国家治理体系治理能力现代化的历史逻辑和时代价值》，《福建省社会主义学院学报》2015年第1期；李晓乐著《新中国国家治理模式嬗变的历史逻辑》，《广西师范大学学报（哲学社会科学版）》2018年第1期；包大为著《从创生到创新：现代中国国家治理主体的历史逻辑》，《求索》2020年第3期；赵彦凤著《唐朝衰亡对国家治理的历史教训解读——评〈唐朝历史的教训〉》，《中国教育学刊》2020年第10期；楼劲著《从监察制度看中国古代国家治理》，《中国社会科学报》2021年4月2日第3版；余向阳著《中国古代国家治理的文化考察》，《人民法院报》2021年6月4日第7版；高镜雅、贺娜著《中国特色国家治理的历史向度》，《沈阳工业大学学报（社会科学版）》2021年第1期；等等。

略任务。”[①]因此，学者们对其做了专门研究且已取得了不少成果。这些成果大多侧重从提升国家治理效能、我国当前制度优势与国家治理效能之间的关系、将制度优势转化为国家治理效能的实现路径等诸方面展开并进行具体的讨论，对于本书写作有重要启发意义[②]。

三是关于国家治理模式的研究。国家治理模式是多种多样的。一个国家选择什么样的治理模式，是由其历史传统、社会制度、发展条件等诸多因素决定的。国家治理模式是国家治理研究的重要课题，学界对此亦有不少研究，且已取得一定的成果。这些成果侧重围绕改革开放以来国家治理模式的演进[③]、现代化国家治理模式的构建[④]、中国特色国家治理模式[⑤]、信息社会的国

---

① 燕连福、王丽莎：《切实提升治理效能的思想引领》，《中国社会科学报》2019年11月5日第1版。

② 这方面的成果主要包括：任晓伟著《以强大制度优势提升国家治理效能》，《中国社会科学报》2019年11月5日第1版；王增智著《理解国家治理效能三维度：目标、效率、评价》，《中国社会科学报》2020年4月8日第8版；吕普生著《我国制度优势转化为国家治理效能的理论逻辑与有效路径分析》，《新疆师范大学学报（哲学社会科学版）》2020年第3期；赵汝泽著《国家治理效能的理论辨析：概念、依据与来源》，《大连干部学刊》2021年第7期；方琼、谭桔华著《制度优势转化为国家治理效能的实现机制》，《湖南行政学院学报》2021年第4期；谭文邦著《国家治理效能实现的内在机理和实践路径》，《社会科学家》2021年第4期；等等。

③ 如吴传毅：《改革开放以来国家治理模式的演进：从“管”走向“治”》，《中国党政干部论坛》2019年第12期。

④ 如张慧君：《构建支撑高质量发展的现代化国家治理模式：中国经验与挑战》，《经济研究参考》2019年第24期。

⑤ 如杨松武：《中国特色国家治理模式及其适应性效率探析》，《治理现代化研究》2020年第1期；景维民、赵爽：《以人民为中心构建中国特色社会主义国家治理模式》，《南开经济研究》2021年第1期。

家治理模式[①]等诸问题进行探讨，对我们深入了解国家治理模式问题极富参考价值。

综上观之，现今学界围绕国家治理问题的专门研究，大多偏重对国家治理进行政策性文本解读和学理性分析，针对现代国家治理概念及其相关问题、推进国家治理体系和治理能力现代化的重大意义、国家治理体系和治理能力现代化的衡量标准及其实现路径等诸方面的论述相对较多，而基于历史的视角，走进“历史现场”，借鉴现代国家治理概念对历史时期的王朝国家经略理政进行专门而系统研究者实属不多。鉴于此，本书试图借鉴和运用现代国家治理概念，对明清时期王朝国家在南部边陲的壮族地区的边疆经略与区域治理进行系统梳理与专门研究，以期能以史为鉴，古为今用，为现代国家治理提供历史借鉴。

（二）关于明清时期壮族地区开发史的研究现状

自古以来，广西一方面因地处沿边地区，在巩固边防建设和维护国家主权方面举足轻重，另一方面因属于少数民族聚居区，在加强民族团结和维护祖国统一方面尤其重要，因而历史时期凡涉及广西地区的重大历史事件大多既属边疆问题又属民族问题。古代广西在涉及统一的多民族国家的南部边疆治理与民族关系方面显然具有双重意义与地位，因此历代王朝统治者十分重视加强对壮族地区的经营管理，壮族地区开发史因而成为中国边疆开发史的重要组成部分。

一是从国内研究现状来看。国内学者关注和研究壮族地区开

---

① 如王谦：《数字治理：信息社会的国家治理新模式——基于突发公共卫生事件应对的思考》，《国家治理》2020年第15期。

发史问题，始于20世纪三四十年代。其中，最早比较系统地研究壮族社会的当数刘锡蕃，他在1934年出版了《岭表纪蛮》一书，其内容涉及壮族地区的民族迁徙、居住、饮食、服饰、婚姻、丧葬、赋税、农业、工商、交通、生计、历史、语言、习俗、宗教、家庭及民族关系等诸多领域。而“国内较早对我国华南及西南边疆开发史进行研究的学者，首推徐松石先生”①，徐松石先生经过多年考察与专门研究，在1939年撰成并出版了《粤江流域人民史》一书，专辟“岭南的僮（壮）族”“岭南的开拓”“铜鼓研究”等章节，涵盖壮族、壮族地区开发、壮族地区民族关系等诸方面内容，他分别在1946年、1974年出版了《泰族僮（壮）族粤族考》和《百越雄风岭南铜鼓》，两书亦涉及壮族当时的社会生活，足资参考。

壮族地区开发史研究真正取得系统性的成就是在新中国成立以后。新中国成立以后，党和政府十分重视民族工作，广大民族学者和民族工作者怀着极大的研究热情，积极开展民族识别调查、少数民族社会历史调查和少数民族语言调查工作，各少数民族的简史和简志的编撰工作因此得以开始。在此时代背景下，20世纪50年代末，黄现璠撰写的《广西僮（壮）族简史》和黄臧苏撰写的《广西僮（壮）族历史与现状》相继出版，壮族历史研究由此起航并取得新进展。诚如学者所言：“新中国建立后，关于岭南及广西边疆的开发史及其社会、经济和文化发展的研究，进入了新的发展时期，新的研究成果不断涌现。”②这些成果大

① 覃彩銮：《广西开发史》，广西师范大学出版社，2013年版，第3-4页。
② 覃彩銮：《广西开发史》，广西师范大学出版社，2013年版，第3页。

致包含著作①和论文②两种类型，其中很多就涉及明清时期壮族地区的开发问题，涵盖了农业、手工业、商业、交通、文教等诸多领域，对于本书的深入研究颇有重要启发意义与借鉴价值。

二是从国外研究现状来看。历史上，国外学者对壮族的研究始于19世纪中叶。其时，西方列强出于侵略的目的，派出一些殖民机构的官员、牧师和学者进入东南亚地区及我国华南各省考察。1880年英国人阿·罗·柯奎翁及1897年法国人皮·勒·邦德里和美国人威·克·杜德对缅甸的掸族、泰国的泰族及我国广西、云南、广东的壮族做了实地调查，但他们多倾向于语言学的

① 这方面的成果包括：《壮族简史》编写组编《壮族简史》，广西人民出版社，1980年版；黄现璠、黄增庆、张一民编著《壮族通史》，广西民族出版社，1988年版；张声震主编《壮族通史（上、中、下）》，民族出版社，1997年版；覃乃昌著《壮族稻作农业史》，广西民族出版社，1997年版；杨新益、梁精华、赵纯心编著《广西教育史——从汉代到清末》，广西师范大学出版社，1997年版；钟文典主编《广西通史（三卷本）》，广西人民出版社，1999年版；吴小凤著《明清广西商品经济史研究》，民族出版社，2005年版；覃乃昌著《壮族经济史》，广西人民出版社，2011年版；滕兰花著《明清时期广西区域开发不平衡研究》，民族出版社，2011年版；覃彩銮著《广西开发史》，广西师范大学出版社，2013年版；周长山等主编《广西通史（十卷本）》，广西师范大学出版社，2019年版；等等。

② 这方面的成果包括：潘向明著《清代滇桂地区开发概论》，《清史研究》1991年第2期；覃乃昌著《唐宋至明清时期广西的屯田——明清时期广西稻作农业史研究之一》，《广西民族研究》1997年第1期；覃乃昌著《明清时期广西对水稻品种资源的开发和利用——明清时期广西稻作农业史研究之二》，《广西民族研究》1997年第2期；覃乃昌著《明清时期广西的粮食种植结构——明清时期广西稻作农业史研究之三》，《广西民族研究》1997年第3期；覃乃昌著《明清时期广西水稻栽培史研究》，《广西大学学报（哲学社会科学版）》1997年第5期；章乃昌著《明清时期广西的“谷米外运”——明清时期广西稻作农业史研究之五》，《广西民族研究》1997年第4期；江丽著《略论清代广西地区经济开发》，《湖北经济学院学报（人文社会科学版）》2006年第5期；郑维宽著《试论明清时期广西经济开发与森林植被的变迁》，《广西地方志》2007年第1期；黄震著 （转下页）

比较分析[1]。就现有的研究成果来看，在国外学术界较早关注和研究广西壮族地区的开发历史的是日本学者。在20世纪40年代前后，“日本学者为了国内政治和军事的需要，对中国各地的自然地理和资源、民族分布、风土人情、政治、经济、文化等资料进行全面的收集和整理。1939年，日本学者编著的《广西省综览》一书，在‘汉人对广西的开拓’一节中追述了从秦汉以来直至明清时期中央王朝对广西的经略与开发措施”[2]。20世纪80年

（接上页）《清代至民国时期客家族群与广西的经济开发》，广西师范大学硕士学位论文，2008年；滕兰花著《从王士性的〈广志绎〉看明代广西地区开发的差异》，《广西地方志》2009年第3期；张小亮、张一泉著《清代广西的全面开发》，《沧桑》2009年第4期；侯宣杰著《清代广西边疆的商人迁移与城镇商业经济开发》，《传承》2010年第6期；蓝武著《元明时期广西壮族土司统治区农业开发的主要成就探因》，《广西民族研究》2011年第2期；廖建夏著《清代至民国时期广西山区资源开发探析》，《广西民族师范学院学报》2011年第2期；唐凌著《从会馆看边疆经济开发中的民间力量及商业史叙述语言的选择——以广西为例》，《广西师范大学学报（哲学社会科学版）》2012年第5期；薛辉著《晚清时期开发广西的思想与政策实践研究（1885—1911）》，广西师范大学硕士学位论文，2012年；徐艳著《明清桂西南经济开发考论》，《广西农学报》2012年第4期；黄震著《客家人与广西经济开发的历史考察——以民国时期的广西地方志为例》，《桂林师范高等专科学校学报》2012年第1期；张惠鲜、王晓军著《郑孝胥与清末广西边疆地区民智开发》，《兰台世界》2012年第33期，戴宏军、吕红艳著《实业救国思潮与清末广西边疆开发》，《广西地方志》2013年第3期；高蓉芳、胡萤著《清代晋商对广西边疆地区的开发研究》，《钦州学院学报》2013年第10期；胡萤、高蓉芳著《清代民国粤盐入桂及其对广西经济开发的影响》，《四川理工学院学报（社会科学版）》2014年第1期；蓝武、唐玲著《清代广西农田水利建设事业的发展探析——明清时期壮族地区的开发研究之一》，《贺州学院学报》2016年第4期；邓智成著《清代广西矿产开发研究》，云南大学硕士学位论文，2018年；周永光著《历朝对广西的开发和治理述略》，《广西地方志》2019年第1期；覃彩銮著《元明时期广西的开发——广西开发史研究之四》，《广西社会主义学院学报》2019年第2期；等等。

① 覃乃昌：《壮族经济史》，广西人民出版社，2011年版。

② 覃彩銮：《广西开发史》，广西师范大学出版社，2013年版，第3页。

代以来，国外学者对明清时期的壮族历史亦有一定研究且取得了一定成果，其中尤以美国太平洋大学亚洲研究中心的杰弗里·巴洛为代表。1989年，杰弗里·巴洛在其所著的《明代的壮族》①中指出，明代是壮族历史文化向现代文化转变的一个关键时期。近年来，国外部分学者在关注并研究中国土司制度的同时，对壮族土司制度做了重点关注和集中研究，实际上也涉及壮族地区历史时期的开发与社会治理等诸问题。澳大利亚墨尔本大学的詹妮弗·托克所著的《中国西南地区的部族首领：中华帝国晚期壮族首领在土司制度下的特权》②为近年来国外学者研究壮族土司的一部代表作。该书选取广西大新县的安平李氏土司作为切入点来研究中国封建王朝晚期的广西土司，实际上就涉及中国封建王朝晚期广西壮族地区的土司政治、社会治理与区域开发问题。总的来看，国外学者对壮族社会发展史的专门研究不多，而对壮族地区开发史的研究成果相对更少，尚未形成系统的研究成果。

综上可见，在新中国成立前后迄今的几十年，学界已广泛开展有关壮族社会历史与壮族地区开发史的研究，并已取得相当不俗的成果，成果刊发的时间大多集中在近年。具体而言，著作类成果多属通史研究性质，其中不乏对明清时期壮族地区开发史的专门研究；论文类成果多属断代研究性质，或专就明代进行研究，或专就清代进行研究，真正将明清时期作为长时段对壮族地

---

① Jeffrey G.Barlow, "The Zhuang Minority in the Ming Era", *Ming Studies*, No.28 (1989): 15-26.

② 段阳萍：《一个国外学者对中国壮族土司的研究——詹妮弗·托克〈中国西南地区的部族首领〉介评》，《广西民族研究》2014年第6期。

区开发与建设的历史进行综合研究者不多，亟待进一步加强。

（三）关于明清时期壮族地区改土归流的研究现状

真正意义上的中国土司制度研究，始于20世纪初期。从总体上看，党的十一届三中全会以前，由于种种原因，民族研究曾一度遭受影响，发展曲折，成果总量偏少，但仍不乏极具影响力的佳作，土司制度与改土归流研究也不例外。党的十一届三中全会以后，改革开放的号角在中华大地上吹响，学术风气为之一新，民族研究蓬勃发展，土司制度与改土归流研究取得前所未有的新进展，研究成果源源不断地涌现，土司制度与改土归流研究迈进新的历史阶段。

一是从国内研究现状来看。真正意义上的改土归流始于明初，盛于清代雍正年间。环视国内学界，土司制度研究已逾百年。百年中国土司制度研究历程中，国内学界有关明清时期壮族地区改土归流的研究成果可谓不少，大致可分为著作和论文两大类型。就著作来看，在国内学者有关壮族历史与土司制度研究的一系列著作类成果中，普遍涉及明清时期壮族地区的改土归流问题[①]。从

---

① 这方面的成果主要包括：刘锡蕃撰《岭表纪蛮》，商务印书馆，1934年版；佘贻泽编著《中国土司制度》，正中书局，1944年版；吴永章著《中国土司制度渊源与发展史》，四川民族出版社，1988年版；龚荫著《中国土司制度》，云南民族出版社，1992年版；龚荫著《中国土司制度史》，四川人民出版社，2011年版；谈琪著《壮族土司制度》，广西人民出版社，1995年版；张声震主编《壮族通史（中）》，民族出版社，1997年版；钟文典主编《广西通史（三卷本）》，广西人民出版社，1999年版；粟冠昌著《广西土官制度研究》，广西民族出版社，2000年版；黄家信著《壮族地区土司制度与改土归流研究》，合肥工业大学出版社，2007年版；韦顺莉著《清末民初壮族土司社会研究——以广西大新县境为例》，民族出版社，2008年版；蓝武著《从设土到改流：元明时期广西土司制度研究》，广西师范大学出版社，2011年版；杜树海著《边境上的中国：11世纪以来广西中越边境地区的历史与记忆》，九州出版社，2019年版；等等。

论文类成果上看，改革开放以来，学界研究明清时期壮族地区改土归流问题者不乏其人，研究成果丰硕，研究内容主要涉及改土归流的原因与目的[①]、改土归流的起始时间问题[②]、改土归流的社会基础与历史特点[③]、改土归流的意义与影响[④]、改土归流的

---

① 这方面的成果主要包括：钟诚著《广西壮族地区的改土归流初探》，《中央民族学院学报》1979年第3期；陈业强著《广西土官制的流弊及历代改土延缓的原因》，《学术论坛》1984年第1期；玉时阶著《清代广西的改土归流》，《广西民族研究》1988年第2期；潘岳著《浅析广西壮族地区改土归流的原因》，《广西民族学院学报（哲学社会科学版）》2002年第2期；蓝武著《明代广西改土归流进程中关于设土与设流问题的论争》，《广西师范大学学报（哲学社会科学版）》2010年第5期；黄禾雨著《论雍正朝对广西泗城的改土归流及黔粤划界事宜》，《清史论丛》2015年第1辑；等等。

② 这方面的成果主要包括：粟冠昌著《明代广西土官制度的改土归流问题》，《广西民族研究》1989年第3期；蓝武著《广西土司制度的历史渊源与改土归流开始的时间问题辨析》，《楚雄师范学院学报》2012年第1期；等等。

③ 这方面的成果主要包括：谈琪著《广西“改土归流”的社会基础》，《广西民族学院学报（哲学社会科学版）》1984年第2期；谢永雄著《明代广西土司制度的发展及改土归流的特点》，《广西社会科学》1992年第2期；雷坚著《试论明代广西土司的置、废、改流及其历史特色》，《广西民族研究》1992年第3期；蓝武著《认同差异与“复流为土”——明代广西改土归流反复性原因分析》，《广西民族研究》2010年第3期；蓝武著《明代广西地区改土归流的多重性特征》，《广西民族师范学院学报》2011年第2期；等等。

④ 这方面的成果主要包括：谈琪著《壮族地区改土归流的历史意义》，载《壮族论稿》，广西人民出版社，1989年版；粟冠昌著《清代广西土官制度改流述议》，《广西民族研究》1990年第1期；黄家信著《改土归流对壮族社会的影响》，《广西民族学院学报（哲学社会科学版）》2005年第4期；覃奕著《清朝“改土归流”前后广西壮族土司司法制度探析》，华东政法学院硕士学位论文，2006年；李虎著《清初壮族地区的改土归流及其影响》，《百色学院学报》2007年第3期；龙雪梅著《以圩市窥探土司制度及改土归流对清代广西社会经济发展的影响》，《广西教育学院学报》2009年第1期；蓝武著《明代改土归流对西南边疆民族地区社会历史发展的双重影响——以广西壮族地区为中心》，《贵州民族研究》2011年第1期；蓝武、廖玉连著《清代在广西实施大规模改土归流的本土因素及其影响探析》，《民族学刊》2019年第3期；蓝武、黄丽丽著《清代大规模改土归流前后桂西地区学校教育发展变迁》，《教育文化论坛》2020年 （转下页）

资料问题[①]、改土归流的历史评价问题[②]、改流复土问题[③]等诸方面。

二是从国外研究现状来看。在国外学者的国学研究著作中，部分涉及中华民族史问题，其中亦有少数论及壮族土司改流者。譬如，日本学者王柯在其所著的《从“天下”国家到民族国家：历史中国的认知与实践》一书中指出，“清王朝之所以实行改土归流政策，虽然也有强化统治的目的，但同时还有一个目的就是想通过改土归流来证明清王朝是中华而非夷狄，与占国民最大多数的汉人立场相同，具有统治中国的正当性和合法性”[④]。这一

（接上页）第5期；康忠慧著《清代改土归流与右江流域壮族婚丧习俗的变迁》，《广西地方志》2012年第1期；张寒著《试论雍正朝广西改土归流》，《柳州职业技术学院学报》2013年第3期；庞雷著《清朝雍正时期实行广西改土归流政策研究》，河南大学硕士学位论文，2013年；崔继来著《改土归流与清代广西土司社会》，陕西师范大学硕士学位论文，2015年；崔继来著《“改土归流”与清代广西土司地区行政隶属关系变动》，《民族史研究》2016年；韦江胜著《雍正朝广西革除土司考》，《清史论丛》2017年第2辑；杨永福著《试论云南壮族地区侬氏土司统治时期较长的缘由及其他》，《文山学院学报》2018年第5期；孙剑伟著《王朝边略与边疆社会形态：明清时期上石西州的改流与治理》，《广西地方志》2018年第4期；徐毅、郝博扬著《清代前期西南改土归流地区的城市治理初探——以云南、广西和贵州为中心的考察》，《清史论丛》2019年第1辑；郭红、郭嘉著《清末民初广西的弹压委员与改土归流》，《中国边疆史地研究》2020年第2期；等等。

① 丁进军：《雍乾年间广西部分地区改土归流史料》，《历史档案》1990年第4期。

② 韦文宣：《谈对广西土官制及改土归流的评价问题》，《学术论坛》1984年第6期；覃树冠：《清代广西的改土归流》，《广西师范大学学报（哲学社会科学版）》1985年第1期。

③ 覃成号：《广西“改流复土”浅语》，《广西民族研究》1993年第1期；蓝武：《认同差异与“复流为土”——明代广西改土归流反复性原因分析》，《广西民族研究》2010年第3期。

④ 王柯：《从“天下”国家到民族国家：历史中国的认知与实践》，上海人民出版社，2020年版，第186页。

观点视角独特，不乏创新性与启发意义。国外学界少数学者对明清时期壮族地区改土归流进行研究的论文类成果中，谷口房男和翁文刚合作的《思恩、田州叛乱始末记——明代中期广西右江流域土官土目叛乱与改土归流》一文颇具代表性。作者在文中指出，明初广西西部右江流域的少数民族聚居地区是由继承前代的土官岑氏家族统治的。到了明代中期，该地区的思恩、田州二府在仅半个世纪内就相继发生了由土官土目发起的三次叛乱。明朝统治者对这三次叛乱采取了相应措施，改土归流，渐渐地巩固了统治地位。从总体上看，相对于壮族地区土司制度的研究而言，国外学者对明清时期壮族地区的改土归流的研究成果不多。

（四）问题评析

由上观之，国内外学界同仁已从不同的视角、选取不同的专题、运用相关学科的理论与方法，对明清时期壮族地区的开发与改土归流问题做了多方面的研究，既有综合性专著，又有专题性论文，成果丰硕。这些研究成果分别从社会、政治、经济、文化、教育、军事等诸方面论述地处祖国南部边疆的壮族地区的社会经济文化发展状况，为我们全面、系统地开展明清时期壮族地区的开发与改土归流问题研究提供了良好的基础和条件，对后学从事该领域研究同样起到重要的参考与借鉴作用。不过，从现代国家治理的角度而言，无论是地区开发，还是改土归流，均属一项复杂的系统工程，涉及方方面面的问题，而现有的研究成果仍然呈现出研究内容的全面性与系统性不足、理论分析的深度与广度不足、研究路径比较单一等诸多亟待改进的问题。

毋庸置疑，近年来学界对现代语义与语境下的国家治理研究已经取得了相当丰硕的成果，具有十分重要的启发意义，但对“国家治理”的历史渊源和理论基础的探究仍显不足，甚至可以说是极其薄弱的，多数学者对“国家治理”概念一般多沿用有关政策报告中的定义加以界定，而较少从历史和现实的维度对其进行丰富拓展和创新运用，容易导致对“国家治理”概念的理解的窄化。

由上可见，在长达几十年的时间里，国内外学界尤其是国内学界对有关明清时期壮族地区开发历史的研究，取得了相当丰硕的成果，确实令人欣慰。但是，在现有的壮族地区开发历史的相关研究成果中，通史性研究成果相对偏多，断代性研究成果明显偏少，而对明清时期壮族地区开发史的断代研究少之又少。明清时期正是壮族地区开发和建设史上的重要时期，对明清时期壮族地区开发史进行专门和深入研究实属必要，不仅具有重要的学术价值，而且具有较强的现实意义。诚如学者所言：“综观以往的研究成果，多是对广西历史上的某一个时期或某一问题进行研究和论述，显得较为零散，缺乏系统性、全面性和整体性，尚未有从历史的纵向上（历时性）和横向上（共时性）对广西开发史进行全面、系统的梳理和整体性的研究成果。因而，对广西开发史进行全面、系统的研究，总结历史上广西开发过程中采取的政策、措施和取得的成就与经验，不仅可以拓展、丰富和深化对这一问题的研究，同时也可以为有关部门科学制定广西经济社会发展战略，发挥广西在中国—东盟自由贸易区和中国西南出海大通道的区位优势，实现广西的跨越式发展提供借鉴。”①

现有的关于明清时期壮族地区改土归流的研究成果不少，但仍存在诸多问题，主要表现为：一是对清代壮族地区改土归流的

① 覃彩銮：《广西开发史》，广西师范大学出版社，2013年版，第3-4页。

研究成果偏多，而对明代壮族地区改土归流的研究成果明显偏少；二是对改土归流的实施过程及其意义与影响的研究偏多，而对改土归流之前面临的时代背景、准备工作、舆论场域等和改土归流之后原土司地区的善后处理、社会变迁、国家认同等诸多问题的研究尚显不足，明显出现“中间大、两头小”的局面；三是对明清时期壮族地区改土归流研究的视角大多仍属传统的“自上而下”的视角，侧重从王朝国家看土司社会，从中央看地方，从中心看边缘，而极少从“自下而上”的视角，侧重由地方社会看王朝国家，从边疆看内地，从而呈现出研究视角上的转换尚显不足的局面。

从总体上看，对国家治理、壮族地区开发、改土归流的个案研究成果相对较多，综合研究相对较少，对三者之间的内在关联与互动关系的系统性研究明显不足。毋庸讳言，个案研究或多或少难以呈现全局，而综合研究难免缺乏细致入微的观察，如何将三者有机结合起来进行融通研究，寻求彼此之间的内在关联及其解释路径又是一个值得深入探讨的课题，目前仍未引起学界的足够关注。鉴于此，本书试图基于现代“国家治理”的语义与语境，以壮族地区为视域，以明清时期壮族地区的开发与改土归流为切入点，试图分析彼此之间的内在关联性及其相互影响，反观历史上的“国家治理”在边疆民族地区的实现路径及其成效，透视王朝国家在边地社会的经略样态，总结我国历史上边疆治理的基本规律及其历史经验，为当今我国边疆治理与综合开发提供借鉴。

三、研究思路与研究意义

本书属于基础研究的范畴，主要采取文献研究与田野调查相结合的方法进行研究，综合运用历史学、地理学、社会学、民族学等多学科理论与方法，将宏观研究与微观研究、纵向研究与横向研究、定量研究与定性研究有机结合起来。全书着力将明清时期壮族地区的开发与改土归流置于王朝国家边疆经略的视野下加以动态考察，在全面阐述明清王朝在壮族地区实施开发的背景、措施、过程、成效及影响的基础上，深入探究和系统分析明清王朝在壮族地区实施改土归流的原因、策略、进程、特点、效果和影响及其与开发的内在关联，进而剖析明清时期壮族地区开发与改土归流在王朝国家边疆治理中的地位与作用，从中总结历史经验教训，为促进国家治理体系和治理能力现代化与铸牢中华民族共同体意识提供必要的历史借鉴与经验参照。

众所周知，中国自古以来就是一个统一的多民族国家。边疆民族问题始终是关系到我国作为统一的多民族国家的民族团结、边疆稳定与国家安全的重大问题，因此边疆治理成为历朝历代多民族国家治理制度的核心内容之一。壮族地区既是我国沿边地区，又是我国少数民族聚居区，在中国边疆开发和民族关系构建中地位显要，成为中国历代王朝国家经略的重要区域和学界中的中国边疆史地研究的重要对象。从中国边疆民族发展史来看，“在明清时代乃至于民国初年，土司问题一直是西南边省政治的巨大症结”[①]，明清时期是王朝国家强化对壮族地区经略的重要时期，同时又是壮族地区社会历史发展的重要转型期——通过改土归流实现由土司统治向流官治理的转变阶段。因此，对明清时

---

① 陈贤波：《土司政治与族群历史：明代以后贵州都柳江上游地区研究》，生活·读书·新知三联书店，2011年版，第8页。

期壮族地区的开发与改土归流的研究显得特别有意义，不仅具有十分重要的学术价值，而且具有十分重要的现实意义。

就学术价值的角度而言，本书致力于从国家治理的角度，以壮族地区为视域，以明清时期壮族地区的开发与改土归流作为研究对象，就其具体的运作进程及其规律以及二者的内在关联性进行长时段动态考察与综合研究，力避学界以往大多将两者割裂开来的做法，从国家治理的视角看壮族地区的开发与改土归流及其相互关系，从壮族地区的开发与改土归流看王朝国家的边疆经略过程及其演进规律，进而透视国家与地方之间的互动关系。

就现实应用价值的角度而言，历史是现实的一面镜子，既可反照现实，亦可启迪未来。当前，“世界正处于百年未有之大变局，发展中的不确定性和不稳定性明显增多，发展与安全的矛盾成为世界性难题”①。在这样的时代环境下，对历史时期的区域发展与边疆安全进行研究，无疑具有十分重要的现实意义。《中共中央关于坚持和完善中国特色社会主义制度推进国家治理体系和治理能力现代化若干重大问题的决定》明确指出：坚持和完善中国特色社会主义制度、推进国家治理体系和治理能力现代化，是全党的一项重大战略任务。实践证明，中国特色社会主义制度和国家治理体系是以马克思主义为指导、植根中国大地、具有深厚中华文化根基、深得人民拥护的制度和治理体系，是具有强大生命力和巨大优越性的制度和治理体系，是能够持续推动拥有十

---

① 任晓伟：《以强大制度优势提升国家治理效能》，《中国社会科学报》2019年11月5日第1版。

四亿多人口大国进步和发展、确保拥有五千多年文明史的中华民族实现“两个一百年”奋斗目标进而实现伟大复兴的制度和治理体系。基于国家治理视角的明清时期壮族地区的开发与改土归流研究正是契合了这样的时代命题。就历史属性而言，“土司制非一朝一代之史，确是贯穿元明清（前期）三代，构成这一长时期的西南边疆历史的主体内容”，故“研究土司应与西南边疆史地有机地结合起来”[①]。本书将跳出壮族地区看西南边疆民族地区，跳出西南边疆民族地区看多民族国家，帮助人们正确认知明清时期中央王朝为建构统一的多民族国家、强化边疆地区的国家认同所做的努力，全面透视中央王朝推进边疆与内地一体化以及西南边疆民族地区融入多民族国家的历史进程及其规律。

2014年10月13日，习近平总书记在主持中共中央政治局就我国历史上的国家治理进行第十八次集体学习时强调，历史是最好的老师。历史虽然是过去发生的事情，但总会以这样那样的方式出现在当今人们的生活之中。在治理国家和社会上，今天遇到的很多事情都可以在历史上找到影子，历史上发生过的很多事情也都可以作为今天的镜鉴。中国的今天是从中国的昨天和前天发展而来的。要治理好今天的中国，需要对我国历史和传统文化有深入了解，也需要对我国古代治国理政的探索和智慧进行积极总结[②]。由此可见，我们党和国家领导人对历史的高度重视。深入研究历史时期王朝国家边疆经略的思想及其实践，为当下广西壮

① 陈季君、党会先、陈旭：《播州土司史·序》，中央民族大学出版社，2015年版，第1页。

② 《牢记历史经验历史教训历史警示　为国家治理能力现代化提供有益借鉴》，《人民日报》2014年10月14日第1版。

族地区的开发与建设服务，正是本书孜孜以求的终极目标。

四、研究方法与基本内容

本书基于现代国家治理的视角，秉持整体史观，立足历史的长时段，将明清时期壮族地区的开发与改土归流置于国家治理的视域下进行动态考察，明确指出明清时期壮族地区的开发与改土归流同属明清王朝推进边疆经略与国家治理的重要组成部分，充分肯定明清王朝在壮族地区实施开发与改土归流的积极作用及其在国家治理体系中的重要地位，全景式再现国家治理视域下明清王朝边疆经略的思想及其在边地实践的历史图景。

本书以明清时期的正史、别史、杂史、文集以及广西地区相关史志资料为主，通过采用历史文献研究法、比较研究法、统计分析法、田野调查法等多种研究方法，结合运用历史学、地理学、社会学、民族学等多学科知识，将综合研究与个案研究、纵向研究与横向研究、定量研究与定性研究有机结合，从国家治理的视角，以时间为经，以事件为纬，以问题为导向，纵横交叉，点面结合，对王朝国家主导下的明清时期壮族地区的开发与改土归流进行全面梳理与系统阐述，再现国家与社会互动关系视野下明清时期王朝国家持续推进边疆经略和边疆地区国家认同意识不断增强的历史图谱。

上编

国家治理视角下
明清时期壮族地区的开发

壮族地区虽地处中国南部边陲，远离中原，但自古及今，其区域位置可谓十分重要。壮族地区开发的历史甚为悠久，明清时期是其开发史上的重要节点和关键时期。

1368年，明王朝政权建立以后，朱元璋随即南征北讨，逐步统一全国。洪武元年（1368年）夏六月“壬戌，杨璟、朱亮祖克靖江。秋七月戊子，廖永忠下象州，广西平”[①]，广西由此被正式纳入明代王朝国家的统治版图。从明太祖洪武元年（1368年）正式确立在广西壮族地区的统治起，到明思宗崇祯十七年（1644年）明亡为止，明代统治广西壮族地区为时270多年。明王朝承袭元制，在壮族地区继续推行土司制度，重视社会经济开发，积极发展文教事业，从而进一步促进了壮族地区的建设与发展。

① 张廷玉等撰《明史》卷二《太祖本纪二》。

清初仍沿明制，在壮族地区继续推行土司制度，任用当地少数民族首领自主管理本民族地区的内部事务。雍正年间，鉴于土司制度的空前腐朽与没落，为进一步加强中央集权和稳固统治，王朝国家从壮族地区的实际出发，经过权衡利弊之后决定实施大规模改土归流政策。改土归流后，大批汉族官吏、文人、商贩和手工业者源源不断地进入壮族地区，壮、汉民族间的交往交流交融日益频繁，民族关系更加密切，从而大大地促进了壮族地区的开发与建设。

总而言之，明清时期，王朝国家在继承前代已有的开发与建设成果的基础上，将壮族地区的开发与建设推进到了一个前所未有的新阶段，不仅使得壮族地区在社会政治、经济与文化教育等诸方面获得了前所未有的发展，而且随着外来移民的不断增多与开发的持续加快，在居民构成和民族关系构建方面也发生了较大的变化，对壮族地区社会历史的发展影响深远，意义重大。因此，从历史发展的长时段来看，明清时期是壮族地区开发与建设的重要时期，也是壮族历史发展的关键时期。可以说，明清时期王朝国家在壮族地区的开发为壮族地区的近代化奠定了重要的基础，在广西开发与建设史上起到了承前启后、继往开来的历史作用，成为壮族地区开发与建设史上的重要节点和关键时期。

第一章

明清时期王朝国家在壮族地区实施开发的基础与条件

辩证唯物主义认为，任何事物的变化和发展，都是内因和外因共同作用的结果。内因是变化的根据，外因是变化的条件，外因通过内因而起作用。明清时期，壮族地区在前代的基础上得以进一步开发，正是内因和外因共同作用的结果。就系统论的角度而言，明清时期，无论是从国家层面到地方层面，从整体思想到具体举措，还是从自然环境到社会环境，从外部环境到内部环境，壮族地区均较以往任何时期更加具备系统经营与全面开发的前提基础和有利条件，这正是明清时期在王朝国家主导下壮族地区取得较大开发成就的重要原因。

第一节　王朝国家的边疆经略思想及其历史影响

明清时期是中国古代专制主义中央集权制度发展到鼎盛的时期。这一时期，中央王朝基于大一统的政治理念，进一步强化对边疆民族地区的治理、经营和开发，地处边陲的壮族地区也不例外。

一、明王朝的边疆经略思想及其在壮族地区的统治策略

明朝建立之初，为巩固统一和稳固统治，尤其注重加强各地守备与防卫。明太祖朱元璋曾谓“上世帝王创业之际，用武以安天下；守成之时，讲武以威天下”①，“御边之道，固当示以威武，尤必守以持重”②。这实际上反映出其“守备为本”的治边思想。在这一思想的指引下，明朝在全国范围内全面推行了卫所制度。史称：“明制，自京师达于郡县，皆立卫所。外统之都司，内统于五军都督府，而上十二卫为天子亲军者不与焉。征伐则命将充总兵官，调卫所军领之，既旋则将上所佩印，官军各回卫所。”③同时，各地卫所皆以屯田的方式解决卫所官兵的薪俸与粮饷问题，所谓“寓兵于农，有事则战，无事则耕，暇则讲武”④，且耕且战，“盖得唐府兵遗意”⑤，实行兵农合一的制

---

① 万斯同等撰《明史》卷七一。
② 《明太祖实录》卷七八。
③ 嵇璜纂《续文献通考》卷一二二《兵考二》。
④ 嵇璜纂《续文献通考》卷一二二《兵考二》。
⑤ 嵇璜纂《续文献通考》卷一二二《兵考二》。

度。边疆各地同立卫所，亦置屯田，史称洪武时“边地，三分守城，七分屯种”[①]，这对维护边疆地区的稳定和促进边疆地区的开发确实起到一定的积极作用。

在建立卫所制度的同时，明王朝还沿袭了历代王朝“以夷制夷”的治边方略，对边远地区少数民族实行传统的羁縻统治，广泛推行土司制度，任命少数民族首领自主管理本民族地区的内部事务。史称“迨有明踵元故事，大为恢拓，分别司、郡、州、县，额以赋役，听我驱调，而法始备矣”[②]，“皆因其俗，使之附辑诸蛮，谨守疆土，修职贡，供征调，无相携贰”[③]。明王朝通过对边远地区少数民族实施间接统治的方式，最终达到实现王朝国家大一统的政治目的。

具体到广西壮族地区，明朝将广西纳入全国统一的政治版图后，不仅在思想上高度重视对广西的管理，而且在行动上积极采取有效措施加以经营。据史书记载，明王朝平定广西后，洪武二年（1369年），围绕如何更加有效地治理该地区的问题，朝廷君臣曾有过一番争议。时中书省臣认为“广西诸峒虽平，宜迁其人入内地，可无边患”，但开国皇帝朱元璋对此不以为意，谓：“溪洞蛮僚杂处，其人不知礼义，顺之则服，逆之则变，未可轻动。惟以兵分守要害以镇服之，俾日渐教化，数年后，可为良民，何必迁也？”[④]经过权衡之后，明廷最终决定采取“恩威并施”的办法对广西壮族地区进行经营与管理，沿用元代的土司制度，任命广西本土少数民族首领“因俗而治”。这一办法的实施既维持

① 张廷玉等撰《明史》卷七七《食货志一》。
② 张廷玉等撰《明史》卷三一〇《湖广土司传》。
③ 张廷玉等撰《明史》卷七六《职官志五》。
④ 张廷玉等撰《明史》卷三一七《广西土司传一》。

了壮族地区的社会稳定，又维护和巩固了多民族国家的统一，从而有利于壮族地区的开发与建设。

二、清王朝的边疆经略思想及其在壮族地区的统治策略

清代是中国统一多民族国家最终形成的时期，也是中国古代专制主义中央集权制度发展的顶峰。清朝统一全国后，为巩固统治，着力经营边疆地区，积极推动西南区域经济开发和实施大规模改土归流工作，从而大大地推进了西南边地的内地化进程，中央王朝与边疆民族地区之间的联系更加紧密。

这一时期，边疆开发的一个显著特征就是国家在场，中央王朝主导。随着国家承平日久，人口增殖日多，加上外来人口的不断迁入，壮族地区面临着人口数量激增的压力。面对此种形势，清王朝因时制宜，将扩大农作物耕地面积作为一项基本国策，尤其重视地方官员在产业开发上的政绩表现。

具体到广西壮族地区，在清初垦荒政策的推动下，广西本土的垦殖事业亦极兴盛。据史载，顺治九年（1652年），礼科给事中刘余谟奏请于两广等地区“凡遇降寇流民，择其强壮者为兵，其余老弱悉令屯田”[①]，以补财政之不足。顺治十三年（1656年），广西巡抚于时跃“题免十二年、十三年粮，布政使张自昌谕民垦荒田，官给牛种”[②]。康熙二十年（1681年），自启明任

① 《清世祖实录》卷六七。
② 《苍梧县志》卷一八《外传纪事下》。

庆远知府，“劝民垦辟，无力者给之牛种，民赖复业”[①]。据文献记载，清政府自顺治、康熙、雍正至乾隆年间，曾多次宣布蠲免广西全省钱粮和减免部分赋税等。所有这些，皆为清代广西壮族地区的开发与建设创造了十分有利的条件。

明清时期，壮族地区的开发与建设正是在王朝国家主导下，遵循王朝边疆经略思想与方略，依靠各族民众的力量全面展开和协同推进的。

第二节　壮族地区相对完备的行政建制及其作用

所谓行政建制，是指行使国家权力的机构、单位或者依照行政管理的群众组织、社会团体等划分等级的制度。明清时期是壮族地区社会历史发展和演进的重要阶段，也是壮族地区行政建制形成的关键时期。在此时期，壮族地区不仅行政建制更加完备，而且管理层次更加分明，行政制度更为完善。明清时期壮族地区的行政建制既是对明清以前壮族地区行政建制历史的继承和发展，又为明清时期壮族地区的开发奠定了稳固的行政基础和提供了必要的政治保障。

一、明代壮族地区的行政建制及其作用

洪武元年（1368年），明王朝定都南京后，开国皇帝朱元璋

---

① （嘉庆）《广西通志》卷二五三《宦绩录十三》。

即兵分两路进攻广西：一路由杨璟、周德兴率领，由湖南永州挺进；一路由廖永忠、朱亮祖率领，由广东进入梧州。洪武元年（1368年）三月，“周德兴克全州”；五月，“廖永忠下梧州，浔、贵、容、郁林诸州皆降”；六月，“杨璟、朱亮祖克靖江”；秋七月，“廖永忠下象州，广西平”[①]。史称：“明初取广西，杨璟由永州而入，南攻静江，廖永忠则自广州抵梧州，由平乐以趋静江。静江下，而两江溪峒且望风款伏矣。”[②]静江（今桂林）为元代广西行中书省的治所。明军攻占静江后，广西各地壮族土司土官在强大的明军压力之下，纷纷归降，明朝很快统一了广西，广西全境由此正式纳入明代王朝国家的统治版图。直至崇祯十七年（1644年）明朝灭亡为止，明王朝在广西的统治长达270余年。

明朝统一全国后，为进一步强化中央集权和稳固统治，在行政机构建置上，废除了元代“行省”之制，取而代之的是设立司、府（州）、县三级行政建制，将全国划分为13个布政使司。具体到广西，洪武二年（1369年），仍沿袭元制，设立广西行中书省。洪武九年（1376年），将广西行中书省改为广西承宣布政使司，治所设于桂林，下辖桂林、柳州、庆远、思恩、平乐、梧州、浔州、南宁、太平、镇安等府及归顺、田州、泗城3个直隶州。洪武二十七年（1394年），将原属湖南辖地的全州（包括今全州、灌阳、资源）自湖广行省永州府划归广西承宣布政使司管

---

① 张廷玉等撰《明史》卷二《太祖本纪二》。
② 顾祖禹撰《读史方舆纪要》卷一〇六《广西方舆纪要序》。

辖后，今广西行政区大体形成。[1]洪武二十九年（1396年），明朝将全国划分为41道，广西设桂林苍梧道、左江道和右江道，其中，桂林苍梧道辖桂林、平乐、梧州3府，左江道辖南宁、浔州2府，右江道辖庆远、柳州2府。后又将桂林苍梧道分为桂林道和苍梧道。如此一来，明代广西布政司下，共置4道[2]，“领府十一，州四十有八，县五十，长官司四（为里一千一百八十三）”[3]。

值得特别指出的是，在承宣布政使司之外，明王朝还在边远民族地区普遍推行土司建制，任用土官进行世袭统治，进一步规范和强化对边疆民族地区的管控。其时，对于归附的壮族土司土官，明朝沿袭元制，“即用原官授之”[4]，一律袭授原职，在壮族地区尤其是在桂西少数民族聚居的地区设置了许多土府、土州、土县。据文献记载，宣德六年（1431年），都督山云奏称：“广西左、右两江设土官衙门大小四十九处。”[5]另据今人统计，明代广西地区总计设有土府4个、土州41个、土县8个等，土知府、土知州、土知县、长官司、土巡检、土千户等大小土官320多个，而且从桂西发展到桂东，土司之设几乎遍及广西[6]。明代

---

① 覃彩銮：《广西开发史》，广西师范大学出版社，2013年版，第12页。

② 如按流域划分，则在今之左右江、郁江和浔江流域置左江道；在红水河、柳江流域置右江道；在桂江流域置桂林道；在桂东南的西江、北流江、南流江、九州流域一带置苍梧道。

③ 张廷玉等撰《明史》卷四五《地理志六》。明制，一里为一百一十户。按《明史·食货志》云：“洪武十四年，诏天下编赋役黄册，以一百十户为一里，推丁粮多者十户为长，余百户为十甲，甲凡十人。”

④ 张廷玉等撰《明史》卷三一〇《湖广土司传》。

⑤ 张廷玉等撰《明史》卷三一七《广西土司传一》。

⑥ 覃彩銮：《广西开发史》，广西师范大学出版社，2013年版，第13页。

由此成为广西土司制度的全盛时期。明廷此举，其意在于“利用当地民族首领协助进行统治，做到‘蛮情易服，守兵可减’”，因此，“比起元朝来，明朝对土官的管理更为严密，土司制度也更为完善”[①]。

按明代苏濬所修《广西通志》记载，在明代完备的行政建制下，广西地区户口数动态变化情势大致是：洪武元年（1368年）为211000多户，1482000多人；弘治十四年（1501年）为459000多户，1670000多人；万历二十二年（1594年）为182000多户，807000多人。

以上就是明代属今广西的行政建制及其所属人口大致情形。从中可以看出，明代广西的行政建制已相当完备，从元代的广西两江道宣慰司到广西等处行中书省，再到明代的广西承宣布政使司的设立，以及壮族土司政区的普遍设置与长期存续，表明明代的行政体制已发生重大变革，这不仅有利于巩固中央王朝在广西的统治，而且为壮族地区的开发与建设提供了重要的政治基础，起到了良好的保障作用。

二、清代壮族地区的行政建制及其影响

明清易代之际，地处广西北部的桂林曾一度成为抗清斗争的中心。顺治四年（1647年），清兵攻下肇庆；顺治七年（1650年），破桂林。顺治十三年（1656年），李定国兵败由南宁去安

---

① 方铁、方慧：《中国西南边疆开发史》，云南人民出版社，1997年版，第324页。

隆（属今贵州省）之后，整个广西才被清政府所控制[①]。至宣统三年（1911年）九月十七日，广西宣布“独立”，清朝在广西壮族地区的统治长达255年。

随着南明政权覆灭和三藩之乱被平定，清朝的统治趋于稳定，全国统一的局面形成。统一后的清王朝着手对全国行政区划进行重新调整，除顺天府和盛京外，全国共分为18个行省和6个藩部[②]。广西行省是18个行省之一，省会设于桂林府临桂县（今桂林市），置巡抚、巡按、布政使、提督学政、经历司、广盈库大使、培盐道、提刑按察使司、司狱司、巡抚提督军务等文武官员[③]。行省之下，设道、府、州、县，另在一些少数民族聚居区设厅，保留土州、土县。道是省、府之间的监察区，设分巡、分守道，多加兵备衔。经过较频繁的政区变动，清末广西省下设有4个道：桂平梧道、右江道、左江道、太平思顺道；11个府：桂林府、平乐府、梧州府、柳州府、庆远府、浔州府、思恩府、南宁府、泗城府、镇安府、太平府；2个直隶州：郁林直隶州、归顺直隶州；2个直隶厅：上思直隶厅、百色直隶厅；15个州、49个县、25个土州、4个土县、3个长官司、10个土巡检司[④]。如按“道”所辖属计，则详如下述：桂平梧道辖桂林、平乐、梧州3府；右江道辖柳州、庆远、思恩、

---

① 覃延欢、廖国一主编《广西史稿》，广西师范大学出版社，1998年版，第114页。

② 6个藩部包括内蒙古、青海蒙古、喀尔喀蒙古、唐努呼梁海、西藏、新疆。

③ 黄体荣：《广西历史地理》，广西民族出版社，1985年版，第132页。

④ 广西大百科全书编纂委员会编《广西大百科全书·历史》，中国大百科全书出版社，2008年版，第437页。

浔州4府；左江道辖南宁、镇安、泗城3府，郁林直隶州，百色直隶厅；太平思顺道辖太平府、归顺直隶州、上思直隶厅。今属广西的钦州、北海、防城港3市当时属广东省辖廉州府和钦州直隶州。[①]

清初，因明制，在广西壮族地区继续推行土司制度。雍正四年（1726年）鄂尔泰奏称："广西土府、州、县、峒、寨等司五十余员，分隶南宁、太平、思恩、庆远四府。"[②]另据文献记载，清代广西壮族地区土司设置数目为：土知州26人、土州同1人、土州判1人、土知县4人、土巡检12人、长官2人、副长官1人[③]。按今人统计，明代广西境内共设土府、州、县、峒50个，土巡检司36个，土长官司4个，各级土官最多时达190多人；到了清代，数字大为缩小了[④]。因此，相对于明代而言，清代广西"流官统治区域不断扩大，而土官控制区域则相对减少"[⑤]。清代是壮族土司制度由盛转衰的时期，土司数目偏少，土属范围偏小，这既是清代王朝国家在壮族地区实施大规模改土归流的必然结果，又是清代进一步强化中央集权和推进边疆经略的重要体现。

总而言之，行政机构是行政管理活动的重要主体，是行政

---

① 广西大百科全书编纂委员会编《广西大百科全书·历史》，中国大百科全书出版社，2008年版，第436页。

② 魏源撰《圣武记》卷七《雍正西南夷改流记上》。

③ 《清通志》卷七〇《职官略七》。

④ 黄现璠、黄增庆、张一民编著《壮族通史》，广西民族出版社，1988年版，第360–361页。

⑤ 方铁、方慧：《中国西南边疆开发史》，云南人民出版社，1997年版，第388页。

权力、政府职能的载体，是国家治理体系的重要组成部分。清代广西壮族地区行政建制的调整与完善，为清代广西壮族地区的开发与建设奠定了良好的行政基础和组织保障。

第三节　壮族地区相对稳定的社会环境及其影响

边疆地区的开发与建设需要稳定的社会环境，这是不言而喻的。壮族地区地处边陲，远离全国政治中心，明清时期该地区虽有战争与动乱，但社会秩序总体而言还是相对稳定的，这对该地区的开发与建设无疑具有十分重要的意义。

一、明代广西壮族地区的社会环境及其影响

作为中国历史发展的一个重要时期，有明一代，君主集权的政治体制高度发展和成熟，多民族的统一国家进一步巩固和加强，社会经济、科学技术空前繁荣，思想文化领域也出现了一些新变化①。多民族国家的统一与稳定，各族人民交往交流交融的空前频繁，无疑为壮族地区的开发提供了良好的社会环境。

明代无疑是广西壮族地区发展史上一个十分重要的阶段。从社会政治环境来看，明代正值壮族土司制度发展的上升时期，其间虽有战争与动乱存在，但总体而言在明代统治广西壮族地区的

---

① 张显清、林金树主编《明代政治史（上册）》，广西师范大学出版社，2003年版，第3页。

270多年间，当地社会秩序总体安定有序，稳定始终是当地社会的主流。有学者统计，从洪武初年到弘治年间，大约120年的时间，广西的户数增加一倍多，人口增加20多万，耕地增加5000多顷[①]。这就表明，在此期间，广西社会政治相对稳定，民生安定，生齿日繁，社会生产取得较大发展，区域开发取得较大成就。

从经济环境来看，明代广西壮族地区社会经济取得了前所未有的发展，生产力与生产关系的发展相适应，只是由于某些历史和地理的原因，广西壮族地区社会经济的发展仍然存在明显的区域不平衡特点。诚如学者所言，就广西而言，东部壮族地区实行流官统治，西部则是土司的“汪洋大海”。从社会经济状况看，东部大部分地区封建地主经济已发展起来，有些地区地方经济还相当发达，只是在个别闭塞地方还残存着地主经济以前的社会经济形态；西部则是封建领主经济占统治地位。[②]此即明代广西壮族地区社会政治经济发展客观存在的事实。从中国古代社会经济发展史来看，明清时代是我国商品经济空前发展，资本主义已经萌芽的时代。当时，地处祖国南疆、经济文化历来比较落后的广西壮族地区，在汉族先进地区经济文化的帮助和影响下，其商品经济也得到了前所未有的发展[③]。这就为明清时期广西壮族地区的开发与建设提供了良好的物质基础和经济条件。

① 杨新益、梁精华、赵纯心：《广西教育史——从汉代到清末》，广西师范大学出版社，1997年版，第90页。

② 苏建灵：《明清时期壮族历史研究》，广西民族出版社，1993年版，第16页。

③ 覃延欢：《明清时代广西商品经济的发展》，《广西民族研究》1988年第3期。

二、清代广西壮族地区的社会环境及其作用

清代是我国历史上最后一个封建王朝。清朝的建立，结束了明末战乱的局面，实现了多民族国家的统一，不仅有利于社会经济的恢复和发展，而且有利于各地区、各民族之间的交往交流交融，从而为壮族地区的稳定与开发创造了极为有利的条件。据文献记载，康熙五十一年（1712年），康熙帝曾谓："前云南、贵州、广西、四川等省遭叛逆之变，地方残坏，田亩抛荒，不堪见闻。自平定以来，人民渐增，开垦无遗。或沙石堆积难于耕种者亦间有之，而山谷崎岖之地，已无弃土，尽皆耕种矣。由此观之，民之生齿实繁。"[①]由此可见，康熙年间，国家统一，社会安定，经济发展，百姓安居乐业，垦殖增多，人口规模扩大，民族团结和谐，壮族地区亦不例外。

就人口迁移的角度而言，清代是古代汉族人口大量迁入壮族地区的朝代之一。清人顾祖禹称："两粤犹称乐土，诚得一深识远虑有志于天下事者，周旋其间，埭江上下田土膏腴，耕屯可以足食也。"[②]许多内地无地的汉族民众不断向地广人稀的两粤地区迁徙和耕屯，对该地区的开发无疑起到了一定的推动作用。

事实上，清代发生的不少重大政治或军事事件，譬如明末的抗清斗争、永历帝建立的南明政权、改土归流、乾隆年间清朝与缅甸的战争等，皆发生在西南边疆地区，对包括壮族地区在内的西南边疆地区的社会历史发展均产生了相当重要的影

---

① 《清圣祖实录》卷二四九。

② 顾祖禹撰《读史方舆纪要》卷一〇六《广西方舆纪要序》。

响。尤其是改土归流，对清代壮族地区社会历史发展影响深远。随着清代大规模改土归流的实施，原土司统治地区封建地主制逐步战胜了封建领主制，壮族农民摆脱了对土官的人身依附，提高了生产积极性。改土归流消除了土官独霸一方的割据状态，促进了壮族和汉族以及其他民族的经济文化交流，有利于壮族人民吸收汉族先进的文化和生产技术。特别是外地商人的进入，使壮族地区商品经济得到进一步发展，一批圩镇更加繁荣兴旺起来，所有这些都有力地促进了壮族地区的经济发展和社会进步①。上述这些重大政治或军事事件中，有的本来就是属于西南边疆开发与国家治理的一部分，有的经过处置而后平息与安定。对于整个清代历史发展的长时段而言，安定的社会环境始终占据着清代西南边疆民族地区社会历史发展的主流，这对包括壮族地区在内的西南边疆开发无疑是有利的，总的说来，清代对西南边疆的开发超过前代。

因此，可以说，明清时期全国政治局势的相对稳定和疆域的空前统一，以及边疆与内地联系与交往的空前密切，为壮族地区的开发提供了和平安定的社会环境，创造了良好的社会条件。

第四节　壮族地区明清以前历代开发奠定的基础

任何事物的发展都具有阶段性与延续性，都有其自身历史发展的必然规律。从联系与发展的观点来看，历史时期壮族地区的

① 覃乃昌：《壮族经济史》，广西人民出版社，2011年版，第400页。

开发经历了一个漫长和曲折的过程，明清时期壮族地区的开发正是对明清以前历朝历代壮族地区开发传统的历史传承、逻辑发展与深入推进，堪称集历朝历代开发之大成。

先秦时期，今广西地区是壮侗语族各民族先民瓯骆人居住之地。在当时社会生产力发展水平极其低下、自然环境条件相对恶劣的时代背景下，壮族先民瓯骆人克服种种困难，在与自然共处、共生和斗争的历史进程中不断进步。随着社会生产力水平的逐步提高和生产工具的改进，出现了水稻的栽培种植、饲养家畜和烧制陶器，也出现了纺织的萌芽以及具有鲜明地方特色的离地而居的干栏式住屋，形成了聚落点，过上了相对稳定的定居生活。所以说，广西地区的瓯骆先民是广西的最早开发者。①

秦朝统一岭南后，积极采取有效措施对岭南地区进行经营和开发，譬如设置郡县，在今两广地区设置桂林、象、南海三郡进行统治，这是中央王朝在两广地区建立郡县行政制度之始；再如徙民南迁，将大批中原劳动人民迁徙到岭南地区“与越杂处”，或多或少地带来先进的思想文化与生产技术，对岭南地区的社会发展和经济文化的进步有着积极的历史作用。这些措施不仅有利于秦王朝加强对岭南地区的统治，增进岭南地区同中原地区之间的联系，促进各民族间的交往交流交融，而且对于推动广西壮族地区社会经济文化的发展与进步具有十分重要的历史意义，“包括今广西在内的岭南地区开始从‘徼外’走向统一，广西开始进

---

① 覃彩銮：《广西开发史》，广西师范大学出版社，2013年版，第1页。

入由国家统一主导开发的新时期”[①]。

降及汉代，汉武帝平定南越国、统一岭南后，包括广西在内的整个岭南地区正式纳入西汉王朝的统治版图和统一开发的范畴。在今广西境内郡县之地，西汉王朝从中央直接派遣官员进行统治。在未设郡县的越人部落区域，则采用“以其故俗治”的民族政策，由越族首领自治。对于那些归顺的越人降官，则都予以提拔封侯。在实施绥抚政策的基础上，西汉王朝还在今广西设重兵驻屯，恩威并施，加强行政、军事管控，为广西壮族地区的开发提供良好的社会环境，最终在广西本土民族和南迁汉族的共同努力下，推动了南部边疆的开发，促进了岭南社会经济文化的发展。[②]

东汉末年，中原地区豪强称雄，军阀混战，纷争不止，政局动荡。但僻处边陲的岭南社会较为稳定，所谓“永嘉世，天下荒，余广州，皆平康”[③]。相对安定的岭南区域社会环境，吸引了大量为避乱而南迁的中原汉族人口，他们不仅给当地带来了先进的生产技术与思想文化，而且增加了必要的劳动力。最终，在各族人民的辛勤劳动和共同开发下，三国两晋南北朝时期广西的社会经济获得了一定的发展。

隋朝统一岭南后，对广西壮族地区的管理大体上承袭汉魏旧制，一方面直接任用当地少数民族首领自主管理本民族地区，另一方面则派出不少汉族官员为诸州县长官，直接管理各

---

① 覃彩銮:《广西开发史》，广西师范大学出版社，2013年版，第1页。

② 覃延欢、廖国一主编《广西史稿》，广西师范大学出版社，1998年版，第20页。

③ 《广州市西村发现古墓六座》，《文物参考资料》1955年第1期。

州县。其结果，既维护了统一，亦给岭南地区留存了较大的自主权[①]，从而有利于广西壮族地区的开发与社会经济文化的发展。

唐宋时期，中央王朝在边疆民族地区的管理更趋规范和深入，继续在岭南地区推行和完善“以夷制夷”的羁縻制度，创新开发方式，继续发展水陆交通，兴修水利，实行军队屯田和移民屯田制，鼓励垦种，减免赋税，不仅加快了广西的开发，而且促进了广西壮族地区社会经济文化的发展与进步。[②]

元朝统一全国后，进一步强化对广西壮族地区的经略。在行政建制上，元代在中央设中书省，在全国各地设置11个行省，今广西地区属湖广行省管辖。至正二十三年（1363年），将广西地区升格为广西行省，此乃广西省建制之始。不仅如此，元代中央王朝在继承唐宋羁縻制度的基础上，还在广西壮族地区正式推行土司制度，选用当地少数民族首领自主管理本民族的内部事务，同时兴修水利，广置屯田，发展商贸与交通，兴文崇教，教化土民，从而进一步促进了壮族地区的开发与建设。

明清两代，在王朝国家的主导下，壮族地区进入了全面开发的新时期，不仅形成了较为系统的开发思想与开发举措，而且取得了前所未有的新成就，从而极大地推动了壮族地区社会历史不断向前发展。有关明清时期壮族地区全面开发的具体情形，详见随后相关章节，此不赘言。

---

① 覃延欢、廖国一主编《广西史稿》，广西师范大学出版社，1998年版，第59-60页。

② 覃彩銮：《广西开发史》，广西师范大学出版社，2013年版，第2页。

总而言之，明清以前历代王朝国家主导下的壮族地区开发，为明清时期王朝国家在壮族地区实施更加深入和全面的开发奠定了良好的基础。相对于以往任何一个朝代而言，明清王朝在广西壮族地区已形成了一套较为成熟的经略思想与较为系统的开发举措，这既是明清王朝在广西壮族地区的经营与开发取得空前成就的重要原因与显著表现，又是明清以前历朝历代王朝国家加强对壮族地区经营与开发的必然结果，是对历史时期壮族地区传统开发的合理继承与逻辑发展。

第五节　壮族地区外来移民的空前增多及其贡献

一个地区的综合开发与全面建设，往往是多个主体共同参与和团结协作的结果。诚如学者所言，历史的发展毕竟不仅是官僚士大夫等精英阶层参与的结果，也与地方上的个人和群体息息相关[①]。事实证明，壮族地区的开发历史正是多族群共同参与的结果。明清时期，广西壮族地区外来移民的不断增多，不仅为该地区带来了先进的生产技术和思想文化，而且为该地区的开发与建设提供了大量的劳动力，在壮族地区的开发与建设历史上功不可没。

---

① 陈贤波：《土司政治与族群历史：明代以后贵州都柳江上游地区研究》，生活·读书·新知三联书店，2011年版，第7页。

一、外地移民不断南来

作为历史上最早移居广西的一个非本土民族，中原地区的汉族人口自秦始皇统一岭南后迁居今广西地区者代有其人。从历史上看，明清时期正值汉族移民大量进入壮族地区的时期，规模最大，影响最深，被视为汉族移民迁入广西的第三阶段①。刘锡蕃在《岭表纪蛮》称："桂省汉人，自明清两代迁来者，约占十分之八。""有清一代，汉人移植之多，远出于历朝之上。"明清史志乃至民国史志对明清时期汉族人口迁入广西壮族地区的历史情形多有记载，兹举其要者摘录如下：

道光《钦州志》卷一记载，原属广东、今属广西的钦州地区，"雍正初，地尚荒而不治，自乾隆以后，外府州县人迁居钦者，五倍于土著。人力既集，百利得兴"。

嘉庆《广西通志》载：横州（今横州市），"占籍者多山东之族"；永淳，"市廛士贾，悉粤东人"；容县，"闽、楚、江、浙人多有侨寄此者，与东粤接壤，其类更众，而土著实稀"。

龙启瑞在《〈粤西团练辑略〉序》中称："自道光二十一年后夷务起，粤东粤西邻省毗连……外郡地多山场旷土，向招粤东客民佃种。数世后，其徒益繁，客主强弱互易。"

民国《崇善县志》载：崇善县（今属崇左市），"至宋略有山东汉人，随狄将军征蛮而流落斯土。明时自广东、江西、福建各

---

① 秦汉时期是汉族移民迁入广西的第一阶段，此时迁入人数甚少且影响有限；魏晋南北朝至唐宋时期是汉族移民迁入岭南的第二个阶段，这一时期进入广西的汉族人口虽已有一定数量，但其分布范围尚属有限，主要集中在广西东部。

省迁居是邦者颇多”。

民国《三江县志》载：三江六甲人共十二个姓氏，于宋代由福建省汀州府逃难而迁入，明末迁入的客家人以广东嘉应州居多，“其他汉人，继十二姓于宋时由福建来者，有杨姓。明末由湖南靖州来者，有梁姓”。

民国《龙津县志》载：龙津县（今龙州县），“宋皇祐四年赵鼎随狄武襄征蛮，以功世袭斯土，所部将士多来自山东，因而居焉，是为长江以北居族移居蛮荒之始。厥后民族之来自闽、赣、湘、粤者日益众”。

民国《全县志》载：全县（今全州县），一百余姓汉族，自唐始，经宋、元、明及清，“原籍多湘、赣、宁、浙等省”。

民国《桂平县志》载：桂平县（今桂平市），汉族“至于明代江西、福建、广东各省民族来者弥繁”。

由上可见，明清时期，迁居今广西壮族地区的汉族人口数量不少，其祖籍地来源广泛，涵盖湖南、广东、江西、山东、浙江、福建、湖北、河南、江苏、四川、山西等地。这些源源不断迁入的汉族移民，已成为明清时期助推壮族地区全面开发的一股不可忽视的重要力量。

二、外来移民的作用与影响

从整体上看，明清时期汉族人口的大量迁入，给壮族地区的全面开发与建设带来了两方面的重要作用与影响：

一是改变了壮族地区的民族分布格局与民族人口比例。譬如桂北地区的平乐府，据陈光龙的《平乐边俸议》记载，明代中后期，平乐仍是“瑶多于壮，壮多于民，为民仅一，而壮、瑶合十有九”。据明代杨芳编纂的《殿粤要纂》中称“平乐郡中，瑶、壮十居七人”，而“修之梁、罗二族，生齿繁夥，汉民仅二三户。良壮类汉者仅九十户”。刘锡蕃《岭表纪蛮》复引杨芳《平乐府图说》云：“平乐境内，瑶、壮居十之七八；修仁汉民仅二三户，良壮类汉者，仅九十户。”另据《古今图书集成·职方典》载，清初，“自桂林以下，历永福至柳郡十二属中，瑶、壮错处十居八九，至宾州昆仑关截然而止”。《皇朝经世文编·兵政》所收清代郝浴《备述全粤情实疏》中称：广西“或壮七民三，或壮八民二”。据民国三年（1914年）《荔浦县志》卷三引康熙旧志载，康熙年间，荔浦“县治总有三百村，壮得二百七十余，而民只得二十三村”。桂北尚且如此，桂西更是鲜有汉人。据康熙四十八年（1709年）《左州志·自序》称，当地村落荒凉，人民鲜少。但是，随着汉族人口源源不断地大量迁入，清初以后，广西境内少数民族和汉族的人口比例与分布格局已经发生了明显的变化。有学者研究指出，汉族入桂的路线，最早就是通过越城岭古道和萌渚岭古道进入，其后则顺水路向桂东南迁徙。唐宋以后及至明清，从广东入桂的汉族多沿西江而上，顺各条水路向桂西及桂西北迁徙。这样迁徙的路线，使得先入桂的汉族主要居住在平原或沿河一带，后逐渐由北而南，而西，或由东向西迁徙。从而形成了汉族在广西的分布呈桂东及桂东南密集，桂西及桂西北稀疏的格局。[①]尤其是清代，成为汉族入居广西的高潮期，最终形成了现在广西汉族分布的格局。

---

① 覃彩銮：《广西开发史》，广西师范大学出版社，2013年版，第179页。

二是对明清时期壮族地区的全面开发与建设做出重要贡献。汉族人口源源不断地进入广西以后，与当地的壮族及其他少数民族杂居，设置郡县，开办学校，传播汉文化，推广先进的生产技术，并与当地居民通婚，为开发广西，促进广西经济的发展、社会的进步、文化的繁荣和民族的团结与融合，做出了积极的贡献。据史载，明代梧州“客民闽、楚、江、浙俱有，唯广东接壤尤众，专事生息，什一而出，什九而归。中人之家，数十金之产无不立折而尽”，“盐商木客，列肆当垆，多新、顺、南海人”；清代苍梧“商贾辏集，类多东粤人，为其渐染，事尚纷华”①。因此，可以说，明清时期汉族人口的大量迁入，极大地推动了广西壮族地区的商品贸易发展与经济开发，有力地促进了广西壮族地区社会经济的发展与进步。

总而言之，明清时期，随着大量外来人口的迁入，不仅为壮族地区的全面开发提供了大量的劳动力，而且带来了先进的生产技术和思想观念，从而促进了壮族地区的全面开发，推动了壮族地区社会历史的向前发展。

本章小结

众所周知，世间任何事物的发展都是多种因素综合作用的结果。从历史上看，明清时期壮族地区持续发展、全面开发，这一局面的出现正是国家与地方、历史与现实各种因素综合作用的结果。

---

① （嘉庆）《广西通志》卷八八《舆地略九》。

从多民族国家的层面来看，明清时期正是中国古代专制主义中央集权制度发展到鼎盛的时期。这一时期，中央王朝基于大一统的政治理念，为巩固和加强多民族国家的统一与稳定，进一步强化了对边疆民族地区的治理，积极推进对壮族地区的经营与开发，维护王朝国家政治上的大一统局面，进一步强化壮族地区的国家认同意识。

从行政管理制度来看，明清时期的广西地区大体上实行的是双轨制：桂东地区实行的是与内地相同的行政制度，桂西地区实行的是土司制度。与前代相比，不仅行政建制更加完善，管理层级更加分明，而且王朝统治更加深入，行政管理更加完备，为广西地区的开发与建设奠定了稳固的行政基础和完备的政治条件。

从区位优势来看，古代广西地处边陲，远离王朝政治中心，受战乱的影响相对较少，明清时期该地区虽有局部战争与动乱，但社会秩序总体而言相对稳定。这对王朝国家主导下该地区的开发与建设无疑具有十分重要的意义。

从历史发展的角度来看，今广西壮族地区的开发与建设大致经历了史前时期的原始开发期、先秦时期的自主开发期、秦及南越国时期的统一开发期、汉至隋时的推进开发期、唐宋时期的创新开发期、元明时期的加快开发期和清至民国时期的全面开发期等七个阶段①，而明清时期广西壮族地区的开发与建设正是对明清以前历代王朝国家在广西壮族地区实施开发与建设的合理继承和逻辑发展。

从族群关系的角度来看，明清时期外来人口以前所未有的速

---

① 参见覃彩銮：《广西开发史》，广西师范大学出版社，2013年版。

度与规模迁入广西地区，从桂东深入桂西，为该地区带来了先进的生产技术和思想文化。这不仅大大地增进了当地民族与以汉族为主体的外来人口之间的交往交流交融，而且为广西壮族地区的开发提供了大量的劳动力，明清时期壮族地区的空前开发正是各民族共同参与、携手推进的结果。

总而言之，多民族国家的统一与巩固，全国政局的相对稳定，各民族空前的交往交流交融，为明清时期王朝国家与地方政府从政治、经济、文化教育等诸方面加快对壮族地区的进一步开发与全面建设提供了相对有利的社会环境，从而使得明清时期壮族地区的开发取得了前所未有的新成就。

第二章

明清时期土司制度与王朝国家在壮族地区的政治管理

这里所说的政治管理，是指在一个统一的国度里，国家权力按照某种特定的秩序和目标对政治生活进行自觉的、有计划的约束或制约的一定方式。政治管理是一个历史范畴，它为适应统治阶级维持政治统治的需要而产生，与政治统治有着密切的关系。从根本上说，任何政治管理都服务于一定阶级的政治统治；任何阶级的政治统治总是通过政治管理等一系列社会职能而得以体现。从这个意义上说，土司制度就是政治管理的一种模式，它服务于王朝国家在边远民族地区的政治统治需要，王朝国家正是通过土司制度这一特殊的政治管理模式达成其对边远民族地区进行政治统治的目的。

土司制度是元、明、清时期封建中央王朝在边远民族地区实施的一种特殊的政治制度与民族政策，是元、明、清时期王朝国家在边远民族地区实施的一种政治管理方式。从历史上看，这一制度的形成与发展经历了一个相当漫长的历史过程。土司制度的形成是历史发展的必然结果，是历代王朝不断强化对边远民族地区管理与控制的历史产物。

从历史上看，中国土司制度大体是源于秦汉时期的属国都尉、道；中经魏、晋、南北朝的僚郡县、左郡县，隋、唐、宋时期的羁縻府州，不断得到发展；正式形成于元代；完备于明代和清初；清雍正改土归流后，则逐渐衰微①。这是整个中国土司制度发展与演变的基本脉络。这一制度的长期存在，对边疆民族地区的社会历史发展产生极为重要的影响，成为历史时期王朝国家边疆经略的重要组成部分。具体到广西壮族地区，从文献记载来看，其土司制度大抵起源于唐宋时期，确立于元代，完善于明代，衰落于清代，消亡于民国时期，对壮族地区社会历史发展影响深远。

第一节　土司兴废对壮族地区开发进程的重要影响

从壮族地区社会发展史来看，土司兴废乃壮族地区开发史上之重要篇章，土司制度时代实为壮族发展史上之重要时期，是认识元明清乃至民国时期壮族社会发展史的重要窗口。

元明清土司制度时代横跨了广西开发史上的“加快开发”与“全面开发”两个关键时期，足见其在壮族地区开发史、壮族地区社会发展史乃至西南边疆开发史上的重要地位。

1939年，钱穆先生在《国史大纲》中论及“南北经济文化之转移”时，特别强调明代以后“西南诸省之开发”乃国史上之

① 吴永章：《中国土司制度渊源与发展史》，四川民族出版社，1988年版，导言。

一重要篇章。在他看来，所谓开发西南，主要指的就是土司的兴废，“西南开发之尤显要者，则为湖广、四川、贵州、广西诸行省土司之设置……此为明代开发西南一大事。盖亦随诸地经济民户之自然展扩而俱起……下及清代，渐次‘改土归流’，而近世中国开发西南之大业，遂告完成”。

很显然，在钱穆先生看来，土司制度之设实为“明代开发西南一大事”，而清代“改土归流”则为近世中国开发西南之大业，两者同属明清时期王朝国家开发西南的重要组成部分，在近世中国历史上意义重大，影响深远。钱氏此说颇有见地，令人耳目一新，表明土司兴废在明清时期壮族地区开发进程中具有相当重要的历史地位与显著影响，这对本书的研究颇具启发意义。

第二节　壮族地区土司政区设置与空间分布的历史情形

土司制度是元明清时期王朝国家在边疆民族地区实施的一种与封建大一统制度迥然有别的特殊的地域统治制度，是“王朝利用当地民族集团的上层以间接统治的形式处理周边民族问题的一种政治手段”[①]。明清时期壮族地区的土司政区设置与空间分布是审视壮族土司制度的依据与条件，也是透视整个土司制度的重要因素。

---

① 王柯：《从“天下”国家到民族国家：历史中国的认知与实践》，上海人民出版社，2020年版，第163页。

一、明代广西壮族地区土司政区设置与空间分布的基本情形

明朝建立后，为进一步加强对边远少数民族地区的统治，以便进一步巩固和强化专制主义中央集权制度，根据壮族地区社会、政治、经济与文化发展的特点，对元朝在各少数民族聚居的府、州、县所设的土官，仍以原官授之，继续推行土司制度。《明史》卷七六《职官志五》云：

洪武七年，西南诸蛮夷朝贡，多因元官授之，稍与约束，定征徭差发之法，渐为宣慰司者十一、为招讨司者一、为宣抚司者十、为安抚司者十九、为长官司者百七十有三。其府州县正贰属官，或土或流，皆因其俗，使之附辑诸蛮，谨守疆土，修职贡、供征调，无相携贰。

《明史》卷三一〇《土司传》亦载：

洪武初，西南夷来归者，即用原官授之。其土官衔号曰宣慰司、曰宣抚司、曰招讨司、曰安抚司、曰长官司……而府州县之名亦往往有之。

今人顾颉刚、史念海亦明确指出：

及有明之初，诸土司相率背元来归，太祖嘉其向善心切，即以原职授之，使得袭其爵禄，保其名号，土官遂渐增多，而土司

之制度亦渐完备矣。[①]

相比较于元代而言，明代的土司土官职衔更加细化，规定官有文武之分，且各司其职，互不统属。明人朱国祯谓：

凡土司官有武衔者，宣慰使同知、安抚司正长官、副长官、土千户、百户之类是也。有文衔者，土府同知、通判、推官、土州同、土县丞、主簿、巡检之类是也。长官司有属宣慰司者，有属府州县者，有属卫者。武衔，土官与属宣慰长官专用目把、汉把，夷而夷者也。文衔，土官与属府州长官事统于郡守、州守、县令，夷而汉者也。属卫长官与卫官世姻，而势难钳制，不夷不汉者也。[②]

显而易见，明代土司制度是在继承元代土司制度的基础上发展和完善起来的。有学者研究指出，明代将“由当地民族集团的酋长来担任的地方官明确地划分为由知府、知州、县令构成的‘土官’系统（土知府、土知州、土县令）和由宣抚使、安抚使、诏讨使、长官构成的‘土司’系统，使土司制度更加系统化和制度化”[③]。由此可见，明代土司政区与职衔设置较之元代更为规范和健全，土司制度更为完备和成熟，成为中国土司制度发展史上的全盛时期。

具体到壮族地区，明承元制，在政治上全面推行土司制度，

---

① 顾颉刚、史念海：《中国疆域沿革史》，商务印书馆，1999年版，第214页。

② 朱国祯撰，王根林校点《涌幢小品》卷八《土司衔》。

③ 王柯：《从“天下”国家到民族国家：历史中国的认知与实践》，上海人民出版社，2020年版，第163页。

将壮族首领直接纳入中央王朝官僚体系之中，并通过壮族土司土官直接统治壮族民众，以巩固王朝国家在壮族地区的统治地位，使得明代广西壮族土司制度在元代原有的基础上，达到更加完备的程度，进入土司制度发展的全盛时期。不仅如此，在对土司制度的历史书写上，《明史》更是专门辟立《土司传》一节，详尽记述各地土司政区的设置与空间分布状况、土司制度的演化情形以及中央王朝与地方土司之间的相互关系，足见土司制度在明代的重要地位和显著作用。而《土司传》中《广西土司传》的首次设立，亦足以表明明代是广西壮族土司制度发展史上的重要阶段和壮族土司在明代王朝国家边疆经略中的重要地位。

明代广西壮族土司的数量如何，古史记载不尽一致，今人说法亦不尽相同。有学者统计，明代全国共有7个省设有土司，其中云南最多，“共设土司、土官1608家”[①]，而“明代广西土官统治区占整个广西州县的一半以上”[②]。《古今图书集成·职方典》记载的是197家[③]，《粤西丛载》亦持此说。另有学者研究认

---

① 张晓松：《论元明清时期的西南少数民族土司土官制度与改土归流》，《中国边疆史地研究》2005年第2期。另据乾隆《云南通志》卷二四《土司》载，明初云南有土司320家。

② 钟文典主编《广西通史（第一卷）》，广西人民出版社，1999年版，第313页。

③ 明清各类典籍记载的广西壮族土官土司数量有所不同：《土官底簿》记载为167家，毛奇龄《蛮司合志》记载为161家。今人吴永章认为明代广西土官总数为193人（吴永章：《中国土司制度的渊源与发展史》，四川民族出版社，1988年版，第164-165页），龚荫认为最多时有342人（龚荫：《中国土司制度》，云南民族出版社，1992年版，第998页），苏建灵认为近400人（苏建灵：《明清时期壮族历史研究》，广西民族出版社，1993年版，第156页），粟冠昌认为总数超过200人（粟冠昌：《广西土官制度研究》，广西民族出版社，2000年版，第61页）。

为明代是广西土司制度发展的全盛时期，所设土司府、土司州、土司县、长官司、土巡检司遍及广西中部和西部各地。据统计，广西各地设置有土府4个、土州41个、土县8个、长官司10个、土巡检司70多个、土千户所5个，土知府、土知州、土知县、长官司长官、土巡检、土千户等大小土官320余人。明廷不仅在广西西部地方有土司之设，而且在东部地区也新设有土州、土巡检司和长官司等[①]。明代广西壮族土司政区设置数量之多及其势力范围之广由此可见一斑，谓之空前，绝非虚言。

从地域分布上考察，我们可以发现，明代在今广西境内所设置的土司政区中，大体以桂西左江、右江和红水河流域一带传统土官统治区域所设土司政区数目为最多，且势力最强，影响最大。如据史载，明代宣德六年（1431年），“广西左、右两江设土官衙门大小四十九处”[②]。右江岑氏土司，雄踞思恩、泗城、镇安三府，势大力强。史称：“右江一带惟岑氏最强，思田既已残破，则泗城州犹婴樊之虎，计非削弱不可也。且南宁控遏两江，坐蹑交阯，桂管保障，或者其在是乎！”[③]《百粤风土记》亦云：“诸土司惟田州、泗城最强，南丹次之。”成化元年（1465年）正月，刑部主事冯俊奏称：“盖广西境内，瑶、壮数多，居民鲜少。洪武间，设立田州、泗城等府州，选用其土人以为土官，世相统摄，百年于兹，遇警悉听调用，效力居多，使之怀德畏威，良由处置得宜故也。其余种类，止令流官兼管，是以反侧

---

① 覃彩銮：《广西开发史》，广西师范大学出版社，2013年版，第149页。
② 张廷玉等撰《明史》卷三一七《广西土司传一》。
③ 陈全之撰《蓬窗日录》卷一《寰宇一》“广西”条。

靡常，近年益甚。今总兵官赵辅等，奉命往征。贼平之后，恐有遗孽远遁，一时不能悉诛。宜遣官招抚，或委令附近土官管束，或别立司府，推选其类为众所信服者，各授以世袭长官，俾从其俗以治之。事下，兵部议，以俊言诚为远图，宜行令赵辅、韩雍等，平贼之后，杂议勘斟举行。从之。”①由此可见，时人对于壮族土司政区的设置与管理显然是持肯定态度的，从中亦可看出土司制度存在的合理性与必然性。

实际上，放宽历史的视野，环视明代国内形势，与同时期的全国其他土司统治区相比，广西亦属明朝着力推行土司制度的重要边疆省份之一。关于明代全国土司设置的形势，史称：“土官之设，惟云、贵、川、湖广及广西，而广东琼州府高向有抚黎之土县佐，若内地则绝无。江西赣州府安远县、信丰县、会昌县内四巡检司各置流官一员，土副巡检一员。又成化间，赣州之龙南县又设土官主簿一员。成化间广东琼州府感恩县有土知县姜鉴。”②由此可见，广西是明代施行土司制度的重要边疆省份之一。

总而言之，明代“因元之旧，多设土司，以资镇压”③，“踵元故事，大为恢拓”④，在继承元代业已确立的土司制度的基础上，在今广西境内设置了大量的土司政区与土官职衔，任用大批壮族土官进行世袭统治，全面构建起对广西区域民族社会的统治格局和管理秩序，从而将广西壮族土司制度推向全盛时期。

---

① 《明宪宗实录》卷一三。

② 沈德符撰《万历野获编补遗》卷四。

③ 赵尔巽等撰《清史稿》卷五二一《土司传五》。

④ 张廷玉等撰《明史》卷三一〇《湖广土司传》。

二、清代壮族地区土司政区设置与空间分布的历史情形

清朝统一全国后，面对广袤的疆域和众多的民族，如何更加有效地管理边疆民族地区，巩固多民族国家的统一与稳定，成为统治者不得不思考的首要问题，边疆治理与民族问题由此被提上了议事日程。基于清初西南边疆地区的特殊政局及边地土司错杂林立的实际状况，清初统治者借鉴了历朝历代传统的经营思想与治边方略，确立了针对土司统治区的“恩威并施”“因俗而治”的基本方针。《清史稿·土司传一》云：

西南诸省，山重水复，草木蒙昧，云雾晦冥，人生其间，丛丛虱虱，言语饮食，迥殊华风，曰苗、曰蛮，史册屡纪，顾略有区别。无君长不相统属之谓苗，各长其部割据一方之谓蛮。若粤之壮、之黎，黔、楚之瑶，四川之倮㑩、之生番，云南之野人，皆苗之类……在宋为羁縻州。在元为宣慰、宣抚、招讨、安抚、长官等土司。湖广之田、彭，四川之谢、向、冉，广西之岑、韦，贵州之安、杨，云南之刀、思，远者自汉、唐，近亦自宋、元，各君其君，各子其子，根底深固，族姻互结，假我爵禄，宠之名号，乃易为统摄，故奔走唯命，皆蛮之类。明代播州、兰州、水西、麓川，皆勤大军数十万，殚天下力而后铲平之。故云、贵、川、广恒视土司为治乱。清初，因明制，属平西、定南诸藩镇抚之……至雍正初，而有改土归流之议……其土官衔号，曰宣慰司，曰宣抚司，曰招讨司，曰安抚司，曰长官司，以劳绩之多寡，分尊卑之等差。而府、州、县之名亦往往有之……凡宣

慰、宣抚、安抚、长官等司之承袭，隶兵部；土府、土州之承袭隶吏部。凡土司贡赋，或比年一贡，或三年一贡，各因其土产，谷米、牛马、皮、布，皆折以银，而会计于户部。

由此可见，针对当时西南边疆民族地区的实际情况，清初统治者从巩固多民族国家统一与稳定的角度出发，因时制宜，因地制宜，决定继续推行元明以来的土司制度。康熙帝曾明确表示“朕思从来控制苗蛮，惟在绥以恩德，不宜生事骚扰”，“封疆大吏，自宜宣布德意，动其畏怀，俾习俗渐驯，无相侵害，庶治化孚于远迩……各循土俗，乐业遂生”[①]。据《清高宗实录》载，乾隆帝曾谓：“中国抚驭远人，全在恩威并用，令其感而知畏，方为良法。若如明季汉官，当外藩恭顺，则藐忽而虐侮之，或且勒索滋弊，及其有事，则又畏惧而调停之，往往激变，率由于此……历观往代，中国筹边所以酿衅，未有不由边吏凌傲姑息，绥驭失宜者。此实绥靖边隅，抚驭外人之要务。”正是基于如此认识，清初遂“因明制”，在边疆民族地区继续推行土司制度。清初的土司制度，就其施行范围而言，“诸土司之区域自甘肃、青海以南至于四川、两湖、云、贵、广西诸省莫不有之，或据一乡一寨，或辖一州一县，小者有地数里，大者乃有至数千里。总诸省土司其数殆不下数百，实居西南诸省中之重要地位”[②]。作为清代西南地区土司设置的重

① 《清圣祖实录》卷一二四。

② 顾颉刚、史念海：《中国疆域沿革史》，商务印书馆，1999年版，第215页。

要省份，广西壮族土司数量究竟是多少，土司地域分布的状况如何，古史记载或因时间先后不同，或因所据史料各异，说法难免有异，今人亦因所据资料不同而统计有别，说法亦不尽一致。从地理位置上看，这些土司政区主要分布在广西的西南、西北和西部一带，“尤以在靠近越南的太平府的西南一隅最为集中”[①]，这里向来是壮族聚居之地。

据马大正先生统计，清朝在今广西地区设置土州24个，土县4个，土司13个，另有庆远长官司，其具体分布情形为：

庆远府辖那地土州、东兰土州、忻城土县、永定长官司、永顺正长官司、永顺副长官司。

思恩府辖白山土司、兴隆土司、定罗土司、旧城土司、都阳土司、古零土司、安定土司。

百色直隶厅辖境内有上林土县、下旺土司。

南宁府辖境内有土忠州、归德土州、果化土州。

太平府辖境内有太平土州、安平土州、万承土州、茗盈土州、全茗土州、龙英土州、佶伦土州、结安土州、镇远土州、都结土州、思陵土州、土江州、土思州、下石西土州、上下冻土州、罗白土县、罗阳土县、上龙土司。

上思直隶厅辖境内有迁隆峒土司。

镇安府辖境内有向武土州、都康土州、上映土州。

① 覃树冠：《清代广西的改土归流》，《广西师范大学学报（哲学社会科学版）》1985年第1期。

> 归顺直隶州辖境内有下雷土州。[①]

据张捷夫先生统计，清代在今广西壮族地区设置的土司数目为：

> 文职土官，土知府二人，土知州三十三人，土州同一人，土州判一人，土知县四人，土巡检十一人；
>
> 武职土官，长官司长官三人，长官司副长官一人。[②]

值得指出的是，明清时期，桂东地区由于长期以来均属汉族和少数民族杂居地区，汉族人口较多，生产力发展水平较高，经济文化较为发达，已向地主制经济发展。明清王朝在这一带地区设立了府、州、县政区，由中央直接委派和任命汉族官员（流官）进行管理，大略实行与内地州县一样的统治制度与管理政策。尽管如此，这一带地区仍然存在着世袭统治的壮族土官，不过，这些土官基本上属于土巡检职衔，职级甚小，势力单薄，影响力有限。这一带地区实际上形成了“土流并治”或“土流参治”的统治形式。在此背景下，明清时期，广西壮族地区实际上也就存在着双轨制的统治模式。

---

① 马大正主编《中国边疆经略史》，武汉大学出版社，2013年版，第547-548页。

② 张捷夫：《清代土司制度》，载《清史论丛（第三辑）》，中华书局，1982年版，第188-202页。

第三节　中央政府强化对壮族土司管控的思想与方略

就行政管理制度的角度而言，明清时期王朝国家在壮族地区实施的开发，毫无疑问应当包含从政治上强化对壮族地区地方势力的多维管控，这一方面是壮族地区进一步开发的主要表征与重要结果，另一方面也是为壮族地区社会经济、文化教育等诸方面的开发与建设提供必要的政治保障与良好的社会环境。诚如学者所言，从形式上看，土司制度好像只是一个任命当地民族的酋长来担任地方官的官制问题，而实际上它包含丰富的思想内容，具体而言，就是王朝按照当地民族的原住地区划分行政单位，以接受政令、朝贡和纳税为前提，任命当地民族的酋长为土司土官，授予他们按照当地的传统习惯对该地区进行统治的权利，以及世袭官职的权利，在边境地区甚至允许他们保有军队①。笔者认为，作为王朝国家在边远民族地区推行的一种特殊的行政制度，土司制度的核心内容，就是明确规定地方土司的权利与义务及其与中央王朝的关系，具有双向互动的属性，具体体现在中央王朝所制定的一系列管控地方土司的制度与措施之中。历史学家吴晗谈及土司制度涵盖的关系与内容时如此说道："土司和皇朝的关系，在土司方面，假借皇朝所给予的官位威权，镇（震）慑部下百姓，便于奴役搜括（刮）；在皇朝方面，用官爵赏赐牢笼有实力的酋长，使其倾心内向，维持

① 王柯：《从"天下"国家到民族国家：历史中国的认知与实践》，上海人民出版社，2020年版，第165页。

地方安定，以便榨取，可以说是互相为用的。”[1]这就明确指出了王朝国家推行土司制度的实质。

一、明代中央王朝强化对壮族土司管控的思想与方略

明代是壮族土司制度发展的全盛时期。为进一步规范和强化对壮族土司的管控，明代中央王朝不仅形成了一系列针对壮族土司的管控思想，而且形成了一套针对壮族土司的管控措施。

（一）明代中央王朝强化对壮族土司治理的思想

从历史上看，“以夷制夷”既是中国古代传统的治边思想和策略，也是历代王朝解决和处理边疆民族问题的指导思想和基本政策。在这一传统的治边思想和民族政策框架下，明朝统治者在如何处理好同壮族土司土官之间的关系这一问题上，注意吸取历代王朝对边疆民族地区施治的经验，在壮族地区深入推行土司制度的过程中，逐步形成一套较为全面系统的、切合壮族地区实际的治理思想和方式方法，从而达到进一步强化对壮族土司土官的管理与控制的政治目的，进而维护了多民族国家的统一与稳定。

1.威惠并行。明朝统一广西以后，在如何对待归附的壮族土官及如何对广西壮族地区进行有效施治的问题上，朝廷内外看法不一。或主张采用武装镇压的手段，认为广西“蛮僚顽犷，散则为民，聚则为盗，难以文治，当临之以兵，彼始畏服”[2]；或主

---

① 吴晗：《朱元璋传》，人民出版社，2008年版，第153页。

② 张廷玉等撰《明史》卷三一八《广西土司传二》。

张采用迁徙的办法，认为“广西诸峒虽平，宜迁其人入内地，可无边患”①；或主张采用“以夷制夷”的政策，认为对广西壮族地区的统治，“宜如宋元制”，录用其酋长，“以统其民，则蛮情易服，守兵可减”②。明初统治者从稳固统治和加强中央集权的角度出发，既要考虑到正确处理好民族关系，又要考虑到对壮族土司地区进行有效管控，最终采取了折中的办法，既维持土司制度的合理存在，又加强对壮族土司的有效管控，从而确立了通过威惠并行的办法对壮族土司进行有效施治的思想。史载：

洪武元年，征南将军廖永忠下广西，左江太平土官黄英衍等遣使赍印诣平章杨璟降。璟还自广海，帝问黄、岑二氏所辖情形。璟言：“蛮僚顽犷，散则为民，聚则为盗，难以文治，当临之以兵，彼始畏服。”帝曰：“蛮瑶性习虽殊，然其好生恶死之心，未尝不同。若抚之以安靖，待之以诚，谕之以理，彼岂有不从化者哉！”遣中书照磨兰以权赍诏，往谕左、右两江溪峒官民曰：“朕惟武功以定天下，文德以化远人，此古先哲王威德并施，遐迩咸服者也。眷兹两江，地边南徼，风俗质朴。自唐、宋以来，黄、岑二氏代居其间，世乱则保境土，世治则修职贡，良由其审时知几，故能若此。顷者，朕命将南征，八闽克靖，两广平定。尔等不烦师旅，奉印来归，向慕之诚，良足嘉尚。今特遣使往谕，尔其克慎乃心，益懋厥职，宣布朕意，以安居民。”以权至广西卫，镇抚彭宗、万户刘维善以兵护送。将抵两江，适来宾

① 张廷玉等撰《明史》卷三一七《广西土司传一》。

② 《明太祖实录》卷三八。

洞蛮寇掠杨家寨居民。以权谓彭宗等曰："奉诏远来，欲以安民，今见贼不击，何以庇民？"乃督宗等击之。贼败走，遂安辑其地，两江之民由是慑服。[1]

由此可见，明初统治者明确表达了要在壮族土司地区采取威惠并行的办法进行有效施治的思想。据史书记载，洪武七年（1374年），有御史自广西回到京师，献平蛮六策，"内有曰：'立威。'"。明太祖阅后谕之曰："汝策甚善。立威之说，亦有偏耳。夫中国之于蛮夷，在制驭之何如。盖蛮夷非威不畏，非惠不怀。然，一于威，则不能感其心；一于惠，则不能慑其暴。惟威惠并行，此驭蛮夷之道也。古人有言：'以怀德畏威为疆政。'"[2]这就进一步明确了明廷以"威惠并行"为基本内核的边疆经略思想。从文献记载来看，明初确立的这一针对壮族土司的统治思想，一直为后世统治者所相沿袭用。譬如，正统二年（1437年），泗城州土官知州岑豹攻夺利州知州岑颜所辖之地，并掠岑颜妻子、财物。时广西总兵官都督山云奏请调官军剿之，明英宗当即表示反对，明确指出："蛮夷违命梗化，罪固难容。而朝廷兴师动众，事亦不易。卿其更遣人谕之。彼能输款，即与自新。如尚稔恶不悛，即加剿灭。务俾事集人安，以副委任。"[3]成化十一年（1475年），湖广总兵官李震奏称官军镇压少数民族起义失利，建议援引王骥征麓川例发兵镇压，宪宗乃诏：

① 张廷玉等撰《明史》卷三一八《广西土司传二》。

② 《明太祖实录》卷九一。

③ 《明英宗实录》卷二六。

“蛮夷华夏，自古有之，要在边将羁縻得宜，使不敢越境为乱而已，曷尝以殄灭为快。”[①]明宪宗主张对边疆民族地区的治理断不可“以殄灭为快”，仍应以抚为主，对其实行羁縻统治。

明代中央王朝管理和控制地方土司的思想和策略重点在于“抚绥得人，恩威兼济”。从本质上说，明代王朝国家之所以对壮族土司采取恩威并行、“剿抚兼施”、以抚为主的统治方略，其目的还是在于通过对广大壮族土司土官的招抚与笼络，凭借他们代理中央王朝对土属地方的内部事务进行直接管理，既可确保统治阶级在边疆民族地区的既得利益不受损害，又能维持边疆民族地区的发展与稳定，最终达到“以夷制夷”的目的，维护王朝国家主权和领土的完整，实现封建大一统的政治局面。

2.分封众建。明代中央王朝对壮族土司的有效管控，除了普遍采用“剿抚兼施”的策略外，对于那些势大力强的少数民族强宗大姓，则有针对性地采取“分封众建”的治理方略，以“分封”为手段，以“寡力”为目的，以便削弱大姓土司的势力，确保王朝国家在边疆民族地区的既得利益和统治地位。对此，丘濬在《广西众建土官议》中曾详加陈述：

臣愚以为，今日制驭驯服之策，莫急于立土官，请用左右两江之例，而微寓夫设立军卫之意。盖左右两江府州之设，专以其地属之一姓。臣所谓微寓设立军卫之意者，众建官而分其权也。凡今瑶壮与编民，杂居州县之间，但彼依山箐以居耳。今特敕内外大臣躬临其地，召集其酋豪，谕以朝廷恩威，将授以官，如左

① 《明宪宗实录》卷一四二。

右两江土官例，俾其子孙世享之。其有能率其种类五百名以上内附者，即授以知州之职；四百名以下，量授同知、判官、吏目等官。其官不拘名数，亦如卫所之制。既受其投词，不烦勘实，官给以冠服，遣官属以驺从鼓乐，送归所居，徐俾其择地立为治所，合众力成之。既成，具奏请印，俾推其中一人为众所信服者掌印，则彼受朝廷爵命，必知所感慕，而其同类咸尊敬之。有不伏者，彼仗国威，并力除之，不难矣。积久成俗，彼皆慕华风，习礼教，而知杀掠之为非。况众设其官，势分力敌，自足相制，不能为乱。而其中不能无自相争讼者，须申上司，奏朝廷，则国家之势益尊，不劳兵戈而一方安靖矣。

对此，时人王守仁、林富等显然持赞同态度。在《处置平复地方以图久安疏》中，王守仁极力主张“分设土官巡检，以散各夷之党”，认为这样做的结果“势分难合，息朋奸济虐之谋；地小易制，绝恃众跋扈之患。如此则土官既无羽翼爪牙之助，而不敢纵肆于为恶；土目各有土地人民之保，而不敢党比以为乱”①。林富在《议上思田等处事宜疏》中，主张“如新建伯王守仁所议，推选头目，设为土巡检。明立地界，使分管而世守之”，“降为州治，以削其权，分设土巡检，以杀其势，无事则犄角而守，有事则彼此相防”②。“分封众建”俨然已成为明代中央王朝对待少数民族强宗大姓的治理政策和政治行为。

从时间上看，明代“分封众建”治理策略的贯彻实施和具体

---

① （嘉庆）《广西通志》卷一九五《前事略十七》

② 林富撰《议上思田等处事宜疏》，载《粤西文载》卷七。

运用，是在中央王朝处置平复田州、思恩两土府岑姓土司之乱后进行的。从本质上说，明代工朝统治者采取“分封众建”的治理策略，于地方土司而言，其传统的世袭统治势力无疑会受到一定程度的分散和削弱，使其不得不接受中央王朝授予的封爵和名号，听命于中央王朝的管理和统治；于王朝国家而言，通过分封众建，既可以笼络少数民族上层，使其因俗而治，有效缓和地方土司与中央王朝之间业已存在的种种矛盾，又可以通过这些受封的大小土司达到“以夷制夷”的政治目的。有道是“巡司之立，又足以散土夷之党；而土俗之治，复可以顺远人之情，一举而两得矣”[①]，即是之谓。

在上述治理思想的指导下，明王朝一方面广泛推行土司制度，以便有效笼络和利用壮族土官对土属地方进行统治，作为巩固中央王朝在少数民族地区统治地位的重要支柱，另一方面则采取军事震慑的态度，对壮族土官予以监管和控制，以防土官坐大而威胁中央政权。顺则抚之，逆则剿之，直至改流，平时则严加防范，全然构筑起一张旨在强化对壮族土司的管理与控制的制度网络。

（二）明代中央王朝强化对壮族土司管理与控制的方略

明代是壮族土司制度的上升时期，也是壮族土司制度发展史上的全盛时期，其时壮族土司已经成为中央王朝在壮族地区足可倚仗的重要力量。正如《明实录》所言，“粤西之患有三：曰交夷，曰土司，曰瑶壮”，显然，如何更加有效地管控处于全面发展阶段的土司制度，俨然已成为明代王朝国家行政管理中的一个

---

① （嘉庆）《广西通志》卷一九五《前事略十七》。

重大问题。《万历野获编》称：

西南土府知府，仅得统土知州、土知县而已，惟广西思明府之上石西州，云南丽江府之通安、巨津二州，其知府俱土，而州守则为流官，不知堂属体统亦如内地否？又如广西泗城州，其属程县为流官。正德中，土知州岑豹亡叛，逼逐流官知县，而自领其事，朝廷遂不除吏，以至于今。又思明府所属，尚有禄州、西平二土州，正嘉之间，为交趾所侵陷，思明既不能克复，大司马亦不能讨，漠然置之罔闻，国事如此，何以鞭笞四夷？①

根据这一文献记载，可以看出，一方面当时地方土司的势力尚大，明王朝封建统治力量还难以深入土司地区，国家权威在土属地方的影响力还相当有限，另一方面土司问题绝非单纯的民族问题，还与边防及国家安全问题紧密相连，断不可轻视。

为了进一步加强对壮族土司的管理和控制，以维持封建大一统的政治格局和维护南部边陲的稳定与安全，明代中央王朝可谓不遗余力。史称："洪武元年，夏，平章杨璟、参政朱亮祖等既取广西，左右两江土官皆遣使赍印章纳上归款，请以户口税粮悉登版籍，每三岁愿遣子弟奉方物入贡，由是朝廷嘉其忠诚。复因旧疆从宜增省，置各府、州、县，俾仍为知府、知州、知县等官，许子孙世袭，凡勘核请授悉由巡抚藩臬，若土官绝嗣，本族无可袭及叛逆诛灭，始铨流官代之，所以治驭诸蛮者，规画亦密

① 沈德符撰《万历野获编》卷三〇。

矣。”[①]苏濬亦称：“我朝受命两江土酋，东溯交关，西缘牂牁，际滇之广南，莫不纳土归款，愿贡方物。恐后朝廷第因旧疆，稍稍增省，置各府州县。其长吏，令世世相传，诸佐与属并为铨才。部有丞，州有目。削绝者，始以流官代焉。大都矜彼归正，恢我包荒，纳土则受，请示则遣，令无颇复，羁縻勿绝而已。”[②]所有这些，实际上已涉及明代中央王朝为进一步加强对壮族土司的管理与控制而采取的部分具体政策和措施。综合起来看，明代中央王朝强化对壮族土司管理与控制的主要方略如下：

1. 土司土官的任命与授职。明朝统一广西以后，为巩固统治，即着手完成地方行政建制工作，严格规范对壮族土司土官的任命与授职。对于依规任命的壮族土官，中央王朝均赐予诰敕、印章、虎符、驿玺书等信物，委以地方军政大权，壮族土官俨然成为中央王朝在壮族地区的代理统治工具，世袭其位，世有其土，世统其民，因俗而治。如据史载，洪武元年（1368年），“大兵下广西，右江田州府土官岑伯颜遣使赉印诣平章杨璟降”[③]。这就从根本上改变了羁縻制度时代边疆民族地区往往“自为君长”的局面，将壮族土司土官正式纳入王朝官僚体系之中，便于中央王朝实行集中统一管理。

据文献记载，元代对壮族土司册封的官职主要有安抚使、路总管、知州、知县等。据学者统计，元代先后在广西册封了军民土总管4人，土安抚使3人，土知州62人，土知县22人[④]。明代

---

① （嘉靖）《广西通志》卷五〇《外志一》。
② 苏濬撰《土司志》，载《粤西文载》卷一二。
③ 张廷玉等撰《明史》卷三一八《广西土司传二》。
④ 谈琪：《壮族土司制度》，广西人民出版社，1995年版，第27页。

在元代的基础上，对壮族土司土官的任命与授职进一步制度化。按《明史》载云“洪武初，西南夷来归者，即用原官授之”，“以劳绩之多寡，分尊卑之等差”[①]。《西园闻见录》亦载：“因其疆域，参唐制，分析其种落。”明代中央王朝就是按照这些政策原则授予壮族土司土官职衔的。按明制，土官一经任命，中央王朝即赐予诰敕、印章、冠带及符牌等信物，作为朝廷命官的凭证[②]。譬如，洪武二年（1369年），广西右江田州府土官岑伯颜、来安府岑汉忠、向武州黄世铁、左江太平府黄英衍、思明府黄忽都、龙州赵帖坚，各遣使奉表贡马及方物，“诏以伯颜为田州府知府，汉忠为来安府知府，世铁为向武州知州，英衍为太平府知府，忽都为思明府知府，帖坚为龙州知州兼万户，皆许以世袭”[③]。洪武初，陀陵县“土官黄富来归，授知县世袭”[④]。洪武二十四年（1391年），思明府土知府黄忽都之子黄广平遣使奉表贡马及方物，“诏广平袭职，赐冠带袭衣”[⑤]。明初之所以对奉表归附的壮族土司土官一律委以原职，其目的无疑是争取壮族土司土官的支持和拥护，使其协力保土守疆，以巩固明王朝在壮族地区的统治和维护边疆地区的安全与稳定。

明初，对土司土官的授职采取文武分治制。按照规定，凡文职土官隶吏部验封司，由布政司领之；凡武职土官隶兵部武选

---

① 张廷玉等撰《明史》卷三一〇《湖广土司传》。
② 1962年，在今宁明境内曾出土过明代迁隆州土官的官印——迁隆州印。
③ 《明太祖实录》卷四三。
④ （嘉庆）《广西通志》卷六〇《职官表四十八》。
⑤ 张廷玉等撰《明史》卷三一八《广西土司传二》。

司，由都指挥领之。史称，“文武相维，比于中土”[①]。清人毛奇龄称：“文武相维，机权攸寓，细大相关，股掌易运。”[②]由此可见，两者之间互为联系，不可分割。另外，土司职衔虽有品级之分，但并不按官秩取俸。史称：“凡土司之官九级，自从三品至从七品，皆无岁禄。”[③]事实上，明代土司土官职衔虽有文武之分，但并未认真执行。在土司制度下，文职土官也拥有土兵，可领兵作战；武职土官也兼治本地，军政合一。从文献记载来看，明廷统治广西地区数百年间，壮族大小世袭土官不下数百，而在武职范围内能升擢为都指挥者仅有岑瑛和黄竑两人，这应是中央王朝出于防范和抑制土司势力的结果。如据史载，天启五年（1625年），兵部指令广西巡抚王心一，谓“有功土官，加文臣服色，不可予武臣职衔，益其骄纵”[④]。明代中央王朝对地方土司土官的防范与抑制由此可见一斑。

2. 土司土官的朝贡与赋役。在土司制度下，地方土司对中央王朝是否顺服和效忠，事关中央政权在民族地区统治的巩固与否，这是一个涉及向心力与国家认同的问题。中央王朝委任地方土司以官职之后，地方土司即有向中央王朝朝贡与纳赋、征役的责任与义务。朝贡意味着地方土司对中央王朝的臣服和效忠，纳赋和征役则表明地方土司对中央王朝所承担的义务，意味着土司地区归属王朝国家的版籍。这是王朝国家与地方土司之间的互为认同关系的重要表征。

---

① 张廷玉等撰《明史》卷三一〇《湖广土司传》。

② （乾隆）《四川通志》卷二〇《土司下》。

③ 张廷玉等撰《明史》卷七二《职官志一》。

④ 《明熹宗实录》卷六〇。

（1）朝贡。就土司土官而言，自其归附时起即须朝贡，以示对中央政权的臣属与效忠。从文献记载来看，明代中央对地方土司的朝贡极为重视，对入贡的时间、人数与物品等均有严格的规定。明制，各地土司贡期为三年一贡。史称："每三年一进贡马匹、方物，然皆纳价值而已。"[①]洪武年间，规定"土官三年朝觐进贡一次。布政司给文起送，限本年十二月终到京，贡物不等"[②]。据《礼部志稿》记载："湖广、广西、四川、云南、贵州腹里土官，遇三年朝觐，差人进贡一次，俱本布政司给文起送，限本年十二月终到京；庆贺，限圣节以前；谢恩，无常期。贡物不等。"[③]另据史载，万历三十八年（1610年），广西凭祥州、江州、龙英州、向武州、龙州、安隆长官司、罗阳县的土官，"各差头目李一鸾等来朝，并各贡马匹不等，以违二月十五前到部之例，减半赏"[④]。由此可知，迄明万历年间，定制为贡使须于当年的二月十五日前到礼部报到。从朝贡人数来看，明初各地土司派遣参与朝贡的人数确实不少。譬如，洪武二十三年（1390年），思明府知府黄广平遣思明州知州黄志铭，率其属部及太平府龙英州等十五州土官李圆泰等，"俱来朝贡马及方物"[⑤]。从朝觐进贡的人员构成来看，明代广西壮族土司朝贡，大都遣其至亲，其中以弟侄为主，亦有叔、子、孙等，此外为其

① 谢肇淛撰《百粤风土记》，载《粤西丛载》卷二四。
② 《土官朝贡例》，载《粤西丛载》卷二四。
③ 俞汝楫编《礼部志稿》卷三六《主客司职掌》。
④ 《明神宗实录》卷四六八。
⑤ 《明太祖实录》卷二〇六。

他亲戚族人[1]。至于朝贡的物品，一般为“贡方物”。譬如，洪武二十二年（1389年），“田州府知府岑坚遣其子思恩州知州永昌贡方物”[2]。洪熙元年（1425年），“果化州土官赵英遣族人赵诚等贡马及方物”[3]。从文献记载来看，明代壮族诸土司所贡“方物”品种繁多，主要有马、象、犀角、孔雀尾、象牙、象钩、象鞍、象脚盘、蚺蛇胆、金银器皿、玉石、青红宝石、围帐、金绒索、各色绒绵、各色布手巾、花藤席、降香、黄蜡、槟榔等[4]。贡物不仅品种繁多，而且数量还相当大。如据嘉庆《广西通志》记载，洪武年间，“广西思明府贡消毒药五百三十四味，共三千八斤。内锦地罗一味重二斤，消食药十味，消毒药十八味重十九斤，大冲药一味重一斤，塞住药六味重四斤”[5]，又岁以“零陵香进，费至二千金”，又贡“葛布二百匹”[6]。明代壮族土司朝觐进贡方物的品种与数量之多由此可见一斑。

值得指出的是，明代广西壮族土司朝觐进贡的方物中，马匹已成为贡品中的大宗，这方面史载颇多。譬如，思陵州，洪武二十七年（1394年），“土官韦延寿贡马及方物。宣德四年，护印土官韦昌来朝，贡马，赐钞币”[7]。正统十年（1445年），广西太平

---

① 黄明光：《明代壮族土官朝贡述评》，《民族研究》1987年第1期。

② 张廷玉等撰《明史》卷三一八《广西土司传二》。

③ 张廷玉等撰《明史》卷三一七《广西土司传一》。

④ 俞汝楫编《礼部志稿》卷三六《主客司职掌》。

⑤ （嘉庆）《广西通志》卷一六四《经政略十四》。另，《明会典》卷一一三载：“广西思明府岁进解毒药五方三十四味，共三十八斤，内锦地萝一味，重二斤；清食药十味，重十二斤；消毒药十八味，重十九斤；大冲药一味，重一斤；塞住药四味，重四斤。”

⑥ （嘉庆）《广西通志》卷一六四《经政略十四》。

⑦ 张廷玉等撰《明史》卷三一九《广西土司传三》。

府茗盈等州县土官舍人李懋宁等，“贡马，赐彩币等物有差”[①]。据《明太祖实录》记载，从洪武二年（1369年）到洪武三十五年（1402年），广西各地壮族土司共计入贡50次，其中贡品有单独贡马的，也有同时贡马及其他方物的。嘉靖四年（1525年），明朝曾对广西各地壮族土司贡马的等级及折银要求做了明确的规定：上等马每匹折银24两，中等马每匹折银18两，下等马每匹折银12两，要求“折银贮库，以备买马应用”[②]。由直接贡马到按贡马折银贮库，这是明代对朝贡方物品种要求的一个重大变化。究其原因，明初中央王朝之所以要求广西壮族土司大量贡马，当属时势使然。众所周知，洪武、永乐年间，明朝为清除元朝残余势力对北方的威胁，曾多次出兵漠北。正统年间，明朝同瓦剌和鞑靼部的战事频仍，对战马的需求量相对较大，为迎合和满足朝廷的需求，同时也为了明示对中央王朝的效忠，广西各地壮族土司的贡品中，马匹成为大宗。后来，由于北方马市的开展，加上南方路途遥远，遂改为贡马折银贮诸布政司库，俟后支用。此举实际上是形异而实同，马匹始终未与土司贡品脱开干系，只不过是通过折银的方式由直接参与变成间接参与朝贡罢了。

从文献记载来看，为了表示对明代中央王朝的臣服和效忠，表明自身对王朝国家的认同态度，明代广西各地壮族土司土官朝贡可谓如缕不绝，参与朝贡的人数和次数较多，规模较大。为便于读者阅读和深入了解，兹据《明史》《明实录》《礼部志稿》《续文献通考》《广西通志》等诸种文献所载，将明洪武年间至万

---

① 《明英宗实录》卷一三三。

② 黄佐修纂《广西马政志》，载《粤西文载》卷一六。

历初年广西各地参与朝贡的壮族土司土官粗略统计，如表1所示。

表1　明代广西各地参与朝贡的壮族土司一览表①

朝贡时间	朝贡土府	朝贡土州	朝贡土县、土峒、长官司等
洪武年间	思明府、镇安府、太平府、来安府、田州府	龙英州、江州、龙州、向武州、养利州、上下冻州、思陵州、万承州、太平州、安平州、都结州、思城州、结伦州、镇远州、左州、茗盈州、南丹州、结安州、思同州、东兰州、那地州、全茗州、利州、泗城州、奉议州、思明州、上隆州、思恩州	陀陵土县、罗阳土县、崇善土县、永康土县、安隆土峒、永顺长官司
永乐年间	田州府、思明府、镇安府	向武州、上思州、东兰州、思恩州、结伦州、思陵州、果化州、都康州、结安州	凭祥土县、崇善土县、安隆土峒、上林长官司
洪熙年间	田州府	上隆州、果化州、那地州、上思州、江州、忠州	凭祥土县、上林长官司
宣德年间	思明府、镇安府、田州府、太平府	泗城州、利州、思恩州、向武州、思陵州、上隆州、上思州、奉议州、茗盈州、果化州、东兰州、安平州、养利州、左州、都康州、忠州、万承州、龙州、南丹州、那地州、归德州、镇远州、上下冻州、龙英州、思同州、全茗州、结伦州、恩城州	凭祥土县、永康土县、崇善土县、陀陵土县、安隆长官司、上林长官司

① 张廷玉等撰《明史》卷三一七至三一九《广西土司传》；《明实录》；《礼部志稿》卷三六《主客司职掌·土官》；《续文献通考》卷二九《土贡考二·历代土贡进奉羡余》；（嘉庆）《广西通志》卷一六四《经政略十四》引《续文献通考》。

续表

朝贡时间	朝贡土府	朝贡土州	朝贡土县、土峒、长官司等
正统年间	镇安府、思明府、思恩府、田州府	泗城州、利州、思明州、奉议州、万承州、安平州、都康州、龙州、恩城州、镇远州、太平州、上思州、都结州、忠州、左州、茗盈州、东兰州、思恩州、安平州、江州、南丹州、思陵州、果化州、结伦州、向武州、全茗州、思同州、龙英州	永康土县、凭祥土县、上林土县、上林长官司、安隆长官司
景泰年间	镇安府、思恩府、田州府	养利州、恩城州、镇远州、上思州、结安州、泗城州、思城州、那地州、龙英州、左州、归德州、向武州、上隆州	上林土县
天顺年间	思恩府、田州府	龙英州、南丹州、恩城州、上思州、全茗州、泗城州、上隆州、茗盈州	永康土县
成化年间	田州府、镇安府、思恩府	泗城州、万承州、上思州、江州、龙州、上石西州、思同州、结安州、恩城州	陀陵土县 安隆长官司
弘治年间	思明府、思恩府、田州府、镇安府	万承州、龙州、江州、泗城州、利州、归德州、结伦州、镇远州	陀陵土县、上林土县、上林长官司
正德年间	镇安府	泗城州、忠州、龙州	程土县、上林长官司
嘉靖年间	镇安府、思明府	龙英州、泗城州、田州	上林长官司

续表

朝贡时间	朝贡土府	朝贡土州	朝贡土县、土峒、长官司等
隆庆年间	太平府、镇安府	南丹州、龙英州、泗城州、归顺州、归德州、上下冻州、那地州、都康州、田州	陀陵土县
万历年间	思明府、镇安府	泗城州、龙英州、江州、龙州、果化州、归德州、向武州、归顺州、凭祥州、都康州、上下冻州、思陵州、万承州、安平州、太平州、思城州、茗盈州、南丹州、思同州、东兰州、那地州、全茗州、镇安州、泗城州、奉议州、田州、思明州	陀陵土县、罗阳土县、程土县、上林土县、上林长官司、安隆长官司

为了笼络各地土司土官，明代中央王朝对于前来朝贡者采取怀柔政策，给予丰厚的回赐以示酬答。史称，洪武七年（1374年），朱元璋告谕中书省臣曰："蛮夷在前代多负险阻，不受朝命。今无间远迩，皆入朝奉贡。顾朕德薄，其何以当之？古之王者待远人，厚往而薄来，其各加赐文绮袭衣以答之。"[①]朱元璋明确表示要秉承"厚往薄来"的原则，对各地土司朝贡予以丰厚的回赐，足见明代中央王朝对地方土司朝贡的重视。从文献记载来看，明代中央王朝回赐地方土司朝贡的礼品数量大抵依其职衔品级而定，如据《礼部志稿》记载，湖广、广西、四川、云南、贵州腹里土官朝觐，"其赐各不同：凡三品、四品，回赐钞一百锭，彩段三表里，惟播州、贵州二宣慰使赐锦二段，彩段六表

① 《明太祖实录》卷八七。

里；五品，钞八十锭，彩段三表里；六品、七品，钞六十锭，彩段二表里；八品、九品，钞五十锭，彩段一表里；杂职衙门并头目人等，自进马匹、方物，钞四十锭，彩段一表里”[①]。据史书记载，明代中央王朝回赐地方土司的礼物品种一般有文绮、绮帛、钞锭、罗锦、绢、丝、纱、布、彩缎、靴、袜等。譬如，洪武十九年（1386年），上隆州知州岑永通遣儿子岑安来贡，“赐绮帛钞锭”[②]。永乐二年（1404年），向武州土官知州黄或遣头目罗以得贡马，“赐钞币”。宣德四年（1429年），土官知州黄谦昌子宗荫贡马，“赐钞”[③]。景泰二年（1451年），广西镇安等府、恩城等州的土官知府等，“来朝贡马及方物，赐宴及彩币表里钞有差”[④]。就中央王朝而言，其厚赐的目的主要在于从物质上笼络各地土司土官，以保持其向心力与认同度，使其“以听征调、守卫、朝贡、保塞之令”[⑤]，最大限度地为朝廷尽心效力，持续保持对王朝国家的常态化认同。

抑或由于在“厚往薄来”的朝贡中所获朝廷的回赐甚多，获利甚丰，随着时间的推移，在利益的驱动下，各地土司土官朝觐进贡的次数及随从人数越来越多，规模越来越大，导致原先的丰厚回赐转而成为朝廷在财政经济上的一大负担。为此，明代中央

① 俞汝楫编《礼部志稿》卷三八《主客司职掌》。《明史》卷三一〇《土司传》载：如永乐二年（1404年）规定“给赏差来到京土官弟男头目人等，各照衙门品级高下为差：三品、四品钞一百锭，彩缎三表里；五品钞八十锭，彩缎三表里；六品、七品钞六十锭，彩缎二表里；八品、九品钞五十锭，彩缎一表里；杂职衙门并头目人等，自进马匹、方物钞四十锭，彩缎一表里”。

② 张廷玉等撰《明史》卷三一八《广西土司传二》。

③ 张廷玉等撰《明史》卷三一九《广西土司传三》。

④ 《明英宗实录》卷二〇四。

⑤ 张廷玉等撰《明史》卷七二《职官志一》。

王朝不得不采取相应的措施予以限制。如据史载，嘉靖元年（1522年），明世宗朱厚熜曾责成礼部依据各地土司土官朝觐进贡者的品级及贡品数量，专门制定针对各地土司土官朝贡的赏例，具体规定为：

自今土官遣人至京，若弟、侄及男进马四匹以上及方物重者，赏钞币，以衙门品级高下为差。其进马一、二匹及方物轻者，与杂职同赏；若通事、把事、头目人等，止以马匹、方物多寡为差。凡进香茶、黄腊，每扛五十五斤，由布政司传送者，所赏生绢照数递加。违例者，罢其赏……近年各土官、宣抚等司差来人数太多，皆非旧额。所赍降香重不过七八斤，而冒廪饩及绢、钞之赏。至有伪造印信，私增批文者，自今请申明故事，凡违例者，所在有司遏使勿入。其非布政司真印批文，沿途不得资给，即越赴京师，皆还其贡物，罢其赏赐、廪饩，或奇民附和为奸者，以重论。[①]

虽说朝贡是地方土司应尽的责任与义务，但明代关于土司土官定期朝贡的制度并非一成不变，而是因时制宜，在特殊情况下，各地土司土官可以减免朝贡。如据史载，正德十一年（1516年），以“盗贼”未宁，诏免广西镇安等三府、归德等三十三州、上林等四县、永顺等四长官司土官来朝。

明代对于未按规定进行朝觐进贡的土司土官，则要给予相应处罚，其所获赏赐数量亦因此适量减少，这方面史载颇多。如据

① 《明世宗实录》卷二〇。

史载，“凡到京过期，减半给赏。弘治三年以后，正月内到者亦全赏，二月到者减半”[①]。正统四年（1439年），“行在吏部奏：‘天下朝觐官吏，例当去岁十二月到京。今广西太平府罗阳县头目官族唐安等十名，俱违限，当置之法。又有在途托故丁忧官六名，称病官四员，逃回官二员，及违限未到官八十五处，俱当究治。’上曰：‘唐安等远方土人，姑置不问。其未到者，令具实以闻。逃回者逮治之。丁忧称病者，移文体复。若虚诈，必罪不宥。’”[②]。正统十年（1445年），广西思明府忠州官族、头目等因入贡违限失期，吏部即奏请置之以法，后经明英宗特许宽宥方得免罪；万历年间，凭祥州、江州、龙英州等壮族土司因违期入贡而俱被减半赏。由此可见，作为一种制度性规定和王朝国家权威的重要体现，明代中央王朝对包括广西壮族土司土官在内的各地土司土官按期履行朝贡制度的情况格外重视，而且严格执行。

值得一提的是，明代各地土司派遣的朝贡使者或亲自参与朝贡的诸土官土目，除了大部分属男性土官外，也有极少部分属女性土官，男女无别，共同扮演着向中央王朝朝觐进贡与彰显国家认同的角色。如据史载，明仁宗、宣宗朝时，曾有上林、泗城、上隆等司、州女土官遣使朝贡的记录．洪熙元年（1425年）十一月，广西上林长官司女土官黄娘，召遣孙岑志海……贡马[③]；宣德元年（1426年）二月，广西泗城州女土官知州卢氏，遣族人岑台等贡马及银器等物[④]；宣德三年（1428年）七月，广西泗

① 申时行等修《明会典》卷一一三《礼部七十一》。
② 《明英宗实录》卷五〇。
③ 《明宣宗实录》卷一一。
④ 《明宣宗实录》卷一四。

城州女土官卢氏遣头目韦庇等贡马[1]；宣德四年（1429年）正月，赐广西泗城州女土官族人岑泰等，养利州头目罗响等钞、彩、币、表里、金织文绮、袭衣等物[2]；宣德六年（1431年）二月，广西上隆州女土官知州陈氏，遣头目黄荫等贡马[3]。由此可见，明代广西壮族地区已有一些壮族女性取得合法承袭资格，业已依例承袭土司职位，这类壮族女性土官数目虽不多，但在地域政治统治、履行朝贡义务和推进壮族地区增强国家认同意识等诸方面无疑已经扮演了极为重要的角色、发挥了积极的作用，成为一个不容忽视的群体。

（2）赋役。在土司制度下，作为封建大一统格局下的地方政权，向中央王朝输赋与供役成为壮族土司应尽的义务。譬如，泗城州，年交纳粮1646石9斗，起运宾州常平仓，每石折银七钱[4]。从文献记载来看，土属地方的赋税负担还是比较轻的。明人张瀚在《松窗梦语》卷八中称：西粤"乃岭表边鄙，为湖广藩篱，居东粤之上游，内环万山，瑶、壮渊薮，外扼交南，诸蛮夷郡县虽多，赋税实少"[5]。闵珪亦谓："况广西、云南、贵州、四川各处蛮夷边境，地皆炎瘴，人皆顽梗，不可以中国之治（法）治之。仰惟高皇帝初定天下，特于前项夷方，止设土官控制。凡百粮差，悉从轻省，实系羁縻。"[6]以上说的都是这种情

---

① 《明宣宗实录》卷四五。
② 《明宣宗实录》卷五〇。
③ 《明宣宗实录》卷七六。
④ （嘉靖）《广西通志》卷五〇《外志一》。
⑤ 张瀚撰《松窗梦语》卷八。
⑥ 闵珪撰《论抚讲岑应疏》，载《粤西文载》卷五。

况。同朝贡一样，若遇特殊情况，土司赋税尚可蠲免。譬如，永乐七年（1409年），广西思明府因上年秋天雨水伤禾，土官知府黄广成乞免粮税，获准[1]。总的来说，明代土司统治区负担的赋税数额，显然较流官统治区轻。

明代前期，其赋役之称，课于田者曰赋，课于丁口者曰役。赋沿唐宋之名，曰夏税和秋粮；役有里甲、均瑶、杂泛三种。按照明制，赋役之征本应以黄册为依据，但从《古今图书集成·职方典》所辑录的广西地方史志资料来看，明代广西壮族土司统治区大多属田"无顷亩"和人"不编丁"[2]，故其赋役之征具有很大的地域性与特殊性。

按文献记载，明代于广西壮族地区所征赋税，夏税有麦、米、豆、绢、丝、红花、钞等品目，秋粮有米、苎麻、红花、桐油、钞等品目。譬如，正德十六年（1521年），广西左布政使王启等奏称："广西税粮，初，四十二万有奇，顷以户口流亡，土官不服输纳，每岁实征仅二十三万余石……所入不足以给所出。"[3]鉴于现存史籍均只载有秋米数，故此仅就秋米数进行统计。明陈组绶《皇明职方地图表》、嘉靖《广西通志》、《大明一统志》及清顾祖禹《读史方舆纪要》等诸书对明代广西各土府州县的编户情况均有较为完整的记载。兹据《皇明职方地图表》所载，将明代广西诸土司编户里数及秋粮数列表统计，如表2所示。

---

① 《明太宗实录》卷九八。

② 韦东超：《明代广西土司地区的编户与赋役考略》，《中南民族学院学报（哲学社会科学版）》1996年第3期。

③ 《明世宗实录》卷八。

表2　明代广西诸土司编户里数及秋粮数统计汇览表[①]

地区	编户（里）	秋粮（石）	备注
上思州	（20）	67	弘治间改流，嘉靖初复土。据《大明一统志》及方瑜《南宁府志》，上思州改流前编户3里，秋米10石。
下雷州	（1）	（100）	
安平州	5	192	
茗盈州	2	103	
养利州	2	148	万历间改流。
镇远州	1	99	
龙英州	1	375	
结安州	（1）	78	
左　州	4	230	成化中改流。
结伦州	（1）	103	
太平州	4	239	
万承州	2	50	
思明州	1	61	
思城州	2	186	
思同州	4	80	万历间省入永康。
全茗州	1	103	
龙　州	5	455	

① 韦东超：《明代广西土司地区的编户与赋役考略》，《中南民族学院学报（哲学社会科学版）》1996年第3期。表2中括号内的数据为据《读史方舆纪要》补。另，两文部分数据稍有出入，在此忽略不计。

续表

地区	编户（里）	秋粮（石）	备注
罗阳县	1	155	
上下冻	2	302	
都结州	（1）	198	
永康州	1	40	成化间改流。
陀陵县	4	167	
崇善县	2	28	
忠　州	1	210	
上石西	1	（30）	万历间改流。
下石西	1	（25）	
凭祥州	（2）	（165）	
南丹州	（19）	720	
东兰州	（12）	1013	
那地州	3	410	
忻城县	1	319	
永安司	6	35	
永顺司	6	395	
永定司		（335）	
思恩府	20		弘治间改流。
镇安府	2	1250	
向武州	（7）	868	
富劳县	2	214	嘉靖间改流。
奉议州	（2）	286	
归顺州	（1）	150	

续表

地区	编户（里）	秋粮（石）	备注
都康州	2	237	
果化州	1	（140）	
归德州	1	110	
泗城州	2	1640	
程　县	1		后废。
田　州	（10）	4865	
江州	3	220	
罗白县	（1）	15	
利州	1	100	嘉靖初并入泗城。
思陵州	2	30	
上林司	（16甲）	400	
安隆司	1	150	
恩诚州	（6）		弘治末废。
上隆州	（4）		成化间废。

从中国古代历史来看，徭役作为一种无偿的劳动，徭役制度始于先秦时期，一般有力役、军役及其他杂役之分。秦、汉有更卒、正卒、戍卒等役。后世历代王朝征发徭役，名目繁多，办法严苛，成为残酷压榨各族民众的制度。明代，中央王朝对广西壮族土司统治区的徭役之征，见于文献记载者，主要有以下数种[①]：

① 韦东超：《明代广西土司地区的编户与赋役考略》，《中南民族学院学报（哲学社会科学版）》1996年第3期。

第一，修建城池。譬如，庆远府思恩县欲修建城池，曾“申请思恩府、阳朔县、宜山县、河池州，并南丹、东兰、那地三土州等处石匠人夫，协济起工”[①]。

第二，扛抬安南贡物。这主要限于靠近安南的部分州县，如龙州、忠州、凭祥州等。如据史载，龙州土官知州赵源曾奏称：“本州地方与安南国毗连，每遇交人进贡往来，系臣率领目兵迎送护持。”[②]按史书记载，每遇安南朝贡之期，龙州要出扛夫167名，马18匹，土兵180名；忠州要出把隘兵300名，扛夫250名，战马20匹；凭祥州要出马28匹，兵300名；等等。

第三，轮值驿站。明代在广西壮族土司统治区所设的驿站，或由当地土民无偿服役。譬如，太平州东南，“旧设勾山一站，先于明季详奉设立，递送本府往来公文，并无钱粮开销，非与流州县驿站可比，止拨村民轮流更替，递送公文而已”[③]。

第四，府衙应役。类似于内地的里正之役，主要是在流官府衙应役，以传布政令，通达土情。王守仁即曾选派土目蔡德政任此役。《委土目蔡德政统率各土目牌》称：“在流官知府处，必须通晓事体土目一人，专一在府，听候传布政令，通达土情，不然未免上下之情，亦有扞格。查得土目蔡德政平日颇能通晓事情，相应选委。为此牌仰本目率各土目供应人役，专一在府听候答应。凡遇差遣，及催督公事等项，就便遵照传布，催督各管城头土目人等。或有未便情由，亦与申达本府。务通上下之情，以成

① 陈梦雷辑《古今图书集成》卷一四一四。

② 陈子龙等辑《明经世文编》卷三九。

③ 陈梦雷辑《古今图书集成》卷一四四八。

一府之治。”①

从制度上看，明代徭役制度在广西壮族土司统治区虽未全部体现，但部分土司供征徭役的事实，足以证明作为封建大一统下的地方政权，土司之民作为明朝的臣民，确实是负有尽徭役之责的。正是由于纳赋征役具有特殊的政治意义，拒纳赋役者往往被视为“不奉朝命”的表现，为此，明廷往往发兵讨之，以示惩戒。如据史载，洪武二十八年（1395年），“广西右江归德州土官黄碧言、思恩州知州岑永昌隐匿五县民不供赋役，仍用故元印章。上以其不奉朝命，时左都督杨文方总兵讨奉议等处，乃令右军都督府谕文，使相继讨之”②。

综上所述，就政治的角度而言，明代广西壮族土司土官的朝贡、纳赋与输役，既是壮族土司地区向中央王朝输诚与效忠、表明隶属关系的方式之一，所谓“贡方物，表诚敬”；又是中央王朝通过对壮族土司朝贡时间、人数、物品、纳赋及回赐等诸方面的限定，实现对壮族土司的有效管理与控制的方式之一，所谓“土地既入版图，当收其贡赋”③，“岁输贡赋，示以羁縻”④。从根本上说，在土司制度下，朝贡与赋役本身，其政治象征意义远远大于其经济意义与实际用途。通过持续不断的朝贡与赋役之征，既进一步明确地方土司与中央王朝之间的隶属关系，也进一步密切壮族土司同中央王朝之间的联系，进而强化彼此之间的相互认同。不过，频繁的朝贡与赋役之征

① 王守仁撰《委土目蔡德政统率各土目牌》，载《王文成公全书》卷三〇。
② 《明太祖实录》卷二四一。
③ 张廷玉等撰《明史》卷三一二《四川土司传二》。
④ 张廷玉等撰《明史》卷三一一《四川土司传一》。

在一定程度上成了土属地方官民的沉重负担，进而成为各族民众起事的间接原因之一；而持续不断的丰厚回赐在一定程度上成为王朝国家沉重的经济负担，进而成为中央王朝实施改土归流的潜在原因之一。

3. 土司土官的承袭。土司土官承袭是土司制度的核心内容之一。在土司制度下，土官继任的方式主要是世袭，继任者多属子侄、兄弟或妻子。早在元代即明文规定，凡“土官病故，子侄、兄弟袭之，无则妻承夫职。远方蛮夷，顽犷难制，必任土人可以集事……宜从本俗权职以行”[1]。明代土司土官承袭制度沿袭元代旧制并加以完善和发展。据《明史》记载：“凡土司之官九级，自从三品至从七品，皆无岁禄。其子弟、族属、妻女、若婿及甥之袭替，胥从其俗。”[2]洪武二十七年（1394年），“令土官无子，许弟袭；三十年，令土官无子、弟而其妻或婿为夷民信服者，许令一人袭”[3]。为了更加有效地对地方土司进行管理和控制，明代制定并实施了一系列比元代更为严密的承袭法。洪武初年，明朝明确规定，凡土官承袭，必须赴京受命，所谓“袭替必奉朝命，虽在万里外，皆赴阙受职”[4]，以示朝廷威柄。从文献记载来看，洪武、永乐年间，广西壮族土司土官多有“赴京告袭”者。如《土官底簿》记载，洪武二十六年（1393年），田州府原知府“长男岑祥备方物马匹赴京朝覲，告替（田州府知府）”；同年，镇远

① 宋濂等撰《元史》卷二六《仁宗本纪三》。
② 张廷玉等撰《明史》卷七二《职官志一》。
③ 申时行等修《明会典》卷一二一《兵部四》。
④ 张廷玉等撰《明史》卷三一〇《湖广土司传》。

州知州赵昂杰故，其子赵胜昌“署事备马赴京告袭”。永乐二年（1404年），土官巡检李升升为凭祥知县，掌印，“本年五月赴京谢恩，中途病故”。永乐年间，虽有例外，但也仅限于“年幼才免他来”，且同时规定“等出幼时来朝”。正统初年，奏准土官应袭者，预为勘定造册在官，依次应袭。天顺以后，虑及土属地方道路险远，土官赴京多有不便，明廷逐渐放松对土官赴京告袭的要求，“许土官缴呈勘奏”①，“准就彼冠带，到任管事”。即便如此，土司就地承袭仍须履行诸多手续。史称：“凡土司告袭，所司作速勘明具呈，抚、按复实批允，布政司即为代奏，该部题选……抚按仍设告袭文簿，将土舍告袭、蕃司代奏日期登记明白，年终报部备考。”②嘉靖二年（1523年），令土官衙门设在荒远，兼因争竞仇杀等项不能赴京者，抚按等官，勘实代奏，就彼袭替，仍依先年户部原拟等级，令其纳谷备赈。嘉靖七年（1528年）规定，“土官病故，其应袭儿男，查勘无碍，止令以官男孙名色就彼袭替，权管地方；俟著有功劳，然后授以冠带；俟功劳再著，然后授署职；俟功劳屡著，然后实授本职”③，“应袭土舍曾经调遣效有功劳者，暂免赴京，就彼冠带署印，管束夷民，待后功劳显著，方许实授本职”④。嘉靖九年（1530年），规定“土官衙门造册，将见在子孙尽数开报，某人年若干岁，系某氏生，应该承袭；某人年若干岁，某氏生，系以次土舍。未

---

① 张廷玉等撰《明史》卷三一〇《湖广土司传》。

② 申时行等修《明会典》卷一二一《兵部四》。

③ 《土官承袭例》，载《粤西丛载》卷二四。

④ 应檟初辑，凌云翼嗣作，刘尧诲重修《苍梧总督军门志》卷二二。

生子者，候有子造报，愿报弟侄若女者，听。布政司送吏、兵二部查照”[①]。嘉靖三十年（1551年），规定“土官嫁娶，止许本境本类，不许越省并与外夷交结往来”，违者“或削夺官阶，或革职闲住，子孙永不许承袭”[②]。对于听调有功的壮族土官，作为回报，明代中央王朝在应袭要求上往往给予“免赴京”的待遇。譬如，嘉靖二十七年（1548年），向武州土官黄仲金“听调有劳，诏许承袭原职，免赴京”[③]，“那地州土官罗廷凤听调有劳，命袭替，免赴京”[④]。

值得指出的是，明代虽然明确规定土司承袭“胥从其俗”，但十分注重查勘承袭者的宗支和嫡秩，世传袭职均须呈报验封，必须履行严格的申报手续，经过中央王朝批准后方能袭职。如据史载，洪武二十六年（1393年），规定“湖广、四川、云南、广西土官承袭，务要验封司委官体勘，别无争袭之人，明白取具宗支图本，并官吏人等结状，呈部具奏，照例承袭”；天顺二年（1458年），奏准“土官病故，该管衙门，委堂上官体勘应袭之人，取其结状宗图，连人保送赴部，奏请定夺”[⑤]。由此可见，明代对于地方土官承袭资格和应袭程序的要求相当严格和缜密，规定凡土官承袭，须取具宗支图本和土目保结，上报朝廷派出的流官勘定，然后亲自赴京交部审核，查明具奏，再经皇帝批准后方能承袭土官职位。其间，特别强调继位者的合法性，宗支图

① 《土官承袭例》，载《粤西丛载》卷二四。
② 申时行等修《明会典》卷一二一《兵部四》。
③ 张廷玉等撰《明史》卷三一九《广西土司传三》。
④ 张廷玉等撰《明史》卷三一七《广西土司传一》。
⑤ 申时行等修《明会典》卷六《吏部五》。

本显然在土司土官承袭中起了关键性作用。史称，土官承袭“全凭宗支一图为据，今惟云南布政司贮有各土司宗系，以故袭替最便，而贵州、广西诸土官，竟自以所藏谱牒上请，以致彼此纷争，累年不决，称兵构难而不肖监司，又借以收渔人之利，此最大弊事”[①]。为了弥补宗支图本之不足和防止贪官从中渔利，广西壮族地区在明代甚至还实行了一种面见制度。史称，广西“土官承袭，长吏率要贿，不时奏，以故诸酋怨叛”，时太平知府胡世宁，“令生子即闻府，应世及者，年十岁以上朔望谒府；父兄有故，按籍请官于朝。土官大悦”[②]。明代对广西壮族土司土官承袭继位的重视由此可见一斑。

总而言之，明代对于壮族土司土官袭替的规定甚为严格，表明其对土司承袭制度极为重视。诚如《四库全书·土官底簿提要》所云：“其官虽世及，而请袭之时，必以并无世袭之文上请，所奉进止亦必以‘姑准任事，仍不世袭’为词，欲以是示驾驭之权。”显然，明代中央王朝意欲凭藉土司土官请袭之机，牢牢地将地方土司土官承袭之权掌控在统治者手中，没有朝命不得承袭。其目的无疑是进一步加强专制主义中央集权制度，进一步强化地方土司对中央王朝的依附性及其对国家权威的认同，防范地方土司因权势过分膨胀而超出当朝统治者所能允许的范围，从而达成对地方土司进行有效管理与控制，最终实现多民族国家“大一统”的政治目的。

4.对土司土官的奖惩。为了进一步强化对各地土司土官的有

① 沈德符撰《万历野获编补遗》卷四。

② 张廷玉等撰《明史》卷一九九《胡世宁传》。

效管控，明代专门制定了针对土司土官的奖惩制度及其执行办法，进一步规范对各地土司土官的管理。

（1）有功者奖。明代中央王朝对于听命的地方土官，或提拔，或授衔，或封爵，均可按相关制度给予升迁。从文献记载来看，壮族土司土官或以劳绩升迁，或以军功升迁，或以纳米升迁，进阶渠道甚多。譬如奉议州，洪武初，“土官黄志威旧为田州府总管，来归附。二年，诏授其子世铁为向武州知州，世袭。三年，志威入朝贡。六年，招抚奉议等州百十七处人民，皆款服。帝嘉志威功，命以安州、侯州、阳县属之。七年，以志威为奉议州知州兼守御，直隶广西行省”[①]。再如思恩州，土官岑瑛因镇压民众反抗，有功于朝，于正统三年（1438年）升为田州知府，同时掌管思恩州事。次年，改思恩州为府，岑瑛同时担任思恩府知府，并授予“亚中大夫”。正统十二年（1447年），改思恩府为军民府，岑瑛又被赐予正议大夫。天顺元年（1457年），“升广西参政，改都指挥同知，擢骠骑将军都指挥使”[②]。正统中，思明府土酋黄𤣷“积捍御功，授丘温卫指挥，累迁广西都指挥使，守浔州者八年”[③]。景泰时，“广西都指挥同知黄𤣷为前军都督府同知”[④]，“进都督，赐诰命，极具褒奖”[⑤]。成化

① 张廷玉等撰《明史》卷三一九《广西土司传三》。《明太祖实录》卷八五载：“洪武六年（1373年）十月丁酉，江夏侯周德兴言：‘田州府总管黄志威，招抚奉议等州一百一十七处，人民皆来款附。’上嘉志威招抚之功，命以安州、侯州、阳县属之。”

② 苏濬撰《广西郡县志》，载《粤西文载》卷一一。

③ 毛奇龄撰《蛮司合志》卷一二。

④ 龙文彬撰《明会要》卷四二。

⑤ 毛奇龄撰《蛮司合志》卷一二。

二年（1466年），总兵官赵辅奏报岑镛从征有功，“请给诰命，旌其父母并妻，从之”[①]。嘉靖四十一年（1562年），“以剿平瑶、壮功”，命思明土官知州黄承祖“暂袭本职”。明代对于土司土官的奖赏，除于本土受赏升迁外，亦有仕宦中朝，参与机密者。如据史载，思恩府知府岑濬从弟岑业，“少从中官京师，仕为大理寺副三司”，弘治年间“以山东布政司参议在内阁制敕房办事”，身处“禁密之地”[②]。

（2）有罪者罚。明代中央王朝对于各地土司土官若有谋乱、侵夺、仇杀等行为，重者或征讨，或徙流，轻者只要悔过自新，即可免予处分。如据史载，洪武十二年（1379年），东兰州土官韦富挠“遣家人韦钱保诣阙，上元所授印，贡方物。钱保匿富挠名，以己名上，因以钱保知东兰州。既而钱保征敛暴急，民不堪命，拥富挠作乱。广西都司讨平之，执钱保正其罪，仍以其地归韦氏”[③]。洪武十七年（1384年），定土官犯罪律：“凡土官，选用者有犯，依流官律定罪；世袭者，所司不许擅问，先以干证之人，推得其实，定议奏闻，杖以下，则纪录在职，徒流，则徙之北平。著为令。”[④]洪武二十五年（1392年），“凭祥洞巡检高祥奏，思明州知州门三贵谋杀思明府知府黄广平，广平觉而杀之，乃以病死闻于朝，所言不实。诏逮广平鞫之。既至，帝谓刑部曰：‘蛮寇相杀，性习固然，独广平不以实言，故绳以法。今姑

① 张廷玉等撰《明史》卷三一八《广西土司传二》。

② 张廷玉等撰《明史》卷三一八《广西土司传二》。

③ 张廷玉等撰《明史》卷三一七《广西土司传一》。

④ 嵇璜纂《续文献通考》卷一三六《刑考二》。

宥之，使其改过。’命给道里费遣还，是后朝贡如例”①。永乐年间，向武州知州黄世铁侵夺镇安高寨等地，“朝廷遣兵讨平之，以其地属镇安”②。万历二十年（1592年），明确规定：“土舍初袭，照旧小帽管事；三年后，若守法奉公，兵粮完足者，给冠带；至六年、九年，劳绩愈彰，渐次议加，署职实授。如有恣肆不检，仇邻构兵及钱粮兵马负欠逾期，追夺示罚。”③史称，广西结伦州冯郎黄本应承袭，“缘伊父存日曾告本人有悖逆夺印情况”，不仅不准承袭，且以“无礼”之罪，“发去辽东都司安置”④。毋庸置疑，明代中央王朝通过制定针对各地土司土官的奖惩制度，不仅进一步加强对壮族土司土官的约束和驾驭，而且进一步巩固中央王朝在壮族地区的既得利益与统治地位。

5.对土司土官的征调。在土司制度下，征调土司土兵是中央王朝强化对地方土司管控的一种方式，从征应调是地方土司对中央王朝应尽的义务，也是地方土司对中央王朝顺从与效忠的表现。尤其是明朝中后期，随着封建统治的日趋腐朽，明朝在广西的军事统治力量渐趋削弱，土司土兵成了中央王朝维持其在地方统治的重要支柱。

土司制度下的土兵是王朝国家整体军事力量的重要组成部分。中央王朝对于地方土司，“有事则调发其兵，量给行粮，事定论功，赉以文镪，重者赐冠裳，加品级，其兵精者为内甲，华

---

① 张廷玉等撰《明史》卷三一八《广西土司传二》。

② 张廷玉等撰《明史》卷三一八《广西土司传二》。

③ 《土官承袭例》，载《粤西丛载》卷二四。

④ 《土官底簿》卷下广西“结伦州知州”条。

言亲丁也”[①]。大至抗击交趾入侵，平定倭寇，镇压各族民众起事，小至兵差吏卒，无不仰赖于土司武装——土兵。对土兵的征调，俨然已成为中央王朝在土司地区直接行使统治权力的一个重要标志。明总兵官沈希仪曾称，“欲大破贼非俍兵不可”[②]，“以国家之力制土官，以土官之力制瑶、壮，皆为俍兵，两广世世无患矣”[③]。这里所说的“俍兵”，是历史上壮族士兵的一种，该名称最早见于《明史》。按《明史·山云传》云：

正统二年，（云山）上言：浔州与大藤峡诸山相错，瑶寇出没，占耕旁近田。左右两江土官所属，人多田少，其俍兵素勇，为贼所畏。若量拨田州土兵于近山屯种，分界耕守，断贼出入，不过数年，贼必坐困。

由于土司制度下壮族土司应尽的“供征调”义务及壮族土兵自身“素勇”的特点，壮族土司土兵日益成为明代中央王朝倚重的军事力量。从文献记载来看，明代中央王朝之所以如此倚重壮族土司土兵，除了要在军事上进一步加强对壮族土司土兵进行有效管理与控制，进而巩固王朝国家在壮族地区的统治地位之外，尚有以下几方面的具体原因：

一是军屯制度的破坏。明中叶后，军政日益废弛，卫所徒有虚名，军饷严重不足，士兵多逃亡，导致广西官军多不足额。洪

---

① 谢肇淛撰《百粤风土记》，载《粤西丛载》卷二四。
② 张廷玉等撰《明史》卷二一一《沈希仪传》。
③ 张廷玉等撰《明史》卷二一一《沈希仪传》。

武、永乐年间，广西官军尚有120000名之多[①]，但至成化时，“见额官军一万三千九十七员名，马军八百二十五员名，步军一万二千二百七十五名”[②]，总计26197名。成化初年，明将韩雍曾奏称“广西所属二十八卫所，实存官军三万余员名，湖广轮班次官军五千员名”，“委实地方广阔，兵力寡少，遇有盗贼出没，不能分布剿除”[③]。迄弘治年间，“广西钱粮日虚，兵力日寡”，官兵只剩18000名，“且官多庸懦，士多老弱，军政不修，兵威不振”[④]。弘治九年（1496年），两广总督邓廷瓒曾称：“各卫军士，十亡八九，凡有征调，全倚土兵。”[⑤]为了有效弥补官军兵力上的不足，明政府开始从湖南、贵州、广东调兵到广西轮班戍守。但是，从外省调兵实属不易，最多时，三省之兵总计尚不足2万人，且“彼处都司卫所，多将软弱老幼不堪者补凑前来，徒有虚名，不得实用”[⑥]。官军数量既少，又水土不服，难以攻守，导致中央王朝对地方土司土兵的倚恃变得更为强烈。

二是土司土兵具有明显的地理优势。广西“其地多瘴疠，中原之人，惮入其地，未至固已怯畏，一入其地，气候不齐，蒸湿特甚，往往不战而死，既不可速战，又不可持久”[⑦]，而“戍兵离乡，并犯风露，水土不习，逃亡相踵，则戍兵不足恃也”[⑧]。

---

① 《明孝宗实录》卷六六。

② 陈梦雷辑《古今图书集成》卷一三九五。

③ 韩雍撰《议处广西地方事宜疏》，载《粤西文载》卷五。

④ 《明孝宗实录》卷六六。

⑤ 张廷玉等撰《明史》卷三一七《广西土司传一》。

⑥ 陈梦雷辑《古今图书集成》卷一三九五。

⑦ 陈子龙等辑《明经世文编》卷七三。

⑧ 顾炎武撰《天下郡国利病书》卷一〇五《广西部》。

明初，广西各族民众反抗封建王朝统治的斗争时有发生。时兵部主事牟伦到广西抚谕“蛮寇”，看到广西山多路险，深谷密林，官军无法“进剿”，遂向永乐帝陈奏“（广西）蛮寇多系瑶壮，倚恃岩险，出没不时，兵至则散匿溪洞，兵退则出劫乡村，官军不能深知，惟土兵熟知道路，谙识贼情，若资其力，可以收效。今后如遇窃发，则命土军与官军合势攻击”，永乐帝最终采纳了他的建议，诏令“广西剿贼兼用土军”①。于是，自此以后，凡南方地区发生民众起事，多调土司土兵前往镇压。

三是调用土司土兵可以节省中央王朝的财政开支。史称：“中国之喜用俍兵者，不独以其勇也。汉兵行有安家行粮，而土兵止给行粮，省费一倍，每兵一日仅白金一分二厘耳。”②

四是土司土兵喜于见调。史称：“右江土兵喜于见调，调土兵，人给行粮俱为土官所得，兵自赍粮以往，且献名倍役者之数，以规粮给，即岁额戍守之兵，亦残衰不堪用。然国家立法初意，第欲使之分其民以为我役，姑以戍守为名耳。”③不仅如此，地方土官为了迎合与讨好中央王朝，亦乐于见调从征。

五是土司土兵作战勇敢、战斗力强，为朝廷所倚重。史称：“土司兵故精劲，每遇警，辄征召，大者数千计，小者百计。”④明

---

① 嵇璜纂《续文献通考》卷一二八《兵考八》。

② 《土兵》，载《粤西丛载》卷二四。顾炎武《天下郡国利病书》卷一〇五《广西一》“目兵”条载：“其例，赏每月粮盐，大小头目散各折银一钱九分七厘五毫；每季犒赏大头目，每名八钱，小头目每名一钱，散兵每名五分；每年犒赏大头目每名一钱，小头目散兵每名三分。”这些赏钱并非从国库里提出，“俱于府贮，赏饷银支给”。《涌幢小品》卷一二《土兵》载：“军无远戍之劳，官无养兵之费。”

③ 王士性撰《广志绎》卷五《西南诸省·广西》。

④ 谢肇淛撰《百粤风土记》，载《粤西丛载》卷二四。

代宗曾诏令两广总督军事等官："凡遇地方有警，即相机抚捕。若果官军调用不敷，广西则拘各该土官宣明朝廷……令起俍家军士，相兼官军调用……其广西俍家兵须许以有功之日，重加升赏，必不吝惜。"①

缘由乎此，明代中央王朝对壮族土司土兵遂多倚重，壮族土司土兵也乐于应调。于是，"卫所之外，郡县有民壮，边郡有土兵"②，土司土兵队伍得以迅速壮大，且常为中央王朝所征调。

在上述背景下，为了使壮族土司土兵能够切实为己所用，明代中央王朝牢牢地掌握着对土司土兵的征调之权，"凡军制内外相维，武官不得辄下符征发。自都督府，都指挥司，留守司，内外卫守御、屯田、群牧千户所，仪卫司，土司，诸番都司卫所，各统其官军及其部落，以听征调、守卫、朝贡、保塞之令"③。史称，总兵官山云"其驭土官，一以威严，秋期调征，无敢违限三日。有警而成疾者，有毙于杖下者，有调兵官致死不敢归复者，其严如此"④。土司土兵俨然已成为明代整个国家机器的构成部分，成为明代全国军事力量的重要组成部分，"召之戍则戍，召之征则征"⑤，随时听从中央王朝的调遣和征发，随从征战和驻军戍守。各土司听调土兵之数，"原有定额"⑥，仅有个别土司因戍安南而例外，如据《皇明职方地

---

① 《明英宗实录》卷二二八。

② 张廷玉等撰《明史》卷九一《兵志三》。

③ 张廷玉等撰《明史》卷七二《职官志一》。

④ 叶盛撰《水东日记》卷五。《明史》卷一六六《山云传》载山云对土官"严驭之。由是土官畏服，调发无敢后者"。

⑤ 苏濬撰《土司用兵议》，载《粤西文载》卷五六。

⑥ 苏濬撰《土兵征戍论》，载《粤西文载》卷五七。

图表·广西地图》记载：上下冻州“兵守交趾，不调”，思陵州“近交趾，不调”。明代，中央王朝对广西绝大部分壮族土司均实行征兵之制，正调、加调俱有定数。兹据嘉靖《广西通志》所载，将明代广西各地壮族土司土兵应调额数列表统计，如表3所示。

表3　明代广西壮族土司土兵应调额数统计表[①]

地名	额调（人）	正调（人）	加调（人）	备调
左州	106		194	
养利	95	205		
崇善	45		55	
永康	17		21	
那地		1000	1000	
忻城				以壮瑶初附未调
永定				以壮瑶初附未调
永顺				弘治、正德年间，正长官200名，副长官100名。嘉靖三年（1524年）首贼韦召假等官长邓缨，夺其印，以叛不奉调
太平		145	355	
恩城		95	105	
安平		140	20	

① （嘉靖）《广西通志》卷五〇至五二《外志一》《外志二》。

续表

地名	额调（人）	正调（人）	加调（人）	备调
万承		44	106	
全茗		44	106	
镇远		51	59	
思同		37	62	
茗盈		14	106	
龙英		150	350	
结安		55	65	
结伦		44	56	
都结		54	56	
上下冻				与交趾邻境，目兵皆轮番守隘，例免征调
陀陵		49	51	
罗阳		66	34	
思陵				以州与交趾邻境，目兵皆轮番守隘，例免征调
凭祥				以州与交趾邻境，目兵皆轮番守隘，例免征调
归顺		20		
合计	263	2213	2801	

按文献记载，土司制度建立后，中央王朝开始广泛征调壮族土司土兵参与各种军事活动，其主要用途大抵有如下数端：

（1）轮流戍守国内各地。一是戍守广西各地。在王朝国家体制下，土司土兵常被征调到广西各地负责一些重要地区的戍守，履行地方土司应尽的义务，协助王朝国家维持地方秩序。从文献记载来看，明代广西，大到总府梧州，小至府江昭平堡，莫不由土兵戍守，且各地土司土兵出兵数目、轮戍地点、组织编制及应戍周期亦多有定制。譬如，藤县五屯土官覃普伟死后，洪武初，即以其孙覃福“率部所俍壮八百六十四人，编桂林中卫左所为效劳军，授福千户领之”①。嘉靖八年（1529年），“轮戍柳州府土兵，那地州一千名”。嘉靖三十年（1551年），“轮戍上林鱼峰三里地方，思恩府九司目兵六百名，每季一换”。戍守苍梧土兵，“自万历元年九月起，泗城州出兵四千名，戍一年。归顺州兵三千名，都康州兵一千名，共一年。向武州兵一千五百名，奉议州兵一千名，并上林县兵五百名，共一年。思明府兵二千名，思明州、迁隆峒兵各一千名，共一年。忠州兵二千名，龙英州一千名，万承州五百名，太平州二百名，安平、恩城二州各一百五十名，共一年。以五年一次，轮流出兵，定限每年九月初旬到镇”②。明代梧州是总府所在地，是故戍守梧州的俍兵最多时达4000余人。迄嘉靖、万历年间，土司兵服役渐趋制度化。史称：“总督尚书王守仁以征召频数，人不堪命，因议更番戍守之法，戍省者三千，戍梧者四千，戍柳者二百，地方小警以戍兵雕之。鱼书不烦，而足裨缓急，其制良善。”③万历初年，中央王朝正

---

① 陈梦雷辑《古今图书集成》卷一四二九。

② 应檟初辑，凌云翼嗣作，刘尧诲重修《苍梧总督军门志》卷一一。

③ 谢肇淛撰《百粤风土记》，载《粤西丛载》卷二四。

式制定各土司番戍之制。史称，万历二年（1574年）题准：“镇安府、湖润寨共一年，思恩各土司一年，田州一年，江州并上映、下雷二峒共一年，每年共出兵三千名，四年一次，轮戍省城；泗城州一年，归顺、都康二州共一年，向武、奉议二州并上林县共一年，思明府、思明州、迁隆峒共一年，龙英、忠州共一年，每年出兵四千名，五年一次，轮戍梧镇。四年，议准：东兰、南丹、那地三州，每州出兵五百名，专戍柳州。每年于九月初旬上班，二月放回各州。敢有迁延不服调遣及兵不足数者，俱听参究。”[①]由此可见，明代壮族土司土兵俨然已被纳入王朝国家的军事调配体系之中，成为王朝国家整体武装力量的重要组成部分。

二是应征跨省远戍。除了戍守本省之外，明代中央王朝还不时征调土司土兵跨省远戍。如据史载，宣德七年（1432年），“陈蒙烂土副长官张勉奏，所司去卫远，地连古州生苗，与广西僚洞近，化从寨长韦翁同等煽乱，乞立堡，并请调泗城州土兵一千镇守，从之”[②]。广东西部地区，明时亦曾“调归顺、下雷、东兰、那地俍兵戍之”[③]。

（2）平定各地土司之乱。缘于“俍兵素勇，为贼所畏”[④]，为解决各地土司之间的相互仇杀和肆意侵夺等诸种构乱行为，明代中央王朝往往征用部分土司土兵参与平复各地土司之乱。如据史载，万历二十七年（1599年），为征讨四川播州土司杨

① 申时行等修《明会典》卷一三一《兵部十四》。
② 张廷玉等撰《明史》卷三一六《贵州土司传》。
③ 毛奇龄撰《蛮司合志》卷一一二。
④ 张廷玉等撰《明史》卷一六六《山云传》。

应龙之乱，兵部即令从广西南丹、东兰、泗城诸壮族土司各选3000多人合万人进征。史称“调广西土兵万人征播州。御史涂宗睿上征播之策，请酌调土兵。兵部言：‘我兵新练，未习地利，而山岚溪涧，步骑不可驰骋。非籍土兵，未易得志。议行广西抚臣，于南丹、东兰、泗城诸土司，每州选三千人，合之得万人，赴四川进征。’许之”[①]。土司土兵越境从征应调，一方面表明土司土兵确实已经成为王朝国家体制下军事力量的重要组成部分，另一方面表明土司土兵已经成为中央王朝平叛靖乱的一种重要工具。

（3）平息各族民众起事。“以蛮攻蛮”是历代封建王朝用以对付少数民族反抗的惯用手法，明代也不例外。土兵不仅是明代各土司间相互厮杀的工具，同时又是中央王朝镇压各族民众反抗的军事力量。洪武十七年（1384年），都指挥耿良奏称：“田州知府岑坚、泗城知州岑善忠率其土兵讨捕瑶寇，多树功绩。臣欲令选取壮丁各五千人，立二卫，以善忠之子振、坚之子永通为千户，统众守御，且耕且战，此古人以蛮攻蛮之术也。”[②]明代中期以后，军屯遭受严重破坏，“所领屯田，典卖都尽”，军队“一有调遣，相率逃亡”，而广西各族民众起事愈演愈烈，在官军兵力不足的情况下，土司土兵遂成为中央王朝镇压各族民众起事的重要力量。史称，“两广盗贼渊薮，大者啸聚山海，党类数千，必调遣俍兵，招募浙、福之兵，足以剿

① 王圻撰《续文献通考》卷一二八《兵考八·郡国兵乡兵》。

② 张廷玉等撰《明史》卷三一八《广西土司传二》。

除”[①]。成化年间，韩雍征大藤峡，又“调归德、思恩等处俍甲安插把守各处隘口”[②]，以至破寨三百二十四个，“生禽（擒）大狗及其党七百八十人，斩首三千二百有奇，坠溺死者不可胜计”[③]。其后，王守仁督兵镇压大藤峡起义，俍兵亦无例外地参与其中。中央朝廷不仅频繁征调土司土兵在广西四处讨伐，而且还远调土司土兵辗转海南、广东、贵州、四川、江西、浙江等地镇压各族民众起事。譬如，弘治十四年（1501年），“贵州贼妇米鲁作乱，提督王轼请调接[④]领土兵二万，营于砦布河，因敕接自备两月饷，克期赴调”[⑤]。正德年间，中央朝廷因征讨江西华林等处农民起事，曾“调广西田州土兵二万人，镇安土兵一万人进剿”[⑥]。

（4）抗击外敌侵扰。壮族地区地处祖国南部边陲，南与交趾接壤，而左右江土司地区首当其冲，故历来被视为守土安邦的藩篱，是外敌不可逾越的屏障，在西南边疆防卫中居于十分重要的地位。宋代以后，交趾统治集团经常侵扰左右江一带土司统治地区，致使人民群众生命财产遭受重大损失。面对交趾统治集团的倒行逆施，中国历代中央王朝调集包括土司土兵在内的广大兵民奋起抵抗，捍卫国家主权与领土完整及边疆安全。譬如，万历二十年（1592年），安南侵犯明朝边境，占据

---

① 张瀚撰《松窗梦语》卷八。

② 魏笃修纂《浔州府志》卷一八《兵防》。

③ 张廷玉等撰《明史》卷一七八《韩雍传》。

④ 即泗城州土官知州岑应之弟岑接。

⑤ 张廷玉等撰《明史》卷三一九《广西土司传三》。

⑥ 毛奇龄撰《后鉴录》卷二《江西华林东乡靖安大帽山诸贼》。

下雷诸州地界，明廷征调田州土官岑懋仁率土兵前往征剿，击败安南兵并将其赶出国境。万历三十四年（1606年），安南统治集团莫氏再犯下雷、归顺、龙州等地，田州土知州岑懋仁、向武土知州黄绍纶复奉朝廷之命，率领土兵大败莫氏并将其赶出左江地区，岑懋仁等因功受赏，被晋封为总兵参将。

嘉靖年间，倭寇大肆侵扰我国东南沿海地区。为剿除倭乱，巩固海防，大批土司土兵被明廷调集前往江浙一带进行抗倭。史称，“嘉靖间，南倭北虏，无不资之，且倚为重”[①]。正统二年（1437年），总兵官山云奏言，“左右两江土官，所属人多田少，其俍兵素勇，为贼所畏。若量拨田州土兵于近山屯种，分界耕守，断贼出入，不过数年，贼必坐困”，“报可。嗣后东南有急，辄调用俍兵，自此始也”[②]。嘉靖三十四年（1555年），田州土官妇瓦氏以俍兵应调，至苏州剿寇，“隶于总兵俞大猷麾下，以杀贼多，诏赏瓦氏及其孙男岑大寿、大禄银币，余令军门奖赏”[③]。壮族土兵在瓦氏夫人的率领下，在保靖、永顺等土兵的配合下，冲锋陷阵，奋勇杀敌，在不到一年的时间里，连续取得金山卫和王江泾等数次重大胜仗，沉重地打击了倭寇的嚣张气焰，为平定倭乱做出了重要的贡献。据统计，其时明朝调集广西及湖广各地土司土兵数量共计14850名，其中以田州土司出兵之数最多。按《中国历代战争史》一书记载，明朝调集土兵数量及其区分情况详如表4所列。

---

① 朱国祯撰，王根林校点《涌幢小品》卷一二《调兵》。

② 张廷玉等撰《明史》卷一六六《山云传》。

③ 张廷玉等撰《明史》卷三一八《广西土司传二》。

表4　明代御倭战争中所征调各地土司兵力统计表[①]

兵别	兵力（人）	指挥官	配置地点
永顺宣慰司兵	3000	总兵俞大猷	泖湖
保靖宣慰司兵	3000	参将卢镗	嘉兴
容美麻寮土兵	2000	兵备任环	苏州
田州瓦氏兵	4100	游击白泫	金山咀
东兰南丹兵	1300	游击邹继芳	闵行
归顺三州兵	1450	参将汤克宽	乍浦

总而言之，土兵是土司自身的武装力量，是王朝国家军事力量的重要组成部分，它既为土司政权服务，同时又为中央王朝所利用，成为中央王朝控制和驾驭土司的又一工具，在防边固边、维持基层社会秩序以及维护多民族国家的统一与稳定等方面起到一定的积极作用。中央王朝通过对土兵的频繁征调，进一步加强对土司武装力量的控制，从而在军事上加强对地方土司的驾驭和管理，进而维护其于民族地区的统治。毋庸讳言，壮族土司土兵在镇压各族民众起事的过程中充当了中央王朝的帮凶，表现出反动性，这是应予否定的。

6.实行土流参治制度。从社会历史发展的角度来看，明代中央王朝广置土司乃属权宜之计，为了抑制土司势力的进一步发展，减少因土司势力的不断膨胀而给中央王朝政权可能带来的不

---

① 《中国历代战争史（第十四册）》，中信出版社，2013年版。据郑若曾《江南经略》卷八下“调俍兵记”条记载：田州府各州俍兵应调数字为，“田州官妇瓦氏与其孙官岑太寿、岑太禄所统头目钟南（富）、黄仁（维）等领兵四千一百名有奇，战马四百五十匹；归顺州土目黄虎仁等领兵八百六十二名；南丹州官弟莫昆、莫从舜等领兵五百五十名；那地州土目罗堂等领兵五百九十名；东兰州土目岑褟等领兵七百五十名，共六千八百七十三员名……瓦氏带女从四十余人不与焉”。

必要的麻烦，明廷在给土司任官的同时相应地采取了“土流参治”的方针，从而为其最终改土归流创造了过渡性条件。

明朝统一全国后，随着土司制度的全面发展，为了从制度上进一步强化对地方土司的管理和控制，以防地方土司因权势的膨胀而日益坐大，遂“皆以世职授土官，而设流官佐之”①，此即所谓“土流参治”之制。其法大抵是，“其府州正官皆以土人为之，而佐贰幕职参用流官”②。从文献记载来看，明代在广西壮族土司统治区域，以“土人”为正官、“流官吏目”为佐贰的情况甚为普遍。明人苏濬于其《左江土司志》中曾明确记载左江地区的归德州、果化州、忠州、下雷州、太平州、恩城州、安平州、万承州、上下冻州、镇远州、都结州、全茗州、茗盈州、思同州、龙英州、结安州、结伦州、罗阳县、陀陵县、思明府、下石西州、江州、利州、龙州、思陵州等许多土府、州、县，均以“土人”为世袭知府、知州或知县，而以流官吏目佐之③，显然是要给壮族土司土官施以必要的监督和制衡。而土司制度下的流官，因其为朝廷所委派，故有相当的权威，甚或代知府掌府事。譬如，正统四年（1439年），南丹土官莫祯奏请朝廷授以土官知府职衔时，即允诺以流官掌府事为条件，称“臣窃不忍良民受害，愿授臣本州土官知府。流官总理府事，而臣专备蛮贼，务擒捕殄绝积年为害者”④。实际上，此种情形不独广西有之，另据《明史·云南土司传》记载：“初，府印自洪武以来俱掌于土官，

① 张廷玉等撰《明史》卷三一八《广西土司传二》。
② 丘濬撰《广西众建土官议》，载《粤西文载》卷五六。
③ 苏濬撰《左江土司志》，载《粤西文载》卷一二。
④ 张廷玉等撰《明史》卷三一七《广西土司传一》。

正德间，有司议以畀流官同知，土知府职专巡捕、征粮而已。”由此可见，“土流参治”制度下的流官确实已经具有一定的权位。

从当时的形势来看，明代中央王朝之所以在各土司机构中遍设流官佐贰之职，显然是出于政治上的目的。在明代统治者看来，在土司统治地区实行土官为主、流官为辅的统治之术，既可以充分利用土司土官自身的优势以加强对民族地区进行直接管理，又可以利用流官加强对地方土司土官进行监督和制衡，使其能够按照中央王朝的意旨行事，从而达到进一步强化中央王朝对土司统治区进行有效管理与控制的目的。诚如学者所言，这些安插在土司衙门内的流官，实际是朝廷设在土司身边的耳目，他们可以随时将土司的情况向地方长官汇报。尽管这些流官职低位卑，但仍不失为对土司的一种钳制力量。[①]

历史学家吴晗在谈及此种“土流参治”的治理模式时，曾明确指出：“除纯粹由土官治理的土司而外，还有一种参用流官的制度。流官即王朝所派遣的有一定任期的非世袭的非土著的地方官，这类地区，大致是以土官为主，派遣流官为辅，流官在实际上执行监督的任务。”[②]显然，在这一治理模式下，地方土司的权威会受到一定程度的限制，地方分权会被弱化，中央集权得以强化，从而使得广西壮族地区在政治上由土司世袭统治过渡到流官直接统治的历史进程中悄然向前迈进了一步，为日后实施改土归流埋下了伏笔。

---

① 李世愉：《清代土司制度论考》，中国社会科学出版社，1998年版，第16页。

② 吴晗：《朱元璋传》，人民出版社，2008年版，第153页。

7.调整土司辖属关系。为了切实抑制地方土司势力的过度膨胀，强化对土司地区的有效管理与控制，明代中央王朝致力于将部分辖区范围较小的土州、县、峒进行省并，尽量消除诸土司政区之间的隶属关系，理顺各土知府、州、县与流官知府、州、县之间的辖属关系，使各级土司土官在行政关系上直接隶属于流官的管理与统治之下。

元代土司政区的设置依照中央行政管理体制，属完整的路、府、州、县建置体系，层层隶属，不相混杂。诚如学者所言："在这种建置结构中，不可避免地出现大量的土官辖流官和土官辖土官的现象，如庆远府莫氏土官辖治流官的现象延续了终元一代，而像田州、思明州土官辖治县一级土官的现象更是普遍性的。这种现象，显然不利于中央王朝加强对土司地区的控制，甚至可以说它与中央王朝的这一愿望是相违背的。"[①]从传统的"夷夏之防""以夏变夷"的统治思想出发，明朝统治阶层对于土官辖属流官的现象颇有微词。如据史载，明苏濬曾称：

左右江土司相错，然以流官而辖土官者有之，未有以土官而反辖流官者。上石西州土官绝世，业已改土为流，乃思明土知府犹倨然临其上，是夏，未能变夷，而夷反能制夏。足顾居上，手顾居下，大防溃矣。夫土官如豺狼然，万一恣行桀骜，钳制州官，轻则损威，重则肆毒，祸非细也。太平、思明壤地相属，改

① 韦东超：《明代广西土司制度散论》，《中南民族学院学报（哲学社会科学版）》1995年第2期。

而隶之太平，其庶矣乎！[①]

这即是说，土官辖治流官的现象，显然是与中央王朝一贯奉行的加强对土司进行管理与控制的统治政策相悖的，是不合时宜的。抑或因此，明王朝统治广西以后，即致力于将部分原隶属于土府管辖的土州、县、峒等地方政区改隶于流官知府的统辖之下，将部分土州、县、峒进行改流和省并，尽快清除土官辖属土官的现象，尽量避免出现土官辖治流官的情形，“使之不相统属，相互制衡，进一步强化中央政府对土司的管理和控制”[②]。如据史载，洪武初年，由于钦州七峒地方人口稀少而被施行了改土归流；洪武二年（1369年），明朝将太平土府改流；洪武三年（1370年），明朝又罢庆远南丹安抚司，“仍设（庆远）府置卫，以守其地”，铨流官统治，从而率先将此两府的土官直接改隶于流官统治。与此同时，明朝又对一些土属地方实施省并。譬如，那地州，“元仍为地、那二州。洪武元年（1368年），土官罗黄貌归附，诏并那入地，为那地州。予印，授黄貌世袭土知州，以流官吏目佐之”[③]。洪武五年（1372年），明朝将永州长官司、鸾州长官司、福州长官司、延州长官司等并入南丹州[④]；洪武十二年（1379年），明朝将西兰州、安息州、忠州、文州等并入东

① 苏濬撰《上石西州论》，载《粤西文载》卷五七。

② 崔继来：《“改土归流”与清代广西土司地区行政隶属关系变动》，《民族史研究》2016年。

③ 张廷玉等撰《明史》卷三一七《广西土司传一》。

④ 顾祖禹撰《读史方舆纪要》卷一〇九《广西四》。

兰州[1]；据《明史》记载，洪武十七年（1384年），明朝废来安府，将所属归仁、罗博、田州三州并入田州府。洪武八年（1375年），明朝将龙州改隶广西布政司。荔波县原属庆远府，正统十二年（1447年）曾一度改属南丹土州，但仅过二十八年“又属府”。思陵州曾并入思明府，洪武二十一年（1388年）复置。程县，洪武二十一年（1388年）立，原属泗城土州，“后改属庆远府，寻复隶泗城州，改设流官知县”[2]，后被泗城土官侵夺，嘉靖元年（1522年）始废。向武州、奉议州、南丹州，则因广西布政使司认为该处“蛮人梗化”，讨之，曾分别改置向武州守御千户所、奉议卫、南丹卫，建文二年（1400年）复置。嘉靖二年（1523年），利州归并泗城州，万历十六年（1588年），黄拱圣之乱后，改属太平。上石西州，原为土州，属思明府，成化十五年（1479年）改流官，仍属思明府，到万历三十八年（1610年）改属太平府。恩城州土官岑钦是田州土官岑溥之叔，弘治三年（1490年），与岑溥交恶，率兵攻入田州，与泗城州土官岑应分据其地。后又与岑应交恶，相仇杀，为岑接所杀，州遂废，其地并入田州。弘治五年（1492年）前后，废恩城州[3]、永顺长官司、永定长官司。思同州土官黄克嗣，明洪武元年（1368年）归附，万历二十八年（1600年）被废土官，省入永康州。这样一来，经过一系列的结构性调整之后，土属地方基本改变了过去那种土州、县、峒、司设置过滥，土流政区辖属关系混杂，不利

---

① 嵇璜等撰，纪昀等校订《续通典》卷一四五《州郡二十五》。

② （乾隆）《庆远府志》卷一《沿革》。

③ 张廷玉等撰《明史》卷三一八《广西土司传二》载：“有司以恩城宜裁革，从之。州遂废。”

于中央王朝实行有效管制的局面，部分土司势力受到进一步削弱，中央王朝对地方的集权统治得到进一步强化。

从历史上看，明代广西壮族土司隶属关系的调整与变革，尤以嘉靖年间两广总督王守仁对广西思田地方的处置最具典型性。嘉靖七年（1528年），王守仁以思田之乱既平，议处善后经略事宜："一、议特设流官知府，以制土官之势。请改田州为田宁府……设流官知府同知、经历知事各一员；其思恩府设流官知府，宜仍旧，惟令土目各以土俗自治……一、议分设土官巡检，以散各夷之党。谓田宁府地，除割八甲立州外，余四十甲分设十九巡检司，每司立土巡检一员，而以土目之能服众如卢苏、王受等十九人为之。其办纳兵粮与连属制御之道，悉隶之流官知府，而其官职地土，令得传之子孙……其思恩府各目甲，亦宜仿此建置。"① "思恩军民府既改流官知府，仍分设九巡检司，用土目分理之。"②其结果，通过"流官知府—土官知州—土巡检司"这样一个层层隶属的行政关系，在成功分割旧田州的基础上，将地方土官直接置于流官的统辖之下，从而达到对地方土司进行有效管理与控制的目的。

就系统论的角度而言，行政区划及其隶属关系的调整是一项复杂的系统工程，牵涉面广，影响较大。明代土司政区辖属关系的改革过程并非一蹴而就，而是经历了一个相当漫长的历史进程，持续了200多年的时间。据文献记载，明初土官辖土官的情况大致如下：田州土府辖归德、果化、上隆、都康、向

① 《明世宗实录》卷八九。
② 《明世宗实录》卷二六〇。

武、思恩、恩城等州，上林、富劳、武林等县；思明府领上思、忠州、上石西、下石西、思明、江州、西平、禄州和凭祥县等；镇安府隶下雷、归顺、上映三峒和湖润寨；泗城直隶州领程县和安隆长官司；等等[①]。至万历三十二年（1604年），广西壮族地区土官辖土官的现象已不多，仅剩如下3个：下石西州属思明土府，罗白县属土江州直隶州，湖润寨属镇安土府，而且其面积和势力甚小。其余土官均已先后改隶布政司或流官知府，如归顺州、向武州、都康州、江州、思陵州、凭祥州、安隆长官司，以及后来升为军民府的思恩州，改为直隶布政司；上思、忠州、归顺、果化、下雷等五州改入南宁府；思明州改隶太平府；思恩军民府改流后，有奉议州、上映州、上林县来属。由此可见，经过一番结构性调整与制度性省并之后，壮族土司政区数目已明显有所减少。无论是从规模上还是从数量上说，明代广西壮族土官辖治流官的现象比元代大大减少，这也是明代专制主义中央集权制度得到进一步强化和土司制度得到全面发展的重要表征。

从总体上看，经过此番调整，明代广西壮族地区在土司辖属关系上，已全然构筑起一个流官直辖土官的新格局，表明王朝统治势力已进一步深入土司地区，中央王朝对土司地区的管理与控制得到进一步加强。

8.土司土官的儒学教育。为了增强地方土司的向心力，明王朝注重对地方土司加强儒学教育，旨在从思想上强化对土司土官的管理与控制，进而实现思想上的“大一统”，维护王朝国家的

---

① 张廷玉等撰《明史》卷四五《地理志六》。

统一与稳定。如据史载，洪武二十八年（1395年），明太祖朱元璋诏曰：“边夷土官皆世袭其职，鲜知礼义，治之则激，纵之则玩，不预教之，何由能化！其云南、四川边夷土官，皆设儒学，选其子孙弟侄之俊秀者以教之，使之知君臣父子之义，而无悖礼争斗之事，亦安边之道也。”①显然，明代中央王朝从“安边”的角度出发，强调要在土属地方推行儒学教育。万历十六年（1588年），巡抚广西右佥都御史刘继文疏言治理民族地区的“切要四事”中即谓：“宜令各土司生子报名道府，因定嫡庶长幼之序焉。稍长，送入府学读书习礼，凡三年，乃得依序承袭。庶教化行而驯服易，伦序明而争端可息也。”②这明确要求广西壮族土司土官必须具备一定的儒家思想文化知识方可袭职。这样一来，不仅促进儒家思想文化在广西壮族地区的传播，从思想上加强对壮族土司土官的控制，巩固明王朝在壮族地区的统治地位，而且对于提高壮族地区各族民众的文化素质，改革当地的陈规陋习，强化壮族地区在思想文化上对王朝国家的认同，无疑具有一定的促进作用。当然，其中不乏中国传统的“用夏变夷”的思想因素在内。这实际上也是明代中央王朝在思想文化上加强对边地土司的管控和对边疆地区的治理的一个重要举措。在此背景下，中央王朝进一步在壮族土司统治区推行儒学教育，发展文教事业。后有详述，此不赘言。

9.众建官而分其权。明代，随着土司制度的进一步发展，地方土司与中央王朝之间的矛盾日趋尖锐化。如何强化对那些

① 《明太祖实录》卷二三九。
② 《明神宗实录》卷二〇五。

势大力强的土司土官的管理和控制，成为中央王朝必须面对的问题。在这方面，尤以明廷对田州、思恩两大土府之乱的平复与处置最具典型性。嘉靖六年（1527年），明朝派十万大军进征田州之乱，杀害土官岑猛，将田州府改流。紧接着，田州府土目卢苏、思恩府土目王受联合起兵反抗明朝，明朝起用王守仁提督两广军务。王守仁在招抚卢苏、王受后，条陈善后事宜，提出“特设流官知府以制土官之势”“仍立土官知州以顺土夷之情”“分设土官巡检以散各夷之党”的主张①，将田州府改为田宁府，设流官知府，而以原田州府中的八甲立田州，由岑猛的儿子为土官；其余的四十甲，“每三甲或二甲以为一巡检司而属之流官知州。每司立土巡检一员，以土目之素为众所信服者为之，而听其各以土俗自治”。在王守仁看来，土巡检司直属于流官知府，“其袭授予夺皆必经由于知府，则人人知所依附而不敢辄携贰；势分难合，息朋奸济虐之谋；地小易制，绝恃众跋扈之患。如此则土官既无羽翼爪牙之助，而不敢纵肆于为恶；土目各有土地人民之保，而不敢党比以为乱”，“巡司之立，又足以散土夷之党，而土俗之治复可以顺远人之情，一举而两得矣”②。

明政府将田州、思恩两土府“分封众建”的结果，最终将原田州府地分置为田州及凌时、砦马、大田子、万洞、阳院、思郎、累彩、怕何、武龙、拱甲、床甲、婪凤、下隆、县甲、篆

① 王守仁撰《处置平复地方以图久安疏》，载《粤西文载》卷六。
② 王守仁撰《处置平复地方以图久安疏》，载《粤西文载》卷六。

甲、呰桑、怕牙、思幼、候周等十九个土巡检司[1]，又将思恩府地分置兴隆、那马、白山、定罗、旧城、下旺、安定、都阳、古零等九个土巡检司[2]，皆统摄于流官知府。实际上，像田州、思恩一般势大力强的土司，一直为明王朝极欲加以抑制与削弱的对象。史称："右江一带，惟岑氏（今思恩、田宁、泗城各土官俱是）最强，思（恩）田（宁）既已残破，则泗城州犹婴樊之虎，计非削弱不可也。"[3]通过"分封众建"之后，田州岑氏土官仅能保留一个吏目的职衔[4]，其统治范围也大为缩减。从土司职衔上看，明王朝新授职的这些土司多是中、小土司，势力不强，统治范围不大，难以对中央政权构成威胁。

因此，"众建寡力"的结果，在遏制土司土官势力方面确实取得了显著的成效。诚如明代广西巡抚杨芳所言："顾自土司众建，势杀党分，七十年间，征调时赴，睥睨不生，虽有小丑，旋就扑灭，然后知新建之远虑也。"[5]清代毛奇龄为此赞曰："识者皆诵其言。"这一做法，不仅在当时而且对后世也产生了较大的影响。清雍正年间，曾推行分袭之法，所谓"其势既分，心即离异，日后纵欲鸱张，其中必互相掣肘，或畏惧相诫，则其邪谋自息矣"[6]，显然是在明代的基础上发展而来的。

从制度创新的角度而言，明王朝采取"分封众建"的策略治

---

① 顾祖禹撰《读史方舆纪要》卷一一一《广西六》。
② 张廷玉等撰《明史》卷三一八《广西土司传二》。
③ 《广皇舆考》卷九《广西图说》。
④ 林富撰《议上思田等处事宜疏》，载《粤西文载》卷七。
⑤ 杨芳编纂《殿粤要纂》"田州图说"条。
⑥ 《朱批谕旨朱批杨宗仁奏折》。

理地方土司的模式堪称前所未有。就统一的角度而论，“分封众建”的做法实不足取。辩证地看，在当时具体的历史条件下，明代做此制度选择，实是无奈之举，它在遏制土司之乱方面确实起到过一定的积极作用。但是，明王朝实施“分封众建”的结果，难免会引起一些大土司对封建朝廷的不满，从而引发新的土司与中央王朝之间的矛盾。如据史载，思恩土府分为九土巡检司，“其后九司头目日恣，所辖蛮民不堪，知府陈璜曲加绥戢”①。显然，“分封众建”之后的土司地区，地方分权与中央集权之间的矛盾依然存在，不利于封建大一统的政治统治。

综上可知，明代中央王朝对各地壮族土司土官的管束是相当严格的。明苏濬曾称：明代“驭诸酋者，约束甚坚，而绥柔亦备至矣”②。由于明代中央王朝采取了一系列治理方略，不仅巩固和发展了壮族土司制度，而且进一步强化了中央王朝对壮族土司政权的管束，这对于巩固和加强多民族国家的统一是有一定的积极作用的。

二、清代中央王朝强化对壮族土司管控的重要举措

清代是壮族土司制度发展史上的鼎盛时期，也是壮族土司制度由盛转衰的关键时期。清初承明制，在壮族地区继续推行土司制度，利用壮族首领在其所属地区进行直接统治，直至清廷实施大规模改土归流之前，土司制度一直是绵延于少数民族地区的统

① 张廷玉等撰《明史》卷三一八《广西土司传二》。
② 苏濬撰《土司志》，载《粤西文载》卷一二。

治方式[1]。在此期间，清廷为进一步加强对壮族土司的管理与控制，采取了一系列针对性举措，兹举其要者略述之。

（一）颁发钤印号纸

在土司制度时代，号纸是土司士官袭替的凭证。清代规定，土官承袭“由部给牒，书其职衔、世系及承袭年月于上，名曰号纸”[2]，“凡土官之职，皆给以号纸。号纸书土官之职，并载世系及袭职年月。土官袭职者，先缴其原领号纸，改给新号纸”[3]。同时规定，每承袭世职之人，“给予钤印号纸一张，将功次宗派及职守事，宜填注于后。后遇子孙袭替，本省掌印都司验明起文，或由布政使司起文，并号纸送部查核无异，即与题请袭替，将袭替年月顶辈填注于后，填满换给。如遇有水火、盗贼损失者，于所有官司告给执照，赴部查明补给。如有犯罪革职、故绝等事，都司、布政使司开具所由，将号纸缴部注销”[4]。由此可见，清代通过颁发钤印号纸的方式，将土司承袭权牢牢地掌握在统治者的手中，充分彰显其对地方土司袭替的管控与权威，同时通过规定号纸的使用与注销，进一步强化地方土司对中央王朝的忠顺、听命与认同。

（二）进一步完善土司官制

为了进一步加强对地方土司的管控，清代进一步完善土司官制，致力于通过完善官职层级以把持对地方土司的任命权，从行

① 冈田宏二：《中国华南民族社会史研究》，赵令志、李德龙译，民族出版社，2002年版，第22-23页。

② （光绪）《大清会典事例》卷一四五《吏部》。

③ （光绪）《大清会典》卷一二《吏部》。

④ （光绪）《大清会典事例》卷五八九《兵部》。

政管理系统上确保对地方土司的管控。对此，顾颉刚、史念海两位先生有着极为详细的论述：

清代土司之官吏，虽沿明人旧制（明之土司长官有宣慰使、宣抚使、安抚使、招讨使，以及长官司之长官、与千夫长副千夫长），而完备过之，官吏有文武之分，文则辖于吏部，武则属诸兵曹，武职有指挥使、指挥同知、宣慰使、指挥佥事、宣抚使、副宣抚使、安抚使、千户长、副千户、百户、长官司、副长官司、土游击、土都司、土守备、土千总、土把总之类，文职则有土知府、土同知、土通判、土经历、土知事、土知州、土州同、土州判、土判官、土吏目、土知县、土县丞、土主簿、土典史、土巡检之名，各因其族类大小与势力强弱而分授之。其称号虽有高低之差别，而互相隶属之关系则不多见。诸土官不论其地位之高下，遇流官时即低一级，此制为清人所新创，其中实含有防制跋扈之至意也。①

由此可见，土司官制作为封建官僚体制的重要组成部分，在统治者看来事关土司政治与国家治理。进一步完备土司官制，因而成为清代进一步加强对地方土官管理与控制的重要手段。

（三）严格土司承袭制度

清初沿明制，继续推行土司制度，同时实行更加完备的土

① 顾颉刚、史念海：《中国疆域沿革史》，商务印书馆，1999年版，第215页。

司承袭制度。清朝明确规定，土官病故，或年老体衰请代，“准以嫡子嫡孙承袭，无嫡子嫡孙，则以庶子庶孙承袭，无子孙，则以弟或其族人承袭，其土官之妻及婿，有为土民所服者，亦准承袭”[①]，“嫡庶不得越序”，“土官袭替定例，必分嫡次长庶，不得以亲爱过继为词”[②]。对于破坏宗支嫡庶次序袭替者严加惩处，如规定“如宗派冒混，查出考究”，“承袭之人，有宗派不清，顶冒、陵夺各弊，查出革职，具结之邻封土官照例议处”[③]。除严格规定宗支嫡庶次序外，对承袭人的年龄也实行限制措施，规定“土官子弟，年至十五，方准承袭。未满十五岁者，督抚报部，将土官印信事务，令本族土舍护理；俟承袭之人，年满十五，督抚题请承袭”[④]，“如有子而幼者，或其族或其母能抚孤治事，由督抚拣委，至其子年及十五岁，再令承袭”[⑤]。土司土官承袭手续务求完备，规定“由督抚具题，将该土官顶辈宗图、亲供、司府州邻印甘各结及原领敕印，亲身赴部，由部核明，方准承袭”[⑥]。其后虽取消“亲身赴部”的规定，但仍须由各省掌印都司或布政司验明起文，唯一切手续合格，方由督抚具题请袭。不仅如此，清代为进一步加强对地方土司的管控，依据土司犯罪轻重程度，合理实施土司袭替禁令，规定“土官受贿、隐匿凶犯逃人者，革职提

---

① （光绪）《大清会典》卷一二《吏部》。
② （光绪）《大清会典事例》卷一四五《吏部》。
③ （光绪）《大清会典事例》卷五八九《兵部》。
④ （光绪）《大清会典事例》卷五八九《兵部》。
⑤ （光绪）《大清会典》卷一二《吏部》。
⑥ （光绪）《大清会典事例》卷一四五《吏部》。

问，不准亲子承袭，择本支伯叔、兄弟、兄弟之子继之。若有大罪被戮，即立夷众素所推服者，以继其职”①。由此可见，在土司制度鼎盛的清代，中央王朝针对地方土司袭替的管控措施显然是相当缜密和严格的。

（四）严格执行奖惩制度

清代针对土司土官的奖惩有严格的制度。具体规定为，忠于职守的土官，有功则叙。其议叙之法，“土司有军功者，各就原品级以次递加。指挥使以下，由百长以次递加，至指挥使而止。宣慰使等三司，各由佥事递加至该司使，副招讨使加招讨使，副长官加长官。其加至长官者，准加安抚使或招讨使，安抚使、招讨使准加宣抚使，递加至宣慰使而止”②，“如有余功，准其随带，仍令以本职管事，及袭替时，亦止以原世职承袭”③。按土司职掌言，“经征钱粮，一年内全完者，督抚奖以银牌花红；能严行钤束擒剿盗贼，一应案件于一年内全完者，加一级，完结过半者，督抚嘉奖；军功保列出众者，加衔一等，头等者加一级，二等者纪录二次，三等者纪录一次；凶犯盗首逃匿土官境内，一年内查解五名以上者纪录一次，十名以上者纪录二次，十五名以上者加职一级，三十名以上者加职二级。如不足五名者，准并次年查解之数积算”④。据史书记载，广西田州土知州岑宜栋，就因“讨上林逆陆李能，功加四品衔”⑤。与有功则奖相反，清朝

① （光绪）《大清会典事例》卷一四五《吏部》。
② （光绪）《大清会典》卷四七《兵部》。
③ （光绪）《大清会典事例》卷五八九《兵部》。
④ （光绪）《大清会典》卷一二《吏部》。
⑤ （嘉庆）《广西通志》卷五九《职官表四十七》。

同时规定土官有过则惩。“野苗掳掠百姓，该管土官隐讳不报者，降两级……土官吓诈部民、恣意侵害者，革职……土官管辖之熟苗为盗，该土官明知故纵者，革职。养盗殃民者，革职提问。苗众聚众行劫、侵犯城池，该土官实系失察者，革职。”[①]因土官不食俸，故其“罚俸降职等事，俱按其品级计俸罚米，每俸银一两，罚米一石”[②]。据地方史志资料统计，嘉庆朝以前，广西土司被革职者有十三起，其中，安定巡检司土巡检被革职者三人，茗盈州土知州李天裔以罪死[③]。由此可见，清代对地方土司的奖惩还是相当分明的，其目的无疑在于进一步加强对地方土司的管理与控制。

（五）实行土司考核之制

为进一步加强和规范对地方土司的管理和控制，清代因地制宜，专门制定有针对边地土司的考核之法，即所谓“三年大计”之例。史称：“广西巡抚所属土司，遇三年大计之期，其中果有清廉爱民，并无掳杀及贪残不职恣意侵害之员，行令该管官据实确查，具题举劾，其升赏降革之处分，别轻重，仍照土司定例遵行。”[④]除“三年大计”之例外，另有“随时荐举”之法，将对地方土司的考核与奖惩有机结合起来。如据史载，雍正四年（1726年）十月二十六日，上谕：“上年广西省补行大计，抚臣曾将所属土司，荐举卓异。彼时部议以土司荐举卓异之处，应行停止。朕允从部议。今闻广西所属安平、田州二土司，爱养土民，轻徭薄

① （光绪）《大清会典事例》卷五八九《兵部》。
② （光绪）《大清会典事例》卷一四五《吏部》。
③ （嘉庆）《广西通志》卷五九《职官表四十七》。
④ （光绪）《大清会典事例》卷一四五《吏部》。

赋，实他处土司所不能及，朕甚嘉之。其应作何加恩赏赍之处，著该部议奏。其各省所属土司，果有奉法称职，裨益地方者，该督抚不必拘三年大计之例，随时荐举，朕当酌加恩奖，以昭鼓励。钦此。”①值得指出的是，相对于流官而言，清代对地方土司的考核管制还是比较宽松的，史称：“土司皆系边方世职，与在内有司官不同，不必照流官考成、按分数处分。”②

（六）实行土兵征调之制

土司制度下，中央王朝具有征调土司土兵的权利，土司土兵则负有“供征调”的义务。这实际上是中央王朝加强对土司土兵进行管理和控制的一种军事手段。清代规定，每遇有战事，朝廷即可随时征调各地土司土兵，或用于各少数民族之间的攻杀，或用于同一少数民族内部的攻杀，或用于镇压农民起义，或用于保境安民③。清代，被征调的各地土司土兵如有伤亡，朝廷要给予相应的抚恤。最初规定“土兵助战阵亡者，照步兵例减半给赏，阵前受伤者，照各等第减半给赏”。其后，为优加渥泽，以示鼓励，规定“土司土职阵亡伤亡者，三品土官赏银二百五十两，四品土官赏银二百两，五品土官赏银一百五十两，六品土官赏银一百两，七品土官赏银五十两，俱加衔一等，令伊子承袭一次，仍以本身应得土职照旧管事。俟再承袭时，将所加之衔注销。空衔顶戴，照八品土官例赏赉，毋庸给与加衔”。为了体现公平，显示与绿营官兵一视同仁，最后

---

① （嘉庆）《广西通志》卷一《训典一》。

② 《清圣祖实录》卷二〇。

③ 马大正主编《中国边疆经略史》，武汉大学出版社，2013年版，第553页。

又规定“阵亡屯土员弁，均照绿营副将以下，经制外委以上之例，给予云骑尉世职。袭次完时，给予恩骑尉世袭罔替。一体办给敕书。遇有该处屯土员弁缺出，先尽此项人员酌量拨补”，“所有阵亡之屯练降番，俱著加恩改照绿营步兵之例，赏恤银五十两”[①]。由此可见，清代不仅承袭了明代针对土司土兵的征调之制，而且对于因征调而身受伤亡的土司土兵实行的抚恤制度，其内容也在不断发展和完善。

（七）实行土司贡赋制度

清代规定，地方土司具有向朝廷交纳贡赋和应征的义务，这实际上是中央王朝进一步强化对地方土司管理和控制的一种经济手段。从文献记载来看，当时所有贡品均须折成银两。史称：“广西土司，每三年贡马一次。”最初，马一匹折银十二两，后定为八两。其他物品折价不等。除纳贡之外，还须交纳赋税。清代土司地区不丈量土地，也不编丁，所纳赋税，或参照明代数额而定，或土司自报认纳[②]。据文献记载，清代广西南宁府所属迁隆峒长官司“岁征米”[③]。

综上所述，相比较而言，清代对壮族土司的管控制度既严格且完备，清代成为广西壮族土司制度的鼎盛时期同时又是其由盛转衰的关键时期。

---

① （光绪）《大清会典事例》卷五八九《兵部》。

② 马大正主编《中国边疆经略史》，武汉大学出版社，2013年版，第552页。

③ （光绪）《大清会典事例》卷五八八《兵部》。

第四节　王朝国家在壮族地区推行土司制度的双重作用

应该说，在推行土司制度的问题上，由于明清中央王朝与地方土司的统治利益的一致性，最终双方都接受了这一制度存续的现实。土司制度成为明清时期维系“国家”与“边地”互动关系的重要纽带。尽管其间伴随着改土归流的进行，但明清时期，“设土”与“改流”基本上是同向并行，彼此交织。关于改土归流的问题，容后再叙。在此，依据辩证唯物主义的“一切从实际出发”的观点，对明清时期王朝国家在壮族地区推行土司制度的意义与作用进行具体的、历史的分析，力图在明清时期错综复杂的王朝国家与地方社会的互动关系中抓住主要矛盾和矛盾的主要方面，再现壮族土司制度的本来面目。

一、积极作用

从土司制度发展史来看，就王朝国家治理的角度而言，以清代雍正年间大规模改土归流为时间界限，明代及清初，王朝国家通过壮族土司制度实现对壮族地区的间接统治，总的来说利大于弊，此举最终不仅维护了多民族国家的大一统格局，而且对壮族地区的社会发展与历史进步也起到一定的积极作用。

（一）有效地维护了多民族国家的大一统格局，壮族地区的国家认同与中华民族共同体意识不断增强

有学者研究认为“实行土司制度的民族地域社会则明确地被定位是中华王朝的一部分”，“从文化上来说他们还是‘外

夷’——即没有接受或没有完全接受中华文化，然而从政治隶属关系上来说他们已经是‘中国’的一部分”[①]。从本质上说，国家认同是王朝国家推行土司制度的根本出发点，是土司制度的重要内容，也是土司制度积极作用的重要表征。正如学者所言，土司制度的全面推行以及土司制度的完善，特别是明王朝实行的众建寡力、缩小土司领地、土司之间相互制衡、分而治之和论功行赏等措施，表明明王朝已完成了对广西的全面统治，实现了对当地少数民族首领的牢牢控制。各地壮族酋首得到了中央朝廷的委任，确保了他们世袭的利益，增强了各土司对朝廷的依附。土司们把自己的命运与中央王朝紧紧联系在一起，听命于中央王朝，保证了中央王朝各种政令的贯彻执行，维护和巩固了明代在广西建立的地方政权。在各土司纷纷依附和效力于中央王朝的过程中，也增强了土司的国家认同意识。[②]明清两朝正是通过实施土司制度这一方略，在对壮族地区进行羁縻统治的过程中，进一步强化了壮族地区的国家认同意识。

明代时人谈及壮族土司制度在防边中的重要作用时多为肯定。明邝露称：“若悉割两江，东包廉、钦、浔、郁，以北尽乎宜、柳之境，属之南宁，使自为牧镇，则两江溪峒，可驰尺版而服，即用两江之兵，南略交趾，优有余裕矣。此所谓臂指之义也。”[③]苏濬亦谓：“西南土司，与交州为邻，交人所以俯首顿颡不敢窥内地者，以土酋兵力之强足制其死命也。若自弱其兵，自

① 王柯：《从“天下”国家到民族国家：历史中国的认知与实践》，上海人民出版社，2020年版，第169页。

② 覃彩銮：《广西开发史》，广西师范大学出版社，2013年版，第149页。

③ 邝露撰《赤雅》卷中“山川论略”条。

撤其障，恐中国之边患有甚于土司矣！”[1]徐霞客在揭露安南统治者莫氏利用广西岑氏土司内讧，企图侵占归顺州的罪行与阴谋时亦称：“若莫彝助归顺得镇安，而自取归顺地，是中国自撤其藩篱，而日近虎狼也，此边陲一大利害，彼当道者乌乎知之！”[2]嘉靖初年，总督两广军务的兵部尚书王守仁称：“田州切邻交趾，其间深山绝谷，皆瑶壮之所盘据，动以千百。必须仍存土官，则可借其兵力以为中土屏蔽。若尽杀其人，改土为流，则边鄙之患，我自当之，自撤藩篱，非便安之计，后必有悔。”[3]林富亦称：田州“其疆境险远，旁通云贵、交趾，关梁、津隘为备非一，若改设流官，则边防之守我独当之。撤戍则兵争莫御，多备则财力不支。故曰夷夏之界不可隳者，此也”[4]。毋庸置疑，时人对土司制度保境守土作用的正面肯定，正是土司制度所蕴含的国家认同意识和家国情怀的真实反映与外在表现。

（二）有利于强化专制主义中央集权制度，进一步巩固多民族国家的统一与稳定

土司制度的建立与发展，本质上是中央王朝为适应少数民族地区政治、经济与文化发展的实际情况而采取的一种权宜措施。就其主观方面而言，无疑是为了巩固封建王朝在边远少数民族地区的既得利益与统治地位，维护多民族国家大一统的局面。明杨芳曾称：“夫粤西之蛮僚，固亦能投戈负耒，输我贡贼。土酋介符章为重，其尊宠废辱……结以忠信，镇以威略，使无困于繁

① 苏濬撰《土司志》，载《粤西文载》卷一二。
② 徐霞客撰《徐霞客游记》卷四上《粤西游日记三》。
③ 陈子龙等辑《明经世文编》卷一三一。
④ 林富撰《议上思田等处事宜疏》，载《粤西文载》卷七。

网，无苦于多求，豪猾怵诱之谋不得生，窥伺攘窃之奸不得逞，是皆可以卵翼，字而鞭棰使者。”[①]由此可见，土司制度对于维护多民族国家的统一局面是有一定的积极作用的。土司制度下的朝贡，其形式与内容皆依土司官职分别做了详细的规定，如果未能按时朝贡或贡品不足时，都要受到朝廷的责难与惩罚。[②]这一方面表明，作为王朝国家的一部分，地方土司是要通过朝贡表达对中央王朝的臣服与效忠，这是制度性规定，毋庸置疑；另一方面，通过对朝贡贡品、时间、人数以及朝廷回赐礼品等所做的制度性规定，充分彰显中央王朝的统治权威。如此一来，通过朝贡的形式，最终达成了国家与地方的相互认同，也就巩固了中央集权，维护了多民族国家的统一。再如纳赋，地方土司在向中央王朝朝贡的同时，还必须交纳赋税。虽说土司地区的纳赋数量并非很多，但其政治意义却非常之大。它表明，土司地区的纳税者也是国家的“编户齐民”的一部分，而土司地区处于中华王朝的版图之内，是中国的王朝正式领土的一部分[③]，实际上是中央王朝通过经济上的手段，达成地方土司在政治上对王朝国家的归顺与认同。土司制度下，中央王朝通过“分别司郡州县”、“额以赋役”、假以“爵禄”、“宠之名号”等办法，令各土司“听我驱调”、“奔走惟命”[④]，从而在政治上和军事上加强对地方土司的

① 杨芳编纂《殿粤要纂》“广西总图说”条。

② 王柯：《从“天下”国家到民族国家：历史中国的认知与实践》，上海人民出版社，2020年版，第170页。

③ 王柯：《从“天下”国家到民族国家：历史中国的认知与实践》，上海人民出版社，2020年版，第171页。

④ 张廷玉等撰《明史》卷三一〇《土司传》。

管理与统摄。从历史事实及其客观效果来看，明清时期土司制度的推行，确实达到了维护多民族国家大一统的政治目的。

（三）有利于巩固多民族国家的边疆防卫和领土安全，有助于壮族地区的稳定与开发

众所周知，壮族土司统治区地处祖国南部边陲，明清时期，地方土司忠实地履行守土防边之责，为王朝国家的主权和领土完整、为边疆地区的稳定与开发确实做出了重要的贡献。从文献记载来看，明清时期壮族土司制度的防边固边作用主要体现在以下几个方面：

1.从西南边防来看。壮族土司制度在保卫祖国南部边疆、维护国家主权及领土完整等方面曾经起到过积极的作用。中国广西与越南界壤相接，而左右江土司地区又处于前沿，自古以来在边境防卫上就是一个极其重要的区域。宋人李曾伯曾称："广右之藩篱在邕，邕之藩篱又在两江，习南方形势者，素有此论。盖以右江通大理来路，左江与安南接境。两江羁縻州峒，险隘不一，先朝疆以周索，赖此以控制之故也。考之邕州图经，两江如横山、永平等处，皆是庆历、景祐间祖宗盛时，朝旨措置城筑，见得以其地为重如此。"①张栻亦称："本路备边之郡九，而邕管为最重。邕之所管，辐员数千里，而左右两江为重。"②元代，广西沿中越边境的行政区划主要有思明路、太平路、来安路、镇安路、钦州路等。明代，广西壮族地区"南控交趾，自南宁府南及太平府、镇安府、思明府以及思陵州、龙州、凭祥州之西境、南

① 李曾伯撰《可斋稿》卷一七《奏申》。

② 毕沅撰《续资治通鉴》卷一四四《宋纪一》。

境，皆与交趾接界”[①]。镇安府，“在粤西之极西，与云南土富州接壤，其南则处处皆安南界也”[②]。由此可见，壮族土司统治区因其特殊的地理位置，历来被视为守土安邦的藩篱，是外敌不可逾越的屏障，在保境卫国中确实居于举足轻重的地位。

唐末安史之乱后，唐王朝势力衰微，交趾统治集团趁机侵扰中越边境地区，进而将触角伸入广西境内。宋代以后，随着交趾独立国家的建立，其封建统治集团经常侵扰我国南部边陲的广西壮族地区，边地民众的生产生活遭受破坏，生命财产遭受重大损失。如据史载，大率“自端拱迄嘉祐以来，两江州峒数为（交趾）蛮所侵轶”[③]。洪武二十九年（1396年），思明府土官知府黄广成遣使入贡，因奏言：“元季扰乱，交人以兵攻破永平寨，遂越铜柱二百余里，侵夺思明属地邱温、如嶅、庆远、渊、脱等五县，逼民附之，以是五县岁赋皆土官代输。”[④]至明代，安南统治集团对我国南疆的侵扰有增无减，与其毗邻的左右江一带壮族土司统治区屡遭侵袭，受害尤深。永乐二年（1404年），广西思明府知府黄广成奏：“本府与安南接壤，禄州、西平州、永平寨皆先臣故地。迩岁安南屡兴兵侵夺，遂遽有之。”[⑤]永乐七年（1409年），安南武装进犯广西的钦州地区，“诸寨巡司为其所袭，濒海居民，颇遭劫掠”[⑥]。正统三年（1438年），“攻杀安平

---

① 顾祖禹撰《读史方舆纪要》卷一〇六《广西一》。
② 赵翼撰《粤滇杂记》卷一。
③ 苏濬撰《安南志》，载《粤西文载》卷一八。
④ 张廷玉等撰《明史》卷三一八《广西土司传二》。
⑤ 《明太宗实录》卷三〇。
⑥ 林希元纂修《钦州志》卷九。

州人民，虏男妇二百二十余人，抢烧牛羊、房屋，又占峒村民二百二十户”，又“劫掠思陵州霸村，虏男妇四十余人，抢烧牛羊、房屋”[①]。成化四年（1468年），“安南国聚兵千余，立栅挑堑，占据广西凭祥县地方”[②]。万历三十五年（1607年），莫登庸率兵深入归顺、下雷、钦州。天启三年（1623年），安南兵入广西龙州境内[③]。天启四年（1624年），广西御史贾毓详奏：“交夷擅兵不靖，袭兵蚕食思陵迁诸土司，逼我上石西、太平、思明，侵地计二百七十二村矣。”[④]崇祯十一年（1638年），“交夷内侵，劫掠村寨”[⑤]。凡此种种“毒虐于众，杀戮无辜”的暴行，使“边境之民受其残酷，嗷嗷无诉”[⑥]。由此可见，明朝时期安南对我国南疆广西边地壮族土司地区的侵扰频仍，这不仅使边地民众的生命财产遭受重大损失，而且严重威胁南部边陲的稳定与安全，社会危害极大。

安南统治集团的肆意侵掠，最终激起了广西壮族地区广大民众的满腔怒火和保家卫国热情。外敌当前，许多壮族土司土兵率众奋起抵抗，为捍卫祖国主权和领土完整以及保障边疆地区的安全和稳定做出了积极的贡献。如据史载，永乐年间，都督韩观及都指挥葛林曾组织“广西各处土官率土兵赴各堡攒运”，并参加守城御敌[⑦]。据嘉庆《广西通志》记载：“黄琮，思明知府广成

① 《明英宗实录》卷四三。
② 《明宪宗实录》卷五三。
③ 《明熹宗实录》卷三六。
④ 《明熹宗实录》卷三八。
⑤ （嘉庆）《广西通志》卷二〇四《前事略二十六》。
⑥ 李文凤撰《越峤书》卷二。
⑦ 李文凤撰《越峤书》卷二。

子也。思明州缺守，上官知琮贤，檄署州事。会交趾侵西平，琮（瑶）往御之。贼退，即勒兵归。或问之，琮曰：‘吾以孤军远留边境，设不能守，为盗夺印去，损威失职矣！’众服其持重。”① 嘉靖七年（1528年），交趾侵扰归顺州湖润边境，土官岑璋向瓦氏夫人求助，瓦氏夫人率领田州土兵开赴归顺，与岑璋合兵奋勇杀敌，将交趾兵驱逐出境。嘉靖十七年（1538年），安南莫登庸施行反间计，贿赂凭祥州土官的庶子李寰，以之为向导，欲利用内乱乘机入侵。朝廷指挥钱希贤调动土兵及时出击凭祥，平定李寰叛乱，最终保卫了边寨的安全。嘉靖十九年（1540年），明将毛伯温进驻广西，征集了广西等地的俍土官兵，准备反击安南贼寇。莫登庸闻之大惊失色，遂“遣使诣军门阵乞愿出境降”，并“还所侵钦州四峒境土”②。万历三十四年（1606年），“交趾莫夷连岁寇下雷、湖润、归顺等州，命向武土知州黄绍伦，田州土知州岑懋仁各带土兵堵御，击败交贼，叙功授绍伦、懋仁俱参将职衔，寻加总兵服色”③。崇祯十一年（1638年），“交夷内侵，首劫近州村寨，杀掳人畜”，上映州知州许桂芳“奋统目兵陷阵，追斩六十余人，贼遂退”④。由此可见，在土司制度下，壮族土司在南部边疆防卫中确实起到了相当重要的作用。

2.从东南海防来看。在土司制度时代，壮族土司土兵为保障我国东南沿海一带地区的主权与领土安全也做出过重要的贡献。明初，政治安定，经济发展，国力强盛，防卫甚严，倭患未为大

① （嘉庆）《广西通志》卷二六八《列传十三》。
② 谷应泰撰《明史纪事本末》卷二二。
③ （嘉庆）《广西通志》卷二〇四《前事略二十六》。
④ （嘉庆）《广西通志》卷二六八《列传十三》。

害。明中叶以后，政治腐败，军备废弛，卫所衰落，防务空虚，倭寇乘虚而入，倭患日趋严重。特别是嘉靖年间，倭寇倍加猖獗，他们勾结沿海大姓豪右，深入内地，“抄掠浙、直、闽、广，屠戮不可胜数”①，一时竟成明王朝腋下的难除之患。嘉靖三十三年（1554年），海盗汪直“勾诸倭大举入寇，连舰数百，蔽海而至，浙东、西，江南、北，滨海数千里，同时告警”②。北自辽东，南至广东，万里海疆，“岛寇倭夷，在在出没”③，“与明相终始”④，“从山东北部直到广东西部的中国全部海岸，甚至深入到内地100多公里的地区都受到了蹂躏”⑤。倭寇的肆意侵扰，不仅给东南沿海一带民众的生命财产造成巨大损失，而且严重危及明王朝的海防安全。面对这一来自海上的严重威胁，明政府从巩固海防的角度出发，频繁征调各地兵力剿除倭乱，因而对勇猛善战的壮族土司土兵更加认同与倚重。在官军“见寇船至，辄望风逃匿”⑥、毫无战斗力的情况下，明廷不得不任命南京大司马张经总督江南、江北、浙江、山东、福建、湖广诸军，专办讨倭，便宜行事。张经，福建侯官县人，正德十二年（1517年）进士，嘉靖年间曾总督两广军务，深知广西俍兵素勇，遂疏请征调田州俍兵奔赴苏浙御寇，以图扭转战局。据史书记载，时年逾

---

① 谢肇淛撰《五杂俎》卷八。

② 张廷玉等撰《明史》卷三二二《日本传》。

③ 张廷玉等撰《明史》卷九一《兵志三》。

④ 黄遵宪撰《日本国志》卷五，上海古籍出版社，2001年。

⑤ 谢和耐：《中国社会史》，耿升译，江苏人民出版社，1995年版，第348页。

⑥ 谷应泰撰《明史纪事本末》卷五五。

六十的瓦氏夫人“闻调踊跃”[①]，毅然率领田州、归顺、那地、南丹、东兰等土州俍兵6800余人，赴东南沿海抗击倭寇。勇敢善战的壮族土司土兵给了倭寇以沉重的打击。嘉靖三十四年（1555年）五月初一，壮族土司土兵在王江泾战役中歼倭1900余人，取得了自抗倭斗争以来从未取得过的重大胜利，成为嘉靖年间抗倭斗争的转折点。时浙江督抚胡宗宪云：“自王江泾捷后，我兵始有生气……嘉兴杭人始安枕。军民主客，始知贼犹人，非真若鬼神、雷电、虎豹然，不可向迩，浸有斗志。贼亦自是稍稍顾忌，逆气狂谋，渐以亏朒。始可诱而图矣。”[②]万历年间，广西布政使谢肇淛称：“国朝土官妻瓦氏者，勇鸷善战。嘉靖末年，倭患，尝调其兵入援浙直，戎装跨介驷，舞戟如飞，倭奴畏之。”[③]清代史家对明代壮族土司瓦氏夫人率兵抗倭亦评价甚高：“粤西瓦氏，东兰、那地、南丹、归顺诸州，俱曰俍兵；楚九溪苗兵，即永顺、保顺兵也……而王江泾则苗兵、瓦氏之力居多，天子以金绮旌之。”[④]由此可见，壮族土司瓦氏夫人及其率领的土兵在抗倭战争中确实是立了大功的。由于瓦氏夫人在抗倭斗争中“屡立战功”，以至于皇上“诏给瓦氏二品夫人”[⑤]。按民间传说，皇帝还诏赏瓦氏墨砚一方，瓷碟一只，古画一幅。其所赏

① 郑若曾撰《江南经略》卷八下。
② 郑若曾撰《筹海图编》卷九。
③ 谢肇淛撰《五杂俎》卷八。
④ 查继佐撰《罪惟录》卷二〇。
⑤ 《田州岑氏源流谱》，载谷口房男、白耀天编著《壮族土官族谱集成》，广西民族出版社，1998年版，第270页。

墨砚，置墨汁一年不干；所赏瓷碟，盛肉永不变馊。[①]这从侧面反映出中央王朝对壮族土司土兵抗倭功绩的充分肯定。

3. 从北部边防来看。明朝建立伊始，北部边地即面临着残元势力的威胁。景泰以后，北元即乘明朝边备不足之机，占据了水草肥美的河套地区。最初“犹去驻不常”，成化六年（1470年）以后“为久居计”[②]，在占据河套地区之后，残元势力即以大漠为依托，频频南下骚扰内地，不断向明朝统治地区发动军事进攻，屡为边害。由于每年“敌去辄复来”，北疆边患难绝，岁无宁日，损失巨大。因此，明朝统治者始终将北边残元势力视为头号威胁，认为“今之四夷，北虏为急”[③]，“国家安危，重寄在西北边”[④]。按《明史》云：“鞑靼地，东至兀良哈，西至瓦剌。当洪、永、宣世，国家全盛，颇受戎索，然畔服亦靡常。正统后，边备废弛，声灵不振。诸部长多以雄杰之姿，恃其暴强，迭出与中夏抗。边境之祸，遂与明终始云。”[⑤]由此可见，防守退居漠北的鞑靼、瓦剌诸部，成为整个明代边疆防务的重中之重。正如学者所言：北方是鞑靼、瓦剌的不断进攻，东面有倭寇的肆虐，严重威胁着明朝的生存和国土的安宁，所以必须有强大的军事力量与之抗衡，但由于卫所制的逐渐瓦解，官军大量逃亡，战斗力量削弱，只能征调大量

---

① 覃彩銮、黄明标主编《瓦氏夫人论集》，广西人民出版社，1992年版，第18页。

② 《明宪宗实录》卷一二一。

③ 陈子龙等辑《明经世文编》卷二五〇。

④ 沈朝阳撰《皇明嘉隆两朝闻见纪》卷六。

⑤ 张廷玉等撰《明史》卷三二七《外国传八》。

土兵参战。从整个明代民族关系的格局来看，明朝民族关系的主要方面在北方，主要是为了防御强大的蒙古各部对明朝的侵扰，当时明朝的军队大部分都分布在北方漫长的边境上对付蒙古骑兵，因而南方卫所军队的总量就显不足，为了更好地戍守北部边疆、维护地方社会稳定，西部和中南的土兵就大量被政府征用，以之弥补政府经制兵的不足[①]。换言之，壮族土司制度在南部边陲的存续在一定程度上是对王朝北部边防的有力支持。

（四）进一步增进各民族之间的交往交流交融，促进壮族地区社会经济的发展

正如列宁所指出的："只要各个民族住在一个国家里，它们在经济上、法律上和生活习惯上便有千丝万缕的联系。"[②]土司制度作为多民族国家治理体系的组成部分，它是以认同王朝国家的集中统一管理为前提的。在土司制度下，由于各土司地区被纳入了中央王朝的统一版图之内，置于封建王朝的政治统治体系之中，成为王朝体制不可分割的一部分，因而从宏观的角度而言，其所有的各种活动皆被纳入一个"多元一体"的整体联系与交往圈之中。在统一和稳定的政治格局与社会环境下，各民族间政治、经济与文化的联系与交流进一步加强了。在土司制度下，各民族间的此种联系、交往与交融大多表现为互动式与双向性。如据史载，"两江诸土酋子弟向慕文风尤甚，来

---

① 王文光、朱映占：《明代土兵述论》，《中南民族大学学报（人文社会科学版）》2009年第4期，第163-166页。

② 《列宁全集（第19卷）》，人民出版社，1959年版，第504页。

试者曰土童，亦从恕收。于中实有聪敏能文可与中土颉颃者”[①]。从交往的视角来看，田州瓦氏夫人率众抗倭则体现为一种壮汉民族间的文化互动与交流，有所不同的是，在这一交往过程中，桂西壮族人民将交往的触角延伸到了桂东汉族地区乃至东南沿海一带汉族地区。正是由于土司制度的实行是符合当时民族地区的社会政治状况的，因而任何倒行逆施的行为终究要遭到广大民众的抵抗与反对。如据《明英宗实录》记载：“广西庆远府宜山县奏：‘本县大安定地方，因瑶、壮作耗，拨与思恩府土官岑瑛管治，至今不敢为恶。今小安定等处，复作耗弗靖，亦宜拨付瑛带管，其税粮仍属本县为便。’奏下，户部行总兵巡按等官复实。从之。”[②]《明史》亦载：柳州“内属千余年，惟上林县尚为土官，而宾、象、融、罗诸瑶蛮蟠结为寇，城外五里即贼巢，军民至无地可田。后屡加征剿，置土巡检于各峒隘，稍称宁焉”[③]。由此不难看出，土司制度的实施对于维护土司地区社会秩序的安定确实是有一定的积极作用的。纵观土司制度时代，在壮族土司统治区内，尽管诸土司之间及各土司官族内部仇杀纷争时有发生，但是，可以肯定的是，除极少数壮族土司外，真正起来反叛朝廷的壮族土司为数甚少，广大少数民族民众真正起来反抗封建王朝和地方土司双重统治的亦属不多。所以，土司制度的推行，在一定程度上有效维护了边疆民族地区社会秩序的安定，在客观上有利于各族

① 魏濬撰《诸夷慕学》，载《粤西文载》卷六一。
② 《明英宗实录》卷一一五。
③ 张廷玉等撰《明史》卷三一七《广西土司传一》。

民众社会生活的安定和社会生产的恢复与发展。

在土司制度下，为了维持在土司地区的统治，中央王朝往往采取轻徭薄赋的政策，尽量不去触动和改变边远民族地区的经济基础和生活方式，使土司地区与中央王朝之间始终保持着较为简单的贡赋关系。如据史载，永乐七年（1409年），“广西思明府土官知府黄广成言：‘去年秋，雨水伤禾，乞免粮税。’从之”①。永乐九年（1411年），“免思明税粮，以广成言，去秋雨水伤稼也”②。正统十二年（1447年），“除豁广西思恩军民府民人韦旺瑞等牛租四十余石”。③景泰四年（1453年），总兵官陈旺奏：“思恩土兵调赴桂林哨守者，离本府辽远，不便耕种，税粮宜暂免。”从之。景泰五年（1454年），“又以柳溥奏，免思恩调用土军千五百人、秋粮二千三百余石”④。弘治年间，大臣闵珪曾称：“仰惟高皇帝，初定天下，特于前项夷方，止设土官控制。凡百粮差，悉从轻省，实系羁縻。”⑤正德十五年（1520年），“（岑）猛奏，田州土兵每征调，辄许户留一二丁耕种，以供常税，其久劳于外者，乞量赈给，免其输税。从之”⑥。与此同时，中央王朝还及时调整土属地方岁纳“运载甚难”的交通线路问题，以宽壮族土司民力。史称，永乐十年（1412年）正月癸巳，“广西太平府都结州言：‘本州言岁运纳太平守御千户所，陆

① 《明太宗实录》卷九八。
② 张廷玉等撰《明史》卷三一八《广西土司传二》。
③ 《明英宗实录》卷一六一。
④ 张廷玉等撰《明史》卷三一八《广西土司传二》。
⑤ 闵珪撰《论抚讲岑应疏》，载《粤西文载》卷五。
⑥ 张廷玉等撰《明史》卷三一八《广西土司传二》。

行四百余里，山溪险阻，运载甚难。南宁卫至本州，可通舟楫，乞运纳南宁'。从之。"[1]这对壮族土司统治区农业生产的恢复和发展十分有利。

土司制度既是政治制度又是经济制度，通过土司制度的实施，将社会经济发展极不平衡的民族地区统一于祖国版图之内，既维护了多民族国家的统一，又便于各民族之间的联系与交往，有利于民族地区社会经济的发展。诚如学者所言："从生产力的标准来衡量，壮族地区土司制度的建立，既不是中央封建王朝的拔苗助长，也不是肆意强加，而是在统一多民族国家里，社会历史发展的必然产物，因而有利于生产力的发展。"[2]辩证地看，明清两朝通过土司制度对壮族地区各族民众施加的经济剥削是苛重的，但同时由于土司制度的建立，致使许多土属地方的民众从原来家长奴隶制的枷锁中解放出来，成为依附于封建领主土地上的农奴。众所周知，劳动者是生产力诸要素中最活跃最革命的因素。作为生产力中主要因素的"人"获得了解放，其劳动积极性也就有了明显的提高，从而有利于土司统治区社会生产的发展。在土司制度下，中央王朝和各地土司出于巩固自身统治利益的需要，采取了一些有利于社会经济恢复和发展的政策和措施，从而促进了土司地区社会经济的恢复与发展。特别是明朝时以货币折纳地租和赋税政策的出现，更是促进了桂西土司地区商业经济的发展。如据史

---

① 《明太宗实录》卷一二四。

② 李干芬：《略论壮族地区的土司制度》，《中央民族学院学报》1990年第3期。

载，洪武二十七年（1394年），镇安土知府岑添保曾奏请朝廷，将“郡民岁输米”折合白金“朝贡”[1]。地处左右江溪峒地区的思恩府，也已出现“江水既通，商货辐凑，益比于内地”[2]的繁荣景象。这就表明当地的社会经济确实已有一定程度的发展。由于土司统治时期中央王朝在壮族地区仍广泛开展屯田生产，将大量的汉族以及其他民族的军民派往壮族地区进行屯种，他们带去了汉族地区先进的生产工具和生产技术，进一步推动了土司地区社会经济发展。伴随着土司制度的实施，王朝统治势力不断深入边疆民族地区，边疆与内地之间的经济交往日益频繁，因而受到的来自中原地区封建经济因素的影响逐步加深，封建经济因素迅速增长。与此同时，土司制度下的地方土司贡纳和中央王朝回赐制度，也加强了壮族地区与中原地区之间的经济联系，这对土司时期壮族地区社会经济的发展有很大的促进作用。可以肯定地说，明清王朝通过推行土司制度，将经济发展较为落后的土司统治区纳入了王朝直接统治地区日益发达的轨道上，这对促进民族地区的经济建设，加强内地同边疆地区的经济联系，推动各民族地区共同发展颇具积极意义。

（五）推动壮族地区文教事业的发展，进一步强化广西对多民族国家的思想文化的认同

在土司制度下，中央王朝统治者出于“以夏变夷”的统治策略需要，鼓励在土司地区建师立学，推行汉文化教育，从思想文

---

① 张廷玉等撰《明史》卷三一八《广西土司传二》。

② 苏濬撰《广西郡县志》，《粤西文载》卷一一。

化上对土属地方施以影响，因此，土司地区学校教育得以逐步建立起来。明初，统治者对发展边疆民族地区的文教事业极为重视。明朝开国皇帝朱元璋基于大一统的思想，曾有言曰："朕惟武功以定天下，文教以化远人，此古先哲王威德并施，遐迩咸服者也。"为此，明代中央王朝令各地土司选派子弟到京师入国子监读书，"敕国子监官善训导之"[①]。如据史载，洪武十五年（1382年），朱元璋对前来朝贡的土官说："今尔既还，当谕诸酋长，凡有子弟，皆令入国学受业，使知君臣父子之道，礼乐教化之事。他日学成而归，可以变其土俗同于中国。"[②]洪武二十七年（1394年），朱元璋诏谕礼部："边夷土官，皆世袭其职，鲜知礼仪，治之则激，纵之则玩，不予教之，何由能化。其云南四川边夷土官，皆设儒学，选其子孙弟侄之俊秀者以教之。"[③]成化十七年（1481年），诏"凡土官嫡子，许入附近儒学"。嘉靖二十六年（1547年），"题准归顺土官子孙，照旧例送学，食廪读书"[④]。万历四年（1576年），诏"广西、云南、四川等处凡改土为流州县及土官地方，建有学校者，今提学官严加查核，果系土著之人，方准考充附学，不许各处土民冒籍滥入"[⑤]。在中央王朝的大力倡导下，各地土司颇以兴学促教为务。如据史载，正统十二年（1447年），明朝统治者应思恩土知府岑瑛之请，在

---

① 张廷玉等撰《明史》卷三一二《四川土司传二》。
② 《明太祖实录》卷一五〇。
③ 《明太祖实录》卷二三九。
④ 王圻撰《续文献通考》卷六〇《学校考》。
⑤ 王圻撰《续文献通考》卷六〇《学校考》。

思恩“设儒学，置教授一员、训导四员”[①]。史称“土官建学，盖自此始”[②]。又谓岑瑛“爱民辑士，复好学，建黉宫，请设官师，思恩有学，民知读书，蛮夷习尚一变者，实瑛为之倡也”[③]。嘉靖年间，广西田州女土官瓦氏“修建义学，择土民子弟教诲之”[④]。有明一代，土司统治地区的思恩土府、思明土府、田州土府、归顺土州等均相应建立起了府学、州学、县学、书院、社学和义学等教育机构，专事儒家思想文化的教授与传播。明代陆续改流的左江地区，其学校教育发展亦颇为迅速，崇善、左州、养利、永康等州县均设立了学校。单就社学而言，据统计，明代广西共有社学232所，其中壮族地区就有95所[⑤]。其时，对于土司地区学校的岁贡额数，中央王朝也做了明确规定：“土官学，照州学例，三年贡二人。”弘治十三年（1500年）又重申此例[⑥]。据《明会典》记载，洪武十八年（1385年）、永乐元年（1403年）和永乐十八年（1420年），明王朝先后令云南、广西、湖广、四川、贵州土官衙门，“生员有成材者，不拘常例，从便选贡”[⑦]。特别是科举制度在土司地区的推行，更进一步促进了土司阶层的汉化。譬如，白山司土巡检王言纪，不仅“言谈举止有不同于俗吏者……其文章、政事，每为上游器重，乃鸾凤

① 张廷玉等撰《明史》卷三一八《广西土司传二》。

② 苏濬撰《学校志序》，载《粤西文载》卷五二。

③ （嘉庆）《广西通志》卷二六八《列传十三》。

④ （雍正）《广西通志》卷九一《土司人物》。

⑤ 张声震主编《壮族通史（中）》，民族出版社，1997年版，第801页。

⑥ 俞汝楫编《礼部志稿》卷二三《贡举》。

⑦ 俞汝楫编《礼部志稿》卷二三《贡举》。

而栖枳棘者也”[1]，而且监修土司专志《白山司志》一书，内容宏富，体例完备，史料价值甚高，对后人从事中国土司制度研究极具重要参考价值。明代中央王朝明确规定土司须入学读书而后方准承袭，不入学者不予承袭，以此提升壮族土司的文化素养和推动土属地方的汉化。如据史载，弘治十四年（1501年），朝廷命令“土官应袭子弟，悉令入学，渐染风化，以格顽冥。如不入学者，不准承袭”[2]。不少土官子弟为了取得世袭职位，世传绥印，提高统治能力和增加在部族中的威望，也努力学习和运用内地汉文化，使得自身的汉文化造诣极高，从而推动本地区文化教育事业的发展。譬如，明末恩城土州官赵养素，“昆玉三人，咸有才名”，“幼习诗书，长谙韬略”[3]。在田州岑氏土官中，有好几代皆博通经史，能诗善文。譬如：明初田州第八代土官岑永通，“积学工诗书，著作甚佳”；其弟岑永贞亦自幼“聪颖好学，孝友笃行，博览群书，尤精性理”；岑猛的从弟岑业也博通经史，成化间以贤良举于朝，当殿对答如流，洒洒千言，切中时弊，明宪宗深为器重；明末，曾任明军指挥使的岑汉贵，亦是“自幼苦志力学，博通经史，善诗文，尤笃至性”的“土童”。可以说，土司土官文化水平的相应提高，对当地少数民族文化的发展不乏一定的积极影响和带动作用，使得土司地区的文化教育因此得以逐渐兴盛和发展起来。这样一来，自土司制度推行以后，不仅土司子弟、少数民族上层人物可以学习汉文化，一些少数民族普通

① 王言纪修，朱锦纂《白山司志》卷一八。

② 张廷玉等撰《明史》卷三一〇《土司传》。

③ 广西壮族自治区编辑组编《广西壮族社会历史调查（第四册）》，广西民族出版社，1987年版，第127页。

民众也因此获得了受教育的权利，从而推动了整个民族地区文化教育事业的发展。同时，土司土官及其官族文化水平的相应提高，对于推动内地汉文化在土属地方的传播也起到了良好的促进作用。

土司制度的发展和中央王朝对广西壮族土司地区控制的不断加强，在一定程度上也促进了汉文化在土司地区的传播和民族地区文化教育事业的发展。如据史载，思明“知府黄旸，每岁从征，习听长官礼仪，作事纯依汉官制度，言语衣冠，摄以礼让，目民非长衫靴帽者，不与参谒”[①]。东兰州土知州韦虎林，“颇知文墨，由是官族兵目皆衣汉衣服”[②]。龙英“土官州廨北向，其门甚壮丽，三门与厅事亦雄整，不特南（宁）太（平）诸官廨所无，即制府亦无此宏伟”[③]。再如龙英土州，其衙门建筑仿汉式，但比府署宏伟，可见汉族建筑技术对其影响之深。至今保存完好的明代忻城莫氏土司衙署，其建筑形式与中原地区大型官邸几乎一样，其建筑结构也体现了明代汉族官式建筑的特征，而且还使用了当时宫廷建筑专用的朱红色和狻猊、麒麟等形象[④]。显然，中央王朝在土司地区设学立师的目的无疑是为了从思想文化上加强对土司地区的统治，但在客观上对土属地方文教事业的发展所起的促进作用不容忽视。

总而言之，在土司制度下，为了加强对地方土司的管控，强

---

① （康熙）《思明府志》，转引自黄现璠：《广西僮（壮）族简史》，广西人民出版社，1957年版，第73页。

② 苏濬撰《右江土司志》，载《粤西文载》卷一二。

③ 徐霞客撰《徐霞客游记》卷四上《粤西游日记三》。

④ 蓝承恩：《忻城莫氏土司500年》，广西人民出版社，2006年版，第109页。

化边地土司对王朝国家的认同，中央王朝非常重视在土司地区加强儒学教育，发展文教事业，此举在边地土司国家化的进程中确实起了极其重要的作用。

二、消极作用

作为明清时期中央王朝在边疆民族地区推行的一种统治制度，土司制度从本质上说仍然属于阶级统治的工具。所以，毫无疑问，其积极作用也是有限的。作为特定时代的产物，土司制度实际上就像一把“双刃剑”，在促进民族地区社会发展的同时，其自身的局限性又制约着民族地区社会的发展，从而不可避免地带来一定的消极影响。随着社会历史的向前发展和中央王朝集权制的不断强化，其消极影响变得更加突出，并渐渐居于主导地位，成为阻碍广西壮族地区社会发展的制约性因素。

（一）土司制度在一定程度上削弱了中央集权，不利于多民族国家在政治上的统一与发展

土司政权以地方分权的形式与封建大一统政权相矛盾而存在、相斗争而发展，彼此之间在权益分配上始终存在着不可调和的矛盾。随着土司势力的不断膨胀，中央王朝与地方土司之间控制与反控制的斗争时有发生，这就沉重打击了王朝政权的统治，严重削弱了中央集权。各土司之间为了争夺地盘和扩充势力，时而互相侵夺劫杀；土司官族内部为了争夺世袭权位，往往互相残杀。更有甚者，个别土司为了达到自身的目的，为害地方，反抗朝廷。如据史载，明代镇安土官岑继祥，“乃归顺岑大伦之叔，前构交彝破归顺，又取归杀之。未几，身死无嗣。应归顺弟二子

继常立，本州头目皆向之。而田州、泗城交从旁争夺，遂构借外彝，两州百姓肝脑涂地”[①]。明中叶以后，一些土司辖区内部阶级矛盾日趋尖锐，为了转移广大土民的视线及扩大剥削利益，其统治者不惜挑起本族或其他民族间的争斗，甚至公开与朝廷为敌，导致矛盾日益尖锐，斗争持续不断。譬如，泗城，“延袤颇广，兵力亦劲，与庆远诸州互相雄长。其流恶自豹而应而接，且三世”[②]。史称，土司“争夺篡杀之祸，往往较之专制朝之君主，尤为酷烈……蛮民生计之日蹙，人口之不加，此其为其主要原因之一，不独土司一家为不幸也”[③]。这就在一定程度上动摇了王朝政权在民族地区的统治基础，削弱了中央集权制统治，不利于民族地区的稳定开发和多民族国家的统一与发展。

（二）土司制度自身的时代与阶级局限性在一定程度上制约了广西社会经济的发展与繁荣

马克思曾经指出：“所有的征服有三种可能。征服民族把自己的生产方式强加于被征服的民族……或者是征服民族让旧生产方式维持下去，自己满足于征收贡赋……或者是发生一种相互作用，产生一种新的、综合的生产方式……在所有的情况下，生产方式，不论是征服民族的，被征服民族的，还是两者混合形成的，总是决定新出现的分配。”[④]由于明清两朝统一广西后在该地区推行了土司制度，利用壮族首领负责管理本地区本民族的内部事务，不去触动或改变该地区的政治经济制度，继续“让旧生

---

① 徐霞客撰《徐霞客游记》卷四上《粤西游日记三》。

② 张廷玉等撰《明史》卷三一九《广西土司传三》。

③ 刘锡蕃撰《岭表纪蛮》第二三章。

④ 马克思：《政治经济学批判》，人民出版社，1976年版，第207页。

产方式维持下去，自己满足于征收贡赋”，这就使得土司制度最终并未真正建立在先进的经济基础之上，因土司地区的社会政治经济基础还相当薄弱，从而在一定程度上制约着壮族地区社会历史的发展。尤其是到了明代中叶以后，壮族地区由于商品经济的发展而使原来的土地制度发生变化，土地买卖的出现，导致地主经济的发生和发展，使得原来农奴制度的土地所有制日益成为社会生产力发展的桎梏，土司制度的消极作用越来越明显。

土司制度下土官对土民的残酷统治与经济剥削，严重破坏了社会生产力的发展。列宁曾经指出：“民族压迫政策是专制制度和君主制度的遗产。”①明清王朝和地方土官为了巩固其专制统治，势必要对各族人民加强压迫和控制。各土司实属割据一方的封建政权，具有较大的独立性和自治权，集族权、政权、兵权于一身，对辖区内的民众实行专制统治和经济剥削。在土司制度下，土民世耕土官之地，世为土官之民，忍受着封建王朝和地方土官的双重剥削和压迫。按《赤雅》云：“土司法极严肃，鞭笞杀戮，其人死无二心。”②徐霞客对造成土司统治区阶级关系紧张的原因进行分析后认为：“诸夷种之苦于土司糜烂，真是痛心疾首，第为势所压，生死唯命耳！非真有恋主思旧之心牢不可破也。”③清人赵翼亦称：“凡土官之于土民，其主仆之分最严。盖自祖宗千百年以来，官常为主，民常为仆，故其视土官休戚相关，直如发乎天性，而无可解免者。”④不仅如此，地方土司和

---

① 《列宁全集（第24卷）》，人民出版社，1957年版，第269页。

② 邝露撰《赤雅》卷上“法制”条。

③ 徐霞客撰《徐霞客游记》卷四上《粤西游日记三》。

④ 赵翼撰《粤滇杂记》卷五。

封建王朝往往还对广大土民实行超经济剥削。史称，土民“子女财帛，总非本人所自有”，“黔省土司一年四小派，三年一大派，小派计钱，大派计两，土民岁输土瑶较汉民丁粮加多十倍。土司一日为子娶妇，则土民三载不敢婚姻”①，“土州民既纳国税，又加纳本州赋税，既起兵调戍广西，又本州时与邻封战争杀戮，又土官有庆贺、有罪赎，皆摊土民赔之，稍不如意即杀而没其家，又刑罚不以理法，但随意而行，故土民之苦视流民百倍，多有逃出流官州县为兵者”②。由此可见，土司统治下的人民受到中央王朝与地方土司的双重压迫与剥削，生活极为贫困，从而对社会生产力的发展造成严重影响。

由于中央王朝利用土司制度来巩固其于民族地区的统治，土司势力因此得到发展和膨胀。土官土目对权势地位和财富争夺的欲望日益滋长，必然会造成土司与土司、土司与中央王朝之间矛盾的加剧，最终导致地方土司反抗中央王朝的斗争时有发生，各土司之间及土司官族内部争权夺利的斗争愈演愈烈，为祸甚重。其最著者，有如正统年间泗城州土官岑豹与利州土官岑颜之间的仇杀，弘治年间思城州土官岑钦与田州土官岑溥、泗城州土官岑应之间纠缠不清的仇杀，田州、思恩两府土官永无休止的长期仇杀，成化、弘治数十年间泗城与上林土司之间的纷争，等等。史称：“土官争界、争袭，无日不寻干戈，边人无故死于锋镝者，何可以数计也。”③终明之世，广西土司地区战事不断，时有

① 蓝鼎元撰《鹿洲初集》卷一《论边省苗蛮事宜书》。
② 王士性撰《广志绎》卷五《西南诸省·广西》。
③ 王士性撰《广志绎》卷五《西南诸省·广西》。

“十年不剿则民无地，二十年不剿则地无民”之说[1]。接连不断的战争使得土司地区人民群众的生命财产遭受严重损失，社会生产力受到极大摧残，社会经济文化发展所需要的各种内外部环境和条件遭到严重破坏。无休止的战争还导致中央王朝对土司土兵的征调甚为频繁。如据史载，嘉靖六年（1527年），王守仁奏称：“此辈（指土兵）夷犷之性，岁岁调发，奔走道途，不得顾其家室，其能以无倦且怨乎！”[2]如此穷兵黩武，使得壮族地区“迭遇兵燹，人民流亡过半”，“兵扰连年，流离载道，蓬蒿满目”[3]，显然造成了灾难性的后果。正德十五年（1520年），田州府土官岑猛奏请宽免赋税时云：“田州土兵每征调，辄许户留一二丁耕种，以供常税，其久劳于外者，乞量赈给，免其赋税。”[4]洪武二十八年（1395年），龙州、奉议、南丹与向武等地“叛蛮梗化”，明朝调集湖广、江西、京师及广西军队共10万余人前往镇压，战争持续数月，仅在奉议、都康、向武、富劳和上林地区，官军即斩杀起义者近2万人[5]。所有这些，严重影响了壮族土司地区社会生产力的发展，阻碍了壮族地区经济社会的全面进步。

（三）土司制度固有的封建割据性在一定程度上阻碍了各民族间的交往交流交融

在土司制度下，诸土司各自为政，割据一方，互不统属，纯

---

① 王士性撰《广志绎》卷五《西南诸省·广西》。

② 王守仁撰《赴任谢恩遂陈肤见疏》，载《粤西文载》卷六。

③ 顾有识：《瓦氏夫人》，载覃彩銮、黄明标主编《瓦氏夫人论集》，广西人民出版社，1992年版，第130页。

④ 张廷玉等撰《明史》卷三一八《广西土司传二》。

⑤ 张廷玉等撰《明史》卷三一七《广西土司传一》。

属一个个相对独立的小王国，从而形成了封建割据的局面。为了维持自身的世袭特权地位，诸土司间经常人为地制造各种隔阂，从而造成各土司间的孤立闭塞状态，导致商业贸易发展较为落后，交通亦欠发达。有的甚至规定土官的婚姻和往来只限于本境的范围，不许越境并与其他民族交结往来，对土民的日常社会生活颇多限制。明朝虽有民间不得私自与外国通商的规定，但广西与安南之间的商贸活动并未中断。宣德年间，明朝派赴安南使者，“率从水道挟估客往以为利”①。安南贡使入境，亦往往“人多挟私货营利”，因此不时招致广西一些土官的“索财阻滞”②。为了维护土司制度下自身的统治利益，各土司不约而同地在各自辖区边界要塞设立关卡，对过往行商者严加盘查，课以重税。譬如，思恩府土官岑濬，“筑石城于丹良庄，屯兵千余人，截江道以括商利，官命毁之，不听”，“会官军自田州还，乘便毁其城，濬兵来拒，杀官军二十余人”③。田州土官亦于其境上设置关卡，“商贩入其境则输税。以二枪交植境上曰关，未税而越关者辄射之”④。此种人为设置的障碍，严重影响了商品的流通，阻碍了商品经济的发展，既不利于各民族间的经济交往，也不利于中原地区与土司地区之间的物质交流与经济联系。这既是土司制度的封建割据性在经济领域内的重要表现，同时也是在商品经济已有较大发展的明代，相对落后闭塞的桂西地区与中原地区在商品意识上的反差。更深层次地说，这实际上又是一种先进文化与落后文化之间的冲

① 张廷玉等撰《明史》卷一五八《章敞传附徐琦传》。

② 《明宪宗实录》卷一七六。

③ 张廷玉等撰《明史》卷三一八《广西土司传二》。

④ 魏濬撰《峤南琐记》卷下。

突，在这场冲突面前，一些壮族土司土官采取了消极应对与保守的态度，在一定程度上阻碍了土司统治区商业经济的发展。因此，这种割据一方、各自为政的土司统治制度，对商品经济的发展和民族文化的交流显然是一大障碍，严重影响了土属地区人民群众生活水平的提高，从而成为民族地区社会经济文化发展缓慢的原因之一。

在文化交往、交流方面，部分土司统治区虽然设有府学、县学、义学等教育机构，但受教育者多为少数民族上层，广大民众接受教育的机会相当有限。由于土司割据造成的地区间交流的隔绝和受土司土官愚民政策的影响，对绝大多数少数民族民众而言，接受文化熏陶仍属可望而不可即之事。改流之前，很多土州县均未设有书院，壮族文人亦不多，壮族人熟谙诗书者甚少。土司制度的割据性和封闭性已严重地阻碍了土司地区间的横向联系，从而造成社会经济与文化发展的地区不均衡性。从发展的观点来看，土司制度的长期存在显然不利于壮族地区的整体发展和全面进步。

（四）土司制度的长期存续在一定程度上造成了壮族土司地区文化教育发展的落后

文化是政治和经济的反映。在土司制度下，各土司间持续不断的劫夺仇杀，封建王朝和诸土司土官对土属地方民众的政治专制统治和经济压迫，在一定程度上造成了土司地区文化教育发展的落后。譬如，洪武二十二年（1389年），忻城县儒学教谕骆基向明朝廷奏言："忻城山洞瑶蛮，衣冠不具，言语不通，自古以来，宾兴所不及。"①永乐六年（1408年），广西按察司佥事杨廉

① 《明太祖实录》卷一九七。

称："田州等府土人，罔知礼法。"[①]宣德元年（1426年），广西监察御史申春向上奏报罢撤思恩、忻城等县儒学时亦称："思恩、忻城累因蛮寇攻劫，杀掳人民，生员亦被拘略，今忻城全无一人，思恩只有四人。县民稀少，多是瑶壮，非但言语不通，不堪训诲，抑且不愿入学，徒存学官，无所施教，宜如洪武中河池县事例，革去。"[②]明廷从之，罢撤思恩、忻城两县儒学。从本质上说，王朝统治者在广西壮族地区推行土司制度，更多的是出于政治上的目的，在经济与文化方面并没有太大的作为。土司制度下的人们，由于政治上的各自为政，互不统属，始终处于一种相对孤立与闭塞的状态，加以受传统的重农思想的影响，他们不经商，也不善商贾，导致商业贸易不甚发达，商品经济的意识比较淡薄。譬如，明代左江之江州，"不知商贾，惟务耕种"[③]；右江之奉议州，"耕种纺绩，讴歌娱乐"[④]。由于土司政权的封闭性与割据状态，导致汉文化在土司地区的传播和影响极为有限。譬如，养利州，"流官至此者，亦复夷之"，"官与民恒相讵，而不能以相适"[⑤]。由于土司制度的长期存在，使得本土文化依然处于强势地位，对外来文化具有较强的排斥力，因而不利于先进文化在土属地方的传播和弘扬。在土司制度下，各族民众被牢牢束缚在小块土地上，政治上毫无人身自由，"生杀予夺，尽出其酋"。人们长期在闭塞的自然经济活动中生活，交往受到严格限

① 《明太宗实录》卷八六。

② 《明宣宗实录》卷二一。

③ 李贤等撰修《大明一统志》卷八五。

④ 李贤等撰修《大明一统志》卷八五。

⑤ 姚镆撰《养利州公堂记》，载《粤西文载》卷二三。

制，视野受到严重局限，进而形成了狭窄的地域观念。所有这些，在一定程度上不利于各民族之间的文化交流和汉文化在壮族地区的传播，从而造成土司地区文化教育发展的落后。由此可见，土司制度在意识形态领域内对壮族地区文化教育的发展显然是造成了一定的局限性。

本章小结

综观上述，壮族土司制度是时代的产物，土司制度时代是壮族社会历史发展的重要阶段。明清时期，从巩固多民族国家统一与稳定的角度出发，中央王朝在继续保持传统的“以夷制夷”政策的基础上，逐步建立起一套较为完整的针对壮族土司进行管理与控制的制度与方略。

按《明史》载：“西南诸蛮夷朝贡，多因元官授之，稍与约束，定征徭差发之法……其府州县正贰属官，或土或流，皆因其俗，使之附辑诸蛮，谨守疆土，修职贡，供征调，无相携贰。有相仇者，疏上听命于天子。”[1]这就从法律上明确规定了地方土司应尽的职责和义务，将地方土司置于中央王朝的严格管理之下，“如身之使臂，臂之使指，凡所调遣，莫敢不服”[2]，完全纳入王朝国家的治理体系之中。

任何事物都具有两面性，土司制度作为历史的产物，无疑同样具有两重性。我们在看待其历史作用与影响时，应该坚持一分

---

① 张廷玉等撰《明史》卷七六《职官志五》。

② 《明世宗实录》卷八六。

为二的观点，既要看到其正面，也要看到其反面，土司制度犹如一把“双刃剑”，在促进民族地区社会发展的同时，其自身局限性又制约着民族地区社会历史发展的进程。从当时具体的历史条件来看，壮族土司制度在强化中央集权的统治，维护多民族国家的主权与领土完整，巩固多民族国家的统一，加强壮族地区和内地之间在政治、经济与文化等方面的交往交流交融，促进社会和谐与民族团结进步方面，确实起到了应有的作用。壮族土司凭借中央王朝的这一制度性安排在其地域社会进行自治，不仅在一定程度上促进了壮族地区经济社会的发展，维持了地方社会秩序的稳定，巩固了南部边陲的安全，而且有效地维护了中华民族多元一体的政治格局，维护了国家的主权与领土完整。

在看到壮族土司制度积极作用的同时，我们也要看到其不可忽视的消极影响。事实上，随着时间的推移和社会历史的发展，土司制度与生俱来的各种弊端也日益暴露。一方面，随着壮族社会的不断向前发展以及边疆与内地之间各方面联系的不断加强，各自为政、“画地为牢”的土司制度已远远不能适应统一多民族国家政治上的需要；另一方面，随着地主经济在边疆民族地区的发展，维护奴隶制和封建领主制的土司制度日益成为壮族地区社会经济发展的障碍，土司制度赖以存在的经济基础趋于动摇。与此同时，随着中原文化在广西壮族地区的不断传播与浸润，儒学教育在土司统治区的逐渐推进，王朝国家权威在壮族地区的不断深入，壮族地区封建大一统的思想观念日渐深入人心。所有这些，皆为土司制度的改流创造了条件，奠定了基础。最终在时代的洪流中，壮族地区土属地方在王朝国家主导下，由设土转向改流，由间接统治变为直接统治，由地方分权走向中央集权，由边缘走向中心，由明代的局部改流到清代的大规模改流，实现了政治制度上的重大变革，从而有效地维护和巩固了多民族国家的统一与稳定。

总而言之，土司制度的好坏是不能笼统地一概而论的，而应该辩证地看，做到具体问题具体分析。当这一制度还能够和当时土司地区社会经济发展状况相适应时，它就能够在一定程度上推动该地区社会政治、经济与文化等各方面的发展；反之，就会起阻碍作用。从其对广西社会历史发展产生影响的时间段上看，大致是在土司制度施行的前期，其积极作用表现得尤为突出，而在后期，其消极影响则表现得较为明显。从总体上看，在明代清初时期这一特定历史时段，壮族土司制度是与当时土司统治区的社会生产力发展水平相适应的，土司制度的积极作用显然要大于它的消极影响，这是必须明确和加以肯定的。

第三章

明清时期王朝国家主导下的壮族地区的经济开发

边疆经略是明清时期王朝国家施政的重要着力点之一。明清时期正是中国封建经济发展的高峰期，王朝国家对区域经济开发极为重视。在明清中央王朝间接统治和壮族土司“以其故俗”世袭统治的双轨式管理体制下，在中央王朝与地方社会双主体的同向推进下，明清时期壮族地区的社会经济得到了前所未有的开发，壮族地区的社会面貌发生了空前的变化，壮族社会得以迅速发展和全面进步。

第一节　壮族地区农业生产的发展

由于受地理环境的影响，壮族地区山地多，平原少，农业是壮族地区主要的物质生产部门，是明清时期壮族地区经济开发的重要部门，也是明清时期壮族地区经济开发成就较大的领域。

一、水利的兴修

水利是农业的命脉，所关农功甚重，与国计民生关系极大。明清时期的中国仍以农业经济为主，水利的重要性不言而喻，是故明清统治者十分重视加强农田水利建设。

壮族地区山多地少，素有“八山一水一分田”之称，山区、丘陵超过土地面积的80%，水利建设在农业生产发展中尤显重要。与此同时，广西位于低纬度地带，北回归线横贯广西的中部，属亚热带季风气候区，不仅雨水充足、雨量充沛、河流交织、水源丰富，为农业灌溉提供了充足的水源保障，而且光照充足，水热条件较好，发展农业极为有利，成为适宜农业、林业和畜牧业发展，农业和多种经营较为发达的地区。明清时期，为了适应农业生产的发展需求，壮族地区对兴修水利极为重视，大力加强农田水利基础设施建设，积极改善农业生产的灌溉条件和用水环境。水利的兴修成为这一时期壮族地区经济开发的一项重要内容，各种各样的灌溉方式和渠道已甚普遍，通过对灵渠和相思埭等水利工程的不断维修和扩建，使这些工程在交通运输和农田水利方面发挥着重要的作用，水利灌溉事业空前发达，从而促进壮族地区的进一步开发。

（一）灵渠的修复

开凿于秦朝时期的大型水利航运工程——灵渠，经历朝历代不断修浚，至今不仅仍发挥着重要的水利功能，而且发挥着巨大的文化旅游价值。

元代统治者视水利为“农务之大本，国家之厚利”[①]，对农

① 王祯撰《农书》卷三《农桑通诀·灌溉篇》。

田水利建设极为重视。其时，曾组织人力对灵渠实施修复，使之“漕溉之利，咸复其旧”[①]。

明朝统一广西后，为了巩固统治，出于恢复和发展农业生产的需要，即着手对灵渠进行修复。据文献记载，洪武四年（1371年），对灵渠进行了初步治理，修治36陡门。经过本次修复之后，灵渠之水可灌田万顷。其后，明政府先后在洪武二十九年（1396年）、永乐二十一年（1423年）、成化二十一年（1485年），多次组织人力对灵渠进行修复。经过多次重修后，终使灵渠“复旧为新”[②]，在农业生产中发挥了巨大的作用。

灵渠是清代广西水路运输的重要航线。清朝统一广西后，为了巩固统治，大力发展壮族地区的农业生产，曾数度修复灵渠。据文献记载，清代整修灵渠多达十余次，其中康熙朝5次，雍正朝2次，乾隆朝8次。规模最大的一次整治是在康熙五十三年（1714年）。康熙五十三年（1714年），广西巡抚陈元龙对灵渠“旧存陡门十四皆修整，其已废二十二陡，酌复其八……悉与重建”，“日集匠率数千人，欢呼子来，冒风露，经暑雨”，“仅费一岁之俸钱，保数千百年无穷之大利，而仅阅一周之寒暑，遂使前贤之遗烈常存，而运道与田庐永保无虞”[③]。雍正九年（1731年），广西巡抚金𫓹续修灵渠，“凡陡门十有八，蓄水之堰三十有七，颓者完之”[④]。乾隆十九年（1754年），两广总督杨应琚重修灵渠，奏称，“粤西兴安县陡河，俗名‘北陡’，为转运楚米流通

---

① 《灵渠庙碑》，载《粤西文载》卷三八。

② 孔镛撰《重修灵渠记》。

③ （嘉庆）《广西通志》卷一一七《山川略二十四》。

④ （嘉庆）《广西通志》卷一一七《山川略二十四》。

商货之要津，久未修浚，坝身坍损，河流渐致浅涸，舟楫难能。临桂县陡河，俗名‘南陡’，下达柳庆，溉田运船，亦关紧要。近日陡坝倾颓。且有陡门相离太远，并需酌添闸坝之处，均请动项兴修”[①]，不到半年的时间，终使“淤者浚之，缺者补之，毁败者重新之。旧日百夫牵挽一舟，月余而不得过者，今千航万艘轻篙柔橹出灵渠矣”[②]。嘉庆五年（1800年）春，广西巡抚谢启昆又捐俸重修灵渠。足见灵渠在清代广西经济开发中的重要地位与作用。

（二）相思埭的修复

相思埭，亦称桂柳运河，位于今广西临桂区境内，开凿于唐代长寿元年（692年），沟通漓江支流良丰江和洛清江，为广西与云贵两省之间的通行提供便利。明清时期，在政府主导下，曾多次对临桂的相思埭进行修复。据文献记载，明代曾组织修复桂江和柳江之间的相思埭，使之长流不竭，农田得灌溉之利。清代雍正年间，对相思埭进行了全面修复，与兴安灵渠“工役并举”。相思埭分相思水经由东西两陡门，东流入漓江，西流至大湾通苏桥河，再会洛清江至柳州。旧时所建止鲢鱼一陡，于是“建闸水之陡二十座，凿去碍船之石三百八十六处。开浚河流如石槽形，水得容蓄，长流不竭，农田商楫俱赖其利”[③]。乾隆三十年（1765年），广西巡抚宋邦绥奏称：“粤西临桂、兴安所属南北二十八陡河，为通商利农之要津。今又修复星桥、灵山（今属桂林兴安县）、牛路（今属桂林临桂区）三陡，请每陡设夫二名，并

① 《清高宗实录》卷四七七。

② （嘉庆）《广西通志》卷一一七《山川略二十四》。

③ （嘉庆）《广西通志》卷一一七《山川略二十四》。

给蓄水器具银两。”[①]

（三）其他灌溉设施的修筑

明清时期，广西各族民众还因地制宜地凿通各种水渠和建造各种陂塘，同时利用水车、渡槽等工具进行引水浇灌，也有引地下暗河水灌溉农田者。如据史载，明初，曾组织人力凿通南流江和北流江之间渠道20余里，设石陡诸闸，并免所侵田税。[②]天启四年（1624年），“桂林等九府各州县修筑过陂塘圩岸等项，共三千五百八十三处”[③]。按《粤西文载》所录，粤西参政曾存仁曾组织壮族民众垦种左右两江地区荒田万顷，并开凿水渠，“度其受水多寡为石堤”[④]。在平乐府恭城，巡检张国安主持兴建了长50余丈的千家堰，“溉田甚广”。昭州（今广西平乐县）山区各族民众，虽“茅茨竹户，鱼盐粗赡”，但因引山泉灌溉山田，“不甚苦作”，生活“亦足称小康”[⑤]。兴安县的昌陂，“源出海阳山，有鱼鳞石，其水灌田十数顷有奇”。临桂县的琴潭，也引暗河浇灌[⑥]。在庆远府，乾隆十五年（1750年），经广西巡抚舒辂奏准，朝廷借给司库银2400两为工本，让庆远府属宜山县境内的垦荒农民筑坝建堤，引洛潢之溪水灌溉境内荒田。经过数年的努力，乾隆十九年（1754年），堤坝石工俱已告竣，“实丈得可垦田六千二百余亩，照原报垦户给予印照，管业升科。所借银，分两年完缴”[⑦]。

---

① 《清高宗实录》卷七四五。
② 《明太祖实录》卷二三五。
③ 《明熹宗实录》卷六五。
④ 《名宦》，载《粤西文载》卷六五。
⑤ 苏濬撰《广西郡县志》，载《粤西文载》卷一一。
⑥ （嘉靖）《广西通志》卷一六《沟洫志》。
⑦ 《清高宗实录》卷四五五。

值得指出的是，明清时期，在壮族聚居的桂西地区各府州县及土属地方，在江河溪涧上修筑堤堰、塘陂、架车灌溉，随处可见。据立于明天启四年（1624年）的《左州养利州奉断在太平筑坝灌田碑》载，“恩城原因争水，致太平州以劫杀告”。后由邻州左州和养利州两州州官“二次亲监酌勘”筑成两坝，并且明确规定新筑两坝“低岸三尺，太平不得妄加拳石杯土，恩城不得妄减尺寸”，“断太平州李恩祖出价银贰拾两，并筑坝踏毁田禾银贰两，给恩城州赵芳声收领”[①]。由此可见当时壮族土司对农田水利灌溉事业的重视。另据史载，镇安“莲花之塘，四时不涸，洞多泉流，田仰溉灌，爬沙穿竹而纡回自润，曾无举槔之劳，乃郡人田事之外，无日不凌山阪，涉涧薮，射飞逐走，以相娱快。地饶人众，亦足雄诸部落矣！”[②]横州、邕州、宾州、柳州等地，“目之所及，殊多旷土，皆饶草秽，足水泉，可施畚鑊，铫□者甚众”[③]。可见当时土属地方引江河溪水灌溉田地之情形已甚普遍。都康州，“札空陂，在州西，自炉泉水涌流，筑为陂，与黎塘俱有灌田之利”[④]。上思州，渠渴陂，嘉靖间，“知州陈世瞻筑土为陂，潴水溉田，民甚赖之”[⑤]。崇善县，“水陂，在求村上流。明宣德年间，土官赵暹开凿未就。嘉靖四十年，知府章谒复加疏浚，寻去，知县吴辅国继之。终以财力不足中止”[⑥]。结

① 广西民族研究所编《广西少数民族地区石刻碑文集》，广西人民出版社，1982年版，第9–10页。

② 苏濬撰《镇安土官论》，载《粤西文载》卷五七。

③ 魏濬撰《垦田之利可兴》，载《粤西文载》卷六一。

④ 李贤等撰修《大明一统志》卷八五。

⑤ （嘉庆）《广西通志》卷一一九《山川略二十六》。

⑥ （嘉庆）《广西通志》卷一二〇《山川略二十七》。

安州，其堰水“或曰即涧水也，自都结州流入境，土人堰水以溉田，因名堰水，南流入茗盈州”①。思恩府武缘县，西江源于大明山，归南宁大江，“随处筑堰，架车灌田一百四十余顷”；响水，源于郑山，流至西江，“架车灌田一百五十余顷”；驮内水，源于大明山，沿江“筑坝架车灌田二百余顷”。②太平府属太平土州，有泗汶坝，其水来自安平、恩城二地，合流经州入崇善，“土民筑坝，分润州前、沿江各处田亩”；安平土州，小溪二条，“俱筑坝、架车引水灌溉各村田亩”；万承土州，思崖泉有二源，“溉田万亩”，另据记载称“溯源水自那粮塞坝，导开右流，经过那粮、匡峒，到那包，同那响沟水合流，至派匡”③，可见该沟水流域广，灌溉面积大；龙英土州，有四溪，“土民皆筑坝架车，取水灌田”；结安土州，有堰水，“土民堰水以灌田”；江州土州，有“坡豆坝、坝吞、坡忙、钱坝、坝卑、窑瓦坝、坝黄、驮河坝、坝普、坝黄谷、那暮坝、新安坝、枯淡坝、雷劈坝、脉那坝”，灌溉各村田亩。④镇安府，“那盎陂，府东三里。潴水溉田”⑤。镇安府天保县，有布来泉、丈村河、兰峒河、伦隘河、驮松溪、鉴水、泉水等，随处筑堰坝灌田。⑥庆远府河池州，怀德陂“灌杨村田二百余亩”；罗家水陂“灌下荡……等处田千余

---

① 顾祖禹撰《读史方舆纪要》卷一一〇《广西五》。

② （嘉庆）《广西通志》卷一二〇《山川略二十七》。

③ 广西民族研究所编《广西少数民族地区石刻碑文集》，广西人民出版社，1982年版，第103页。

④ （嘉庆）《广西通志》卷一二〇《山川略二十七》。

⑤ （嘉庆）《广西通志》卷一二〇《山川略二十七》。

⑥ （嘉庆）《广西通志》卷一二〇《山川略二十七》。

亩”；官村陂“灌田数千亩”；蒋村陂“灌田千余顷”。[①]白山土巡检司，“十六城头共一百十二坝、一百一十三泉、十沟、一塘水车一百六十八架”，真正实现“有塘以储水，堰以障水，陂以蓄水，而旱干水溢得以有备无患”[②]。由此可见，明清时期土司统治区的水利兴修已相当普遍。据清同治《广西通志辑要》所载统计，广西各州县及土司地方，被利用的江河溪涧共373处，湖潭19处，泉洞91处，井源8处，修建堤堰、陂坝、陡涵共667处，深圳、池塘121处。[③]可见当时壮族地区水利基础设施建设成效相当明显。诚如学者所言：“土官统治时期，虽然没有进行过较大规模的水利建设，但小型的水利建设仍然得到普遍的重视。这不仅因为农民要获得较好的收成，重视水利建设。还因为土官为了保证自己的剥削收入，也重视水利建设。兴修水利是土官的行政职能之一。”[④]

（四）灌溉工具的使用

明清时期，壮族地区不仅各种水利灌溉系统日趋完善，而且还能因地制宜地制造和利用各种水利灌溉工具。如据史载，明代广西山区多用水枧灌田。史称，明代林弼出使安南路经龙州时所见竹枧甚多，其《龙州诗》有云：“架岩凿壁作巢居，隐约松云碧树疏。水枧枝枝横槛似，禾囷个个小亭如。”[⑤]明代壮族土司统治

---

① （嘉庆）《广西通志》卷一一八《山川略二十五》。

② 王言纪修，朱锦纂：《白山司志》卷六。

③ 李炳东、戈德华：《广西农业经济史稿》，广西民族出版社，1985年版，146页。

④ 谈琪：《壮族土司制度》，广西人民出版社，1995年版，第190页。

⑤ （嘉庆）《广西通志》卷八八《舆地略九》。

区农田水利灌溉事业的发展由此可见一斑。筒车作为一种实用的灌溉工具，在广西壮族地区清代时得以全面推广使用。据嘉庆《广西通志》记载，清代广西沿河流架筒车约有73个。其中，北流县（今玉林市北流市）筒车的推广最为普遍，该县主干溪流几乎均采用筑坝架车的方式灌溉农田。譬如，二厢水“架车灌田一千一百余亩”，冲龙里水“架车灌田一千三百余亩”，都陇里水“架车灌田一千六百余亩”，吉京里水“架车灌田一千五百余亩”，石二里水“架车灌田一千一百九十余亩”，①如此等等，不一而足。

由上可见，明清时期广西水利工程的区域分布已相当广泛，除了经济较为发达的桂东和桂北地区外，经济发展相对落后的桂西地区的水利建设也有了明显的进步。这些农田水利基础设施的建设，可以说收到了良好的效果，有力地保证了壮族地区农田灌溉的需要，极大地促进了壮族地区农业生产的发展。特别值得指出的是，各族民众在广西农田水利建设事业中始终扮演着主力军的角色，他们在投入农田水利建设事业的过程中，不断扩大彼此之间的交往交流交融，增进彼此之间的情谊，从而更加促进了壮族地区民族团结进步事业的发展。

二、广置屯田和垦荒

中国古代，屯田之制始于汉代，成为汉代以后历代政府为取得军队给养或税粮而由政府直接组织经营的一种农业集体耕作制度，有军屯、民屯、商屯之分。从历史上看，历朝历代推行的屯

---

① （嘉庆）《广西通志》卷一二〇《山川略二十七》。

田在很大程度上有效地保障了边防军的粮饷供给，对于开发边疆和巩固边防确实具有相当大的积极作用。

（一）明代壮族地区的屯田

明承元制，继续推行屯田制度，将屯田作为解决边防戍军的粮饷问题的重要举措。明初，明太祖朱元璋根据全国军事形势和巩固政权的需要，创立了卫所制度，在全国各军事要地设立军卫。史称："天下既定，度要害地，系一郡者设所，连郡者设卫。大率五千六百人为卫，千一百二十人为千户所，百十有二人为百户所。所设总旗二，小施十，大小联比以成军。"[①]各卫所隶属于五军都督府，亦隶属于兵部，有事调发从征，无事则还归卫所。这是一种寓兵于农、守屯结合的军事制度。正如明太祖所夸耀的："吾养兵百万，不费百姓一粒米。"[②]地处南部边陲的壮族地区成为明代推行卫所制和屯田制的重要区域。

在王朝国家的主导下，明代壮族地区进入了加快开发的新时期，形成了较为系统的经济开发思想与举措。以屯田为例，当时在壮族地区已形成一套相对系统的屯垦思想和相对完善的屯垦举措。明万历年间，时任广西左参政的苏濬在《垦田之利可兴》中全面阐述其关于屯垦的系统主张。史称，苏濬陆行经横州、邕州、宾州、柳州等地，"目之所及，殊多旷土，皆饶草，足水泉"，所见多为荷锄开垦之人群，由此提出广西可兴屯垦之议：一是戍士屯垦，所谓"令郡县审视高下原湿与其衍狭遐尔之处，咸籍记之，使附近戍士分布垦种"，愿耕者"官给牛种田器，俾

① 张廷玉等撰《明史》卷九〇《兵志二》。

② 覃彩銮：《广西开发史》，广西师范大学出版社，2013年版，第150页。

自于其地稍择爽垲，伐木干茅，结为田舍。耕获之际，以二番为率，一番在伍，一番在田。所收之粟，岁科其十二输之于官。羡余听其自有，初岁尽还牛器之费，暂不责科。不足者，次年输辏”。二是耕兵制，认为戍士屯垦“久且兵化为农，并寓兵之意尽失”，因而建议“益授之地”，使戍士变成耕兵，“量征其人，土博则利兴。彼父子兄弟，可聚力从事于此，久之而父子兄弟皆兵，是又一策也”。三是募耕制，即“于兵力之所不及与所不便”之地，“招募流人与土著之失业者耕之，亦官为治具，多方抚恤招徕，使得从容田亩，以利食土之利，俾为永业”。同时，屯垦须有三条措施：一是吸取唐代“岭南俚人旧输半课，刘廷祐责令全输，遂至为乱”的教训，落实“壮赋较民正减其半”的政策，打击那些“侵利数倍”的田主，让少数民族群众知道“官司意在保恤，原非有所苛责”，“贫而无可资者，皆得出村择便垦种”。朝廷优先发给农具，以示支持，从而使愿垦种者“趋若流水”。如此一来，无须很长时间，屯垦之地就会“田舍相望，便成村落”。二是在新形成的村落中推选有能力者，“署以为长，如所称壮老、瑶老之类”进行管理，从而达到“以夷制夷”之目的。三是设立田官，专管屯田开垦之事，“加之垦田名号，予以事权，视垦之多寡兴废以殿最”。同时以此监督查处那些不努力从事屯垦的县令和侵占屯垦者利益的地方豪强，使“士伍自有纪律，垦者优之，无致失业”。最终达到“兵食有藉，户口亦充，五谷时登，生事渐庶，萧第条贫瘠之状，必且为之一变”。[①]应该指出的是，作为当时广西官员，苏濬的主张无疑是极具代表性的，他

① 覃彩銮：《广西开发史》，广西师范大学出版社，2013年版，第152页。

是“站在封建统治者镇压少数民族起义、维护他们对少数民族的统治即‘驭蛮’的立场上来阐述其屯垦思想的，但屯垦在客观上对广西各地农业发展具有积极的意义”[1]。

按文献记载，明代在壮族地区推行的屯田主要有两种类型：

1.卫所军屯。明朝统一全国后，为进一步加强专制主义中央集权，稳固其统治地位，在各地广泛设立卫所，广为驻兵，就地戍守屯田，是为军屯。据《明史·兵志》记载，广西都司所辖卫所32个[2]。据史书记载，明朝派驻戍守广西壮族地区“各卫所戍军员额达116846人”[3]。按《明实录》记载，明代在广西等都司充军的有北京人和江南人[4]。如何解决如此庞大的军队的粮饷供给问题，不仅关系到明王朝在壮族地区的政权巩固问题，而且关系到王朝国家的边防巩固与边疆安全问题。为此，明王朝在广西全面推行卫所军屯制。史称：“天下卫所州县，军民皆事垦辟，民屯皆领之有司，而军屯则领之卫所。”由此可见，明代广西各地卫所皆置军屯。据史书记载，洪武九年（1376年），贺州已有军屯[5]。洪武二十五年（1392年）九月，“置广西迁江县屯田千户所”[6]。洪武二十九年（1396年），广西布政使司奏，“新设南丹、奉议、庆远三卫及富川千户所，岁用军饷二十余万石，有司

① 覃彩銮：《广西开发史》，广西师范大学出版社，2013年版，第152-153页。

② 张廷玉等撰《明史》卷九〇《兵志二》。

③ 广西壮族自治区通志馆编《广西方志提要》，广西人民出版社，1988年版，第15页。

④ 《明宣宗实录》卷一〇四。

⑤ 《明太祖实录》卷一〇五。

⑥ 《明太祖实录》卷二二一。

所不足以给"，朝廷指令，不足部分实行屯田解决。后来，奉议卫又以"本卫地控蛮峒，若俱出屯种，设有缓急，卒难用"为理由，提出军队"以三分守城，七分屯田"的建议，但明廷未予批准，要求全部参加屯田①。为了帮助边远地区各卫所屯田，明廷"遣中使至桂林等府，市牛给南丹、奉议等卫屯田军士"②。洪熙元年（1425年），广西总兵官镇远侯顾兴祖率军镇压庆远等地农民起事后提出："今农事方兴，请止留贵州兵二千、湖广兵一千守备，余遣归屯种。"③此建议最终得到朝廷采纳。由于明代广西军屯成效显著，因而得到明政府的奖励。史称，宣德二年（1427年）三月，巡按广西监察御史汪景明曾奏称："比较广西都司，洪熙元年所种样田子粒，除正粮外，每军均有余粮一十九石有奇。人民赏钞三锭，提督官倍之。命行在户部给赏如例。"④据史书记载，明洪武年间，广西各卫军屯田十分之七，可见明代壮族地区军屯规模之大和范围之广。正统年间，由于地主官僚兼并土地，军屯开始遭受破坏。

2.军民屯垦。明代，广西少数民族聚居区的民众深受地方土司和王朝统治者的双重压迫和剥削，阶级矛盾和民族矛盾不断加剧，各地农民起事此起彼伏，土司反抗明王朝亦时有发生。其中，尤以八寨起义、大藤峡起义、府江起义等规模较大。长期频繁的战争，不仅给各族民众的生命财产带来严重损失，造成地方社会统治秩序的不稳定，而且导致各族民众流离失所，大量土地

---

① 《明太祖实录》卷二四五。
② 《明太祖实录》卷二四六。
③ 《明仁宗实录》卷七。
④ 《明宣宗实录》卷二六。

荒芜，社会生产遭到严重破坏。为了镇压和防范各地民众起事，明王朝一方面指令明军采取层层设防、步步为营的措施，在各军事要地驻扎重兵，且戍守且屯田；另一方面招募士兵和农民耕种因战乱而荒芜之田，军屯与民屯错杂在一起，同时实施行之有效的管理办法。洪武三年（1370年），广西省臣要求“令边境郡县，辑民丁之壮者，置衣甲器械借之有司，有事则捕贼，无事则务农”，组织民屯的主张得到朝廷的同意。[①]据史书记载，洪武初，钦州设立屯田64顷，以钦州千户所百户二员领军屯种。规定“愿承田者悉与之，人给田三十亩。官田则例亩科米一斗七升六合，该米五石一斗仍拨田十亩，与为宅舍，不科其税”；屯田之处，“十人为一甲，甲有甲头，五甲为一屯，屯有屯总；一屯有稻田一十五顷，共田二十顷。该米二百五十五石。一屯设老人一名，专理其事，给田四十亩，用酬其劳，不征其税。五屯之田，计百顷八十亩，督责耕种，征收税粮。屯老责之屯总，屯总责之甲头，甲头责之屯丁，以本州判官掌之，而总督于知州。无牛种者，给与牛种”。而地方民众屯田，则“令春夏在田耕种，秋成之后，赴州操练，及春复归田耕种”。另据嘉靖《钦州志》载，军队屯田，则“分上下班出海巡哨，田随班上下耕种”。永乐初年，在镇压马平农民起事后，“募壮人耕种，且以御瑶”。永乐年间，李彬曾在广西边境令官军与土军参错屯田。成化初年，在镇压大藤峡起义后，“量起浔、梧、柳、庆待府州县伙夫民款，各带器械助官兵攻守，官给牛具种子，耕种贼田，就给兵款食

① 张廷玉等撰《明史》卷三一七《广西土司传一》。

用”[①]。弘治九年（1496年），总督两广右都御史邓廷瓒奏言，因广西土官瑶壮数多，流官土民数少，要求东兰州土官知州韦祖次子领土兵三五千人至古田、兰麻等处“拨田耕守”。上林县土官知县黄琼、归德州土官知州黄通，各选子弟一名领土兵各千人驻扎昭平堡，拨平乐县仙回峒田与之耕种，朝廷从之。[②]嘉靖七年（1528年），王守仁率兵镇压八寨农民起义后，即招募土司率兵屯驻，“拨占田产，使之耕种，以资军衣”。嘉靖十四年（1535年），刘经率兵镇压永福一带瑶民起义后，“籍没贼田三百亩，立江尾堡，分给土目”。隆庆年间，明军镇压怀远地区农民起义后，就地“屯土兵五百人，且耕且守”[③]。万历元年（1573年），拨仙回闲田7万余亩，“募兵领耕。每名十亩，头目量加。初年给饷，并处牛种。三年后，量科亩三升”[④]。同年，广西巡抚殷正茂遣兵镇压府江农民起义后，划界设堡，屯垦守卫，其中，荔浦上峒、中峒由把总齐凯及其所属土官耕垦，领田1.3万余亩；土官覃文举耕垦下峒，领田8000余亩；土官岑仁驻守府江东岸，领田1.5万余亩；驻守永安仙回带屯兵，领田8200亩；驻守永安高天一带屯兵，领田2200余亩。[⑤]总计4.64万亩。万历二年（1574年），广西总兵李锡在镇压桂林一带农民起义后，没收当地农户耕田11081亩，“给兵且耕且守”。万历八年（1580年），将南丹卫各里残破之地，不拘军屯民产，割自杨渡水界，尽作南

---

① 《谕韩雍征剿广西贼寇事宜》，载韩雍《平蛮录》卷一。

② 《明孝宗实录》卷一一六。

③ 张廷玉等撰《明史》卷三一七《广西土司传一》。

④ 《明神宗实录》卷一三。

⑤ 《粤西丛载》卷二八。

丹卫屯田，“尚存残民，亦难准充为耕兵，人给田三十亩，岁纳子粒六石，三年之后，方照数开征”[①]。由于王朝国家采取了一系列鼓励屯田垦荒的措施，“广西屯田面积由明初的513顷40亩，增加到嘉靖年间的4610顷34亩”[②]。因此，明王朝通过军民屯田之法，既解决了驻军粮食给养的问题，又促进了土地的开垦，扩大了耕地面积，推进了农业生产的发展。[③]

值得指出的是，由于明代中央王朝对开荒垦殖的重视，使得壮族土司统治区的垦田面积迅速增加，成效显著。据统计，庆远府在元代有田572.89顷，洪武年间增至2173.43顷[④]，土地开发的速度实属惊人。徐霞客在桂西土司地区考察时，目睹：龙英州境“旧塍盘旋山谷”，村落“散倚崖坞间”；龙英东村，“山回坞辟，畦塍弥望”；至安村，“其处旧塍盘旋山谷，甚富，而村落散依崖坞间，为龙英西界沃壤”。南丹土州之飘渺村，山间“田垄盘错”，朝下看“皆四周环塍，高下旋叠，极似堆漆雕纹”，谷间“皆耕犁无隙”，是“一方之沃壤地”。太平土州，“数千家鳞次倚江两岸”，州境“平畴四达，亩塍鳞鳞，不复似荒茅充塞景象”，而且“田禾丰美”，远近“村居相望，与江浙山乡无异”。恩城州，平畴叠塍，聚落连坞。卜雷的胡润寨，上埂卜埂，“环壑中村聚颇盛”；都结，“溪田如掌”，“开洋成塍”[⑤]。史称，思恩军民府“土

① 《明神宗实录》卷一〇〇。
② 覃彩銮：《广西开发史》，广西师范大学出版社，2013年版，第153页。
③ 覃乃昌：《壮族经济史》，广西人民出版社，2011年版，第401-404页。
④ （嘉靖）《广西通志》卷二〇《田赋下》。
⑤ 徐霞客撰《徐霞客游记》卷四上《粤西游日记三》。

田广衍”，上林县“多良田茂林”[①]。由此可见，明代，在传统的壮族土司统治区，垦田面积明显扩大，土地开发成效显著。

（二）清代壮族地区的垦荒

清代是中国专制主义中央集权制度发展到顶峰的时期，也是壮族地区进入全面开发的时期。清朝统一全国后，清统治者认真吸取明朝覆灭的教训，从思想上高度重视发展农业生产，积极采取有效的措施以恢复和发展社会生产，着力稳定社会秩序。顺治十四年（1657年），清廷颁布了劝垦条例，规定“凡新垦地，初定三年起科”。对于“地处极边，山多田少”的广西壮族地区则更为优惠，规定“开垦田亩，如地属平原，田成片段，系上则、中则，水田一亩以上，旱田三亩以上，照例升科；一亩、三亩以下，永免升科。下则田地及桑、麻、米等更属瘠薄，民间开垦水田五亩以上，旱田十亩以上，照例升科，五亩、十亩以下，永免升科。升科后，水冲沙夺者，仍与豁除”。“如有豪强争夺，借垦占熟”，“照例治罪”。如此一来，不仅促进了本土的经济开发，而且“吸引了人口密度比较大的广东、湖南、江西、福建等省的农民流入‘土旷人稀’的广西垦荒”[②]，从而极大地推动了壮族地区的经济开发。

清朝建立后不久，顺治八年（1651年），清军平定黔、滇之前，有关官员针对湖南、四川、两广初定，地方荒地极多的实际，建议“凡遇降寇流民，择其强壮者为兵。其余老弱悉令屯田。湖南、川、广驻防官兵，亦择其强壮者讲武，其余老弱给与

① 顾祖禹撰《读史方舆纪要》卷一一一《广西六》。

② 覃彩銮：《广西开发史》，广西师范大学出版社，2013年版，第184页。

荒弃空地耕种，但不许侵占有主熟田”，此举得到顺治的批准。[①]乾隆十五年（1750年），广西巡抚舒辂奏称：“查南（南宁府）太（太平府）镇（镇安府）三府所属州县，与安南接壤者二千余里……有虽在隘外，而仍系内地者，距夷界远则二三十里，近则数里不等，向来无业贫民，因属内地，俱赴彼搭盖草房，就地耕种。”[②]由此可见，清代广西边疆地区的田地已得到开发。有关清代广西壮族地区各州县垦荒的数量，《清实录》中记载颇多。譬如，雍正三年（1725年），桂林、梧州等7府开垦田地29顷有奇[③]，第二年，桂林等府又开垦田地66顷有奇[④]。

综上可见，明清时期，在王朝国家主导下，壮族地区的屯田和垦荒得到了高度重视。事实证明，广置屯田和垦荒不仅是王朝国家巩固其于壮族地区统治的一项重要举措，实际上也成为王朝中央在壮族地区推进全面开发的重要组成部分。

三、农作物的种植

有道是“民以食为天”，人类的生存和发展离不开各种农作物。农作物的广泛种植也是农业经营与经济开发的重要标志。此之所谓农作物，当指农业上栽培的各种植物，包括粮食作物和经济作物两大类。明清时期，壮族地区的农业生产已进入精耕细作阶段，不仅农作物种植的品种已明显增多，而且农作物种植的地

---

① 《清世祖实录》卷六七。

② 《清高宗实录》卷三七一。

③ 《清世宗实录》卷五三。

④ 《清世宗实录》卷六六。

区分布已相当广泛，各种农作物如双季稻、玉米、棉花、苎麻等均已得到普遍种植。

（一）水稻种植

有学者通过多年的调查研究后发现，广西是中国稻作农业的起源地之一①。从文献记载来看，明清时期，壮族地区的水稻种植又有了新的发展。

万历年间，著名地理学家徐霞客来到广西，从柳州上柳城，目睹：柳江边稻把遍立，农民正在江边的船上进行稻米交易；在太平土州治附近，平地旺达，种稻与江浙无异；在南丹飘缈村，山间梯田上下盘旋。所种之稻分粳、糯二种。粳有七：曰香柏，曰乌节，曰早稻，曰晚稻，曰白粘，曰红粘，曰旱禾。糯亦有七：曰鹁鸪，曰银丝，曰泥糯，曰鱼包，曰饭糯，曰红糯，曰香糯。②思恩、桂林府生产“穜禾”“颗大而香味长，九、十月收获，连草逐茎，摘之盈把，终岁不脱”③，为广西特有的水稻良种。④

据明嘉靖《钦州志》记载，当地水稻的品种有毛禾、六禾（有红、白二种）、白禾、胜稔、八月粒、坡乐、乌独粒、七粘、油粒、畬乐、赤禾等品种。糯谷有赤阳糯（红、白二种）、晚秧糯、白壳糯、红须糯、鸠糯、花壳糯、台濡、老鸦糯、田狗糯、马鬃糯、广糯等品种。

---

① 覃乃昌：《壮族稻作农业史》，广西民族出版社，1997年版，第25-34页。

② （嘉靖）《广西通志》卷二一《食货志》。

③ （嘉庆）《广西通志》卷九〇《物产二》。

④ 覃彩銮：《广西开发史》，广西师范大学出版社，2013年版，第156-157页。

明清时期，广西各地积极推广先进种植技术，种植双季稻，增加粮食产量。据顾炎武《天下郡国利病书》记载，归顺州“稻田两熟”，表明明代双季稻的种植得到了发展。道光初，福州人李彦章任思恩府知府时，利用水田作种植早稻和晚稻的实验，取得好收成。桂东南各府州县普遍种植早晚双季稻，桂西南的下雷（今大新县境）也已种植双季稻。①

（二）玉米种植

玉米原产美洲，自哥伦布发现新大陆后传入欧洲，明代时传入我国沿海地区，后传入内地各省份。明末清初，由内地的汉族民众传到西南边疆地区。由于玉米“适于低温、贫瘠的山区种植，并且栽种粗放而产量较高，营养丰富，宜作主粮。因此，传入西南地区后，对边疆民族经济的发展是一个很大的推动”②。从文献记载来看，清代广西壮族地区许多山区已普遍种植玉米。如据乾隆《镇安府志》记载：玉米“向唯天保山野遍种，以其实磨粉为糊，可充一二月粮”。另据光绪《镇安府志》云：玉米“近时镇属种者渐广，可充半年之粮”。据道光《庆远府志》卷八《食货志》记载，其时庆远府境内的山峒多种玉米。按《崇善县志》云：新和、通康、占坡乡人，山多田少，稻米出产寥寥，“人民终岁多食包粟”。按《归顺直隶州志》载：“包粟杂粮前止种一造，今则连种两造，山头坡脚无不遍种，皆有收成，土人以此充饔餐。”据道光《白山司志》记载，白山司域玉米“列植相

① 覃彩銮：《广西开发史》，广西师范大学出版社，2013年版，第187页。

② 方铁、方慧：《中国西南边疆开发史》，云南人民出版社，1997年版，第406页。

望，价甚廉，数文钱便足果腹”。由此可以看出：第一，清代广西镇安府、崇善县、归顺直隶州、白山司等许多边地的玉米种植已相当普遍；第二，清代广西每年的玉米种植时间有一季或两季之分；第三，玉米的传入与种植对于改善广西各族民众的饮食结构与物质生活起了相当大的作用；第四，玉米在广西山地开发中具有举足轻重的作用，这是因为，“玉米作为高产旱地作物具有耐旱、耐寒、耐瘠，产量较高，病虫害较少，适宜山区种植等优点，成为桂西地区开发山地的利器，在促进桂西山地开发和山地生态环境变迁上发挥了重要作用”①。

（三）小麦种植

中国是世界上最早种植小麦的国家之一。作为一种在世界各地广泛种植的禾本科植物，小麦在明清时期广西的种植已较为普遍。桂北地区种植甚广，“粤土惟桂林面各府重之”②。地处边鄙的桂西和桂北地区此时也已开始种植小麦。《归顺直隶州志》引宋庆和《靖城曲》云：“秧针刺水午风情，村北村南打麦声。记取靖城四五月，黄云初割绿云生。”③又载：归顺直隶州“嘉庆以前，鲜种麦，自嘉庆二年，遍地皆种，亦大丰熟，以后种者愈多”④。由此可见，地处边远的归顺州，清代小麦种植亦是“种者愈多”了。另据史载，地处边疆的庆远府在清代也已广种小麦，“旧无种，康熙六十一年，郡民陈庆邦买自桂林，散布始

---

① 郑维宽：《论明清时期桂西民族地区的农业开发与生态变迁》，《农业考古》2013年第6期。

② （嘉庆）《广西通志》卷八九《舆地略十》。

③ 何福祥纂修（道光）《归顺直隶州志》卷九。

④ 何福祥纂修（道光）《归顺直隶州志》卷二。

广。又燕麦，须长。荞麦，春冬二种”[①]。

值得一提的是，其时在小麦种植方法上，南方与北方略有不同：“北人种麦漫撒，南人种麦撮撒。”[②]撮撒时伴以灰肥，苗长得更好[③]。

由上可知，明清时期小麦种植已扩展到广西各地，成为这一时期广西农业开发的主要成就之一，为广西边地各族民众提供了更多的粮食品种，丰富了各族民众的饮食生活。

（四）苎麻与棉花种植

明清时期，壮族地区的苎麻和棉花种植已相当广泛。如据史载，左州百姓“少力田，多种麻”，崇善县农村“力田日少，种麻日多，民颇得利，日用饮食多以麻易”[④]。由此可见，时人已将苎麻作为商品进行生产。诚如学者所言：“这种为出卖而生产的商业性农业，是明代广西农业经济中出现的新气象。”[⑤]

除了苎麻，壮族地区民众还普遍利用山地、畬地等地形，广泛种植棉花。

（五）种桑养蚕

中国是世界上种桑、养蚕、织丝绸最早的国家。明清时期，广西各族民众充分利用得天独厚的自然条件，推广种桑养蚕。据史书记载，光绪十五年（1889年），马丕瑶任广西巡抚，大力提

---

① （嘉庆）《广西通志》卷九〇《舆地略十一》。

② （嘉庆）《广西通志》卷八九《舆地略十》。

③ 覃彩銮：《广西开发史》，广西师范大学出版社，2013年版，第157页。

④ （嘉靖）《广西通志》卷五〇《外志一》。

⑤ 钟文典主编《广西通史（第一卷）》，广西人民出版社，1999年版，第383页。

倡种桑养蚕，要求各府、州、县地方官认真办理，办理成效显著者给予奖励。为扶植养蚕业，还请求朝廷减免所产蚕丝厘金税。为推广养蚕技术和宣传养蚕的好处，马丕瑶特作《广西劝民种桑歌》，收集有关植桑养蚕的书籍重新刊印，分送省内各府、州、县，同时在各地开办蚕业学堂，向老百姓晓以养蚕之利和种桑养蚕之法。时省城桂林设有官蚕局，派候补知府羊复礼等人向广东、浙江购买桑秧十数万株，开垦荒地栽种五六十亩。经此推动，广西各府州县蚕业蓬勃发展。位于桂西北山区的庆远府，推广最力，教民得法，卓有成效，所出绸线，质厚色光，最便民用，货精价廉，销往广东、湖北、云南、贵州各省。①

（六）其他经济作物的种植

除上述几种主要农作物外，明清时期壮族地区还种植其他经济作物。譬如，据《镇安府志》记载：落花生，各州县皆出，“岭南所产甚广，镇属亦不少，以之榨油名生油”。作为木本油料作物的油茶和油桐，清代时在广西壮族地区各地种植亦极普遍。糖料作物甘蔗，在广西东南、西南和南部地区均有栽种，这些地区成为我国蔗糖主要产地之一。②据文献记载，明后期至清前期，桂西地区的思恩府辖九土司地区多属“刀耕火种”的耕作方式，广泛种植各种经济作物。譬如：兴隆土司“其民驯习，刀耕火种”，“锄畲种粟”③；定罗土司瑶族群众“专种薯、芋、棉、麻，以供衣食”；旧城土司瑶族群众“力事耕种”；都阳土司瑶族群众“皆

① 覃彩銮：《广西开发史》，广西师范大学出版社，2013年版，第188页。

② 黄现璠、黄增庆、张一民编著《壮族通史》，广西民族出版社，1988年版，第379页。

③（雍正）《广西通志》卷二八七《列传二三》。

力耕火种”[①]；白山土司其民“勤于耕种，稻田甚少，多种瓜、豆、芋魁为粮”[②]。另据地方史志记载：明清时期荔浦县瑶壮“其资生则种禾、黍、粟、豆、山芋以为粮”；恭城县瑶壮“自开山田，所居之处前后左右丘阜麓圹俱为其有，多种豆、麻、粟资生”；富川县瑶壮“所居之处则前后左右丘阜林麓圹皆为所据，多种棉花、豆、麦、苎麻及烧灰、烧以市利，通县屋宇、薪爨之资取给而鬻焉”[③]；土田州其民居深山“以芋、薯为粮”[④]；下旺土司其民“散处陇峒，食惟山薯、芋、粟，垦种余闲别无事”[⑤]。此外，油茶、芝麻、向日葵、八角、茴香等经济作物，清代在我国西南边疆地区也已广泛种植。这些经济作物不仅丰富了边疆各族人民的物质生活，而且增加了他们的经济收入。[⑥]

四、农业生产技术的提高

明清时期，随着经济开发的持续推进和农业生产的不断发展，壮族地区的农业生产技术也得到了明显的提高，而农业生产技术水平的不断提高反过来又促进了壮族地区农业生产的发展和经济开发的水平。

据史书记载，明朝规定“凡屯种去处，合用犁、铧、耙齿等

---

① 杨芳编纂《殿粤要纂》卷四“思恩军民府图说”。

② 王言纪修，朱锦纂《白山司志》卷九。

③ （嘉庆）《平乐府志》卷三三《瑶壮》。

④ （嘉庆）《广西通志》卷二七八《列传二十三》。

⑤ 华本松：《百色志略》，小方壶斋舆地丛钞续编本。

⑥ 方铁、方慧：《中国西南边疆开发史》，云南人民出版社，1997年版，第408页。

器，著令有司樧官铁、炭铸造发用”，“凡屯种合用牛只，设或不敷，即便移文即索”[①]。由此可见，当时参与屯田的军民已普遍使用牛耕和各种铁质农具，这对增加耕地面积和提高粮食产量无疑具有一定的推动和促进作用。

五、农产品产量的提高

所谓农产品，是指农业中生产的物品，如大米、高粱、花生、玉米、小麦以及各个地区土特产等。一般而言，农产品产量的多少是一个地方农业生产发展水平的重要标志之一。明清时期，壮族地区随着农业生产的发展，农产品的产量有了明显的提高。据《清史稿》记载：乾隆十三年（1748年），广西积谷20万石，而到乾隆二十三年（1758年），广西贮谷183万石，由此可见清代广西农业生产发展之迅速。

第二节　壮族地区手工业生产的发展

中国手工业历史悠久，行业众多，分布面广，在国民经济中占有相当重要的地位。明清时期，在王朝国家的主导下，壮族地区的手工业生产在前代的基础上又有了长足的进步，在采矿业、铸造业、制盐业、制瓷业、纺织业、制茶业和造纸业等诸行业均取得一定的成就，为商业贸易的发展提供了一定的条件。

① 申时行等修《明会典》卷二〇二《工部二十二》。

一、采矿业

明清时期，广西的采矿业有所发展，矿业生产与开发较前代为盛。

广西的银矿开采与冶炼，宋代以前即已有之。降至明代，广西的银矿开采与冶炼更为普遍。洪武末年，朱元璋取消了限制民间开采矿藏的禁令，“令民得自采炼，每三十分取其二”[①]，民间冶矿业由此得以进一步发展。据史书记载，明代广西银矿的产地主要有庆远府南丹土州孟英山、挂红山，河池州之蔡村，桂林府义宁县之牛路山，临桂县之水槽、野鸡等地，平乐府贺县之蕉木山、尖山，荔浦县之茶溪山，梧州府怀集县之铁屎坪、将军山、汶广山等地，但规模较小，又往往与他矿杂出。[②]万历年间，开采内监沈永寿曾报告称：“广西地多瑶壮，所产金、银、铅、锡，皆在险崖蛮洞之间。”[③]据宣德年间陈琏《桂林郡志》载：“金，出两江，产于右江者为最赤，右江永丰场亦产之；银，产于左江万承州多激场；铜，产于右江归化州，左江古甑洞亦有之；铁，出桂东乡，西融亦出，但其性燥，不若东乡者佳；锡，贺州、南丹、庆远皆有锡坑，惟贺州锡极佳，其色如银；铅，宾州者为最佳。”此外，万承州、思同州和陀陵县亦产铅，庆远府南丹州孟英山则产银[④]。由此可见土司统治区的矿产资源甚为富足。据《徐霞客游记》载：“银、锡二厂，在南丹州东南四十里，

① 张廷玉等撰《明史》卷八一《食货志五》。

② 覃彩銮：《广西开发史》，广西师范大学出版社，2013年版，第160页。

③ 《明神宗实录》卷四〇六。

④ 李贤等撰修《明一统志》卷八四《庆远府》。

在金村西十五里，其南去那地州亦四十里。其地厂有三：曰新州，属南丹；曰高峰，属河池州；曰中坑，属那地。皆产银、锡。三地相间，仅一二里，皆客省客贾所集。……又有灰罗厂，止产锡。有孟英山，止产银。”[①]万历间，河池、永康等州、思恩等县农民向官府承包开采，“岁包银一千三两有奇”[②]。由于盛产金、银、铜、锡等矿产资源，土司地区常以矿产为方物予以进贡和纳赋。譬如，南丹州，“贡草果八十五斤，锡五百一十三斤，马二匹”[③]，“银，出孟英山麓，永乐十五年，差内臣监煎，岁输银九十六两”[④]。洪武二十六年（1393年），田州土知府岑坚一次进贡白金（银）1290两[⑤]；明中期，田州岑氏土官又多次进贡金银器皿，镇安府土官也多次进献金银。由此可知田州、镇安是金银的重要出产地。1966年，宁明县明江土官墓出土有金冠、金凤冠、金簪、金钱、铜炉、铁牛等二十余件随葬品。这些从侧面反映出明代广西冶炼铸造工艺的发展水平。

清代，广西地区的矿业开发“随着清王朝的矿业政策的逐步开放和外省汉族人的大量迁入而获得蓬勃开展”[⑥]，矿区分布几乎遍及全省各地。据史书记载，雍正八年（1730年）前后，恩城土州朱砂矿、果化土州雄黄矿、永康州铅矿、河池州响水铜矿先后被开采。乾隆二年（1737年），广西苍梧县的

---

① 徐霞客撰《徐霞客游记》卷四上《粤西游日记三》。

② 《明神宗实录》卷四〇六。

③ （嘉靖）《广西通志》卷二〇《田赋志下》。

④ （嘉靖）《广西通志》卷五一《外志二》。

⑤ 《明太祖实录》卷二二七。

⑥ 覃彩銮：《广西开发史》，广西师范大学出版社，2013年版，第188页。

金盘岭金矿，商人们试采8日，共得毛金69两有奇，广西巡抚杨超上奏准予开采，得到朝廷同意[1]，但3年之后，因“出砂甚少，商本不敷，官课无出”，只得暂行封闭[2]。乾隆四年（1739年），广西产铜121362斤。乾隆十三年（1748年），开采思恩县干峒山铅矿，供铸钱币之用。乾隆十四年（1749年），准招商开采上林县鸣凤、长岭、兰塘之金矿，河池州白面山银矿，果化土州宝西村雄黄矿，西隆州果果亭、铜仁、那贡朱砂矿，贺县百应山铜矿等，年收课铜2.2万斤。课铜占产量30%，折算产量7万余斤。乾隆二十六年（1761年），思恩县所产白铅甚多，积存量达164万余斤，除供广西铸钱之用外，尚有一半供广东、湖北各省。

对于广西壮族地区所产之铜，清政府给予了优惠政策：“二八抽课……每百斤给价十三两……官买一半……另一半给商自卖。”[3]这一规定使商人有利可图，于是“庶踊跃开采”。如据史载，乾隆三十五年（1770年），商人瞿涛开融县马巩地方螺塘山煤矿，同时采运四顶山白铅矿砂就煤煎炼，一年之中，共产白铅58万余斤，清廷准其正式开厂冶炼。[4]

二、铸造业

作为中国古代传统的手工业，冶金铸造业在明清时期的广西

---

① 《清高宗实录》卷八二。

② 《清高宗实录》卷一二八。

③ 《清高宗实录》卷二七一。

④ 《清高宗实录》卷九〇六。

地区获得了较大发展，冶炼规模较大，冶炼技术较高，成为当时经济开发的重要组成部分。

据嘉庆《广西通志》记载，明代广西地区有临桂涝江、烟竹枝2个铜厂；灵川磨盘山铜厂；永宁州响水、良石、长弄、元兴4个铁厂；天河段峒铁厂；阳朔折山黑铅厂；罗城冷峒、长安2个铅厂。此外，怀集县黄麋还有数座铁炉。[①]当时除了本地人自行冶炼外，明廷还派人在广西开矿冶炼。万历三十三年（1605年），明朝开采内监沈永寿奏称："以广西地多瑶壮，所产金银铅锡，皆在险崖蛮洞之间，采取无（尤）多，而夫役往往瘴死，乞令有司包解。"神宗下令："会抚按司道，酌派河池、永康等州，富川、思恩等县，岁包银一千三两有奇。"[②]第二年，沈永寿果然进税银8960两，矿银380两。[③]

铜鼓是壮族人民喜爱的一种器物。明代壮族地区的铜鼓铸造技术有了明显的提高，铜的含铅量降低，含锡量相对增高，而且鼓面增厚。这是受了汉族冶炼技术的影响，并结合铜鼓的功能所作的一些改进：含铅量减少，含锡量增加，使铜鼓的音响效果更好，而鼓面增厚，可加强铜鼓承受敲击的程度。

据史书记载，明嘉靖年间，南宁卫明威将军政掌印指挥佥事王佐铸造的铜钟，椭圆形，广口，高180厘米，口径120厘米，重1000公斤。钟上除刻有重量、铸造人和捐款人的姓名外，还有"风调雨顺，国泰民安"等字。字体端庄俊秀，苍劲有力。雕

---

① （嘉庆）《广西通志》卷一六一《经政略十一》。

② 《明神宗实录》卷四〇六。

③ 《明神宗实录》卷四二二。

铸在悬挂铜钟顶端耳环处的两只苍龙，栩栩如生。如此巨大精巧的铜钟距今已有400多年，仍然十分完好，文字清晰，击之声闻数里，是广西难得的珍贵文物和艺术珍品。[①]这说明明代广西地区的冶炼铸造技术已经达到相当高的水平。

清初，广西地区并未开炉鼓铸，而是靠滇省解运。乾隆七年（1742年），广西要求将本省所产之铜就地鼓铸，得到朝廷批准。[②]广西每年铸钱需用铜23万余斤，回山山、将军山、响水厂3个铜厂每年产铜约12万斤，不够鼓铸之用，除了提高这几个老厂的产量外，又准备新开临桂、永福、恭城等处的铜矿，本省解决所需之铜，鼓铸所需之黑铅，由本省的渌泓等铅厂供给，锡和白铅则要到省外采买。[③]另外，清代铸造的铁炮，在广西各地均有发现，有的长达2米多，重1000多公斤[④]，由此可见清代广西矿产开采及冶炼铸造技术的进步。

三、制盐业

食盐是食品行业中的重要产品，与国计民生关系密切，故历朝历代统治者十分重视食盐的制造与运销。明清时期，壮族地区的食盐制造业已取得一定程度的发展。

---

① 黄现璠、黄增庆、张一民编著《壮族通史》，广西民族出版社，1988年版，第386–387页。

② 《清高宗实录》卷一六四。

③ 《清高宗实录》卷一七六。

④ 黄现璠、黄增庆、张一民编著《壮族通史》，广西民族出版社，1988年版，第387页。

明朝初年，明廷在广西设立了海北盐课提举司，管理广西的盐业生产。提举司下辖15个盐场，洪武时可岁办大引盐27000余引，弘治时略有减少，为19400余引。万历时可年产小引正耗12400余引，供应广东的雷州、高州、廉州、琼州4府，湖南的桂阳、郴州2州，广西的桂林、柳州、梧州、浔州、庆远、南宁、平乐、思明、镇安9府，田州、龙州、泗城、奉议、利州5州。[①]岁入太仓盐课银11000余两[②]，所产之盐除供应当地民众食用外，还作为给到广西开中的商人以粟易盐之用[③]，明代广西盐业生产规模之大由此可见一斑。[④]

四、制瓷业

明代广西的制瓷业在原有的基础上有所发展。1980年，广西文物队对合浦县上窑窑址进行了发掘，清理出的遗物有压槌、拔火罐、瓮、壶、盆、碗、钵、罐、烟斗、钹筒等多件物品。压槌背后刻有楷书铭文“嘉靖二十八年四月二十四日造”，可以确定这批文物是明代的物品。这些器物种类较多，都是日常生活用具，做工精细，足见明代广西地区的制瓷业已经达到了一定的水平。[⑤]

---

① 盐引之名，始于宋代。“引”即引票。引有大引、小引之分，大引多者每引两千数百斤，小引为大引之一半乃至十分之一。各地区亦不尽相同。

② 张廷玉等撰《明史》卷八〇《食货志四》。

③ 《明太祖实录》卷二四一、二四六。

④ 方铁、方慧：《中国西南边疆开发史》，云南人民出版社，1997年版，第366页。

⑤ 广西文物工作队：《广西合浦上窑窑址发掘简报》，《考古》1986年第12期。

五、纺织业

明清时期，壮族地区的纺织业获得了较大的发展。

壮锦的生产成为这一时期壮族地区纺织业上的一大特点与成就。壮锦是明清时期壮族名贵织品，又是精美的手工艺品，由唐宋时期的緂布发展而来。据《岭外代答》载："邕州左右江峒蛮，有织白緂，白质方纹，广幅大缕，似中都之线罗，而佳丽厚重，诚南方之上服也。"[①]万历年间，緂布已发展成用棉纱和五色丝绒组成，色彩绚丽，图案别致，可作床毯、被面、背带、头巾等的壮锦，名闻遐迩，且成为贡品，"凡贵官富商，莫不争购之"。壮锦以棉线为经，以五色丝线作纬，交织而成，主要产于土司地区，故又称为"土锦"。柳州府有壮锦，"各州县出。壮人爱彩，凡衣裙被之属，莫不取五色绒杂以织布，为花鸟状，远观颇工巧炫丽，近视则觉粗粝，壮人贵之"[②]。庆远府则称"土锦"，"各处皆有，永定、忻城精致"[③]。归顺州土锦，"一名壮锦。以丝杂棉织之，五彩斑斓，葳蕤陆离，真杜诗之'海图波涛，天吴紫凤'也。州地所织较厚，镇边尤软，美可珍"[④]。据清乾隆九年（1744年）编纂的《忻城莫族总谱》记载，早在弘治时期，忻城莫氏第四代土司莫鲁就在其《官箴》之《再训》中要求家人"锦可学制，琴也须弹"。迄嘉靖年间，第六代土司元配覃氏即将"纺织之劳，身亲为之"。

① 周去非撰《岭外代答》卷六。

② （乾隆）《柳州府志》卷一二《物产》。

③ （嘉庆）《广西通志》卷九〇《舆地十一》。

④ 颜嗣徽纂：（光绪）《归顺直隶州志》卷三。

由此可见壮族土司及其官族对壮锦的喜爱及对手工业生产的重视。

葛布是一种可做夏装的用葛草纤维制成的布，俗称夏布。汉袁康《越绝书·外传记越地传》云："使越女织治葛布，献于吴王夫差。"清龚自珍《农宗》云："米斗直葛布匹，绢三之，木棉之布视绢，皆不得以澮泉货。"葛布生产历史之悠久由此可见一斑。明清时期，壮族地区的葛布生产颇受重视。史称，郁林州产的龙凤葛最佳，布以龙凤纹而名，明万历十五年（1587年），朝廷规定郁林州年贡葛布1000匹，万历二十年（1592年），又下令进贡2000匹。经工部尚书曾同享多次上奏，减为每年100匹。此后，广西布政使司每年将采买葛布的经费按每匹3两白银的价格发到从事葛布生产的农户手中，每年按工部指定的样式生产，上交朝廷。郁林葛布成为明代广西最重要的贡品之一。①

六、制茶业

制茶业是一种重要的手工业。广西地区种茶、制茶的历史悠久，早在唐宋时期已经开始种植和加工。明代种茶及制茶业又有新的发展，年收茶税多达1183贯。在桂东、桂西等地，丘陵土岭间大多种植茶树，年产茶30余万担。桂平的西山茶、苍梧的六堡茶、原产横州而后扩展至桂西的凌云、乐业等县的白毛茶，

① 覃彩銮：《广西开发史》，广西师范大学出版社，2013年版，第162页。

茶质佳，制作精，于明清时期颇负盛名。[①]

七、造纸业

广西的造纸业历史悠久。据文献记载，明代广西壮族土司统治区的造纸业已有一定程度的发展。明代徐霞客在谈到上林县的造纸业时称："韦龟洞，在城西十里韦龟村……（村有）数十家倚（韦龟）山北麓，以造楮为业，栖舍垒垒。"[②]上林韦龟村以造楮为业者多达数十家，可见其地造纸业之盛。

第三节 壮族地区商业贸易的繁荣

农业和手工业生产的发展，为商业贸易的繁荣创造了条件。明清时期，广西水陆交通有了长足的发展，形成了四通八达的交通网络，有效地促进了壮族地区的经济发展和商品流通。在农业和手工业生产发展的基础上，明清时期广西的商业贸易也有了相应的发展，受中原地区影响较大的桂北、桂东北、桂东和桂南地区，明清时期商业贸易较为发达，已形成一批商业贸易重镇，进而带动整个广西出现了相当繁荣的商业贸易景象。

① 覃彩銮：《广西开发史》，广西师范大学出版社，2013年版，第162页。
② 徐霞客撰《徐霞客游记》卷四上《粤西游日记三》。

一、对内贸易的发展

明清时期，壮族地区的对内贸易取得了较大发展。如据史载，太平府“墟（圩）市贸易，男女混杂”①。思恩军民府，“府旧治桥利，四面绝壁……瘴雾昏塞，薄午始开。今治四野夷旷，轩豁秀丽，后山起伏蜿蜒，敷为平原，两水绕山合流而入巨浸，江水既通，商贾辐辏，益比于内地矣”②。归顺州，“土酋尚礼法，驭下以严，合境无盗，商贾凑集，如中州焉”③。由此可见当时壮族土司统治区的商业活动已相当活跃且商业发展水平甚高，可与内地相媲美。有云：“土司法极严肃……商贩入其境，以二枪交植境上，曰关税未输而越关者，许射之；既输，暮行露宿，货物狼藉，无敢睨者。”④由此可见，为了适应商业贸易发展的客观需要，在土司统治区，尽管交通不便，又受土官限制，但一些小商贩的商贸活动已趋活跃。

为顺应商品经济与商业贸易发展的需要，中央王朝进一步加强了对商品流通和商业贸易的管理。如据史载，洪武年间，广西设有庆远裕民司，主要是“市八番溪洞之马”⑤。弘治年间，吴孟俅知宾州事，“州有八寨，各峒大小，夷屡为寇乱，急之则散，缓则复出。孟俅单骑入寨峒抚谕之，皆罗拜，愿受约束。孟俅赏劳省谕，许出就州市贸易，第禁带刀剑弓箭，由是夷人信服。州

---

① （嘉靖）《广西通志》卷一七《风俗志》。

② 顾祖禹撰《读史方舆纪要》卷一一一《广西六》。

③ 顾炎武撰《天下郡国利病书》卷一八〇。

④ 邝露撰《赤雅》卷上“法制”条。

⑤ 张廷玉等撰《明史》卷七五《职官四》。

以无事”①。万历二十六年（1598年），明廷于各地设榷税之使，其任务是“或征市舶，或征店税，或专领税务，或兼领开采”②。当时广西的榷税使为沈永寿。明代广西的商业贸易管理由此可见一斑。

从区域内部来看，桂东地区的郁江、浔江两岸平原，盛产大米和苎麻，物产丰富，交通顺畅，沿江集市贸易活跃。明代以后，广东和广西之间的经济联系及其互补性进一步加强，“‘西米东运’‘东盐西运’的商业格局逐渐巩固，广东商人进入广西渐成规模。广西境内最早的粤东会馆于明万历年间始建于平乐县，而来自广东的商人亦在南丹、上林等地开中纳粮。明中期以后，来自广东、福建、江西、湖南等地的外地商贩云集梧州，‘专事生息，什一而出，什九而归’，或者‘列肆当垆’，或者经营食盐和木材。以粤语为载体的广府文化逐渐向梧州渗透。到明末，梧州城外‘往来横渡口，强半广州音’，商人们用船购米贩至广东番禺出售，获利甚多”③。

清代，外地商人入桂不断增多，他们在壮族地区主要从事商业贸易、矿业投资等经济活动。乾隆四年（1739年），广西巡抚安图奏称：广西地区于新谷登场“恣意买与客贩，冀来年贱买官米”④。由此可知，当时外地商人已深入到广西农村地区从事粮食收购活动。清光绪《西延轶志》卷二载，资源县，“土民以农为业，习艺事者少，往往江右楚南客民执其技来此游食”，“商，

① 《明孝宗实录》卷三五。
② 张廷玉等撰《明史》卷八一《食货五》。
③ 覃彩銮：《广西开发史》，广西师范大学出版社，2013年版，第168页。
④ 《清高宗实录》卷一〇五。

本地绝少，操奇赢都市往来皆楚南客商”。由此可见清代外地商人在广西的商贸活动已相当活跃。

二、对外贸易的发展

明清时期，广西的对外贸易已相当频繁。明代，钦州、思明、思陵、凭祥、龙州是边境贸易的主要口岸，安南商人到中方主要购买北货、北药（因我国位于越南北面，故称）。中方主要是向安南购买土特产。永乐年间，金、银、铜、钱、盐、咸鱼只能在交趾境内贸易，禁止出境交易，这就使得双边商业贸易发展受到一定程度的限制。

早在宋代时期，即于钦州、横山等地设博易场，开展边境贸易。降至明代，朝廷重申广西为安南、占城、暹罗等国朝贡的贡道，譬如，永乐年间重申“安南贡道，故由广西”[①]，“（永乐）三年，以诸番贡使益多……寻设交趾云屯市舶提举司，接西南诸国朝贡者”[②]，遂使广西地区的对外贸易更趋活跃。

从史籍记载来看，明代时，钦州地区的对外贸易亦极频繁。按《明实录》记载：“（安南人范员等）于海外捕鱼，潜与钦廉贾客交通，盗汆珠池，互相贸易……敕至，尔（指广东副总兵都督同知欧信）即出榜禁约，钦廉频海商贩之人，不许潜与安南国人交通。”[③]从中可以看出，当时安南盗贼在海上捕鱼，暗中与

① 《明太宗实录》卷一七六。
② 《明太宗实录》卷一八〇。
③ 《明英宗实录》卷三一七。

中国商人交结，互相贸易，说明当时从事外贸的商人不在少数。如果只是个别人，英宗皇帝无须如此郑重其事地下禁令。按方志记载，“黄蜡，钦州少出，来自交趾”[①]，说明当时的钦州市场上不乏通过贸易而来的交趾货物。另据廉州知府朱勤诗云：“天涯有驿枕遐方，南望交州去路长。”“来人络绎无虚日，行旅充盈有裹粮”[②]说明当时往返于钦州驿站者甚多，其中不乏商人在内。另据记载，明朝时，钦州“民用所资，转抑于外之商贾”，民众“弗务本业，多游手坊廓之民，不充役于官，则贩鱼、盐为业”[③]，足见当时钦州地区商品经济与对外贸易之繁荣。

广西传统的边境贸易的商品，进口的所谓“番货”多为沉香、胡椒、象牙、犀角等物，在明清时期亦基本如此，出口的商品则是大米、陶瓷、布匹等。明清时期广西由于农业经济的发展，粮食生产有了剩余。广西的粮食，除沿西江运往广东之外，便是出口交趾一途。在防城圩、龙州、凭祥等边境贸易中也有大米交易，大米成为边境贸易的主要商品之一。陶瓷是边境贸易的商品大宗，明代朝廷出使西南诸国时赐予诸国的物品中就有许多瓷器。如据史载，洪武十六年（1383年）派使臣赐占城国、真腊国瓷器一万九千件，洪武十九年（1386年）又派人赐真腊瓷器。[④]布匹是广西边境贸易中的传统商品，自宋代设钦州博易场、横山寨博易场、永平寨博易场后，布匹一直在边境贸易中占

---

① 林希元纂修《钦州志》卷二。
② 林希元纂修《钦州志》卷二。
③ 林希元纂修《钦州志》卷一。
④ 张廷玉等撰《明史》卷三二四《外国传》。

有重要地位，到了明代仍然如此。[1]

众所周知，朝贡贸易对于贡道沿线地区的商品经济发展是有利的。广西与安南、占城等国海陆毗邻，是安南、占城、暹罗等国朝贡经由的贡道，朝贡的过境贸易对广西对外商品流通起较大的促进作用。《明实录》中记载广西地方官奏议，反对广西左江龙州守备“私通货易”，“私买番物”，“容外境商人将私货混同夷人过关”[2]，正说明了朝贡过境贸易的兴旺，使得边境地区“夷贩商人”云集，活跃了商品经济。[3]

随着边境贸易的迅速发展，导致清政府不得不对边贸政策适时进行调整，由强行禁止改为设官收税。史称，乾隆九年（1744年），广西巡抚托庸奏言：

南宁、太平、镇安三府属，紧接交夷，原设三关、百隘。经原任抚臣金洪题定，平而（今属凭祥市）、水口（今属龙州县）二关许商民出入，镇关一关（今友谊关）为该国经贡道，其余百隘悉行封禁。惟三关、百隘之间，皆有小径，瘴深雾毒，人亦罕到，而土苗生长彼地，惯于越山逾岭，巡查偶疏，奸徒即已偷越。

嗣又请将太平府明江（今属宁明）同知所管之由村（今属凭祥）一隘开放出入以便商民。……缘由村隘距宁明州一百一十里，宁明商贩愿从出入，盖因由村隘系通交趾禄平、文渊、驱驴等处，为货物聚集之所。若从平而、水口两关出入，必须绕道数百里，

---

① 覃彩銮：《广西开发史》，广西师范大学出版社，2013年版，第173页。
② 《明世宗实录》卷九。
③ 覃彩銮：《广西开发史》，广西师范大学出版社，2013年版，第174页。

计程十余日，不如径从由隘出口之便。虽经封禁，逾越终不能免。且明江五十三寨土民，原系思明（今属宁明县）土府管辖。……此等土民全赖挑贩营生，若将由村隘封禁，恐失业者聚而为匪，必百计包货偷越，转于边防无益。又访得交趾滨海，产盐最多，且无私盐之禁，听夷人自晒自卖。贩卖者纳官钱二十文，即尽力挑运，及挑回内地，每斤可得银一、二分至五、六分。[①]

同年，鄂尔泰亦奏称：

由村一隘，当年题定封禁，原以平而、水口两关既开，商民得出入贸易，殊不知交趾驱驴地方为货物聚集之所，距由隘远，径捷利倍，宁明商贩多愿从由口出入，况明江汛近设新太协右营守备驻防，客商尤为辏集。即明江五十三寨无业贫民，挑担营生，亦藉就近为商雇觅。……查宁明州向置会馆，设立客长，以为由隘出入之公所，应令该州慎选老成殷实数人充当。凡客货出隘，许客长将客人姓名、籍贯、货物及发往何处，一一注册，报该州查实，给与印票，并刊立木榜，不许客长藉端需索。其五十三寨挑夫，亦令该州将姓名、住址、造册取结，给与印票，令理土同知于该隘查明印票，给腰牌放行。有印票腰牌者，方许放入。至商贩由平而、水口出关贸易者，止许在太源、牧马附近之处交易，从由隘出口贸易者，只许在谅山、驱驴附近处交易，不得逗留交境。倘冒险远出，许夷官拦回责处。又现在逗留番地者，给半年期限，概令夷官查明，陆续驱回，安插原籍。如无籍

① 《清高宗实录》卷二一九。

可归者，分拨梧、浔、平、柳等府安插。又从前在彼已娶番妇，生有子女，与夷人结有姻娅并庐墓田园，情甘异域者，照例安插彼处，永不许进口。[1]

但是，鄂尔泰的奏请遭到了两广总督的反对，他们主张关闭“商客尤为辏集”的由村隘口，禁止当地边民出境贸易。乾隆四十年（1775年），两广总督李侍尧奏称：乾隆九年（1744年），前督臣鄂尔泰奏请开放由村隘口，以通商旅，自此内地人民得以出入货贩，“惟是愚民趋利如骛，往往滋生事端。若不立法防闲，内地匪徒，频往外藩滋事。请嗣后给照出入，止许殷实良民挟有赀本者，由平而、水口两关验照放出。其由村一隘，照旧封禁。至小贩及挑夫人等，仍禁止出关。”[2]此种主张与做法实际上是人为地缩小了边境贸易的范围与规模。

不过，民间的贸易往来是行政命令所无法禁止的。乾隆五十八年（1793年），两广总督、广东巡抚郭世勋奏称：安南通市，前经奏准。平而、水口两关商人，在该国之高凭镇牧马铺立市，由村隘来商在谅山镇之驱驴铺立市，分设太和、丰盛二号，并置廒长、市长各一人，保护、监当各一员。“嗣据署龙州同知王抚棠禀称，该国另于谅山镇属之花山地方，添设铺店，招徕平而关出口之商。……因从来而关出口之商，必由水路先抵花山，计程仅二百余里。且花山附近村庄稠密，添设行铺，商民更为两便”[3]。

---

① 《清高宗实录》卷二二六。

② 《清高宗实录》卷九八二。

③ 《清高宗实录》卷一四三四。

三、城市圩镇与农村市场的发展及其特征

明清时期，壮族地区农业、手工业和商业贸易的发展，为圩市的形成、发展和繁荣创造了条件，在此基础上，各地形成了一批圩市，成为商业贸易活动的重要场所，极大地促进了农产品和家庭手工业品的商品化，从而促进了农村商业贸易的繁荣。而圩市的形成与发展，又反过来为壮族地区农业、手工业和商业的进一步发展与社会经济的进一步繁荣创造了物质条件。

明清时期，桂林、南宁、柳州、梧州已经成为当时广西的重要城市和经济文化中心。譬如桂林，是明清时期广西的政治与文化中心，也是明清时期广西最大的粮食和食盐运销商业活动中心。中华人民共和国成立以后，在桂林东郊的明靖江王墓群和其他明墓，先后出土了不少明代青瓷器，从器物铭文和其他特征来看，属于明代江西景德镇的产品，这些器物能到桂林，商业贸易肯定是重要的渠道之一[①]。再如梧州，位于桂东地区，地处珠江中游的两广交界，浔江、桂江和西江的汇合点，是广西上达滇黔、下通港粤的商品进出口门户和集散地，商业贸易较为发达。1976年，在梧州市郊塘源村明墓出土的瓷器，据鉴定是明正德年间景德镇的产品，看来也可能是通过贸易进入梧州的[②]。这些大城市在明清时期广西的对内对外贸易中无疑发挥了积极的作用。

---

① 黄现璠、黄增庆、张一民编著《壮族通史》，广西民族出版社，1988年版，第398-399页。

② 黄现璠、黄增庆、张一民编著《壮族通史》，广西民族出版社，1988年版，第400页。

除上述四大城市之外，贺州、平乐、梧州、戎圩、藤县、浔州、江口、贵县都是大的圩市，成为货物的集散地。西部地区的圩市多集中于统治的中心，即州城、县城及其附近地区，在一些交通比较便利的地区已形成一些交换中心。譬如，邕宁县在明代兴建的圩市有刘圩（1368年建）、苏圩（1368年建）、长塘圩（1370年建）、四塘圩和九塘圩（明初建）、吴圩和那楼圩（1580年建）、大塘圩（明朝建）、五塘圩（明朝建）。清初建立的有那陈圩（1645年建）、南阳圩（1680年建）、蒲庙圩（1729年建）、南晓圩（1752年建）、良庆圩（1758年建）、雅王圩（1801年建）、伶俐圩（1821年建）、新安圩（1830年建）、百济圩（1879年建）。即使地处交通不便的桂西地区在明清时期也形成了一批圩市。譬如：德保县的城关，明为土府治所，同成为镇安地区的交换中心，故又名府圩；隆桑圩，明初建，是德保、田阳、田东等县交界地区的货物交换中心；马隘圩，清乾隆年间成圩，是甘蔗、茴油、八角、油茶的集散地；都安圩，初称排头圩，明末清初建。靖西县的旧州，旧为归顺州治所，同时又是当地的商品交换中心；化峒，明代成为重要的圩市；壬庄圩，明弘治间即成为圩市；岳圩，明初逐渐成为圩市；禄峒圩，元初即逐渐成圩。马山县的古零圩，明嘉靖七年（1528年）设古零土司治所，并逐渐发展成为圩市；里当圩，明朝正德年间建圩；州圩，明代定罗土司治所，亦是圩市；兴隆圩，明代兴隆土司治所，以后发展成为圩市；周鹿圩，明代那马土司治所，亦是当地的商品交换场所。①大新县的安平圩，宋时为安平土州治所，是当地的政治、

① 参见广西通志馆编《广西圩镇手册》，广西人民出版社，1987年。

经济、文化中心。明末清初就有不少的外地商人来此开铺经商，生意相当兴旺，极盛时期有1000多人口，分布于土官衙门旁“九街十三巷”之中。正街和新街经营日用百货。安平圩还有专门买卖牲畜的“猪行”，售卖竹器、木器的“都筐”，买卖食品的“百辣”等。①据学者统计，明清时期，广西的圩市有500多个②，足见当时广西壮族地区城镇圩市已具较大规模，商品经济已相当发达和商业贸易已相当繁荣，可参见表5。

表5 明清时期广西壮族地区城镇圩市空间分布一览表③

府	州、县	圩市
梧州府	苍梧	永宁圩 利尼圩 戎圩
	藤县	富野圩 赤水圩
	容县	西门圩 东门圩 南门圩 大圭圩 逍遥圩 太平圩 渭龙圩 洞头圩 平地圩
	岑溪县	县门市 小市
	怀集县	武城圩 县前市 小市
	郁林州	在城圩 樟木圩 木眠圩 门头圩 沙塘圩 平安圩 辛立圩 大塘圩
	博白县	平政圩 何木圩 雅山圩 县门圩 大旗圩
	北流县	大塘圩 民乐圩 辛圩 县前圩

① 《中国少数民族社会历史调查资料丛刊》修订编辑委员会编《广西壮族社会历史调查（四）》，民族出版社，2009年版，第6页。

② 吴小凤：《明清广西商品经济史研究》，民族出版社，2005年版，第137页。

③ 吴小凤：《明清广西商品经济史研究》，民族出版社，2005年版，第137-142页。

续表

府	州、县	圩市
梧州府	陆川县	北腊圩　永宁圩　清湖圩　南关圩　东城圩　北关圩　米场圩　马坡圩　平乐圩　平山圩　湖湖埠　县门市
	兴业县	城南圩　沙子圩　榕水圩　平山圩　山心圩　马山江圩　圭头圩　新南圩　城隍圩　县前圩
南宁府	宣化县	马房圩　平南圩　石埠圩　桥板圩　杨美圩　那龙圩　朝天圩　站圩　迁隆圩　里段圩　武圩
	横州	南门市　南城市　新圩　石井圩　交椅圩　青桐圩　邓村圩　谢村圩　乌蛮圩　莲塘圩　小里圩　陶圩　平垌圩　簕竹圩　博合圩　江口圩　平南圩　分界圩　屯庄圩　石塘圩　花桥圩　龙头圩　石柱圩　复旺圩　飞龙圩　西宁圩　六加圩　南乡圩　木山圩　哪阳圩　罗凤圩　石卡圩　刘公圩　安乐圩　云表圩　乔庆圩
	上思州	那禁圩　佛子圩
	武缘县	所前街市　东门街圩　西门街圩　南门街圩　双桥圩　依岭圩　龙点圩　葛圩　甘村圩　罗暗圩　林圩　陆斡圩　小陆斡圩　黄圩　马头圩　龙母圩　驮槛圩　江心圩　扬圩　厄圩　寺圩　膺圩　双柳圩　罗圩　旧圩　讷圩　仙湖圩　简圩　韦圩
	隆安县	县前圩　渌圩　阳圩　黄圩　那龙圩　那同圩　古潭圩　长圩　那龙新圩　南圩　陇圩　楼圩　大宿圩
	永淳县	小黎圩　朦胧圩　石塘圩　教场圩　学岭圩　路圩　古辣圩　那王圩

续表

府	州、县	圩市
廉州府	合浦县	阜民圩　西门圩　石康圩　卫民圩
	钦州	桥南圩　西门圩　都隆圩　大江圩　北历圩　防城圩　平银圩
	灵山县	劝农圩　广济圩　桧屋圩　旧州圩　分界圩　古劳圩　武利圩　平山圩　平南圩　獭坡圩　石岭陂圩　谭朗圩　那旺圩　那宁圩
柳州府	马平县	太平圩　槎山圩　喇堡圩　新圩　上汀圩　思浪圩　覃团圩　大营圩　大发圩　寺门圩　里团圩　乐满圩　大梁圩　里雍圩　江口圩　穿山圩　乐垢圩　三都圩　里高圩　长流圩
	雒容	大河圩　马曹圩　中渡圩　独宿圩　鸡站圩　藤狗圩　内峒圩　外峒圩　新造圩　大牙圩　高天圩　大路圩　下路圩
	柳城县	泉圩　北关圩　长塘圩　大赦圩　落垢圩　盘龙圩　江心圩　东山圩　太平圩　大埠圩　洛涯圩　三塘圩　牛岭圩　喇热圩　马跑圩　大村圩
	融县	长安圩　南街圩　靖安圩　东宁圩　高岭圩　永乐圩　大成圩　和睦圩　沙拱圩　木樟圩　潭头圩　东江圩　西安圩　四顶圩　淳石圩　太平圩
	怀远县	旧镇　丹阳镇　永兴圩
	罗城县	中峒镇
	来宾县	长峒圩
	宾州	武陵圩　阮圩　江口圩　上孟圩　下孟圩　思龙圩　巷贤圩　恶罗圩　芦圩
	迁江县	渡头圩　中埠圩
	上林县	古篷镇　思吉镇　二畔镇

续表

府	州、县	圩市
柳州府	象县	龙门镇　寺村圩　横桥圩　白大圩　中平圩　大乐圩　大慢圩　三里圩　马平圩　麻子圩　金鸡圩　古城圩　落钱圩　罗秀圩　界岭圩　梧桐圩　三婆圩　平荡圩　大满圩　桐木圩　平铺圩
	武宣县	县廊镇　安水镇　东乡下里　北乡下里　银村圩　峒岭圩　东莞圩　三里圩　二塘圩　黄茅圩　庙王
庆远府	宜山县	怀远镇　德胜镇　东江镇　郡里　洛西里　思农里　顺安里　永泰里
	天河县	古罗圩　东城圩　四把圩　楝见圩
	河池州	东关圩　笼春圩　红沙圩　官村圩　长脑圩　寨敖圩　镇西圩　寨沟圩　德盖圩　坡德圩　德河圩
	思恩县	婆庙圩　水源圩　洛降圩　上北圩　普传圩　安顺圩　石狗圩　川山圩　上疃圩　茅难圩　都喇圩　下疃圩　坡圩
	忻城县	龙存圩　西里　新县圩　旧县圩
	东兰州	州圩　小场圩　巴城圩　八铺圩　八圩　罗富圩　黄江圩　龙罗圩　牙冷圩　蛮细圩　岜峨圩　拉堡圩　董容圩　六寨圩
	南丹土州	者远圩　岜坪圩　忙场圩　移周圩　拉埔圩
	那地土州	交椅圩　龙归圩　古万圩　思练圩　大塘圩
	永安长官司	龙头圩　冷定圩
桂林府	全州县	罗汉圩　白石圩　招义圩　平圩　桥渡圩　赛圩　宜湘圩　石塘圩
	临桂县	草圩　长安圩　江圩　桥田圩　会仙圩　浪石圩　慕花圩　太平圩　沙塘圩

续表

府	州、县	圩市
桂林府	灵川县	石寨圩　金溪圩　塘下圩　甘草圩　新塘圩　大步圩　杨梅圩　蜡源圩　会龙圩　崔家圩　太庙圩　枣木圩　甘塘圩
	兴安县	七里圩　太平圩　富溪圩　容江圩
	阳朔县	伏荔市　胡桃圩　历寺圩　都乐圩　吕家圩　邓村圩　黄宿圩　陵陂圩　兴坪圩
	荔浦县	山月圩　栗木圩　青山圩　北门圩　马岭圩
	永福县	同古圩　罗锦圩　苏村圩
	修仁县	丽碧圩　古穰圩　东门圩　平田圩　四排镇圩　七排镇圩　桐木圩
	理定县	披头圩
	古田县	芦容圩　富禄圩　常安圩
浔州府	桂平县	大湾圩　石门圩　白沙圩　大洋圩　石龙圩　官桥圩　蒙圩　麻洞圩　油麻圩　寻放圩　和社圩　南渌圩　石咀圩　马皮圩　社波圩　木落圩　木根圩　富圩　大富圩
	平南县	大乌圩　大冲圩　大坡圩　夺面圩　木龟圩　水进圩　六陈圩　平山圩　思壯圩　武林埠　左城埠　留观埠　白马埠　丹竹埠
	贵县	新圩　横岭圩　三平圩　大宁圩　三堂圩　桥圩　龙山圩　覃塘圩　平竭圩　石龙圩　三里圩　三江圩　寺门圩　樟木圩　木口圩　木格圩　木梓圩　五里圩　棉村圩　黄练圩　石卡圩　钟村圩　万盖圩　平悦圩　镇平圩　西山圩　根竹圩　大岭埠　香江埠　瓦塘埠　六村圩　学前埠　思埇埠　东博埠　思湾埠　罗葡湾埠　东津埠

续表

府	州、县	圩市
镇安府	天保县	东门圩　那甲圩　逐供圩　旺峒圩　那圩　那怀圩　大省圩　都岸圩　古售圩　三叠圩　把头圩
	归顺州	街坊圩　郎家圩　化垌圩　上峒圩　个让圩　旧州圩　壬庄圩　四黎圩　坡豆圩　禄峒圩　劳荣圩　安德圩　新圩　凌林圩　渠让圩
	奉议州	雷圩　古眉圩　高寨圩　湖润圩　渠蓬圩
	向武土州	宁圩　渌廖圩　邑河圩　义圩　天灯圩
	都康土州	州圩　下圩
	上映土州	州圩
	下雷土州	州圩　苑峒圩　土乎圩
	小镇安土司	司前圩　百大圩　台垌圩　那用圩　百合圩　者赖圩
平乐府	平乐县	大胜圩　管门圩　魏桥圩　五山圩　龙家圩　大岭圩　鲁溪铺圩　南门街市　沙子埠　榕津市　羊眼寨市
	昭平县	青江圩　客塘圩　青塘圩　燕塘圩　大桥圩　平头岭圩
	贺县	沙口圩　鹅塘圩　官潭圩　铺门圩　芙蓉圩　大会圩　壕界圩　太平圩　南乡圩
	富川县	城隍庙圩　直先进圩　南门外圩　东门外圩　江东圩　将军水圩　水口圩　白霞圩　寨下圩　长厄圩　龙窝圩
	永安州	杜莫圩　新圩　文圩

从上表可以得出以下两个结论：第一，圩市的出现是商品生产发展与商品交换频繁的重要反映，众多圩市的出现与繁荣正是

明清时期广西商业贸易与城乡经济发展达到相当兴盛程度的标志；第二，明清时期，桂西地区很多土司统治的区域，圩市已不断涌现，表明这些地区商品经济的发展与区域经济的开发已取得前所未有的成就，达到了一个新的发展水平。

至于各地圩期，或三天一圩，或五天一圩，或七天一圩，因地而异，长短不同。据明嘉靖《广西通志》记载，其时广西境内各土司辖区集市已属不少，且其圩期甚为明确，参见表6。

表6 明代广西部分壮族土司统治区圩市及圩期一览表

土司名称	圩　市
上思州	州前圩，三日一集；南圩，在州南乡；那禁乡，在州东部。
左　州	州前圩，三日一集。
养利州	州前圩，五日一大集，贸易最众，客肆颇多。
崇善县	县前圩，三日一集。
永康县	县前圩，三日一集。
南丹州	州门圩；甘草圩，在甘草井；辛周圩，在辛周井。
东兰州	州门圩，在州北门；荷圩，在州右；隘峒，在州北三十里；东院市，在州。
那地州	州前圩，在州前；中坑圩。
太平州	州前圩，一日一集；旧州，即渠逻圩，三日一集。
恩城州	州前圩，三日一集。
安平州	州前圩，一日一集。
万承州	州前圩，三日一集。
全茗州	州前圩，三日一集。
镇远州	州前圩，三日一集。
思同州	州前圩，三日一集。

续表

土司名称	圩　市
茗盈州	州前圩，三日一集。
龙英州	州前圩，三日一集；耸峒，五日一集；天等，三日一集。
结安州	州前圩，三日一集。
结伦州	州前圩，三日一集。
都结州	州前圩，三日一集。
上下冻州	州前圩，三日一集。
陀陵县	县前圩，三日一集。
罗阳县	县前圩，三日一集。
五屯千户所	东门市，在所城外。

综上观之，明清时期广西的商业贸易具有以下显著特征：

第一，不少外地商人已经深入土属地方从事商业贸易活动。譬如，大新县属雷平土司地，“迄元明清之世，或因避乱或作行商，落籍于县属者，以闽粤湘为多，遍布于通衢圩市”[①]，据语言遗存推知诸民籍中当以粤人为最多，“官音、平语，杂处其间……但粤语流通较为普遍”，“惟通衢圩市，客商贸易，多操粤语”[②]。外地商人的遍布对于推动广西商业贸易的发展无疑具有一定的积极作用。

第二，许多妇女成为各城镇圩市商业贸易活动的主角。据《太平府志》等记载，上林“三日一圩，悉任妇女贸易”，太平

① （民国）《雷平县志》第二编，民国三十五年（1946年）油印本。

② （民国）《雷平县志》第二编，民国三十五年（1946年）油印本。

府“永康州……每值圩场，妇女杂沓，赶途贸易”，罗阳县“妇女出往圩场，贸易酒米蔬菜之类”，思恩府“市廛贸易，妇女为政”。这就表明，随着社会历史的发展和时代的变迁，传统土司统治区各族民众的商品意识与贸易观念已发生变化，女性参与经贸活动的意识已在不断增强，少数民族妇女的社会地位明显提高。

第三，广西的部分农村集市已具有专业化的性质。譬如，各县城几乎都有大大小小的药市，每年农历五月初五，各地的壮族人民都将自采的多种药材拿到县城摆摊出售，药市上多者有数百种药材，少者也有100多种，清代广西的靖西、隆林、忻城等县城都是著名的药市。[①]

总而言之，明清时期广西城市圩镇与农村市场的发展，为当地各民族之间提供了商品交换、互通有无的场所，极大地促进了当地商品经济的发展。可以这样说，城市与圩镇的形成与发展是经济开发的结果，同时又为经济开发提供了一定的基础和条件，反过来又促进社会经济的进一步开发。

四、会馆的建立

会馆是明清时期都市中由同乡或同业组成的封建性团体。始设于明代前期，嘉靖、万历时期趋于兴盛，清代中期最多。明清时期，大批汉族商贩进入广西，广西各地皆有汉族商贩行商的足

① 黄现璠、黄增庆、张一民编著《壮族通史》，广西民族出版社，1988年版，第633页。

迹。先期进入广西的汉族商贩，主要分布在交通便利的桂东南地区，而后逐步向桂东北、桂中一带扩展，而且集中在府、州或县城开铺经商。清至民国年间，汉族商贩逐步深入交通不便的桂西地区，并且从县城向乡村拓展，许多地处交通要冲的乡村，皆由广东迁居的商贩所开辟而形成圩市。资金稍厚实者，则修建房屋，开铺经商，而资金少者，则挑起货郎担，行走于乡村间，贩卖日用小商品。故自清代以来，广西各地大小市镇和圩场，绝大多数行商者皆属汉族商人，其中90%以上来自广东、湖南，其次是江西、福建，再次是山西和云南、贵州、四川。为了便于聚会，增进交流，促进团结，凝聚力量，广东商人在广西各地建立会馆。譬如：在戎市，康熙五十三年（1714年）建有粤东会馆；桂平大湟江口属大圩市，粤商众多，于乾隆五十六年（1791年）建有粤东会馆；地处右江上游的百色，左江上的龙州、宁明、下雷等圩市，亦建有粤东会馆。在桂江沿岸，柳江沿岸的大市场上，粤商建的会馆并不少见，譬如平乐、阳朔、怀远等县就建有粤东会馆。湖南来的汉族商人主要集中分布在桂北各地市镇，少数分布在桂中和桂西，或与粤东商人相间在一起，也建有湖南会馆。汉族商人大举进入广西经商，极大地活跃了城乡贸易，推动了广西商品经济的发展，并且对少数民族聚居地区的深入开发和商品观念的培育具有重要的促进作用。特别是到了清朝光绪之后，汉族商人投入资金和技术，设立公司，开发民族地区的农业、林业、手工业和矿业，发展交通，将广西产品引向全国乃至国际市场。可以说，明清时期广西各地会馆的出现，正是这一时期广西经济开发、商业贸易与交通发展的反映，而会馆的建立对壮族地区的经济开发和商业贸易的发展无疑又起到一定的推动作用。

第四节　壮族地区交通的空前拓展

交通是商品交换的先决条件，在人类社会生产和生活乃至国民经济社会发展中具有十分重要的地位和作用。交通运输是一个重要的物质生产部门。明清时期，为进一步加强对边疆地区的封建统治，中央王朝亦极注重加强广西的交通建设，交通空间的进一步拓展和交通状况的进一步改善成为这一时期广西开发的重要成就和显著表征。

一、明代壮族地区交通的发展

明朝统一广西后，为加强对这一地区的管理与控制，十分重视发展当地的交通，从而为当地的开发与建设创造了条件。

据史籍记载，明代今广西对内对外的重要通道如下：

（一）桂林至思明府道

可走水路，经过南亭、古祚、昭潭、广运、昭平、平乐、龙门、龙江、梧州、藤江、黄丹、乌江、牛屎湾堡、浔州、东津、怀泽、香江、乌蛮、横州、火烟、水浮、黄池、南宁、大滩、罗阳、左州、太平、镫勒诸地驿。这条道路堪称贯通桂东、桂南地区的水运大动脉。[①]

（二）桂林达庆远府道

中经苏桥、三里、兰麻、横塘、大分、江口、云腾、雷塘、

① 方铁、方慧：《中国西南边疆开发史》，云南人民出版社，1997年版，第342页。

柳州、东江、罗思、大曹诸驿。[1]

（三）柳州至泗城州道

中经象州、在城、清水、宾州、黄范、朱砂、白石、禄祥、慕化、驮淮、平马、田州、戎庄、归乐、往甸等地驿。从泗城往西，可接通入云南的驿路。[2]

（四）广西至内地最重要的通道

由水路北上经全州、永州、衡州、长沙达于洞庭湖的水道。[3]

（五）云南至广西的重要通道

从云南府达南宁府，共计2120里，其间经晋宁、江川、通海、建水、开远、维摩、广南、富宁，入广西经德保、靖西、大新诸驿。[4]此道即元代的中庆经建水达邕州路，为云南与广西间主要的通道。另据明沈德符称："自广西之田州府，至云南之广南府，由广南之广西府（治今云南泸西），是为南路。"[5]南路即元代《析津志》所说的中庆经陆良达邕州道。[6]

此外，还有陆道自桂林达横州、南丹州、那地州、东兰州、思恩府、宾州；从桂林经柳州、来宾、上林等地至南宁；由梧州抵遂溪县；自浔州到郁林州；从南宁达石康县。

---

① 方铁、方慧：《中国西南边疆开发史》，云南人民出版社，1997年版，第342页。

② 方铁、方慧：《中国西南边疆开发史》，云南人民出版社，1997年版，第342页。

③ 方铁、方慧：《中国西南边疆开发史》，云南人民出版社，1997年版，第342页。

④ （天启）《滇志·旅途志·粤西路》。

⑤ 沈德符撰《万历野获编》卷二四。

⑥ 方铁、方慧：《中国西南边疆开发史》，云南人民出版社，1997年版，第341页。

古籍对这一时期广西对外交通线路多有记载。据《赤雅》记载，当时粤西出入安南的通道主要有三条："凭祥州出镇南关，一日至文渊州；一由思明州入邱温，过摩天岭，一日至思陵州；一由龙州入，一日至平西隘。"[①]按《大明一统志》载："入交道三：一由广西，一由广东，一由云南……广西亦分为三：经凭祥州入者……一道由思明府入，过摩天岭，一日至思陵州……自龙州入者，一日至平尔隘，又一日至七泗州。"[②]由此可见当时这些壮族土司地区在全国交通网络系统的地位及其在对内对外交通中的重要性。

这一时期，由于通达边情、传达政令等需要，朝廷曾准许开设一些从流官统治区通达土司地区的驿站。譬如，永乐六年（1408年），"新城侯张辅言：交趾平定，开设诸衙门，朝廷遣使及诸司奏报，皆须驿传，宜于广西桂林、柳州、南宁、太平等府增设水马驿一十九，自桂林府东江驿至思明府凭祥县新旧马驿共三十有一，其驿道远者，宜设中站，南宁府至龙州等驿，水道差远，宜增驿舟，并置递运所……上命所司悉准行之"[③]。永乐九年（1411年），"设广西泗城州之罗博、木沙、板坝、上林、博赛、泗城、仕甸、归乐八驿"[④]。

值得一提的是，明代许多壮族土司土官皆视交通设施建设为施政要务，尽其力而行之。譬如，思恩府境内的伏认桥，为明正

① 邝露撰《赤雅》卷中"粤西入安南三路"条。
② 魏源撰《圣武记》卷六《乾隆征抚安南记》。
③ 《明太宗实录》卷八〇。
④ 《明太宗实录》卷一一五。

统间土官岑瑛建[①]。太平府境内的府西桥，正统七年（1442年）由土知府黄冈建。模绵桥，正统九年（1444年）由土知府黄罔建。贺逻桥在恩城北三里，布德桥在恩城西五里，为明正统十年（1445年）土知州赵福惠所建[②]。通济石桥，天顺七年（1463年）由土知州黄能广建。太平桥，成化十一年（1475年）由土知府黄道建。广明桥由土知府黄忽都建。永昌桥由土知府黄广平建。迎恩石桥，嘉靖元年（1522年）由土知州李贞建，万历三十一年（1603年）由土知州李天晃修。驮马石桥，万历二十五年（1597年）由土知州黄河汉建。镇北桥，天启三年（1623年）由土知州李恩祖建。渠站石桥，崇祯七年（1634年）由土知州黄廷杰建。洪武五年（1372年），东兰州校尉黄虬率壮族土兵修筑东兰到宜山的驿道，将东兰州与南丹州、庆远府治连接起来。后来明朝又修筑东兰州到田州的东田盐道，长约200公里[③]。忻城土司莫镇威在明万历时期，曾动用了大量的人力和财力，打通了自忻城通往思练长达60多里的崎岖山道，还抢修了斗二隘等隘口，并在西隆、古学、断桥、西瓜、三寨、思练等处修造桥梁，连同其他土官所建总计达100多处[④]。这些交通基础设施建设，对于改善壮族土司地区的交通状况和促进该地区社会经济的发展无疑起到了良好的推动与促进作用。

---

① （嘉庆）《广西通志》卷一四八《建置略二十三》。

② （嘉庆）《广西通志》卷一五〇《建置略二十五》。

③ 参见东兰县志编纂委员会编《东兰县志》，广西人民出版社，1994年版。

④ 政协忻城县文史委员会编《忻城文史资料（土司专辑）》，1991年版，第30页。

二、清代壮族地区交通的进一步拓展

明清易代之际，战事频仍，西南边疆地区的交通遭受很大破坏，壮族地区也不例外。雍正年间，广西壮族地区相对安定，为了加强对壮族地区的控制和开发，包括土州土县在内的不少地方复设和增设了驿站。出于战时运输和邮传急务之需，清政府在广西设置了大量腰站，从湖南入广西全州、兴安、桂林、临桂、柳州、来宾、宾阳、南宁、扶绥、崇左、宁明、凭祥一线都有，保证了军需运输和军情传递。除此之外，广西境内还在官道、大道和乡镇小道上设置了很多铺塘，用于一般的公文传递。驿传的增设，为加强广西与内地、海外及广西本土的联系起了积极作用。清代广西境内的道路在明代的基础上也有很大发展，基本上形成了四通八达的交通网络。主要有桂林官路，梧州（苍梧）大路，合浦、钦县大路，江华大路，新宁大路，柳州（马平）大路，百色大路，龙州大路，由这8条主干线将广西各地与邻近诸省及越南联系起来。[①]所有这些，使得清代广西的交通在前代的基础上又有了进一步的拓展。

本章小结

明清时期，在王朝国家主导下，在地方社会的积极参与下，广西的经济开发取得了较大的成就。

---

① 黄现璠、黄增庆、张一民编著《壮族通史》，广西民族出版社，1988年版，第414页。

农业方面，在农田水利建设、屯田生产、开荒垦殖和农作物种植等诸方面均取得了一定的成效。据（嘉庆版）《广西通志》的统计，清代广西水利工程约有1179个，其中，农田水利工程有河溪沟约307个，陂塘堰坝工程约548个，小型蓄水塘池约121个，开挖井泉工程约105个，由此可见清代王朝国家对农田水利建设事业的重视和广西农田水利建设取得的巨大成就，从而极大地推动了农业经济的发展。诚如学者所言："中国自古以农业立国，所以农业一直被视为'本业'。从奴隶社会到封建社会，无论哪一个王朝，都对农业比较重视，都把'重农'作为自己的基本国策。历史时期中国农业之所以比较发达，是与这种重农的传统分不开的。"[①]明清时期广西农业生产的发展与成就正是传统中国重农政策的真实反映和极好例证。

手工业方面，明清时期，在王朝国家主导下，广西的手工业生产在前代的基础上获得长足的进步，在采矿业、铸造业、制盐业、制瓷业、纺织业、制茶业和造纸业等诸行业均取得一定的成就，为商业贸易的发展提供了一定的条件。

商业方面，明清时期，在农业和手工业生产发展的基础上，广西的商业贸易有了相应的发展，加以广西水陆交通有了长足的发展，形成了四通八达的交通网络，有效地促进了广西的经济发展和商品流通。受中原影响较大的桂北、桂东北、桂东和桂南地区，明清时期商业贸易较为发达，已形成一批商业贸易重镇，从而带动整个广西呈现出相当繁荣的商业贸易景象。

这一时期，广西的交通在前代的基础上获得了进一步的拓

① 王双怀：《明代华南农业地理研究》，中华书局，2002年版，第4页。

展，重要驿路不仅有陆运，还有水运，或水陆运兼备，已构筑起贯通整个壮族地区的交通网络，不仅对广西的开发与社会经济的发展提供了良好的条件，起到积极的推动作用，而且有利于广西的对外交往，便于广西同内地的政治、经济、文化等诸方面的联系与交流，在一定程度上使中央王朝与壮族社会之间减少了藩篱之隔，有利于中央王朝对广西民族地区的管理与控制，有利于维持多民族国家的大一统局面。

总而言之，在明清时期中央王朝间接统治和壮族土司“以其故俗”世袭统治的双轨式管理体制下，广西的经济开发还是取得了一定的成就的。这一成就的取得，究其原因，大体不出两端：一是缘于中央王朝为强化其于壮族地区的统治以及壮族土司为巩固其世袭统治地位而在思想上对地域经济开发的重视；二是缘于中央王朝和广西壮族土司为巩固统治而采取的有利于社会经济发展的制度和措施。诚然，我们应该看到，明清时期，相对于桂北和桂东地区而言，桂西一带壮族土司统治区的社会经济发展还是比较落后的，同全国其他先进地区相比，壮族土司统治区的社会经济发展还存在较大差距。从整体上说，就明清时期这一特定的历史时段而言，与前朝相比，整个壮族地区的经济开发还是取得了前所未有的成就的，这是必须肯定的。

第四章

明清时期王朝国家的文教政策及壮族地区文教事业的发展

文化是政治和经济的反映。明清时期，中央王朝在壮族地区实施空前的经济开发的同时，在文化教育方面也实施了相应的开拓，推动本土文教事业的发展，使之与经济开发相辅相成、相得益彰、互促共进。诚如学者所言，“一个地区的开发，既要进行经济开发，也需要进行民智的开启或开发”，“在一个国家或地区实行开放和开发的过程中，需要重视民智的开启或开发，摒弃陈旧的思想观念，培育新的思想与观念，凝聚共识，发挥广大人民群众的积极性和创造性，为实现开发目标提供精神动力和思想保障”[①]，“基于开放开发与民智的辩证关系，历代中央王朝在对广西的开发过程中，一直重视民智的开启和开发，既为维护其统治地位和正统思想观念，也为保证在国家统一主导下的开发得以顺利

---

① 覃彩銮：《广西开发史》，广西师范大学出版社，2013年版，第190页。

进行，实现其开发的目标”[①]。从历史上看，自秦始皇统一岭南，岭南地区正式纳入王朝国家版图后，儒学逐渐南传，历朝历代逐渐重视在包括壮族地区在内的岭南地区发展文教事业，但由于种种原因，壮族地区文教事业的全面发展还是在明清以后。明清两代对文教事业极为重视，深知文教事业的兴衰对王朝国家的盛衰影响极大。于是，中央王朝不仅在国家层面积极倡导兴学促教，而且在边疆地区大力推行文教之治，使得壮族地区学校建置明显增多，科举考试鼎盛，书院发展繁荣，不仅有利于开启民智，促进壮族地区文教事业的发展，推动壮族地区的社会发展与进步，而且使得壮族地区对中央王朝的认同不断增强。对明清时期壮族地区的文教事业发展进行专门梳理，不仅可以帮助人们全面了解和正确认识明清时期壮族地区全面开发的历史状况及其规律，而且能够以史为鉴，古为今用，为发展当今壮族地区的文教事业提供历史经验借鉴。

第一节　王朝国家推行的文教政策

一个地方的文化教育事业发展程度是一个地方开发与建设及社会发展与进步的重要标志。因此，文化教育既是区域开发的题中应有之义，也是国家治理体系的重要组成部分。其中，作为文化教育事业重要组成部分的文化教育政策又是成为王朝国家文教治理的重要窗口。

---

① 章彩銮：《广西开发史》，广西师范大学出版社，2013年版，第191页。

一、明代王朝国家的文教政策

统一后的明王朝，实行的是专制主义中央集权统治制度。为了巩固统治，明朝统治者对发展文教事业极为重视。洪武二年（1369年），明朝开国皇帝朱元璋谕国子学官曰："治天下以人材为本，人材以教导为先，今太学之教本之德行，文以六艺者遵古制也。人材之兴将有其效。夫山木之所生，川水之所聚，太学人材所出。欲木之常茂者，必培其根；欲水之长流者，必浚其源；欲人材之成效，必养其德性。苟无作养之功而欲成其材，譬犹雍百川而欲水流，折方长而求大木，其可得哉！"[①]同年，又谕中书省臣曰："治国以教化为先，教化以学校为本，京师虽有太学，而天下学校未兴，宜令郡县皆立学校，延师儒授生徒，讲论圣道，使人日渐月化，以复先王之旧。"由此可见其对学校教育的重视，明确提出在全国范围内大兴文化教育之宗旨。洪武八年（1375年）正月，朱元璋再谕中书省臣曰："昔成周之世，家有塾，党有庠，故民无不知学，是以教化行而风俗美。今京师及郡县皆有学而乡社之民未睹教化，宜令有司更置社学，延师儒以教民间子弟，庶可导民善俗也。"[②]由此全国各地大建学校，兴教育人。

明朝统治者十分注意吸取以往历代的统治经验，深知文化教育在国家治理与边疆开发中的重要地位和作用，因而在全国统一的文教政策之下，对发展边地的文教事业极其重视，屡次诏谕有

① 《明太祖实录》卷四三。

② 《明太祖实录》卷九六。

司予以颁行，由此边疆地区纷纷设学，委任学官，延师授徒，文教之盛蔚为大观。史称："迄明，天下府、州、县、卫所，皆建儒学……盖无地而不设之学，无人而不纳之教。庠声序音，重规叠矩，无间于下邑荒徼，山陬海涯。此明代学校之盛，唐宋以来所不及也。"①

二、清代王朝国家的文教政策

清代是中国历史上最后一个封建君主专制王朝，也是中国专制主义中央集权制度发展到顶峰的时期。清朝统一全国以后，将"兴文教，崇经术，以开太平"作为推行文教政策的基本方略，实施了一系列旨在维护和巩固其统治地位的文教政策和措施，注重发挥文教事业对于治理国家的重要作用。

第一，崇尚儒家经术，提倡程朱理学。在中国古代封建社会，儒家经术历来被封建统治者奉为统治之术，是巩固封建统治的精神支柱，清代亦不例外。据文献记载：顺治九年（1652年），重申科举考试以宋儒传注为宗；顺治十二年（1655年），下诏以朱熹第15世孙朱煌承袭翰林院五经博士，在籍奉祀；康熙二十二年（1683年），御书"万世师表"匾额，悬于孔庙大成殿，第二年，康熙亲临曲阜孔庙祭孔；康熙五十六年（1717年），命人纂修《性理精义》并亲自为之作序，颁行天下。乾隆皇帝对文教亦极重视，曾九次亲赴曲阜孔庙祭拜。清统治者通过崇儒尊孔的文教政策，将儒家思想作为最高统治思想和科举考试

① 张廷玉等撰《明史》卷六九《选举志一》。

的基本内容。

第二，广兴学校，严订学规。清初沿袭明制，广泛设师立学，从中央到地方建立起完整的学校体系，学校数量和规模空前。同时，清朝统治者仿照明制，制订各种严厉的学规，其中影响较大的是顺治颁布于直省儒学明伦堂的《卧碑文》、康熙颁布于直省学校的《圣谕十六条》和雍正颁布于直省学宫的《圣谕广训》，以率性、修道、诚心、正义、崇志、广业作为学校教化的中心任务，对学校教育的目标、方法、手段以及对学生的为人、为学等皆提出明确和具体的要求，进一步加强对各级学校的管理和控制。

第三，网罗士人，禁锢思想。清朝统治者采取软硬兼施的手段，规定以程朱理学为思想准绳，进一步强化思想统治。一方面，采用各种怀柔手段笼络士人：一是开科取士，使士人阶层埋头穷经苦读，无暇顾及时事；二是设置科辟荐擢，通过增加特科、恩科、恩赐等途径，大量选拔知识分子参与政权；三是编辑书籍，收罗大批知识分子参与收集、整理、编辑图书典籍以笼络人心。另一方面，采用高压手段进行严厉钳制和残酷镇压：一是严禁立盟结社，严禁知识分子组织团体、串通结社；二是销毁书籍，禁止私藏“逆书”，并将搜缴之书尽行焚毁；三是大兴文字狱，对世人的思想言论加以严苛限制。①

总而言之，作为王朝国家政治制度与统治政策的重要组成部分，清代的文教政策不仅将人们的思想统一于程朱理学，而且实

① 曲铁华主编《中国教育史》，武汉大学出版社，2011年版，第140页。

行了严格的思想控制和文化专制，体现了“压制与笼络兼施的精神”①。

第二节　壮族地区官学教育的发展

所谓官学，是指中国古代由封建朝廷直接举办和管辖，以及历代官府按照行政区划在地方所办的学校系统，包括中央官学和地方官学两种，它们共同构成了中国古代最主要的教育组织形式，对中国古代的人才培养、教育发展与文化传承起着十分重要的作用，成为王朝国家治理的重要组成部分。

一、明代壮族地区官学教育的发展及其原因②

明朝统一全国后，及时调整统治政策，“武功以定天下，文教以化远人”成为明初治理边远民族地区的基本思想。洪武元年（1368年），湖广行省平章政事杨璟向朱元璋奏报广西两江地区边务时称：“蛮夷之人，性习顽犷，散则为民，聚则为盗，难以文治，当临之以兵，彼始畏服。”朱元璋不以为然，认为“蛮夷之人，性习虽殊，然其好生恶死之心，未尝不同，若抚

① 王炳照、郭齐家、刘德华、何晓夏、高奇编《简明中国教育史（修订本）》，北京师范大学出版社，2003年版，第197页。

② 蓝武、施丽丽：《明代广西官学教育的发展研究》，《贺州学院学报》2013年第3期。

之以安静，待之以诚意，谕之以道理，彼岂有不从化者哉”[①]。同年，遣中书照磨兰以权赍诏往谕广西左右两江溪峒官民："朕惟武功以定天下，文教以化远人，此古先哲王，威德并施，遐迩咸服。”[②]第二年，中书省臣言："广西诸洞虽平，宜迁其人内地，可无边患。”朱元璋仍不以为然，谓“溪洞瑶僚杂处，其人不知礼义，顺之则服，逆之则变，未可轻动。今惟以兵分守要害，以镇服之。俾之日渐教化，则自不为非，数年之后皆为良民，何必迁也”[③]，重申要在民族地区施以文教之治。

在明代王朝国家文教政策的影响与推动下，广西的文教事业得以空前发展。这一时期，广西无论是从官学的发展规模、区域分布还是从儒学教育系统的完备性而言，均远超前代，成为历史上广西官学教育发展的重要时期。不过，由于历史的、社会的种种原因，明代广西官学教育发展呈现出明显的区域不平衡性特点。明代广西官学教育在广西教育发展史上占有十分重要的地位，具有承前启后、继往开来之功。

（一）官学教育发展的主要表征

明代广西官学教育无论是从学校数量及其分布范围而言，还是从学校规模、教育体系等方面来看，堪称前所未有。

1.官学数量及其地域分布范围大大超过以往任何一个朝代。从文献记载来看，明代广西共有府学、州学、县学69所，武学1所。在这69所府学、州学、县学中，有25所是在明代陆续创办

---

① 《明太祖实录》卷三四。

② 《明太祖实录》卷三六。

③ 《明太祖实录》卷四三。

的，其中有2所后因故停办，故真正保留下来的实为23所[①]。

据史志资料记载，嘉靖初年，广西地区共有府学、州学、县学58所，其具体设置数量与空间分布情况详如表7统计：

表7　明朝嘉靖初年广西壮族地区官学数量及其空间分布统计表

（单位：所）

政区名称	府学	州学	县学	合计
桂林府（辖2个州、7个县）	1	2	7	10
柳州府（辖2个州、10个县）	1	2	10	13
庆远府（辖4个州、4个县）	1	1	2	4
平乐府（辖1个州、7个县）	1	1	6	8
梧州府（辖1个州、9个县）	1	1	9	11
浔州府（辖3个县）	1		3	4
南宁府（辖7个州、3个县）	1	1	3	5
太平府（辖3个州、3个县）	1			1
思恩军民府（辖2个州、1个县）	1		1	2
合计	9	8	41	58

通观上表可知，从数量上看，截至嘉靖初年，广西的儒学设置数量显然已超过以前任何一个朝代，其中，桂林、柳州、梧州、浔州4府及其所辖各州、县均已各设儒学1所；南宁、平乐、庆远、思恩4府皆各设有府学1所，其所辖州、县只有一部分设立了儒学；太平府只设有府学1所，其所辖州、县尚未设立儒学；思明、镇安2土府均未设立儒学。从地理分布上

① 参见广西壮族自治区地方志编纂委员会编《广西通志·教育志》，广西人民出版社，1995年版。

看，截至嘉靖初年，广西境内的官学设置区域分布明显呈现东多西少、北多南少，由桂东和桂北向桂南和桂西递减的趋势，桂北、桂东地区已普遍设学，而桂南、桂西地区儒学设置偏少甚至没有设学，区域分布不平衡的特点较为明显。

万历年间，广西官学教育又有所发展，迄万历二十五年（1597年），苏濬《广西通志》成书时广西又增加了5所官学，包括太平府的左州学和养利州学，南宁府的上思州学和新宁州学，平乐府的昭平县学等，官学总数达到63所。此后，又陆续开办了思明府学、永康州学，重开思恩县学。另外，原属广东现属广西的廉州府辖1个州、2个县，有府学1所、州学1所和县学2所；怀集县原属广西现属广东，其县学1所不计在内。因此，明代在今广西境内共有官学69所，其中，恢复前代者计46所，新创者23所。[①]

表8　明代广西壮族地区官学数量及其空间分布一览表[②]

（单位：所）

政区名称	府学	州学	县学	合计
桂林府（辖2个州、7个县）	1	2	7	10
柳州府（辖2个州、10个县）	1	2	10	13
庆远府（辖4个州、4个县）	1	1	3	5
平乐府（辖1个州、7个县）	1	1	7	9
梧州府（辖1个州、8个县）	1	1	8	10

① 杨新益、梁精华、赵纯心：《广西教育史——从汉代到清末》，广西师范大学出版社，1997年版，第92页。

② 杨新益、梁精华、赵纯心：《广西教育史——从汉代到清末》，广西师范大学出版社，1997年版，第93页。

续表

政区名称	府学	州学	县学	合计
浔州府（辖3个县）	1		3	4
南宁府（辖7个州、3个县）	1	3	3	7
太平府（辖17个州、3个县）	1	3		4
思恩军民府（辖2个州、2个县）	1		1	2
思明土府（辖3个州）	1			1
廉州府（辖1个州、2个县）	1	1	2	4
合计	11	14	44	69

由表8可知，第一，从设置数量上看，明代广西总计建有官学69所，其中府学11年，州学14所，县学44所。从历史上看，宋代广西计有官学41所，元代则恢复修葺了宋代留下的35所官学。因此，相比较而言，明代广西官学总数确实已经远超以前任何一个朝代。第二，从空间分布上看，宋元时期，广西官学主要集中分布在桂北、桂中和桂东地区，桂西一带少数民族聚居的羁縻州县并未设有官学。而降及明代，“宣慰、安抚等土官，俱设儒学”，广西除原有官学外，新创办的23所学校绝大部分坐落在桂西和桂西南少数民族聚居地区。譬如思恩府学，建于明正统十二年（1447年），“以知府岑瑛忠君爱民之实，治兵御寇之方，及尝愿于其郡建学立师，以服孔子之教为言……吾见思恩之学校既设，人伦既明，教化既行，则诸藩之长慕侯之风，而兴起者必众矣”[1]。由此可见，整个明代，广

① （嘉庆）《广西通志》卷一三六《建置略十一》。

西官学设置明显呈现向西发展的态势，这对促进壮族地区文化教育事业的发展无疑会起到一定的积极作用。第三，明代广西官学教育发展仍然呈现不平衡态势，相对而言，桂东和桂北地区较为发达，桂南和桂西地区较为落后，终明一世，桂西地区的镇安府一直未设立府学、州学、县学。

值得一提的是，明代弘治年间，在今广西桂林丽泽门内曾创办武学1所，招收军人子弟入学。

2.学校规模宏大，教学功能齐全。明代广西官学不仅数量众多，而且办学规模宏大，官学设备功能齐全。譬如，平乐府学“拓学前后地，建敬一庭，凿泮池，树棹楔……前为戟门，棂星门，后为明伦堂，两翼为斋，最后为尊经阁，启圣祠在明伦堂东，名宦祠附东庑前，乡贤祠附西庑前，教授衙在明伦堂东”[①]，官学教育基础设施相当完备。再如，经过重修的桂林府学，“凡为堂七间，规制宏敞，始与庙称。复视射圃隙地，创诸生号房二十间，馔堂五间，厨房三间，皆端大坚致”[②]。“射”为古代官学教学内容之一，“射圃”即为生员习射之地，宋元时期府州县学几无“射圃”之设。洪武二年（1369年），“始令郡、县学建射圃”[③]。史称，桂林府“命有司既府学之西，除地为圃。东西八十五步，南北百二十步。树以崇门，缭以周垣。命射有侯，观射有堂，遵定制也”[④]，足见明代桂林府“射圃”规模

---

① 李彦福、黄启文、莫雁诗等编《广西教育史料》，广西人民出版社，1990年版，第9页。

② （嘉庆）《广西通志》卷一三三《建置略八》。

③ （嘉庆）《广西通志》卷一三三《建置略八》。

④ （嘉庆）《广西通志》卷一三三《建置略八》。

之大及设施之全。

3.官办儒学教育体系空前完备。明代地方官学教育体系空前完备，其主要表现有二：一是学校设置层级分明、形式多样，形成以府、州、县、卫、司儒学为主，社学为基础的地方官学教育体系，此实为前代所无；二是学校教育制度完善，制定有统一的官学教育管理制度。史称：“其府学，设教授一员，秩从九品，训导四员，生员四十人，州学设学正一员，训导三人，生员三十人，县学设教谕一员，训导二员，生员二十人。师生月廪食米人六斗，有司给以鱼肉，学官月俸有差。学者专治一经，以礼、乐、射、御、书、数设科分教，务求实才，顽不率者黜之。”①明代广西官学教育管理体制大体依此，平乐府县学可为佐证。据民国《平乐县志》载，明代平乐府县学教育管理体制详如表9：

表9　明代广西平乐府县学教育管理体系一览表

类型	学官	生员	功课
府学	教授一人 训导四人 凡学官之殿最视生员乡举之有无多寡。	廪膳生（京府六十人）（外府四十人） 增广生（如廪膳生之数） 附学生（无额）	经史律诰礼仪等书须熟读精通。朔望，习射于射圃，树鹄置射位，初一十步。每耦二人，各挟四矢，以次相继。长官主射，射毕，中的饮二爵，中采二爵。习名人法帖，共五百字。习九章法。
县学	教谕一人 训导二人	廪膳生（二十人） 增广生（同） 附学生（无额）	

资料来源：《中国方志丛书》第一二一号《平乐县志》。

① 《明太祖实录》卷四十六。

（二）官学教育发展的显著特征

兴办儒学是明代边疆地区文化开发的重要组成部分，也是明代中央王朝边疆经略的重要组成部分。明代广西官学教育经过两百多年的发展历程，不仅规模空前，成绩斐然，而且特征鲜明。

1. 官学教育发展呈明显的区域不平衡性。虽说明代广西官学的设立较为普遍，已由桂北、桂东地区扩展到桂西和桂西南地区，但其发展水平仍呈明显的不平衡性。具体表现为，明代桂东大部分地区已普遍设立府学、州学、县学，而桂西地区特别是西北部地区学校仍然很少，甚至近乎空白。譬如镇安府，到明末为止一直未设立府学，直至康熙七年（1668年）“通判彭权建于府治东”[①]。除镇安府外，泗城府、田州、归顺州、向武州、都康州、龙州、江州、思陵州、凭祥州所辖土州或土县均未设立官学。

在一些偏僻之地，由于交通闭塞，经济落后，文风欠盛，文教发展基础薄弱，明初虽已建学立师，但儒学教育迟迟未能发展起来。如据史载，洪武二十二年（1389年），庆远府属忻城县儒学教谕骆基奏称：“忻城山洞瑶蛮，衣冠不具，言语不通，自古以来，宾兴所不及。今虽建学立师，而生员方事启蒙，难以充贡。”帝诏：“边夷设学，姑以导其向善耳，免其贡。”[②]由此可见，地处边疆地区的忻城县在明初即已建有儒学，且因其地文教不兴而得到朝廷特别优待。尽管如此，忻城县儒学教育发展仍甚

① 李彦福、黄启文、莫雁诗等编《广西教育史料》，广西人民出版社，1990年版，第5页。

② 《明太祖实录》卷一九七。

缓慢，永乐二年（1404年），“广西忻城县儒学训导到官岁余，邑中皆蛮僚，有司招其子弟入学，卒无至者”①。宣德元年（1426年），终因“县民稀少，多是瑶壮，非但语言不通，不堪训诲，抑且不愿入学，徒存学官，无所施教”，遂将思恩、忻城二县的儒学革去。②

明代广西官学教育发展之所以存在明显的区域不平衡性，究其原因，如众所知，经济基础决定上层建筑。明代广西官学教育区域发展的不平衡性特点主要缘于区域社会经济发展的不平衡性。就明代广西境内的族群分布及其行政管理而言，桂北、桂东地区大多是汉族聚居区或是汉族与少数民族杂居区，属流官统治区域，社会经济发展较快；而桂西、桂西北地区大多是壮族聚居区，属土司统治区域，社会经济发展相对落后。区域社会经济发展的不平衡性，最终或促进或延缓了区域文化教育发展的速度与水平，造成桂东与桂西官学教育发展的不平衡性。

2. 官学教育经历明显的盛衰转换过程。明代广西官学教育发展的盛衰转换特点极为明显。从明洪武初年到宪宗成化初年的百余年间，广西社会安定，生齿日繁，社会经济有了较大的发展，为官学教育的发展奠定了良好的物质基础。同时，由于明初各级封建统治者对学校教育极为重视，大力提倡设师兴学，加以科举考试的助推作用，使官学教育得以兴盛。譬如桂林府学，元末崩毁，明洪武十四年至二十四年（1381—1391

① 《明太宗实录》卷三六。

② 《明宣宗实录》卷二一。

年）相继修复。明代广西新创办的23所官学，大部分建于明代前期，且其规模均有所扩大，教育系统趋于完善，使得整个明代前期广西官学教育处于繁荣发展的阶段。降及明代后期，广西经济日衰，各族民众起义不断，社会动荡不安，官学教育发展因此遭受严重破坏，遂逐渐走向衰落。据史料记载，毁于明末的官学有临桂县学、永宁州学、永福县学、柳州府学、马平县学、雒容县学、罗城县学、柳城县学、怀远县学、融县学、庆远府学、宜山县学、河池州学、迁江县学、上林县学、平乐府学、恭城县学、永安州学、岑溪县学、浔州府学、桂平县学、平南县学、贵县学、武宣县学、南宁府学、宣化县学、隆安县学、上思州学、太平府学、左州府学、养利州学、宁明州学、直隶郁林州学、陆川县学、廉州府学、合浦县学、灵山县学、钦州学等计38所。如据史载：荔浦县学，"明洪武初年，知县马宥重建，景泰六年，知县伍绘改迁县城，移建于城内西……唯明伦堂尚存"①；岑溪县学，"万历二十二年（1594年）改建于城东。天启元年（1621年）迁城内县治后，明末兵麾，独存圣殿"②。明末广西官学教育发展之衰落状况由此可见一斑。

（三）官学教育空前发展的重要原因

明代广西官学教育之所以获得空前发展，除因得益于明初统治者在边疆民族地区推行文教之治外，尚有以下数端：

---

① （雍正）《广西通志》卷三七《学校》。

② 广西壮族自治区地方志编纂委员会编《广西通志·教育志》，广西人民出版社，1995年版。

1.明初广西社会经济的恢复与发展提供的重要物质基础。明初，历经元末战乱之后，民户流亡，田地荒芜，百业待兴。洪武元年（1368年）八月，“令州郡人民，先因兵燹遗下田土，他人垦成熟者，听为己业，业主已还，有司于附近荒田，如数给与，其余荒田，亦许民垦辟为己业，免徭役三年”[①]。在奖励垦荒政策的鼓励下，洪武二十六年（1393年），“总核天下垦田，共八百五十万七千六百二十三顷有奇”[②]，其中广西布政司垦田数为102403顷，大大超过了以前任何一个朝代。相关情况如表10所示。

表10　明代洪武与弘治年间广西耕地及赋税情况一览表

时间	耕地（顷）	夏税麦或米（石）	秋粮米（石）
洪武二十六年（1393年）	102403.93	1869	492355
弘治十五年（1502年）	107848.17	4719	426636

资料来源：李剑农著《中国古代经济史稿（第一卷）》（宋元明部分），武汉大学出版社，1990年版。

随着耕地面积的不断扩大，粮食产量也大幅度提高，除自给外，余粮尚能供应广东，所谓“广东民间资广西之米谷东下”[③]。不仅如此，广西民众还通过改进耕作技术、推广种植双季稻、大力兴修水利等手段大力发展农业生产，从而取得良

① 李剑农：《中国古代经济史稿（第三卷）》，武汉大学出版社，1990年版，第192页。

② 李剑农：《中国古代经济史稿（第三卷）》，武汉大学出版社，1990年版，第194页。

③ 王士性撰《广志绎》卷五《西南诸省·广西》。

好效果。史称，灵渠历经修治后，“民田自此多沾溉，安享丰年乐有余”[①]，灌溉效果相当显著。农业生产的发展极大地带动了手工业生产的勃兴。据史书记载，明代广西手工业生产中的纺织业、陶瓷业、制糖业、造纸业、酿酒业、木器业、采矿业及冶铸业等均已达到较高水平。譬如纺织业，不仅产布种类繁多[②]，而且发展已相当普遍。再如蔗糖业，按嘉靖三十四年（1555年）编修的《廉州府志》记载：“甘蔗，全境皆有，尤以镇西、北塞张黄等处为盛，制糖厂林立。”在农业和手工业生产发展的基础上，明代广西的商业进一步繁荣起来。以圩市为例。譬如梧州府，永乐年间计有7个圩市，至崇祯四年（1631年）增至25个，其中郁林州10个，博白县5个，兴业县10个，可见其增速之快。万历二十七年（1599年），苏濬在对邕州、横州、浔州等地进行对比后指出：“惟梧为两粤三江都会，其（榷商）利颇巨，岁可四万计……复设船头、牙用、备用三款，岁不下六千。”[③]可见当时广西商业贸易的发展程度甚高。毋庸置疑，社会经济的恢复和发展为明代广西文化教育事业的发展提供了必要的物质基础。这是因为，无论是官学的修复、搬迁或创办，还是教官与生员的待遇，以及教学设备的完善等均需一定的经济基础作支撑，方能使官学教育得以正常运转，进而取得较大发展。

---

① 严震直撰《筑兴安堤》，载《粤西诗载》卷二三。

② （嘉靖）《广西通志》载有葛布、棉细（绸）、苎麻布、棉布、青麻布、青布、纻布、蕉布等。

③ 苏濬撰《榷商岁饷序》。

2.明朝统治者对官学教育的重视。在中国古代历史上，官学教育始终是封建教育的最重要组成部分，明代亦不例外。明初统治者从维护专制主义中央集权制度统治的角度出发，鉴于往事，以资治道，对官学教育极为重视。正是由于明初统治者对学校教育的高度重视，使得明代前期官学教育得以空前发展，最终形成从中央到地方层级分明、类别齐全的发达的官学教育体系。为了更好地管理官学教育，明廷在各省有针对性地设立了专门的教育管理机构——督学厅，负责掌管一省之学校教育事务。其时，广西的督学厅就设在桂林，这对广西官学教育的发展无疑起到了一定的促进作用。明王朝不仅重视对管理机构的建设，而且对学校教育基础设施建设包括改善交通、修缮校舍等亦极重视。如据史载，迄明中叶，地处桂东北的平乐局势平定后，“刊山通道，展为周行，而又增置楼船，缮修校垒，居民行旅皆怗席，瑶、壮亦骎骎驯习于文汉云”[①]。所有这些，不仅对于本地学校教育的振兴与发展无疑具有一定的保障作用，而且对于促进汉文化在当地的传播和提高当地民众的文化素质同样具有积极的意义。这从明代广西科举中额人数中即可略见一斑。据史料统计，洪熙元年（1425年），规定的全国科举乡试、会试取士之额中，广西有20人[②]；正统五年（1440年），广西增至30人[③]。有明一代，广西科举进士及第者达239人，因科举而获得出身入仕者亦属不少，这显然与明代王朝国家重视文教之治及其影响下广西壮族地区官

① 张廷玉等撰《明史》卷三一七《广西土司传一》。
② 《明宣宗实录》卷九。
③ 《明英宗实录》卷七四。

学教育的空前发展不无关系。

3. 明代以前学校教育发展奠定的良好基础。从文献记载来看，明代广西修建的69所府州县学中，除了23所属于明代新创办外，其余46所皆属恢复和继承前代的官学。譬如：浔州府学，“创自宋初庆历元年，州守杜应之病其卑隘，徙建于州治东，元为路学，明洪武初改府学，建于郡城小南门外”①；柳州府学，“创自唐初，元和间刺史柳宗元修，明洪武六年，同知莫玉以地湫隘弗称，徙府治西北隅”②。显然，明代广西的官学教育很大程度上是在继承前代的基础上进一步发展和完善起来的。

4. 各级地方官吏和学人对官学教育发展的推动作用。明代，广西官学教育的空前发展当与部分地方官吏及学人的用力之勤不无关系。在明代文教政策的影响下，广西的地方官吏亦极重视发展本地的文化教育。他们或是知府、学官、学正、训导，或是并无功名的学者，各以不同的方式为广西官学教育的发展做出不同程度的贡献。如据史载，洪武年间，按察使寻适曾向广西佥事王佑询以广西治理之事，王佑称：“蛮方之人渎伦伤化，不及此时明礼法，示劝惩，后难治。”足见其对文教的重视，“适从之，广西称治”③。龙腾，阳朔人，洪武年间以荐举授本学训导，在任期间，颇以兴学促教为务，“创大殿及两庑，祀先圣诸贤；又建明伦堂、读书楼，为诸生肄业”④。岑瑛在任思恩土府知府时，

① （嘉庆）《广西通志》卷一三八《建置略十三》。

② （嘉庆）《广西通志》卷一三五《建置略十》。

③ 张廷玉等撰《明史》卷一四〇《陶垕仲传》附《王佑传》。

④ （嘉庆）《广西通志》卷二五六《列传一》。

对思恩土府的教化极为重视，史称“思恩有学，民知读书，蛮夷习尚一变者，实瑛为之倡也”①，对当时桂西民族地区文化教育事业的发展贡献甚巨。正统四年（1439年），庆远府南丹土官莫祯要求各村寨皆置社学，“使渐风化”②。成化年间，林锦在廉州、钦州任职之时，以教化为务，“灵山尚鬼，则禁淫祠，修学校，劝农桑，其治廉、钦，皆饬学宫，振起文教”，深受当地民众爱戴③。弘治年间，广西提学佥事姚镆“立宣成书院，延五经师以教士子。桂人祀山魈卓旺，镆毁像，俗遂变”④。正德年间，广西提学副使李中以身为教，择诸生高等聚五经书院，“五日一登堂讲难”⑤。尹尚宾，临桂人，嘉靖丙午举人，在任临桂教谕时，对地方教化甚为关切，“其教士子，务以名节相勖，时捐俸助贫生膏火”⑥。嘉靖年间，王守仁奉命到广西平息思（恩）田（州）之乱，在广西期间，他不仅在南宁创设敷文书院，亲临书院讲学，而且对田州、灵山、思明等州学、县学采取积极支持的态度，鼓励诸生“专心至致，考德问业，毋得玩易怠忽”。诚如学者所言：虽然王守仁提倡教化的目的是“用夏变夷”和“破心中贼”，以巩固明朝在当地的统治，但客观上对广西壮瑶地区文化教育的发展，也起到了一定的推动作用的。⑦万历年间，

① （嘉庆）《广西通志》卷二六八《列传十三》。
② 张廷玉等撰《明史》卷三一七《广西土司传一》。
③ 张廷玉等撰《明史》卷一六五《林锦传》。
④ 张廷玉等撰《明史》卷二〇〇《姚镆传》。
⑤ 张廷玉等撰《明史》卷二〇三《李中传》。
⑥ （嘉庆）《广西通志》卷二五八《列传三》。
⑦ 方铁、方慧：《中国西南边疆开发史》，云南人民出版社，1997年版，第379页。

广西平乐知府欧阳东凤“抚谕生瑶，皆相亲如子弟。因自督学监司，择其俊秀者入学，瑶渐知礼让”①。这些地方官吏或学人之于民众，“以开导而劝勉之，使其明诸心、修诸身，行于父子、兄弟、夫妇、朋友之间”②，这对促进地方教化和推动广西壮族地区官学教育的发展无疑发挥了一定的积极作用，做出了应有的贡献。

总之，明代广西官学教育之所以得以空前发展，其实并非出于偶然，而是诸多因素共同作用的结果。其中，明初社会经济的恢复与发展、封建统治者对官学教育的重视、前代学校教育发展的奠基作用以及地方各级官吏与学人的亲力亲为无疑是其得以空前发展的主要原因。

（四）明代后期广西官学教育由盛转衰的原因

任何事物皆有其产生、发展与衰亡之过程。在经历了明代前期的空前发展之后，降及明代后期，广西地方官学教育明显走向衰落。究其原因，尤与明末广西社会经济的衰退、地方社会秩序的混乱以及书院教育发展的冲击等诸种因素密切相关。

1.明末广西社会经济的衰退导致官学教育发展缺乏强有力的物质保障。以农业为例，自洪武以来，明代统治者多采取奖励垦荒之策，以促进农业经济的发展。然而，降及明末，封建统治者虽名义上仍奖励垦荒，“然虚伪之具文者不少”，“开垦荒芜，驱逐游惰，屡有谕旨，未睹奉行”③。史称：“国初，蠲租之家，

---

① 张廷玉等撰《明史》卷二三一《顾宪成传》附《欧阳东凤传》。

② （嘉庆）《广西通志》卷一三三《建置略八》。

③ 李剑农：《中国古代经济史稿（第三卷）》，武汉大学出版社，1990年版，第192页。

其田多并于富室。”[①]由于豪强地主广占田地，规避赋役，导致赋役负担悉累于贫弱农户之身，致使农户相继逃亡，垦田数遂减，明末土地、赋税、版籍陷于混乱。据统计，弘治十五年（1502年），广西耕地面积为107848.17顷，迄万历二十四年（1596年）仅为90770顷。由此可见，近百年间，广西耕地面积足足减少了17000多顷，农业经济发展呈现出一定程度的萎缩局面，导致官学教育发展因此缺乏必要的经济基础与物质保障，其衰退之势因此可想而知。

2.广西地方社会秩序的混乱导致官学教育发展遭受重创。明朝中后期，政治腐败，军事废弛，社会矛盾加剧。广西境内，各地民众起义风起云涌，大藤峡起义、八寨起义、府江起义、古田起义、马平起义等此起彼伏。由于明王朝屡派大兵镇压，导致广西大部分地区“生齿耗于干戈”，学校教育深受其害。同时，随着社会历史的发展，明代广西土司制度本身固有的各种弊端日益暴露，各种矛盾和斗争日益尖锐，导致基层社会动荡不安，社会秩序陷入混乱，由此不可避免地造成对地方官学教育发展的影响。明王士性曾称：“土官争界、争袭，无日不寻干戈。”[②]田州“自弘治以来，变乱四十余年，流离载道，蓬蒿满目”[③]。忠州“其邻地有四峒者，界于南宁、思明、忠江之间，思明、忠州屡肆侵夺”。嘉靖年间，“副使翁万达议改峒名四都，隶之南宁，地

---

① 李剑农：《中国古代经济史稿（第三卷）》，武汉大学出版社，1990年版，第192页。

② 王士性撰《广志绎》卷五《西南诸省·广西》。

③ （光绪）《镇安府志·土司》。

方稍定"[①]。隆庆三年（1569年）冬，"思明府土官黄承祖奏取四都地，贤相遂争之，擅立总管诸名目，分兵数千戍守，因纵令剽掠村落，为祸甚烈"[②]，如此等等，不一而足。长期纷争造成的社会危害无疑是相当严重的。前述明末广西境内共有38所官学毁于兵火，官学教育发展因此遭受的重创可想而知。

3. 书院教育发展对官学教育发展的冲击。明初规定"科举必由学校"，科举与学校合流，在一定程度上推动了官学教育的发展。然而，随着八股文的盛行，出于应付科举之需，官学教育内容随之僵化，生员"所学者皆无用之文，所谋者皆干泽之事"，"其应上之虚文，如经义、表、判、论策之词，率皆掇拾绪余，略无心得"[③]，学风之弊愈演愈烈。崇祯六年（1633年），明廷曾下诏申严学校之制，其中有云："近来士习日偷，举贡失当，真才鲜少，理道不张，皆由督学、教谕、训导各官董率乖方，培养无术。尽失旧制初意，以致朝廷不获收用人之效。"[④]明末官学教育之弊由此可见一斑。在官学教育之弊日益暴露的同时，明代广西书院教育则由衰转兴，由沉寂而趋鼎盛。据统计，明代广

① 张廷玉等撰《明史》卷三一八《广西土司传二》。关于四峒隶南宁事，《明史》卷三一八《广西土司传二》载：忠州，"其邻地有四峒者，界于南宁、思明、忠江之间，思明、忠州屡肆侵夺。副使翁万达议改峒名四都，隶之南宁，地方稍定"。翁万达《四峒属南宁议》云："四峒之争久矣，图籍无归，易于丛怨。欲明归一方，势必启衅。纵使官协，民亦靡从。若中分其地，以弭其怨，纵使酋类瓜连，苦于连析。为之立县，则治之太详，为之立所，则徒费无益，皆非羁縻之道。不若以其地割属南宁，特设抚民通判治之。筑城建署，戍以指挥。分保甲，设峒老，而番役于通判。内能抚辑其众，无奸法者，给冠服荣其身。通判指挥，能各尽其职，奏旌之，以五年期其效。"

② 苏濬撰《左江土司志》，载《粤西文载》卷一二。

③ 嵇璜纂《续文献通考》卷五〇《学校四》。

④ 嵇璜纂《续文献通考》卷五〇《学校四》。

西共有书院70所，其中新创建者66所，兴复前代者4所，可见其发展速度之快。书院属于私学的一种，快速发展的书院教育严重冲击着官学教育，引起当时士大夫的焦虑，封建朝廷因此虽曾禁毁或限制书院，但其效果微乎其微。譬如临桂宣城书院，招收全省各郡优秀士子就学，正德、嘉靖年间，姚镆、林富曾于此组织两次规模盛大的讲学活动，引来无数生员听讲。在此背景下，官学教育势必大受影响，并最终无可避免地走向衰落。

二、清代壮族地区官学教育的发展及其特点

清朝统一全国后，仍沿袭明代旧制，“文武并重”，对文化教育尤为重视。如据史载，康熙五年（1666年），两广总督卢兴祖奏称：“粤西土司俗无礼义，尚格斗，争替争袭，连年不解。夫更化善俗，莫先于学校，请令各土司子弟愿习经书者，许在附近府县考试，文义通达，每县额取二名，俾感于忠孝礼义，则争斗之风自息。”这一建议得到了朝廷的认可。[①]清代，各府学、州学、县学生员必须经过乡试取得举人资格以后，才有入仕的机会，官学教育因此已逐渐沦为科举制度的附庸。在此背景下，清代广西的官学教育取得了空前的发展和显著的成就。

（一）官学数量的增多

清代，仍依明代旧制，在各地设置府学、州学、县学，改土归流的地区还增设了厅学。据统计，清代广西壮族地区的府学、厅学、州学、县学由明代的69所发展到了84所，其中15所是新

---

① 《清圣祖实录》卷二〇。

建的。这些新建的学校基本上设在少数民族聚居的地区，从而为这些地区文化教育的发展奠定了基础。到清末，土司地区凡已改土归流的府、厅、州、县，基本上都设立了官学，共计24所，约占当时广西全省官学总数的1/4。这些学校共设文学额207名，武学额201名，廪生额235名，增生额235名，分别占当时全省各该类学额的1/4左右。

值得特别指出的是，据统计，清朝还在广西各乡镇设有65所社学和213所义学，作为地方官学教育的补充。同时，各地城乡还办有许多私塾，以补社学、义学之不足。由此可见，清代广西的学校教育设置已相当普遍，覆盖面广，文化教育较前代发达。

（二）学官制度的建立

随着各级各类学校的建立，一套完整的学官制度随之建立起来。桂林是清代广西省会所在地，清王朝在这里设有提督学政（雍正后称提督学院）一员，“掌一省学校士习文风之政令”，并建有提督学院署衙。在各府则设有教授一员，各州县则视其大小和文化发达程度而定，或设学正、教谕和训导各一员，或设教谕、训导各一，或只设训导一员不等。据统计，清代广西共设有教授11人、教谕42人、训导63人，从而形成了一支专门从事学校教育管理工作的学官队伍。学官负责主持月课季考，或每月召集诸生于学中明伦堂，诵《训饬士子文》及卧碑诸条。嘉庆以后，月课渐废，府学、县学便成了考试和给廪的机关。

（三）学额与贡举年限的规定

为了广泛罗致人才，清代中央王朝和广西地方政府对各府、州、县学额及其贡举年限均做了明确的规定。譬如，桂林府学设

20名，廪生和增生各设40名，一年一贡。其他各府、州、县视其辖区人口之多寡、文风之高下和丁赋之轻重等情况而设有不同的学额和贡举年限。一般说来，文化水平较高的地区，其学额稍多，贡举年限稍短，反之，文化水平偏低的偏僻州县，其学额稍少且贡举年限较长。譬如，镇安府只设府学12名，廪生和增生各6名，并定二年一贡。再如，雍正十三年（1735年），清廷批复广西学政徐以升请示，同意将泗城府所属西隆州学、庆远府所属思恩县学按照左州、养利州、永康州之例四年一贡；南宁府所属上思州学，庆远府所属河池州学、天河县学，平乐府所属永安州学、修仁县学，柳州府所属来宾县学、罗城县学，按照奉天府学满字号之例三年一贡；桂林府所属永宁州学、思恩府所属迁江县学暂改为三年一贡，等到二学人文加盛，再照旧例办理。[①]如众所知，广西除壮族和汉族之外，尚居住着苗瑶等其他少数民族，为了“开化”这些少数民族“齐心向善”，除了规定一般的学额外，当时官府对于少数民族聚居的州县，另加学额。譬如，明嘉靖二年至三年（1797—1798年），朝廷批准西隆州学、龙胜厅、罗城县学、怀远县学（今属三江侗族自治县）各增设苗民学额2名，平乐、富川二县学均额外取进瑶童2名。[②]道光二年（1822年）议准，兴安、灌阳二县瑶童应试，10人以上酌取1名，20至30人酌取2名，不为定额。[③]苗生应举须有“汉廪生一名保结”，同时在卷面上“填注苗民字样，以便学政阅卷时籍生酌量

---

① 《清高宗实录》卷九。

② 《清仁宗实录》卷二四。

③ （光绪）《大清会典事例》卷三七九《礼部》。

位置”。全省除设有文学额外，还设有武学额，罗致武科人才，其人数比文科略少。凡是应试取得府、州、县廪生资格者，皆享有“廪粮”之待遇，廪粮分为银两和岁米两种：银两一般不超过二两，岁米在三石左右。此外，还可以酌免家中丁男的徭役。整个官学教育显然已沦为科举考试的附庸。

第三节 壮族地区书院教育的发展

书院作为中国古代一种特殊的教育组织形式，是中国古代文教事业的重要组成部分，在人才培养和文化传承等方面发挥过重要的作用。明清时期，广西的书院教育在多种因素的综合作用下取得了前所未有的发展。

一、明代广西壮族地区书院教育的发展状况及其特点①

明代是广西书院教育发展史上的第一个高峰期，在广西文教事业发展史上占有相当重要的地位。在明代存续的270多年间，广西书院的发展经历了沉寂、复苏、高潮与衰落四个阶段，呈现出不同的阶段性特点，其背后则有着多维的成因。

---

① 蓝武、黄东成：《明代广西书院发展的历史分期、时代特征及其多维成因》，《黑龙江社会科学》2019年第2期。

（一）明代广西壮族地区书院建置数目略考

从历史上看，书院建置数量之多寡，在一定程度上可以折射出一地文教之兴衰程度。明代作为广西书院教育发展史上的第一个高峰期，其书院数量相较前代而言，增加幅度堪称显著。宋代，广西兴建的书院可考者为10所。元朝统治广西近百年间，仅新建书院1所（全州璜溪书院），修复前代书院2所（宣城书院和清湘书院），堪称广西书院教育发展历程中的衰落期。降至明代，广西书院事业得以恢复并实现很大发展。关于明代广西书院的建置数量（含新建和修复），学界颇多争议，统计结果各异。高敏贵统计有77所（不含修复）[①]；全昭梅认为有78所[②]；《中国教育通史》第四卷《明代卷》一书认为共有83所，其中新建79所、修复前代4所[③]；邓洪波在《中国书院史》[④]中统计为55所（含修复），而其在1997年统计时曾认为有71所；李彦福等认为应该有64所[⑤]；周玲认为共有70所，其中新建66所，修复4所[⑥]；杨新益等与周玲观点相同[⑦]；钟文典认为共有68所，其中新建64所，修复前代4所[⑧]。

---

① 高敏贵：《广西的书院》，《广西教育学院学报》2000年第5期。

② 全昭梅：《广西书院与地方文化研究》，广西大学硕士学位论文，2015年。

③ 参见宗韵主编《中国教育通史（明代卷）》，北京师范大学出版社，2013年版。

④ 邓洪波：《中国书院史》，武汉大学出版社，2013年版，第4页。

⑤ 李彦福、雷坚：《试论宋元明清时期的广西书院》，《广西社会科学》1986年第4期。

⑥ 周玲：《广西书院文化研究》，广西师范大学硕士学位论文，2006年。

⑦ 杨新益、梁精华、赵纯心：《广西教育史——从汉代到清末》，广西师范大学出版社，1997年版。

⑧ 钟文典主编《广西通史（第一卷）》，广西人民出版社，1999年版。

各家说法不一、互有出入，究其原因，当是受多方面因素影响所致。譬如，明代广西的行政区划与现今广西是有区别的，加之明代距今年代久远，有些书院已经完全消失在历史的尘埃里，史书并未留下只言片语的记录，导致统计变得异常困难。同时，抑或因为概念界定上的模糊，新建的书院与修复的书院极有可能存在重复统计的情况，这在一定程度上也会影响统计的精准度。

综合清代谢启昆所修《广西通志》和今人所编《广西通志·教育志》及《广西教育史：从汉代到清末》等诸书记载，笔者认为，明代广西书院的数量应为70所，其中新建66所，修复前代4所。这一数量约占历史上广西书院总数的23%，约是宋元两代广西书院总数的6倍。因此，谓明代为广西书院教育发展史上的第一个高峰期绝非过誉。

（二）明代广西书院教育发展的历史分期

明代广西书院教育的发展并非一蹴而就，而是经历了一个漫长的历史过程。按史籍记载，明代广西书院教育的发展历程约可分为以下四个阶段。

1.沉寂阶段：洪武至成化前。洪武元年（1368年），明军兵分两路攻占广西后，明政府采取了一系列措施，确立其在广西壮族地区的统治。广西壮族地区地处南部边陲，与中原文化圈相距较远，交往交流极为不便，加之桂西、桂南等地尚未得到充分开发，因此，为了更好地统治广西，明朝廷除了在军事上进行镇压之外，发展文化教育成为另一辅助统治的重要手段。明太祖朱元璋对发展文化教育事业非常重视，洪武二年（1369年）曾称：

“朕惟治国以教化为先，教化以学校为本。”[①]在此时代背景下，全国范围内掀起了建立学校的热潮。史载：“天下府、州、县、卫所，皆建儒学，教官四千二百余员，弟子无算，教养之法备矣。”[②]所以，明初广西也相继建立了大量的府学、州学、县学。然而，这一时期建立起来的大量学校推行的是官方主导的官学教育，从而受到政府的大力支持，而以书院为载体的私学教育并未得到很好的发展，反而陷入停滞不前的状态，这一点从洪武元年（1368年）到成化前的近百年间广西书院的建立和修复状况即可看出。这一时期，广西书院仅有3所，分别是洪武年间在阳朔曹祠部故宅慈光寺内新建的曹公书院、永乐年间新建的宁明州太子泉书院、景泰元年（1450年）新建的藤县三元书院。从3所书院的空间分布来看，其中之一位于今桂西崇左，另两所分别位于桂东北的桂林、桂东的梧州。也就是说，即使是在当时社会经济与文化教育较为发达的桂东北地区和桂东地区，书院的发展也是极其缓慢的。由此可见，这一时期广西书院教育的发展基本上处于停滞状态。

2. 复苏阶段：成化至正德年间。历经明初近百年的沉寂之后，成化、弘治、正德三朝时期，广西书院教育的发展呈现复苏势头，日渐兴盛。据统计，在这个阶段，广西地区共新建9所书院：成化年间建立3所，分别为平乐的明贤书院、苍梧县的菉漪书院和马平县的同仁书院；弘治年间建立2所，为苍梧县的东湖书院和龙泉书院；正德年间建立4所，分别

---

① 张廷玉等撰《明史》卷六九《选举志一》。
② 张廷玉等撰《明史》卷六九《选举志一》。

是正德九年（1514年）的横州淮海书院、正德十三年（1518年）的崇善县（今属崇左）靖庵书院、全州梅潭的梅潭书院和永福县锦桥里的七贤书院。从时间跨度上看，这一时期，平均每6年多就新建一所书院。这表明，这一时期，广西书院教育的发展开始回暖，为之后进入鼎盛时期奠定了一定的基础。

3.高潮阶段：嘉靖年间。经过前一阶段的发展之后，广西地区书院教育事业越来越受到重视。降及嘉靖一朝，广西地区书院的数量呈现出快速增长的态势，总计新建34所，约占明朝广西书院总数的51.5%。这一时期，书院教育发展最快的地区当属桂南，共建有15所书院，其中尤以南宁为多，一共有10所，而地处桂南的北海也建有3所。文化教育事业比较发达的桂东北地区也建有10所书院，其中桂林8所、柳州2所。经济与文化较为发达的桂东南地区则建有9所书院，包括梧州7所、玉林2所；而社会经济与文化教育相对落后的桂西地区，这时也在崇左地区新建了2所书院。这一时期，新建书院的数量之多及其空间分布范围之广，反映出明代广西书院教育的发展业已进入鼎盛阶段。

4.衰落阶段：隆庆至崇祯年间。历经嘉靖朝的鼎盛之后，广西地区书院教育事业并未保持持续高速发展的态势，而是在隆庆之后逐渐走向衰落。这一时期，中经万历、泰昌、天启三朝，共建有18所书院，四朝平均每一朝4所，就时间来看每4年左右建立一所书院。通过对比不难发现，这一时期广西壮族地区书院教育的发展程度虽比前两个时期明显要高，但与嘉靖时期相比则明显衰落了。其转折点出现在隆庆年间，这6年间，广西壮族地区新建的书院仅有2所，即隆庆元年（1567年）在藤县建立的友仁书院和隆庆四年（1570年）在岑溪县建立的橘园书院。但是，依托嘉靖年间书院教育强劲发展的态势，在隆庆之后的万历年间，广西壮族地区书院教育又得到了较快发展，这期间共建立了11所书院。之后的天启和崇祯两朝，则分别建有2所和3所书院。若将隆庆至崇祯时广西壮族地区书院教育的发展状况置于嘉靖极盛的背景下去分析对比，可以看出，这一时期广西壮族地区书院教育的发展无疑是衰落的，虽然万历一朝书院教育发展速度较快，但就整个时期来看，广西书院教育的衰落已成不争的事实。

明代广西书院教育发展的总体情形大体如此。另外，尚有2所书院具体情形不明，恕不赘述。值得指出的是，以上统计的仅是新建立的书院，而在明代，广西还修复了前代的4所书院：宣成书院、清湘书院、龙溪书院和璜溪书院。其中：宣成书院曾改建为临桂县学，位于戟门的右边；正统五年（1440年），又修复于县学的西边；弘治十七年（1504年），又新建于桂林府学和临桂县学之间；正德、嘉靖两朝亦皆修复使用。可以说，宣成书院在明朝达到全盛时期。

（三）明代广西书院教育发展的时代特征

作为广西书院教育发展史上的重要阶段，明代广西书院教育的发展不仅开启了广西书院教育发展史上的第一个高潮，而且为清代广西书院教育的鼎盛做了良好的铺垫。就整个广西书院教育发展史而言，明代属于高潮阶段，但就明代本身而言，广西书院教育的发展历程并非由初期书院教育的萌芽到中期的进一步发展，再到后期的鼎盛这样一个直线上升式的发展进程，而是经历了一个曲折与起伏的过程。不仅如此，明代广西书院的空间分布并不平衡，各地书院的发展深受王朝国家治理制度的影响。

1.曲折与起伏的发展历程。为便于更加直观地了解明代广西书院教育发展的时代特征，我们可以将明代广西各地书院教育在各个时期的发展状况进行列表统计。需要说明的是，表11主要是按照上述四个历史分期来完成数据统计的，其中将书院教育发展的回暖期具体反映到每个朝代，将书院教育的衰落期分成了三个部分，分别是隆庆、万历及天启和崇祯三个时期，主要是考虑到天启和崇祯时期处于明末，其时书院教育的发展状况不乏相似之处。

表11　明代各朝广西壮族地区新建书院数量及占比情况一览表

年代	成化前	成化	弘治	正德	嘉靖	隆庆	万历	天启、崇祯	无考
时间	1368——1464	1465——1487	1488——1505	1506——1521	1522——1566	1567——1572	1573——1620	1621——1644	—
数量	3	3	2	4	34	2	11	5	2
占比	4.5%	4.5%	3%	6%	51.5%	3%	16.66%	7.5%	3%

说明：此表根据杨新益、梁精华、赵纯心编著的《广西教育史——从汉代到清末》（广西师范大学出版社，1997年版）中的第99-108页内容整理而成。表中只统计新建的书院数，修复的书院在此未做讨论。

从上表的统计可以看出，嘉靖时期广西新建书院占比超过了一半，而洪武到成化前的百年间，总共才建立了3所书院。而一个重要的转折点则是嘉靖之后的隆庆一朝，仅新建书院2所，与嘉靖朝形成了鲜明的对比。从上表中还可以看出，明代广西书院教育的发展并非持续上升的过程，而是经历了这样一个演进轨迹：由几乎停滞到慢慢回暖之后，书院数量呈现快速增长并达到鼎盛，之后开始没落，而在没落的历程中犹如回光返照般，其中又有一次发展较快的时期，然而这并未能拯救书院教育事业走向衰落的颓势，直到明朝灭亡时广西的书院教育再也未能重现嘉靖时期的盛况。因此可以说，明代广西书院教育的发展经历了一个曲折与起伏的历程。

2.空间分布的不平衡性。明代是广西书院教育发展的第一个高峰期，这不仅表现在新建书院的数量规模上，还表现在书院在各地的分布格局上。具体而言，在接受中原文化较早、与中原联系较多的桂东北和桂东南地区，书院教育的发展速度较快：桂东北地区以18所新建书院位列明代广西地区各地书院总数排行榜的第三位；桂东南地区则以24所新建书院位列第一。而在文明开化程度不高的桂南和桂西地区，书院教育却也得到了较快的发展：桂南地区建立的书院数量甚至超过了经济文化较早开发的桂东北地区，其新建20所书院的数量位列明代广西地区各地书院总数排行榜的第二位；而在明代之前尚未建有任何书院的桂西地区，也新建了4所书院。因此，从发展的空间次序排位来看，明代广西书院大体是由桂北向桂南、由桂东向桂西发展，也就是由开化比较早的地区向落后地区发展。为便于更加直观地了解，兹将明代广西地区各地书院建置与空间分布状况整理成表12。

表12　明代广西地区各地书院建置数量及占比情况汇览表

区域	数量	占比	排名	与最多/ 最少间的差值
桂东北	18	27.27%	3	6/14
桂东南	24	36.36%	1	0/20
桂南	20	30.3%	2	4/16
桂西	4	6.06%	4	20/0

说明：此表根据杨新益、梁精华、赵纯心编著的《广西教育史——从汉代到清末》（广西师范大学出版社，1997年版）中的第99-108页内容整理而成。

从上表的统计数据可以看出，在发展最快的桂东南地区，其书院数量是书院事业刚刚起步的桂西地区的6倍，而像桂东北地区，作为广西书院最早建置之地和经济文化发达之区，此时却与书院发展最快的桂东南地区有6所的差距。在明代书院事业得以同步发展起来的桂南和桂西地区，桂南地区的书院数量却达到桂西地区书院数量的5倍。由此可见，明代广西地区的书院教育在桂东北、桂东南、桂南和桂西四大区域皆有所发展，但各区域间的发展程度显然是不均衡的。

3.受政治因素的影响较大。书院作为中国古代一种特殊的教育组织形式，自唐末时开始出现，到清末改制时趋于消亡。在中国古代，绝大多数时间都是由官方主导的官学教育占据主导地位，私学教育一直是官学教育的附庸，用以弥补官学教育之不足。因此，书院的发展大多数时候是不受统治者重视和支持的，无法与官学教育相比肩。尽管如此，书院仍被视为王朝国家封建教育组织系统的一部分，具有传授知识、教化民众和传承文化的重要作用，其发展状况也要受到王朝国家政治制度与文教政策的影响。

明代广西地区书院教育的发展，显然受政治因素的影响较大。明初，广西地区在经历了元末的战乱之后，社会凋敝，百废待兴，百姓需要休养生息。在之后近百年时间里，广西地区基本保持和平稳定，社会经济逐渐得以恢复和发展，为文教事业的发展创造了条件。然而，这一时期，尽管广西地区官学教育得到了恢复和发展，但书院教育事业却没有得到统治者应有的重视，以至发展甚为缓慢，处于近乎停滞的态势。

降至成化之后，书院教育越来越受到重视，这与王朝统治者对书院教育态度的转变有关。据史书记载，正统十三年（1448年），“奉部符”重建了福建建阳的端樟书院和鳌峰书院，建阳的环峰书院，“正统、成化间，历奉礼、兵二部勘合，官为修理”①。成化十五年（1479年），由兵部右侍郎李敏捐建的紫云书院，“请于朝，赐今名”②。虽然明政府没有公开表明对书院的支持，但从中可以看出，已经改变了自洪武以来对书院的态度。在此背景下，广西地区书院事业同全国一样，开始渐渐回暖。

嘉靖一朝，广西地区书院教育发展进入鼎盛时期，这与明政府的支持显然是分不开的，这从《嘉靖温州府志》的相关记载中即可见其一斑：

嘉靖七年三月初四日，少保、吏部尚书兼文渊阁大学士臣张孚敬奏，奉圣旨：卿所奏，足见笃学以勉后来之意。书院名与做

① （嘉靖）《建宁府志》卷十七。
② 《明宪宗实录》卷一九八。

贞义，堂名更做抱忠。仍著彼处有司，就其书院中盖敬一亭一座，以置朕之《五箴》。抱忠堂门等处，或有损坏，亦与修葺，完日具奏。①

在三月初九日的圣旨中，明世宗又称修建贞义书院，“系敦崇正学、风厉斯文之盛事”。又，嘉靖十六年（1537年）三月，在大学士夏言的奏请下，在江西建立忠礼书院，旨在“奉藏御制翰墨”。书院建成后，奏闻，明世宗命令“有司佥编人役看守，毋致倾圮”。②由此可见，当时王朝统治阶层对于书院事业均持推崇和支持的态度，因此，嘉靖年间，在多方面因素的共同影响下，特别是在中央王朝的大力提倡与支持下，广西地区书院教育的发展达到了顶峰。虽然嘉靖一朝曾两次禁毁书院，但其范围和影响实属有限。

对广西地区书院教育事业影响最大者，当属张居正当政时期对书院的禁毁。不过虽然广西当时有很多书院遭到了禁毁，但也仅限于万历初年，此后书院教育的发展并未受到政府的过多限制。所以，万历时期广西地区新建书院的数量虽远不及嘉靖朝，但书院教育事业还是取得了一定的发展。此后，天启时期，魏忠贤禁毁东林书院，表明政府对书院教育发展已持反对意见；加之明末内忧外患不断，政府已无力顾及书院教育事业，故而广西地区的书院教育事业走向衰落。由此看来，书院教育的发展显然是

① 宗韵主编《中国教育通史（明代卷）》，北京师范大学出版社，2013年版，第473页。

② 《明世宗实录》卷一九八。

受封建政府及上层人物的左右的，而封建政府及上层人物对书院教育发展的支持与否则往往取决于其统治利益的需要。

（四）明代广西地区书院教育发展特征归因

明朝统一全国以后，为了能更好地巩固其在广西地区的统治，除了在政治上、军事上采取一系列措施外，在文教方面也积极采取有效措施，使广大民众能够接受儒学教育、接受儒家思想熏陶，从而消弭各种反抗情绪。当时，进入官学或私学虽然同属接受教育的主要途径，但两者之间亦略有不同。在科举制度趋于鼎盛的明代，官学是以为政府储备人才，以使学生通过科举考试为目的的。史载："明制，科目为盛，卿相皆由此出，学校则储才以应科目者也。"[①]既然官学教育的主要目的是"储才以应科目"，而书院教育又被视为官学教育的有益的、必要的补充，因此得以发展起来，正如明代著名的理学家王守仁所说的，书院发挥的真正作用是"匡翼夫学校之不逮"[②]。从总体上看，明代广西地区书院教育得到空前发展及其时代特征的形成，当是多种因素综合体现的结果。

1.王朝统治者对书院建置态度之反复。明代广西地区书院教育的发展，在很大程度上取决于王朝统治者的态度。洪武元年（1368年），朱元璋下令重建尼山、洙泗书院，各设山长一人[③]。这两个书院的主要作用是祭祀孔子，表明封建统治者对儒学的重视。同年，朱元璋下令"改天下书院山长为训导，书院田皆令入

① 张廷玉等撰《明史》卷六九《选举志一》。
② 王守仁撰《增修万松书院》。
③ 《明太祖实录》卷三六上。

官”[①]。这实际上是将书院视为国家的教育机构，对于书院教育的发展无疑是有利的。然而，洪武五年（1372年），朱元璋又下令革除书院训导，“弟子员归于邑学”。这一诏令实际上是又将书院排除于官学教育之外，尽管未明确说明禁止书院的建立。由于统治者对书院教育的不重视，导致书院教育的发展并未得到政府的财政支持，加之元末战乱之后，经济凋敝，民不聊生，书院教育事业陷入停滞状态。而在当时，官学教育则受到高度的重视。洪武二年（1369年），明太祖初建国学，谕中书省臣曰：“朕惟治国以教化为先，教化以学校为本。京师虽有太学，而天下学校未兴。宜令郡县皆立学校，延师儒，授生徒，讲论圣道，使人日渐月化，以复先王之旧。”[②]于是，在王朝统治者的大力提倡与支持下，各地大力兴建学校，府学、州学、县学纷纷涌现，当时全国“盖无地而不设之学，无人而不纳之教。庠声序音，重规叠矩，无间于下邑荒徼，山陬海涯。此明代学校之盛，唐、宋以来所不及也”[③]。在此时代背景之下，广西壮族地区的官学教育得到较快发展，不仅文明开化较早的桂东北地区的官学教育得到较快发展，就连偏远的荔波县（今属贵州）、忻城县、思恩县等地区也建立了县学。洪武三年（1370年），朱元璋诏曰：“自今年八月始，特设科举……朕将亲策于廷，第其高下而任之以官。使中外文臣皆由科举而进，非科举者毋得与官。”[④]此即是说，明初官员的选任是通过科举考试一途实现的。而举子也是有条件限

---

① 曹秉仁修《宁波府志》卷九。

② 张廷玉等撰《明史》卷六九《选举志一》。

③ 张廷玉等撰《明史》卷六九《选举志一》。

④ 张廷玉等撰《明史》卷七十《选举志二》。

制的，史称“举子，则国子生及府、州、县学生员之学成者，儒士之未仕者，官之未入流者”①。想要成为官员的另一必要条件是官学出身，当时明确规定：“府、州、县学诸生入国学者，乃可得官，不入者不能得也。”②关于国子监的生源，史称：“国子学之设，自明初乙巳始。……天下既定，诏择府、州、县学诸生入国子学。”③当时，入国子监就读的士人待遇颇为优渥，“厚给廪饩，岁时赐布帛文绮、袭衣巾靴。正旦元宵诸令节，俱赏节钱。……历事生未娶者，赐钱婚聘，及女衣二袭，月米二石”④。在此背景下，明初近百年间，广西的官学教育尤盛，而书院教育事业几乎陷入停滞状态。

成化以后，广西地区的书院教育发展渐趋回暖。诚如学者所言：“成化后，科举制度日益衰败……与此同时，官学教育也日益衰落。……在这种局面下，书院作为育才之地的作用又逐渐引起人们的重视，于是，从成化以后至嘉靖时，书院又逐渐兴起。”⑤而广西书院教育的大兴则是在嘉靖年间，这与王阳明的影响关系极大，相关内容详揭于后。然而，嘉靖年间，中央王朝又开始对书院教育的发展进行限制甚或禁毁。有明一代，中央王朝先后对书院实施了四次禁毁，其中第一次和第二次均发生在嘉靖朝，时间分别是嘉靖十六年（1537年）和嘉靖十七年（1538年）。史载：“明朝书院之修建，初未有禁，至嘉靖十七年夏，吏

---

① 张廷玉等撰《明史》卷七十《选举志二》。
② 张廷玉等撰《明史》卷六九《选举志一》。
③ 张廷玉等撰《明史》卷六九《选举志一》。
④ 张廷玉等撰《明史》卷六九《选举志一》。
⑤ 樊克政：《中国书院史话》，社会科学文献出版社，2012年版，第77页。

部许瓒始言抚按司府多建书院以聚生徒，供亿科扰，亟宜撤毁，从之。然学者多不奉诏。”①不过，这一时期正是广西书院教育发展的高峰期，这两次从国家层面实施的对书院教育的禁毁对广西影响不大。这一时期，广西地区新建的书院有嘉靖二十年（1541年），在今北海市合浦县建立的尚志书院和在今玉林市博白县建立的杨正书院；嘉靖二十九年（1550年），知府王贞吉在今南宁建立的东郭、西郭、中郭书院；嘉靖四十年（1561年），在今南宁市横州市建立的腾蛟书院；等等。

对明代广西地区书院教育发展影响最大者，当属全国第三次禁毁书院。万历七年（1579年），张居正下令禁毁全国书院。关于这次书院禁毁的缘由，史书多有记载，正如学者所言：“万历七年（1579年），由于常州知府施观民科敛民财私创书院，坐罪革职闲居，张居正趁机将各地私创书院全部改为官廨衙门，书院粮田查归里甲。”②这一政策一直施行到万历十年（1582年）张居正去世。受此影响，广西地区被禁毁的书院颇多，例如：南宁的敷文书院被改为别署，万历十一年（1583年）修复，明末又遭毁坏并改建为兵舍；武鸣县的修文书院，万历八年（1580年）被毁；平乐府的道乡书院被改成七贤祠，明贤书院被改建成县学；梧州藤县的三元书院，万历九年（1581年）奉勘合鬻为民居；梧州藤县的凤山书院，万历十年（1582年）被改成祠堂。此外，还有桂平的珦江书院和桂邑书院也在同一时期遭到

① 谢钟玲等修，朱秀等纂《横州志》卷七《书院》，乾隆十一年（1746年）抄本。

② 李国钧、王炳照总主编《中国教育制度通史（第四卷）》，山东教育出版社，2000年版，第355页。

禁毁。[①]

明朝第四次禁毁书院发生在天启五年（1625年），当时系由魏忠贤下令禁毁书院，其根源则在于明代的党议之争。万历十三年（1585年），赞善赵用贤曾上疏云："朋党之说，小人以之去君子、空人国。"[②]而其时最著名的当数"东林党议"，史称东林党人"讲习之余，往往讽议朝政，裁量人物"[③]，于是天下闻风应附，而东林名声大噪。然而尽管朝中东林党人势力渐长，但也成为众人攻讦的对象。熹宗即位后，魏忠贤颇受宠幸，他借机弄权，并与东林党人为敌。东林党人因斗争失败而遭清洗，相关书院遭到禁毁，"具行拆毁变卖"。在此背景下，广西地区书院教育的发展因此受到影响，天启、崇祯两朝，广西地区新建的书院仅为5所。

2. 王守仁对广西书院建设的影响。万历年间，沈德符曾称："自武宗朝王新建以良知之学行江浙、两广间，而罗念庵、唐荆川诸公继之，于是东南景附，书院顿盛。虽世宗力禁而不能止。"[④]事实的确如此。嘉靖七年（1528年），王守仁在广西南宁建立敷文书院，这对明代广西壮族地区书院教育的发展影响极大。

王守仁对广西地区书院教育发展的影响与明代广西地区发生的土司构乱有关。明代中期，广西思恩、田州共发生了三次

---

① 杨新益、梁精华、赵纯心：《广西教育史——从汉代到清末》，广西师范大学出版社，1997年版，第99-108页。

② 张廷玉等撰《明史》卷二百二十九《赵用贤传》。

③ 李国钧、王炳照总主编《中国教育制度通史（第四卷）》，山东教育出版社，2000年版，第356页。

④ 沈德符撰《万历野获编》卷二四。

构乱，分别是思恩府土官岑濬之乱，田州府土官岑猛之乱以及思恩府、田州府土目卢苏、王受之乱。在平定岑猛变乱之后，时任两广都御史姚镆提出“善后七事”，得到中央王朝的同意并准备实施，却遭田州土目卢苏反对，战乱再起且危及思恩府。中央王朝据此认为“善后七事”的策略是失败的，遂派王守仁前去镇压。王守仁到达广西后，提出“用兵十害，招抚十善”[①]之策，采取怀柔的方式，最终平息思田之乱。之后，朝廷又镇压了大藤峡和八寨农民起事。对于广西少数民族起事的缘由，王守仁认为“凡乱之起，由学不明，人失其心，肆恶纵情，遂相侵暴，渐成叛逆”[②]。为此，嘉靖七年（1528年），王守仁驻兵南宁时创建了敷文书院，旨在宣扬“良知”之学，展示天子延敷文德之意，以期能“破心中贼”，使起事不再出现。王守仁此举颇有成效，史称：“由是思、田之民仰慕德化，自缚来降，至则谕以恩威，众咸感泣，乃悉解其缚而放之归农，盖七万一千余人焉。”[③]除了建立南宁敷文书院外，王守仁还在宾州建立一所敷文书院，并在梧州建立了一所名为“尊经阁”的藏书楼。今广西南宁地区在嘉靖朝之前仅于正德九年（1514年）在今横州市建立淮海书院1所，而在嘉靖一朝则建有10所书院，位居当时广西首位，可见王守仁的影响之大。

在南宁敷文书院建立之后，广西不少地方出现了以“敷文”和“阳明”命名的书院。例如，嘉靖二十年（1541年）建立的

---

① （嘉庆）《广西通志》卷二四九《宦绩录九》。
② 王阳明撰《南宁新建敷文书院记》。
③ （嘉庆）《广西通志》卷一三八《建置略十三》。

思恩府阳明书院和万历初年建立的武缘县阳明书院，以及由王守仁弟子王宗沐在桂林建立的阳明书院。嘉靖时期，由于广西地区很多书院的兴起与王守仁有关，故其“致良知”的心学思想在广西地区得以广泛传播，而且在平定思田之乱后，像王守仁创办的隆安县学等官学机构也在传播心学。不仅如此，王守仁对明代广西地区书院教育发展的影响还在于他将众多弟子委派到广西各地担任书院山长，譬如南宁敷文书院的第一任山长季布、岭表书院的山长程文德等，而嘉靖年间担任广西督学的王宗沐，不仅在桂林修复了宣成书院并亲自讲学，还新建了阳明书院和丽泽书院。在王守仁及其弟子的影响和努力之下，嘉靖时期广西地区的书院教育发展到了顶峰。

3.广西地区区位因素的影响。从历史地理的角度来看，明代广西各地书院教育发展的不平衡性跟广西各地的区位因素有着很大的关系。

广西地区位于中国南部边陲，远离中原地区，开化较晚。广西东边毗连广东，南边与海南隔海相望，西边与云南相邻，东北紧靠湖南，西北临近贵州，西南则与越南接壤。而广西内部又可分为四个区域，分别是以桂林、柳州为代表的桂东北地区；以梧州、玉林为代表的桂东南地区；以南宁、钦州为代表的桂南地区；以百色、崇左为代表的桂西地区。广西书院教育自宋代开始兴起，其源头就是桂东北地区，历来即有“广然指数文学之盛者，必首全州”[1]之说。而桂林是当时广西的行政中心，在政治、军事、经济、文化等诸方面地位显要，被誉为“西南会府”。

---

① （嘉庆）《广西通志》卷一三四《建置九》。

不仅如此，当时广西壮族地区书院教育的发展还受到来自湖南的影响。据统计，宋代湖南新建24所书院，位居全国第三位，又有南宋著名四大书院之一的岳麓书院，其门徒众多，影响颇广。因此，与之相邻的桂东北地区特别是全州受其影响最大，书院事业因此得到迅速发展。桂东南地区因靠近广东地区，占有地理优势，受到广东的影响最大。而桂西和桂南地区则因偏僻的地理位置导致书院事业发展滞后。

降及明代，由于持续受地缘优势的影响，桂东北和桂东南地区的文化教育发展因长期深受中原文化的浸润，其书院教育的发展在很大程度上也必然受到传统因素的影响。据统计，明代湖南新建的书院有105所，广东新建书院达217所，这对其邻近界域广西东北部和东南部一带的书院教育发展显然具有一定的辐射和影响作用，特别是当时隶属广东的钦廉地区（今属桂南地区）受其影响不小。桂东南地区的梧州府除了因受到来自广东的影响，其地理位置的优越性也使其书院教育在明代的发展速度超越了桂东北诸地，位居广西之首。据清刘以贵《苍梧县志序》所述："苍梧（今梧州市）实三江关键、两粤咽喉。常犹轺车星使，冠盖相望。及其有事，如路博德之平赵光，马伏波之破征侧，韩襄毅之破大藤峡，王文成之抚田州诸寇，往往于是简兵驻节焉。"①明初，于今梧州设立梧州府，成化时，两广总督驻守梧州。梧州因此成为广西政治、军事重地，大大地促进了当地经济与文化的发展。而嘉靖时期，王守仁来广西平定思田之乱时，抵达广西的第一站便是梧州。故于嘉靖一朝，梧州府书院教育发展

① 刘以贵撰《苍梧县志序》。

迅速，新建书院计有7所，超过了桂林的6所。而明代整个桂东南地区建有书院24所，其中梧州府就有15所，超过桂东南地区书院总数的一半还多。由此可见，以梧州为代表的桂东南地区书院事业的发展，是与其军事地理上的战略位置密切相关的。

另一个受军事区位因素影响的是桂南地区。明初，南宁改路设府，受广西布政使司管辖。作为桂南地区中心的南宁府，毗邻桂西地区的思恩府和田州府，明中叶的思田之乱，使南宁府顿时成为战略要地和军事重地。嘉靖七年（1528年），王守仁来到南宁处置乱事。为了教化民众，他在南宁创办了敷文书院，用以传播其“致良知”和“知行合一”学说，同时在思恩、田州等地也建立起了类似的书院和学校。而桂南地区的廉州府，明代时期其书院教育也得到了较快发展，重要原因之一便是广东的辐射作用。明代广东地区书院十分兴盛，新建书院达217所，超过了全国平均数，属于全国书院事业最发达的地区之一。钦廉地区明时属今广东地区管辖，其书院教育显然是受到了广东的影响的。

桂西地区书院教育的发展显然也受到其地理位置的影响。众所周知，桂西地区长期以来是少数民族聚居地，交通闭塞，文化教育落后。由于中央王朝推行“以夷制夷”的政策，该地区长期由土官世袭统治，中原文化难以传播和深入，导致文教事业发展极为缓慢，就连受政府主导的官学教育发展也甚为有限。据统计，明代太平府辖17个州3个县，但其官学仅有4所；思恩府辖2个州2个县，有官学2所；思明土府辖3个州，有官学1所[①]。

① 杨新益、梁精华、赵纯心：《广西教育史——从汉代到清末》，广西师范大学出版社，1997年版，第93页。

而整个明代桂西地区设立的书院仅有4所，皆位于今崇左市，分别是肇化书院、静庵书院、左阳书院和太子泉书院。而太平府的书院数量与官学持平，这在当时实属罕见。究其原因，军事地理上的战略位置是太平府书院教育得以发展的重要因素。太平府南部与安南接壤，其内部又有土司纷争，内外皆有隐忧。嘉靖时期，安南国内变乱，明朝遂派军镇压。其时，太平府内部土司又相继构乱。广西征南副使翁万达采取先安内再攘外的军事策略，先是平定太平府各部之乱，接着招降了安南。民众为了纪念他，在嘉靖二十一年（1542年）建立了肇化书院。除了前述王守仁平定思田之乱后的影响外，太平府当地官员对于书院教育的发展也起到了重要推动作用。如据民国《崇善县志·人物志》记载："胡世宁，字永清，号静庵，正德十三年知太平府。建书院以训课士子，以号曰'静庵书院'。后以书院祀世宁。"在这些因素的共同作用与影响下，明代桂西地区太平府的书院事业获得了一定的发展。

二、清代广西书院教育的发展状况及其特点

书院作为中国古代特有的一种教育组织形式，在清代广西地区的发展达到了顶峰，对当地文化教育事业的发展产生了重要而深远的影响。

（一）清代广西书院教育发展的历史背景

清代是我国历史上最后一个封建王朝，也是中国古代书院教育发生历史性变革的重要时期。清初，对书院采取抑制政策，顺治九年（1652年），诏令"不许别创书院群聚徒党，及号召地方游

食无行之徒空谈废业”[1]。降及雍正末年，中央王朝因时制宜，对书院的禁令渐趋松弛。雍正十一年（1733年）谕令：

近见各省大吏渐知崇尚实政，不事沽名邀誉之为，而读书应举者亦颇能屏去浮嚣奔兢之习，则建立书院，择一省文行兼优之士，读书其中，使之朝夕讲诵，整躬砺行，有所成就，俾远近士子观感奋发，亦兴贤育才之一道也。督抚驻扎之所，为省会之地，著该督抚商酌奉行，各赐帑金一千两。将来士子群聚读书，须预为筹画，资其膏火，以垂永久。其不足者，在于存公银内支用。封疆大臣等并有化导士子之职，各宜殚心奉行，黜浮崇实，以广国家菁莪棫朴之化，则书院之设，于士习文风，有裨益而无流弊，乃朕之所厚望也。[2]

这就充分表明了王朝统治者对设立书院的支持态度，不仅主张各省在省会设立书院，而且各赐1000两银子作为开办营建经费。此令一出，各省会陆续兴办书院，书院由此得以重生。此后，各府、州、县也纷纷设立书院，“或绅士出资建立，或地方官拨公帑经理，俱申报该管官查复”，各级书院由此“多被纳入了官学的轨道”[3]。关于清代全国书院的数量，或谓1800余所，或谓3000余所[4]。尽管说法不一，但清代是中国古代创办书院数量最多的时期当属不争之事实。在此背景下，清代广西地区的书院教育也取

---

① 《大明会典》卷七十八。
② 《清朝文献通考》卷七〇。
③ 王炳照：《中国古代书院》，商务印书馆，1998年版，第181页。
④ 王炳照：《中国古代书院》，商务印书馆，1998年版，第182页。

得了前所未有的发展，达到了历史的顶峰。

（二）清代广西书院教育的发展规模及其特点

清代是广西书院教育发展的鼎盛时期。有学者通过统计，认为清代广西地区新建书院共有184所。从地区分布上看，这184所新建书院的空间分布状况是：桂林府22所、柳州府15所、庆远府8所、平乐府13所、梧州府8所、浔州府4所、郁林直隶州14所、思恩府2所、南宁府27所、廉州府41所、太平府17所、归顺直隶府2所、镇安府4所、百色直隶厅3所、泗城府4所。① 由此统计信息，结合相关资料，我们约略可以看出，清代今广西地区书院教育的发展具有以下几个显著的特点：

一是全覆盖。从统计数据上看，清代广西地区所有的府州均设有了书院，从桂东到桂西、桂北到桂南，全省各地均有书院之设，书院规模空前，书院教育空前普及，书院创办成效显著。

二是政府重视。从史料记载来看，清代桂林府的秀峰书院和宣城书院曾获得朝廷2195两银子的赞助，以充膏火。秀峰书院和宣城书院被视为清代广西四大书院中的两所，又位于广西行政中心，对此两所大书院赐银作为“开办营建经费”，在很大程度上表明中央王朝对广西地区创办书院的支持以及创办成效的肯定，这对推动清代广西各地书院的创办无疑具有一定的积极作用。

三是向西发展。与前代相比，清代广西地区书院教育的发展

---

① 李彦福、黄启文、莫雁诗等编《广西教育史料》，广西人民出版社，1990年版，第29页。

及其空间分布格局已经发生了明显的变化，其中最显著的一个特点，就是在原有的基础上，已经向西部地区深入扩展。这与当时广西西部地区的改土归流具有直接关系。雍正初年，鉴于土司制度的流弊，中央王朝同意了鄂尔泰的奏请，在桂西一带壮族土司统治区实施大规模的改土归流工作。在王朝国家主导下，广西西部的镇安土府、泗城土府、归顺土州等这些较大的土司，先后在雍正年间或乾隆初年完成了改土归流工作。改流后，流官进驻广西西部地区实行直接管理，不仅进一步加强了中央集权，极大地促进了桂西地区同内地之间的联系以及儒学在桂西地区的传播，而且减少了一些封建剥削层次，客观上有利于桂西地区社会经济文化的发展与进步。譬如，镇安土府于雍正七年（1729年）改土归流后，镇安知府、顺天（今北京）大兴县举人陈谟即购地筹办秀阳书院，泗城府云峰书院、归顺州道南书院等也都是在当地改土归流之后建立的。随着桂西一带各地书院的创办，广西全省各府、州、县也就基本上都有了书院。[①]这对广西地区文教事业的发展无疑具有十分重要的意义。

（三）清代广西地区书院教育的管理与运营

清代，因受科举考试的强烈影响，很多书院着意于考课，以科举功名为要，大多变成了科举考试的附庸，导致书院教育管理与运营中的科举色彩较为浓厚。

山长（亦称洞主、院长）作为书院的主持者，既要负责书院的组织管理，又要负责书院的教学，大多由科举出身者担任。以

---

① 李彦福、黄启文、莫雁诗等编《广西教育史料》，广西人民出版社，1990年版，第39页。

清代广西桂林四大书院为例，桂山书院（即孝廉书院），共有9人任过山长，其中7人为翰林，2人为进士；经古书院，共有15人任过山长，其中7人为翰林，7人为进士，1人为举人；秀峰书院，共有17人任过山长，其中8人为翰林，6人为进士，2人为举人，1人为拔贡；宣城书院，共有10人任过山长，其中3人为翰林，5人为进士，2人为举人。

书院山长与讲师由地方官选择或“礼聘”有名望者充任。譬如，清代广西象州人郑献甫，为道光年间进士，先后曾在庆远、桂林、广州、顺德、东莞、象州等地主持各大书院；上林县人张鹏展，乾隆年间进士，曾在桂林、上林、宾阳等地书院任过山长。这些人皆属品学兼优者，对书院教育与地方文教事业发展多有贡献，为当时社会培育了一大批人才。

在教学上，书院仍以四书五经为主要教材，修八股文，以应科举夺功名。以清代桂林四大书院为例。桂山书院是广西最高级的书院，专收全省举人课读，以应会试考进士，生徒们除了攻读诗赋外，还要训练大小楷书，以期达到科举考试书写工整的要求，考试用八股，有时亦考策论，可以上京参加会试，考进士，点翰林，中状元。经古书院与秀峰书院专课生员，为参加乡试、考举人服务。宣城书院是培养考童生的，考试用八股。再如阳朔县寿阳书院，创建于清道光十六年（1836年），不仅是阳朔县生童学习的场所，也作每届县试头二场的考棚。

书院的经费，或源自“学田”或“膏火田”收取的田租，或由官府拨给，或在存公银内支用，如此等等。譬如，秀峰书院创建时，清政府曾赐银1000两作为开办营建经费，并要求“将来士子群聚读书，预为筹画，资其膏火，以垂永久。其不足者，在于存公银内支用”[①]。再如湄江书院（今属蒙山县），其经费来源主要包括：(1) 官员及士民捐款；(2) 书院所属田产每年可收租谷24000多斤，将其换成银子；(3) 新入籍人家需捐银10两给书院。不捐者，如其子孙入院读书，津贴及应试时宴请费用则自行支付。据载，湄江书院生员赴省城乡试，每生资助银元4两，举人赴京会试，每名资助银元40两，足见当时政府部门对书院教育的重视。

第四节　壮族地区科举考试的鼎盛

明代统治者十分注重对人才的选拔，大力提倡和广泛推行科举制度。洪武三年（1370年），正式下诏实行科举考试，“使中外文臣皆由科举而进，非科举者，毋得与官”[②]。科举考试仍然是明代选拔官吏的首要方式。

清沿明制，继续推行科举考试选官制度并有所发展。史载：“有清以科举为抡才大典，虽初制多沿明旧，而慎重科名，严防弊窦，立法之周，得人之盛，远轶前代。”[③]由此可见，清代对科举制度极为重视，成为中国科举制度的鼎盛时期。

值得一提的是，如众所知，历代科举科目众多，惟进士科的社会影响力与政治文化意义无以比肩，故本书只讨论进士科系统，不及其余。同时，科举有文武之分，而武科的社会文化意义

① 索尔讷撰《学政全书》卷七二《书院事例》。
② 张廷玉等撰《明史》卷七〇《选举志二》。
③ 赵尔巽等撰《清史稿》卷一〇八《选举志三》。

明显居于文科之下，故本书侧重讨论文科，武科不在重点讨论之列。当然，书中个别地方或因行文需要，间或旁及进士科之外的科目或武科举，若此则请读者鉴焉。

一、明代广西壮族地区科举考试的发展

明代全国科举考试的地点分布，设在南北京府和各布政使司治所。当时，广西布政使司治所设在桂林。与此相适应，明代广西贡院也设在桂林，当时的贡院广袤2000余里，号舍1500余间，其规制比前代更为扩大。为了适应文化教育事业发展的需要，当时在省府桂林设置了一个管理全省教育行政事务的最高机构——督学厅。厅设提督一人，并依明制，建立起了一套完备的制度，“府设教授，州设学正，县设教谕，各一”[①]，专司考试及有关学校教育管理事务。据统计，明代整个广西中式的举人有5098人，中式的进士有239人（含恩赐）。明代广西壮族地区的科举考试由此进入全盛时期。

（一）“考试之法大略损益前代之制”

明代科举，仍依前代旧制，设有文、武两科，基本上只设进士一目。在具体推行的过程中，科举考试从形式到内容，均已相当完备，甚或烦琐，并渐趋僵化。

1.文科。终明之世，“右文左武”，文科考试在科举制度中的地位甚为崇高。洪武四年（1371年），明朝以天下初定，官员奇缺，诏令各行省连举三年。洪武六年（1373年），因科举取才多

① 张廷玉等撰《明史》卷六九《选举志一》。

是后生少年，能以所学用于行事者极少，诏停科举而用察举，科举由此停开达10年之久。洪武十五年（1382年），诏礼部恢复科举，三年一举为定制。洪武十七年（1384年），“始定科举之式，命礼部颁行各省，后遂以为永制”[①]，科举取士正式开始。

按照明制，科举考试的举士程序必须严格按照童试、乡试、会试和殿试四级制进行，显示出多层次性的特点。广西壮族地区同全国其他地区一样，依例办理。

（1）童试。这是一种预备性的考试。明代规定，乡试之前，考生要参加由知县主持的县试和由知府（州）主持的府（州）试，统称“童试”。府试及第者称“童生”，童生还要参加由皇帝派往各地的提学官主持的院试。考生经过这一系列的考试逐级被录取后，方可取得入学的资格和生员身份，同时方才具备参加乡试的资格。这是科举的预备性考试，为清代童试的雏形。

这一时期，广西壮族地区部分州县已有试院（俗称“考棚”）。譬如藤县，在明清两代就曾设立试院于城南学岭东麓文庙右侧，为基层的举贡考试提供了便利。现将广西壮族地区明代历朝主持院试的提学使绘表统计如下：

表13　明代广西壮族地区院试提学使名录[②]

时间	姓名	字号	籍贯	出身	官职
正统年间	陈　蹉	廷嘉	临海	进士	佥事提举（学）
	黄润生	孟清	郑县	举人	以御史擢佥事提学
	肖　娄	景和	潮阳		佥事提学

① 张廷玉等撰《明史》卷七〇《选举志二》。

② 梁精华：《广西科举史话》，广西人民出版社，1993年版，25-26页。

续表

时间	姓名	字号	籍贯	出身	官职
天顺年间	刘　斌	次珣	安福	进士	佥事提学
成化年间	吴　玉	廷献	内江	进士	副使提学
	黄　篪	仲和	南海	进士	佥事提学
弘治年间	周孟中				副使提学
	彭　甫	原岳	莆田		佥事提学
	姚　瑛	英之	慈溪	进士	佥事提学
正德年间	胡　献	时臣	兴化	进士	佥事提学
	张　芝	延毓	直隶歙县	进士	正德五年（1510年），以南京大理寺正任佥事（提学）
	刘　台	衡仲	巴县	进士	副使提学
	黄如金	希武	莆田	进士	正德九年（1514年），以南京礼部员外郎中任副使（提学）
	陈伯献		莆田	进士	副使提学
	刘　节	介夫	大庾	进士	副使提学
嘉靖年间	李　中	子庸	吉水		副使提学
	吴　仕	克学	宜兴	进士	副使提学
	唐　胄	平候	琼山	进士	嘉靖八年（1529年），以输林院编修任佥事提学
	黎　澄				佥事、副使提学
	黄　佐	才伯	香山		佥事提学
	张　岳				佥事提学
	潘　恩	子仁	上海		佥事提学
	袁　袠（袁公养）	永之	吴县	进士	佥事提学
	朱天球	攻玉	漳浦		进士

续表

时间	姓名	字号	籍贯	出身	官职
万历年间	钟继英		东莞		五年副使提学
	刘应麒		鄱阳	进士	副使提学
	杨道会		晋江		先任驿傅，再起提学
	黄干郊		长兴		副使提学
	杨德政	公亮	郑县	进士	副使提学
	袁昌祚		东莞		佥事提学
	骆日升		惠安		佥事提学
	魏　浚	禹钦	松溪	进士	佥事提学
	陈梦龙	君启	山阴	进士	佥事提学
天启年间	夏启昌				佥事提学
	陆化熙		浙江		佥事提学
	曹学全				
	程　策				副使提学
	黄景明		晋江		佥事提学
崇祯年间	梁衍泗				佥事提学
	余朝相		瑞昌		佥事提学
	王　鄘		江西	进士	佥事提学

注：本表系根据谢启昆修《广西通志·职官表》，刘节《督学题名碑》，高熙徵《思明书院记》《临桂县志》等参证核实而成。

（2）乡试。乡试又称“乡闱”，是各省（布政使司）在童试以后，对新选送来的生员进行的再次考试。考试在各省省会举行，三年一次，一般是在子、卯、午、酉年举行，因考期在秋季八月，故习称“秋闱”。如遇国家大典或皇帝登基等盛事，便特设恩科。乡试由皇帝钦命的正副主考官主持，地方督抚布按等大员监场。

关于乡试的场次与考试内容，洪武十七年（1384年），明廷命礼部颁行科举程式，明确规定乡试共分三场，其具体的场次、考试内容与要求是："乡试八月初九日第一场，试《四书》义三道，每道二百字以上，经义四道，每道三百字以上，未能者许各减一道。《四书》义主朱子集注，经义、《诗》主朱子《集传》，《易》主程朱传义，《书》蔡氏传及古注疏，《春秋》主左氏、公羊、谷梁、胡氏、张洽传，《礼记》主古注疏。十二日第二场，试论一场，三百字以上，判语五条，诏、诰、章、表、内科一道。十五日第三场，试经史策五道，未能者许减其二，俱三百字以上。"①由此可见明代乡试的内容与要求颇为缜密，甚或烦琐。

明代文科乡试的录取名额，由朝廷颁定，增减无常。其时广西文科乡试的录取名额亦依明制，屡有更易。洪武三年（1370年）八月诏："京师及各行省开乡试……京师、直隶府州贡额百人，河南……各四十人，广西、广东各二十五人。若人才众多之处，不拘额数，或不能及数者亦从之。考试之法，大略损益前代之制。"②洪武十七年（1384年），诏令"不拘额数从实充贡"③。仁宗洪熙元年（1425年），始有定额，限广西取士名额为20名，其后渐增。英宗正统二年（1437年），令不置额。正统五年（1440年），令"增乡试会试取士额"④，定广西乡试取士数额为

---

① 王世贞撰《弇山堂别集》卷八一一《科试考一》。

② 《明太祖实录》卷五五。

③ 张廷玉等撰《明史》卷七〇《选举志二》。

④ 《明英宗实录》卷七四。

30名。景泰元年（1450年），又下令不限制数额。景泰四年（1453年），令“广东、四川、陕西、山西、广西各增二十五名”①，至此，广西乡试取士数额共计55名。

据统计，明代广西共开乡试88科，历科乡试中式文科举人共计5098名，其中解元共计88名。88名解元中，临桂占30名，全州占12名，两者相加约占广西全省解元总数的50%。

若按当时的行政区划加以统计，则其具体的中举数额分别为：桂林府2442人，柳州府556人，庆远府99人，梧州府713人，太平府74人，南宁府455人，浔州府249人，平乐府249人，思恩府163人，廉州府98人。②值得指出的是，当时广西少数民族聚居的庆远、太平、思恩等府，中式举人数额共计336名，约仅占整个广西布政使司中式举人总数的6.6%，有的少数民族聚居的府、州、县如镇安、泗城、思明等，甚至无人中举，表明当时这些少数民族聚居区的文化教育还是相当落后的。当然，不可否认，瑕不掩瑜。明万历年间，宜山县周氏家族中的周文、周立、周齐、周衮、周玹先后参加乡试，皆中举人，时称“五桂联芳”。这表明明代广西壮族地区科举考试中的乡试一级不乏可圈可点之处。

乡试中第者称为“举人”，第一名称为“解元”。举人不仅具有参加更高一级考试（会试）的资格，而且可以通过铨选出仕为官。在科举制盛行的时代，解元可谓是举人中的佼佼者，有的后

① 嵇璜纂《续文献通考》卷三五《选举考》。

② 唐谷、汤松华修《广西通志稿》。廉州府原属广东，现归广西所辖属，根据有关府、州、县志所载补入。

来就考中了进士，成为科场上的幸运儿。现据谢启昆修《广西通志·选举表》，唐谷、汤松年修《广西通志稿》等史志资料，将明代广西地区文科乡试解元名单列表统计如下：

表14　明代广西文科乡试解元名录

姓名	籍贯	中式时间	官职
胡文通	宜山	洪武十七年甲子（1384年）	教谕
李　迪	临桂	洪武二十年丁卯（1387年）	
刘　渊	临桂	洪武二十三年庚午（1390年）	
丁　昂	临桂	洪武二十六年癸酉（1393年）	国子监助教
诸葛平	阳朔	洪武二十九年丙子（1396年）	湖广参议
周　冕	贺县	建文元年己卯（1399年）	四会训导
梁嘉宾	藤县	建文四年壬午（1402年）	
李　静	苍梧	永乐元年癸未（1403年）	
何　玉	郁林	永乐三年乙酉（1405年）	御史
贺　敬	临桂	永乐六年戊子（1408年）	
宋　崇	兴安	永乐九年辛卯（1411年）	
刘　鉴	平乐	永乐十二年甲午（1414年）	
马　驯	临桂	永乐十五年丁酉（1417年）	
周嘉宾	恭城	永乐十八年庚子（1420年）	潮州同知
赵　霖	临桂	永乐二十一年癸卯（1423年）	
张　辉	平南	宣德元年丙午（1426年）	香山知县
秦　谦	灵川	宣德四年己酉（1429年）	宝庆训导
苏　忞	怀集（现属广东）	宣德七年壬子（1432年）	靖州知州
宋　颙	临桂	宣德十年乙卯（1435年）	

续表

姓名	籍贯	中式时间	官职
宾继学	平南	正统三年戊午（1438年）	吏部主事
施　允	横州	正统六年辛酉（1441年）	知县
陈　鼎	宜山	正统九年甲子（1444年）	知县
苏　昌	藤县	正统十二年丁卯（1447年）	庐州同知
韦　嵩	宜山	景泰元年庚午（1450年）	
吴　渊	宜山	景泰四年癸酉（1453年）	灵川训导
王　瓛	临桂	景泰七年丙子（1456年）	
傅　鉴	藤县	天顺三年己卯（1459年）	知州
陆　淮	桂平	天顺六年壬午（1462年）	州同
李　棠	贵县	成化元年乙酉（1465年）	
钟　英	阳朔	成化四年戊子（1468年）	儋州知州
李　澄	临桂	成化七年辛卯（1471年）	詹事府主簿
刘　泽	临桂	成化十年甲午（1474年）	
蒋　冕	全州	成化十三年丁酉（1477年）	
许宗道	马平	成化十六年庚子（1480年）	
刘　銮	临桂	成化十九年癸卯（1483年）	
赵　浔	上林	成化二十二年丙午（1486年）	训导
刘天麟	临柱	弘治二年己酉（1489年）	
徐　淮	临桂	弘治五年壬子（1492年）	
舒　华	临桂	弘治八年乙卯（1495年）	武冈学正
傅　铎	临桂	弘治十一年戊午（1498年）	
傅文溥	藤县	弘治十四年辛酉（1501年）	
喻　汉	藤县	弘治十七年甲子（1504年）	
陆　俊	临桂	正德二年丁卯（1507年）	涪州知府

续表

姓名	籍贯	中式时间	官职
屠　楷	临桂	正德五年庚午（1510年）	
郑　琬	临桂	正德八年癸酉（1513年）	
唐文殊	临杜	正德十一年丙子（1516年）	
陈汝谟	浔州	正德十四年己卯（1519年）	
杨　英	临桂	嘉靖元年壬午（1522年）	
李文凤	宜山	嘉靖四年乙酉（1525年）	
詹　约	临桂	嘉靖七年戊子（1528年）	
黄　瑶	临桂	嘉靖十年辛卯（1531年）	
秦　孺	马平	嘉靖十三年甲午（1534年）	
蒋时行	全州	嘉靖十六年丁酉（1537年）	桂阳知州
陆万钟	灵川	嘉靖十九年庚子（1540年）	苏州同知
唐潮德	全州	嘉靖二十二年癸卯（1543年）	瑞州同知
宋廷表	临桂	嘉靖二十五年丙午（1546年）	
张元举	临桂	嘉靖二十八年己酉（1549年）	
邓洪震	宣化	嘉靖三十一年壬子（1552年）	
钟大章	郁林	嘉靖三十四年乙卯（1555年）	知县
佘　立	马平	嘉靖三十七年戊午（1558年）	
马千乘	全州	嘉靖四十年辛酉（1561年）	青城知县
邓全策	全州	嘉靖四十三年甲子（1564年）	四会知县
洪敷文	临桂	隆庆元年丁卯（1567年）	
洪敷浩	临桂	隆庆四年庚午（1570年）	
张孙继	临桂	万历元年癸酉（1573年）	宁国同知

续表

姓名	籍贯	中式时间	官职
金辉汉	马平	万历四年丙子（1576年）	
王应泰	马平	万历七年己卯（1579年）	荆州同知
潭汝试	兴业	万历十年壬午（1582年）	
唐世尧	平乐	万历十三年乙酉（1585年）	
经仁杰	全州	万历十六年戊子（1588年）	缙云知县
庞　鼎	陆川	万历十九年辛卯（1591年）	
傅登第	马平	万历二十二年甲午（1594年）	
唐之夔	郁林	万历二十五年丁酉（1597年）	
毛文沛	富川	万历二十八年庚子（1600年）	
邓士奇	横州	万历三十一年癸卯（1603年）	
常懋中	恭城	万历三十四年丙午（1606年）	绥宁教谕
胡宗极	临桂	万历三十七年己酉（1609年）	同知
周文焕	全州	万历四十年壬子（1612年）	
滕之伦	全州	万历四十三年乙卯（1615年）	灵宝知县
蒋佳荫	濮阳	万历四十六年戊午（1618年）	
张茂梧	临桂	天启元年辛酉（1621年）	
林光第	隆安	天启四年甲子（1624年）	
文昌明	全州	天启七年丁卯（1627年）	
赵三荐	全州	崇祯三年庚午（1630年）	肇庆同知
魏国仪	临桂	崇祯六年癸酉（1633年）	
蒋奠坤	全州	崇祯九年丙子（1636年）	
敬天颜	怀集	崇祯十二年己卯（1639年）	
黄龙跃	全州	崇祯十五年壬午（1642年）	

由以上统计可见，明代广西乡试的盛况可谓空前。这一庞大的举人群体，不仅成为明代广西向礼部输送合格的会试人员的基础，而且也为当时统治阶级提供了封建官员的来源，进而扩大了封建统治基础。

（3）会试。会试属国家级考试，由礼部主持开展，于乡试的次年（即丑、辰、未、戌年）春季二月举行，故称“礼闱”，亦称“春闱”。会试在京城的礼部贡院举行，由皇帝特命的主考官和同考官主持，经各省乡试录取并解送的举人均可参加。

会试的场次、内容和程序大抵与乡试相同，按规定，“以二月初九日、十二日、十五日为三场，所考文字与乡试同。……其会试中式者，三月朔日赴殿试”①。会试中第者称为“贡士”，第一名称为“会元”。凡会试被录取者，均有资格参加最高层次的考试——殿试，也有可能直接授官。未获录取的下第举人，可继续参加下届会试，亦可授官。

明代文科会试录取名额，最初并无定制。成化以后，一般定为300名。尔后，始行南北卷取士制度，旨在平衡南北取士比例，避免偏重一方。仁宗洪熙元年（1425年），明仁宗规定会试录取名额比例为南方人占6/10，北方人占4/10。宣宗、英宗时，又分为南、北、中三卷，会试取额分配更为细化。正统元年（1436年），“会试分南北中卷，以百人为率，南取五十五名，北取三十五名，中取十名”②，“北卷则北直隶、山东、河南、陕西，中卷则四川、广西、云南、贵州及凤阳、庐州二府，徐、

① 王世贞撰《弇山堂别集》卷八一《科试考一》。

② 龙文彬撰《明会要》卷四七。

滁、和三州，余皆南卷”[1]。录取名额总共约百人，随后有所增加。从正统元年（1436年）的规定可以看出，当时广西壮族地区的举子赴京会试时是要统一参加中卷考试的。

（4）殿试。殿试是明代国家科举的最高一级的考试，凡贡士均有资格参加，一般是在会试后的当年三月初举行，考试地点设在奉天殿或文华殿。明初，殿试多由皇帝亲任主考官，所谓“天子亲策于廷”[2]，故又称“廷试”，其他考官则由进士出身的高级官员充任。明中叶以后，皇帝则较少亲自主持殿试。

殿试只试策问一场，仅考时务策一道。殿试一般设有黜落（即科场落榜），旨在用成绩排出考生等第。殿试被录取者统称为进士，“分一、二、三甲以为名第之次”[3]，即殿试录取进士名次分为三甲（即三等）：一甲仅三人，第一名称“状元”，第二名称“榜眼”，第三名称“探花”，合称“三鼎甲”。二甲、三甲名额不限，均为若干人。其中，二甲第一名称为“传胪”。凡历经乡试、会试与殿试三级考试连中解元、会元、状元称“三元及第”。据统计，明代连中三元者仅有二人，广西壮族地区的举子其时并无三元及第者。

对殿试录取后的举子之出身与授官亦有明确规定。史称：“第一甲第一名从六品，第二、第三名正七品，赐进士及第；第二甲一十七名，正七品，赐进士出身；第三甲八十名，正八品，赐同进士出身。”[4]“状元授修撰，榜眼、探花授编修，二、三

① 谷应泰撰《明史纪事本末》卷二八。
② 张廷玉等撰《明史》卷七〇《选举志二》。
③ 张廷玉等撰《明史》卷七〇《选举志二》。
④ 王世贞撰《弇山堂别集》卷八一《科试考一》。

甲考选庶吉士者，皆为翰林官。其他或授给事、御史、主事、中书、行人、评事、太常、国子博士，或授府推官、知州、知县等官。”①

据清谢启昆修《广西通志》和《明清进士题名碑录索引》等文献所载，明代广西壮族地区共有进士239名（含恩赐），原属广西、现属广东的怀集1人未包含在内。如按当时的行政区划进行划分，则其分布情形大致如下：桂林府108名，柳州府34名，庆远府12名，梧州府32名（怀集1人除外），太平府1名，南宁府11名，浔州府7名，平乐府16名，思恩府3名，廉州府15名，镇安府、泗城府、思明府三府皆无。这些进士群体中，有不少人成为当时著名的学者和名臣。譬如，吕调阳是明代著名的政治家；袁崇焕是明末武功卓著的儒将；蒋冕堪称一代名臣，15岁即中为成化丁酉解元，丁未中为进士，官至少傅、太子太傅、户部尚书，嘉靖年间任大学士，积功受封为伯爵，打破了大明“文臣不许封公侯”的律例；其兄蒋昇，亦为同榜进士，官任户部尚书，故有“兄弟尚书”之称，传为美谈。值得一提的是，当时壮族群体中也有科举登第并入仕者，譬如庆远府的韦昭、韦广等就中了进士，且先后被任为大理寺丞和巡按御史，成为当时少数民族士子中的佼佼者。

2.武科。明代，武科远不如文科位尊。早在朱元璋称“吴王”之时，即元至正二十七年（1367年），就曾下令“设文、武二科取士”，但是，武科并未真正付诸实施。直到洪武二十年（1387年），明政府始令“立武学，用武举。武臣子弟于各直省

① 张廷玉等撰《明史》卷七〇《选举志二》。

应试”[①]。这与文科开科的时间（1370年）相比，晚了整整17年。此后，武科考试制度相沿不衰，但“累朝选试升用法各不同”[②]，考选之法屡有变化和发展。譬如，英宗天顺八年（1464年），令“天下文武官举通晓兵法、谋勇出众者，各省抚、按、三司，直隶巡按御史考试。中式者，兵部同总兵官于帅府试策略，教场试弓马。答策二道，骑中四矢、步中二矢以上者为中式。骑、步所中半焉次之”[③]，规定武举考试合格后即可授官。宪宗成化十四年（1478年），规定“设武科乡、会试，悉视文科例”[④]，要求按照文科考试的办法来举行武科乡试和会试。万历五年（1577年），“令御史监试武举，严加巡察，有违犯者，照文举例行”[⑤]，武科考试进一步规范化和严密化。

明代，武科乡试于文科乡试之后的同年十月在各省省城举行。中式者称为“武举人”，第一名称为“武解元”。其时广西士子中式武科举人者，据柳州、临桂、平乐、贺县、宜山、上思、镇安等府、州、县志所载，共有124人。

武科会试于乡试后的次年春季四月在京师举行，由兵部主持，规定乡试合格者方可参加。其考试的内容和程序基本依乡试之例。中式者称“武贡生”，第一名称“武会元”。

武科会试的录取名额，大抵按文科会试取额之例。嘉靖二十二年（1543年）诏定：“武举开设，务求真才，取人不必拘定名

① 张廷玉等撰《明史》卷七〇《选举志二》。
② 申时行等修《明会典》卷一三五《兵部十八》。
③ 张廷玉等撰《明史》卷七〇《选举志二》。
④ 张廷玉等撰《明史》卷七〇《选举志二》。
⑤ 申时行等修《明会典》卷一三五《兵部十八》。

数。仍照会试南北卷事例，分别边方、腹里：以蓟镇、昌平……云南、贵州为边方；以两京……广东、广西、四川……为腹里。如每科五十名，边方取三十名，腹里取二十名。”[①]万历三十八年（1610年），又“定会试之额，取中进士以百名为率。其后有奉诏增三十名者，非常制也”[②]。

武科殿试始于崇祯四年（1631年），其制“悉如文例”[③]，其考试的程序、内容与法则大抵与武科乡试相同。殿试及第者称为“武进士”，其中第一名称为“武状元”。

明代广西士子参加武科会试、殿试并中式武进士者，旧《广西通志》无载。遍查诸府、州、县志，亦多付阙如，仅见乾隆二十九年（1764年）《柳州县志》载有杨珽一人，故列入待补。[④]

（二）因地制宜的优待政策

为了保证全国性科举考试的顺利进行，确保人才选拔的公平公正，维护科举考试的权威，明朝统治者特为科举考试颁定了相应的规章制度。洪武三年（1370年）五月乡试前，明政府正式颁布“科举条格”，诏示全国，其有关条款如下：

1. 各省自行乡试，其直隶府州赴京乡试。凡举，各具籍贯、年甲、三代本姓，乡里举保，州县申行省，印卷乡试。中者，行省咨解，中书省判送礼部，印卷会试。

2. 仕宦已入流品及曾于前元登科并曾仕宦者，不许应试。

---

① 申时行等修《明会典》卷一三五《兵部十八》。

② 张廷玉等撰《明史》卷七〇《选举志二》。

③ 张廷玉等撰《明史》卷七〇《选举志二》。

④ 梁精华：《广西科举史话》，广西人民出版社，1993年版，第48页。

其余各色人民并流寓各处者，一体应试。

3. 有过罢闲人吏，娼优之人，并不得应试。

4. 应举不第之人，不许喧闹摭拾考官及擅击登闻鼓，违者究治。

5. 凡试官不得将弟男子侄亲属徇私取中，违者许赴省台指实陈告。

6. 科选取士，务得全才，但恐开设之初，骑射书算未能偏习，除今科免试外，候二年之后，须要兼全方许中选。于戏，设科取士，期必得乎全才，任官惟能，庶可成于治道。[①]

明朝“科举条格”对应试对象、主考官、举选程序等均做了严格的规定和明确的要求，对设科取士具有十分重要的指导意义，因而成为明代科举考试全过程必须遵循的原则与章法。

为了确保科举制度在广西的顺利推行和有效实施，明代中央王朝和广西地方官吏在严格执行“科举条格”的同时，对于地处边疆的广西，也因地制宜地制定了诸多保护广西士子入学、充贡和应举的办法和措施，在一定程度上和一定范围内给予边地少数民族士子以适当的照顾，充分体现了科举制度在边地推行的过程中对少数民族的适度倾斜，兹举其要者以为例：

1.优待举人。明时，对于参加会试的举人，“官给廪，传送礼部会试”[②]，即由各地官府负责向考生提供食宿费用及交通工

① 王世贞撰《弇山堂别集》卷八一《科试考一》。

② 王世贞撰《弇山堂别集》卷八一《科试考一》。

具，将其送到京师的礼部参加会试[1]。考试结果，“凡中试举人者，各地要为他们‘建坊’”，建坊费亦由地方经费开支。[2]广西也不例外。从文献记载来看，明代广西进士辈出，各种表彰进士及第且政绩卓著的荣誉坊、功名坊等一再矗起。譬如在桂林市中心的十字广场，曾有一座专为嘉靖二十九年（1550年）庚戌科廷试一甲第二名的吕调阳设立的荣誉坊——“榜眼坊”，坐北朝南，非常醒目。

万历年间，桂林曾有多座功名坊。在城南的义井头，曾有一座“进士坊”，这是为嘉靖二十六年（1547年）丁未科中式进士的彭登瀛建立的。在城北的安定门（即北门）外，曾有一座“天府同登坊”，是为表彰万历五年（1577年）丁丑同科进士吕兴周和张文熙而建的。吕兴周是吕调阳之子，官至光禄少卿应天府丞。为纪念吕氏父子，桂林府在十字街又建立了一座“吕氏坊”。崇祯二年（1629年），在桂林武胜门（文昌门）外建了一座“联捷坊”，是为表彰天启元年（1621年）辛酉科和翌年的壬戌科联捷登第的魏自滋、王启元、张茂梧、龙文光、盛兴唐等五进士而建的。足见当时广西壮族地区对科第人物的尊重与厚待。

2.减免支给。所谓“支给”，简言之，乃支付、供给之意。弘治七年（1494年）明政府规定，凡（会试）科场应用物件，“各布政司并应天府，量将本处科举供给余银送部，以备会试供

① 谢青、汤德用主编《中国考试制度史》，黄山书社，1995年版，第210页。

② 覃延欢、廖国一主编《广西史稿》，广西师范大学出版社，1998年版，第145页。

给。云南、两广免送”[①]。嘉靖十七年（1538年）题准，“试院应用物件，并板木、纸扎及登科录纸扎等项银一千九百五十两，供给银五百两，筵宴银三百两，俱各省科举用剩银解用。内浙江、江西、湖广、福建、四川各二百七十两，河南、山东、山西、陕西、广东、应天府各二百两，云南、广西各一百两”[②]。这是明代中央王朝在科举考试领域内给予广西少数民族地区的倾斜与优惠政策。这一“减免支给”的政策，既符合广西明代商品经济尚不发达的客观实际，又便于明代广西集中物力、财力搞好本省的乡试事务，因而具有一定的积极意义。

3.严禁冒籍。为了确保广西本地士人能有机会参与科举考试和公平竞争，以及获得平等的做官资格，明政府明令禁止外地人各种冒籍滥入的行为，如有违犯，则从严惩处。譬如，据《续文献通考》记载，弘治十二年（1499年）明确规定：凡广西、云贵等处，但有冒籍生员食粮起贡，买到土人例过所司起送公文，顶名赴部投考者，俱发口外为民，卖与者行移所司追赃问罪。万历四年（1576年），题准广西、云南、四川等处，凡改土为流州县及土官地方，建有学校者，令提学官严加查试，果系土著之人方准考充附学，不许各地土民冒籍滥入。如有敢于冒籍犯法者，则从严惩处。另据《熹宗实录》卷七十七记载：“（天启六年十一月辛丑）革广西平乐、柳州二府冒籍生周之谟等五十一名回籍，其已中周泰等，已贡周楫等各发回原籍，罚三科后方许与本地举贡起文会试科举。从礼部覆，广西巡按参疏及在京乡官萧雪

① 申时行等修《明会典》卷七七《礼部三十五》。

② 申时行等修《明会典》卷七七《礼部三十五》。

举等之揭也。”这些措施在很大程度上保障了广西本土士人科举入仕的合法权利。

4.放宽举贡。随着广西文教事业的进一步发展，为了保障广西本土士人有更多的科举入仕机会，明政府适当放宽了举送、录取和任用的范围，适当增加了科举录取名额。譬如，据《续文献通考》载，永乐元年（1403年），明政府令广西土官衙门照云南例，生员有成才者，不拘常例，从便举贡；如十年之上学业无成者，就准本处充吏。永乐六年（1408年）十二月庚子，广西按察司佥事杨廉奏称：“田州等府土人罔知礼法，请依左江太平府主学校，教育其子弟，俾讲读经书，俟有成材，依例选贡。”皇上从之。[①]成化四年（1468年），令“土官学，照州学例，三年贡二人”[②]，弘治十三年（1500年），又重申此例。据《续文献通考》记载，嘉靖二十六年（1547年），朝廷命归顺土官子孙照例送学，食廪读书。对土司土官子孙读书应举的支持与举贡限制的放宽，对于加快民族地区封建人才的培养，对于增加广西本土士人科举入仕的机会，对于促进广西壮族地区文教事业的发展和社会的进步无疑是具有一定带动作用的。

5.量情行法。明朝以严格的“科举条格”来规范科举考试，但对广西等边疆民族地区，却能根据实际情况量情行法。《太宗实录》所记载的礼部大员与皇帝的一段对话颇能生动地说明这一点。史称，永乐四年（1406年）夏四月甲子，礼部言：“广西岁贡生员，不中式者二人。于法，学官罚俸一年，提调官当杖。”

① 《明太宗实录》卷八六。

② 申时行等修《明会典》卷七七《礼部三十五》。

上曰："姑皆宥之。"侍郎杨砥等复言："此定法也。宥之，无以示惩。"上曰："远方之人渐化者浅教，道未易行，不可概论。夫立法虽有定论，行法当量人情。有定论则民知所守，量人情则民用不冤，姑宥之。生员遣归学学，再贡不中式，一论如法。"[1]此种讲求实际、行法有度的做法，既有原则性，又有灵活性，不仅有利于科举制度在边疆地区的推行，而且有利于促进边疆地区文化教育的发展。

（三）明代广西科举考试的时代特点

明代，在王朝国家主导下，广西依全国之例，不仅遵循全国科举考试的程式与规章，而且能因地制宜贯彻落实科举优待政策，使科举考试进入全面发展的阶段。综上可知，明代广西的科举考试具有以下几个显著的时代特点：

第一，服从全国科举大局，充分体现国家认同。明代科举考试的举士程序相当完备，从府（州）、县试到乡试，再到会试和殿试，逐级考选，依例举贡，几经淘汰，最终到京师会试与殿试时，参与考选者已是为数不多，如此一来，可以录取到素质较高的人才，适应封建政治统治的需要，保障了封建官僚体制的正常运转。所谓明代"科举视前代为盛，翰林之盛则前代所绝无也"[2]，正是明代科举进入全盛时期的反映。明朝统治广西的两百多年间，广西皆能严格遵循全国"科举条格"加以执行，科举规模与及第人数均大大超过前代，成为广西科举史上的全盛时期。

① 《明太宗实录》卷五三。
② 张廷玉等撰《明史》卷七〇《选举志二》。

第二，贯彻“科举必由学校”理念，文教事业空前发展。明代对文教事业颇为重视，明太祖朱元璋在创建国学之时尤其强调“治国以教化为先，教化以学校为本”[①]，在王朝国家的主导下，明初“大建学校，府设教授、州设学正、县设教谕，各一。俱设训导，府四，州三，县二。生员之数，府学四十人，州、县以次减十”[②]，“天下府州、县、卫所，皆建儒学，教官四千二百余员，弟子无算，教养之法备矣”[③]。不仅如此，明朝还规定，“科举必由学校”[④]，“中行文武，皆由科举而选，非科举毋得与官”[⑤]。所谓“明制，科目为盛，卿相皆由此出，学校则储才以应科目者也”[⑥]，这就表明，在明代，科举成了入仕的必由之路，而学校则成为科举的必由之路，学校、科举、铨选三者密不可分，“学校以教育之，科目以登进之……铨选以布列之，天下人才尽于是矣”[⑦]，科举以学校为基础，学校以科举为旨归，参加科举考试成为学校教育的直接目的与原动力，两相结合，同为当时的社会政治服务。

为了适应明王朝培养封建人才的需要，也为了适应当时科举考试发展的要求，在全国兴学促教风气的影响和推动下，广西也大力推行和发展官学教育和书院教育，文化教育事业由此获得空前发展。据统计，明代广西共有府、州、县学69所，其中，桂

① 张廷玉等撰《明史》卷六九《选举志一》。
② 张廷玉等撰《明史》卷六九《选举志一》。
③ 张廷玉等撰《明史》卷六九《选举志一》。
④ 张廷玉等撰《明史》卷六九《选举志一》。
⑤ 王世贞撰《弇山堂别集》卷八一《科试考一》。
⑥ 张廷玉等撰《明史》卷六九《选举志一》。
⑦ 张廷玉等撰《明史》卷六九《选举志一》。

林府10所，柳州府13所，庆远府5所，平乐府9所，梧州府5所，直隶郁林州5所，浔州府4所，南宁府7所，太平府4所，思恩土府2所，思明土府1所，廉州府4所。这69所府、州、县学中，除明王朝陆续修复的以前各朝的已设学校外，有20余所是在明代创办的。由此可见，明代广西的府、州、县学已广泛分布于境内各地，且其盛势远为唐宋所不及。值得一提的是，与前代相比，明代广西府、州、县学的设置已逐步推广到了桂西地区，当地部分土府、土州已建立了学校。譬如，思恩土府府学（今属武鸣区），建于明正统十二年（1447年），当时明政府应思恩土知府岑瑛之请，在思恩“设儒学，置教授一员，训导四员”[①]。景泰五年（1454年），明廷又“从瑛请，建庙学”，土官建学自此始。思明土府府学（今属宁明县），嘉靖年间，土知府黄承祖曾有建儒学之议，后经两任流官同知鼎力促成其事。万历三十三年（1605年），总督戴耀奏请“于府治设教授一员，量给廪生六名，其寄附太平府者，悉归本学，嗣后续增其祭祀廪饩之用，则地方可安、文教可兴”，明神宗诏悉从之。[②]归顺州州学（今属靖西市），“明弘治年间，在旧州建立”[③]。武靖土州州学（今属桂平市），“在州治南，隆庆间建”[④]，万历末，武靖土州废，州学遂不复存在。桂西地区府、州、县学的设置，既是王朝国家主导下壮族地区推进开发的结果，也为该地区的文教事业与社会的发展创造了条件。

---

① 张廷玉等撰《明史》卷三一八《广西土司传二》。

② 张廷玉等撰《明史》卷三一八《广西土司传二》。

③ 陈梦雷辑《古今图书集成》卷一四五一。

④ 李贤等纂修《大明一统志》卷八五。

事实证明，土属地区学校教育的发展，确实为举贡应试创造了条件。据《明实录》记载，万历十九年（1591年）八月戊午，“以新宁州、左州各建学一十八，养利州建学一十六，人才渐盛，乞照上思、隆安等州县开贡事例，三年一贡，其起贡盘费亦如三州县查给。从抚按之请也”。当时，部分土府、州、县子弟入学数有增无减，应试出仕者不乏其人。明人魏濬在《西事珥》中述及广西文教发展情形及土官子弟常到流官地区参加科举考试时称，“粤西学臣敕内，独有教习壮童一款，今州县立社置傅，岁以所教成者闻，颇谙文理者收之黉序，雍容济”①，“两江诸土酋子弟，向慕文风尤甚，来试者日土童”②。由此可见，在王朝国家“科举必由学校”文教政策的影响与推动下，明代广西壮族地区的文教事业还是取得了一定发展的。

第三，广西科举考试在全国中的地位与影响力偏低。明代广西的科举与全国其他地区相比，仍存在明显的差距。以取士名额为例，明神宗万历元年（1573年），全国各行省乡试录取数额分别为：南北两直隶各135人，江西95人，浙江、福建、湖广各90人，河南80人，山东、广东各75人，陕西、山西各65人，广西55人，云南45人，贵州30人。全国总计录取举人1125人。从乡试录取的统计数字来看，当时广西、云南、贵州等这些边远民族地区乡试录取的名额相当少，普遍低于全国其他行省，总体而言，此与边疆民族地区经济相对落后、文风相对低下颇有关系。

第四，科举考试发展存在明显的区域不平衡性。由明代广西

① 魏濬撰《假道斡腹之谋》，载《粤西文载》卷六一。

② 魏濬撰《假道斡腹之谋》，载《粤西文载》卷六一。

中式举人和进士的数量统计与空间分布来看，在广西境内，桂林、柳州、梧州、南宁等府科举考试中式举人和进士为数较多，反映出这些地区社会经济与文化教育发展较为发达，而庆远、太平、思恩等府中式的举人和进士则为数甚少，镇安、泗城、思明等府甚至无一中式举人，更别说进士及第了。这种区域差异性在明代之前即已存在，降及明代，中国的经济重心虽进一步南移，统治者的民族政策也没有元朝时“四等人制”的民族歧视政策般明显，但由于历史原因，这种区域不平衡性仍未能从根本上得到改变。

二、清代广西科举考试的鼎盛

清代是中国科举考试的鼎盛时期。从中央到地方，各级政府均十分注重对人才的抡选。顺治二年（1645年）秋八月，始举行乡试；顺治三年（1646年）春二月，始举行会试。据《钦定大清会典事例》记载，清代依明制规定：“嗣后以子、卯、午、酉年乡试，丑、辰、未、戌年会试。奉特旨开科，则随时定期。”清代科举制度由此确立。清代科举考试的举送程序、组织管理、录取原则与授官方式虽大体沿明制，但在长期推行过程中不断发展和完善，成为集前代之大成者。在此背景下，清代广西的科举考试同样进入鼎盛时期。

（一）庞大的科举规模及其成效

清代科举，仍以进士一科为轴心，整个科举考试进程仍按童试、乡试、会试和殿试四级严格执行。地处边陲的广西遵循王朝国家科举规制，依例选贡，照章考试，严格管理，逐级选拔与录送人才。清时广西士子应试人数之多，来源之广，中式之众，为以往各朝所不及。从举贡到录用，盛况空前。

1.文科。清代常科中的文科，程序烦琐，条规严密。因受战乱和改土归流政策的影响，广西的科举考试在遵循全国科举共性例规的同时，亦呈现出明显的民族区域差异性。

（1）童试。同明代类似，童试分为县试、府（直隶州、厅）试与院试三级，县试、府（直隶州、厅）试每年一考，院试分三年两考：丑、未、辰、戌年为岁考，寅、申、巳、亥年为科考。经三级考试合格者，即可取得生员（俗称“秀才”）资格，方能参加乡试。

县试由本县县官主持。应考的童生须向本县礼房报名，填写姓名、籍贯、年龄、三代履历，取具同考五人互保，由本县一名廪生保结，证明考生确无冒籍、匿丧、顶替、假换姓名，身家清白，非优倡皂隶的子孙，方准应考。①考试一般分四场或五场：第一场为正场，试《四书》文二篇、五言六韵试帖诗一首；第二场为招复，亦称初复，试《四书》文一篇、《性理》论或《孝经》论一篇，默写《圣谕广训》约百字；第三场为再复，试《四书》文或《经》文一篇，律赋一篇、五言八韵试帖诗一首，默写前场《圣谕广训》首二句，赋不作亦可；第四场、第五场为连复，时文、诗赋、《经》论、骈文不拘定格，限两小时内交卷。②县试四场或五场均通过者，即可获得参加府（直隶州、厅）试的资格，由县署造具名册送呈本县儒学署，并申送本府或直隶州、厅

① 梁精华：《广西科举史话》，广西人民出版社，1993年版，第49页。
② 梁精华：《广西科举史话》，广西人民出版社，1993年版，第49-50页。

参加府（直隶州、厅）试。

府（直隶州、厅）试由知府或直隶州知州主持，其报名程序与考试要求大抵与县试相同。考试共分两场，第一场称为正场，通常第一场考试及格者，即可取得参加院试的资格，由府（直隶州、厅）造具清册申送学政，参加院试。

院试亦称道试，为童试中最后一级，也是童试中最为关键的一次考试。通常府（直隶州、厅）试通过后，院试由朝廷派遣的“钦命提督省学政”主持，在各府或直隶州、厅治所举行。试场在学政的“驻扎衙门”，或称“考棚”，或称“贡院”。考试内容规定以四书五经的文句命题，文章须按规定的八股程式作答。

县试、府（直隶州、厅）试与院试三级考试均通过者，即可获得参加更高一级的考试——乡试的资格。

（2）乡试。这是省一级的考试，每三年举行一次，于子、卯、午、酉年的八月举行，称为“正科”，俗称“秋闱”。每遇新君登基或寿诞等庆典时，特诏举行例外的乡试，谓之“恩科”。乡试的地点设在两京及各省省城，考场称为“贡院”。

清代规定，凡是地方府、州、县学生员和中央国子监贡监生出身者均可应试。地方学校生员须由学政官考试录送，其“倡、优、隶、皂之家，与居父母丧者，不得应试”[①]。

为整肃场规，清代对参加乡试的生员入场做了明确规定，“各直省乡试生员，大府派教官三四员，小府及直隶州派一二员，带同各学书役，来省临场识认。至捐纳贡监生，于赴县起文时，取具联名互结，责成礼房书吏当堂认准，一同来省临场认识。仍

① 赵尔巽等撰《清史稿》卷一〇八《选举志三》。

由各该府、直隶州造具该教官衔名及书役等姓名清册详报”，“士子进场……如有任意迟违，于点名完毕始行补到者，概不准入闱。外省乡试俱照此办理”。[①]

乡试由朝廷选派的主考官负责主持，规定各省每科乡试须设正、副主考官各一人。根据实际需要，乡试一般设有主考、同考、监临、监试、提调、受卷、收掌、弥封、誊录、对读、巡绰、搜检、供给等。乡试期间，贡院至公堂后的内龙门由监临封锁，门上挂以帘，进入帘内的主考、同考、内提调、内监试、内收掌等称为内帘官，在帘外的监临、外提调、外监试、外收掌、受卷、弥封、誊录、对读等称为外帘官。统观整个清代，全国乡试总共举行了112科，广西开科较迟，加之屡遭战乱影响，前后仅开乡试100科。兹据文献记载，将清代广西乡试诸科主考官名单详列如下，从中亦可略窥清代广西乡试发展之盛况。

表15　清代广西历科乡试主考官名录

乡试时间	姓名	籍贯	官职	出身
顺治十四年丁酉科（1657年）	徐元琪	江南武进	刑部员外郎	进士
	潘瀛选	江南宜兴	内阁中书	进士
顺治十七年庚子科（1660年）	张易贤	河南卢氏	礼部员外郎	进士
	何元英	浙江秀水	行人	进士
康熙二年癸卯科（1663年）	李为霖	江南兴化	刑部员外郎	进士
	陈廷枢	浙江归安	内阁中书	进士

① 萨迎阿等纂《钦定礼部则例》卷九一《乡会试场规》。

续表

乡试时间	姓名	籍贯	官职	出身
康熙五年丙午科（1666年）	曹首望	直隶丰润	户部主事	拔贡
	张为仁	山东海丰	内阁中书	进士
康熙八年己酉科（1669年）	王廷伊	山西介休	兵部郎中	举人
	吕祚德	江南金坛	礼部主事	举人
康熙十一年壬子科（1672年）	陆　舜	江南泰州	刑部郎中	进士
	毛　逵	江西新昌	吏部主事	进士
康熙二十一年壬戌科（1682年，补行辛酉科）	乔　莱	江南宝应	编修	鸿博
	杨佐国	湖广荆门	刑部员外郎	进士
康熙二十三年甲子科（1684年）	王日增	江南溧阳	刑部员外郎	进士
	高层云	江南华亭	大理寺评事	进士
康熙二十六年丁卯科（1687年）	刘国业	江南宝应	刑部给事中	进士
	卫秦翰	陕西澄城	内阁中书	进士
康熙二十九年庚午科（1690年）	王　焯	陕西三原	礼部给事中	进士
	蒋德昌	浙江海宁	内阁中书	进士
康熙三十二年癸酉科（1693年）	李　懋	山东寿光	编修	进士
	张　莲	直隶正定	内阁中书	进士
康熙三十五年丙子科（1696年）	吴　昺	江南全椒	编修	进士
	曹真吉	山东安邱	礼部郎中	进士
康熙三十八年己卯科（1699年）	姜承鼎	浙江山阳	检讨	进士
	陈宗彝	直隶冀州	刑部员外郎	进士
康熙四十一年壬午科（1702年）	车晋鼎	湖广邵阳	编修	进士
	吴一蜚	福建长泰	行人	进士

续表

乡试时间	姓名	籍贯	官职	出身
康熙四十四年乙酉科（1705年）	孔尚先	山东宁海	检讨	进士
	张　瓒	山西襄垣	礼部主事	进士
康熙四十七年戊子科（1708年）	郝　琳	直隶定州	吏部给事中	进士
	潘　锦	福建崇安	吏部主事	进士
康熙五十年辛卯科（1711年）	刘师恕	江南宝应	检讨	进士
	阮应商	江南山阳	内阁中书	进士
康熙五十二年癸巳恩科（1713年）	郭晋熙	河南新乡	吏部郎中	进士
	卢宏熹	浙江仁和	内阁中书	进士
康熙五十三年甲午科（1714年）	文志鲸	湖广桃源	鸿胪寺少卿	进士
	江　份	江南长洲	编修	进士
康熙五十六年丁酉科（1717年）	黎致远	福建长汀	检讨	进士
	江为龙	江南桐城	兵部主事	进士
康熙五十九年庚子科（1720年）	康五瑞	江西安福	工部给事中	进士
	韩　瑛	顺天通州	内阁中书	进士
雍正元年癸卯恩科（1723年）	朱曙荪	四川嘉定	检讨	进士
	德　龄	满洲镶蓝旗	检讨	进士
雍正二年甲辰科（1724年，补行癸卯科）	李钟峨	四川通江	庶子	进士
	德　新	满洲镶蓝旗	侍读	进士
雍正四年丙午科（1726年）	严宗喆	江西分宜	吏部员外郎	进士
	于　枋	江南金坛	编修	进士
雍正七年己酉科（1729年）	严宗喆	江西分宜	吏部员外郎	进士
	于　枋	江南金坛	编修	进士
雍正十年壬子科（1732年）	范　咸	浙江仁和	检讨	进士
	邹一桂	江南无锡	编修	进士

续表

乡试时间	姓名	籍贯	官职	出身
雍正十三年乙卯科（1735年）	沈昌宇	浙江秀水	编修	进士
	王宗灿	汉军正黄旗	编修	进士
乾隆元年丙辰恩科（1736年）	万承苍	江西南昌	编修	进士
	薛　韫	陕西雒南	御史	进士
乾隆三年戊午科（1738年）	钱本诚	江南太仓	编修	进士
	胡　定	广东保昌	检讨	进士
乾隆六年辛酉科（1741年）	李治远	江南吴江	礼部郎中	进士
	胡中藻	江西新建	检讨	进士
乾隆九年甲子科（1744年）	吴嗣富	浙江仁和	编修	进士
	吴源汉	湖南长沙	编修	进士
乾隆十二年丁卯科（1747年）	陈世烈	云南建水	司业	进士
	冯元钦	江南长洲	御史	进士
乾隆十五年庚午科（1750年）	梦　麟	蒙古正白旗	检讨	进士
	张九镒	湖南湘潭	司业	进士
乾隆十七年壬申恩科（1752年）	吴　鸿	浙江仁和	修撰	进士
	傅　靖	满洲镶白旗	检讨	进士
乾隆十八年癸酉科（1753年）	温如玉	直隶抚宁	御史	进士
	陈大复	江南宝应	礼部郎中	进士
乾隆二十一年丙子科（1756年）	刘　墉	山东诸城	编修	进士
	毛永燮	顺天大兴	宗人府主事	进士
乾隆二十四年己卯科（1759年）	钱　戴	浙江秀水	编修	进士
	于雯峻	江南金坛	户部主事	进士
乾隆二十五年庚辰恩科（1760年）	李敏行	河南夏邑	吏部郎中	进士
	吕光亨	江南旌德	刑部郎中	进士

续表

乡试时间	姓名	籍贯	官职	出身
乾隆二十七年壬午科（1762年）	童凤三	浙江山阴	编修	进士
	王世芬	陕西华州	刑部主事	进士
乾隆三十年乙酉科（1765年）	积　善	汉军镶白旗	御史	进士
	孟超然	福建闽县	吏部主事	进士
乾隆三十三年戊子科（1768年）	徐恕	江南青浦	宗人府主事	进士
	李廷扬	直隶沧州	工部主事	进士
乾隆三十五年庚寅恩科（1770年）	吴省钦	江南南汇	侍讲	进士
	李廷钦	福建侯官	工部主事	进士
乾隆三十六年辛卯科（1771年）	汪存宽	江南休宁	编修	进士
	尹壮图	云南蒙自	吏部员外郎	进士
乾隆三十九年甲午科（1774年）	刘锡嘏	顺天通州	编修	进士
	戴　璐	浙江归安	工部主事	进士
乾隆四十二年丁酉科（1777年）	龚大万	湖南武陵	检讨	进士
	姚　梁	浙江庆元	宗人府主事	进士
乾隆四十四年己亥恩科（1779年）	肖九成	山东日照	编修	进士
	王宽	江南金匮	兵部主事	进士
乾隆四十五年庚子科（1780年）	邵晋涵	浙江余姚	编修	进士
	钱　沣	云南昆明	检讨	进士
乾隆四十八年癸卯科（1783年）	吴寿昌	浙江山阴	侍读	进士
	孙玉庭	山东济宁	检讨	进士
乾隆五十一年丙午科（1786年）	刘种之	江南武进	编修	进士
	罗修源	湖南湘潭	编修	进士
乾隆五十三年戊申科（1788年）	平　恕	浙江山阴	侍读	进士
	温如适	广东顺德	编修	进士

续表

乡试时间	姓名	籍贯	官职	出身
乾隆五十四年己酉恩科（1789年）	方维甸	江南桐城	礼部郎中	进士
	崔景仪	山西永济	编修	进士
乾隆五十七年壬子科（1792年）	程昌期	江南歙县	赞善	进士
	康纶钧	山西兴县	吏部主事	进士
乾隆五十九年甲寅恩科（1794年）	李长森	江西泰和	御史	进士
	亮　保	满洲镶白旗	刑部主事	进士
乾隆六十年乙卯恩科（1795年）	周元鼎	陕西三原	兵部郎中	进士
	缪　晋	江南江阴	编修	进士
嘉庆三年戊午科（1798年）	吴树萱	江南吴县	吏部郎中	进士
	朱　绂	江西新建	编修	进士
嘉庆五年庚申恩科（1800年）	汪彦博	江苏镇洋	刑部主事	进士
	韩抡衡	直隶高阳	内阁中书	进士
嘉庆六年辛酉科（1801年）	李干培	山东安邱	刑部主事	进士
	平　远	浙江山阴	内阁中书	进士
嘉庆九年甲子科（1804年）	吴才鼎	安徽全椒	侍读	进士
	张志绪	浙江余姚	刑部员外郎	进士
嘉庆十二年丁卯科（1807年）	张锦枝	江西彭泽	侍读	进士
	李振祜	江西泰和	内阁中书	进士
嘉庆十三年戊辰恩科（1808年）	龚丽正	浙江仁和	礼部郎中	进士
	李林松	江南上海	刑部主事	进士
嘉庆十五年庚午科（1810年）	彭邦畴	江西南昌	编修	进士
	贺长龄	湖南善化	编修	进士
嘉庆十八年癸酉科（1813年）	孔传纶	浙江钱塘	编修	进士
	吴　赜	江苏长洲	户部主事	进士

续表

乡试时间	姓名	籍贯	官职	出身
嘉庆二十一年丙子科（1816年）	程祖洛	安徽歙县	刑部郎中	进士
	王增芳	江西庐陵	编修	进士
嘉庆二十三年戊寅恩科（1818年）	邱　煌	贵州毕节	编修	进士
	倪　琇	云南昆明	刑部给事中	进士
嘉庆二十四年己卯科（1819年）	蒋立镛	湖北天门	修撰	进士
	杨殿邦	安徽泗洲	编修	进士
道光元年辛巳恩科（1821年）	韩大信	直隶天津	编修	进士
	胡国英	江苏吴县	检讨	进士
道光二年壬午科（1822年）	许乃济	浙江仁和	兵部给事中	进士
	陈　沄	湘北蕲水	编修	进士
道光五年乙酉科（1825年）	周作楫	江西泰和	编修	进士
	王　煜	安徽滁州	编修	进士
道光八年戊子科（1828年）	陈宪曾	浙江钱塘	编修	进士
	史致藩	顺天宛平	刑部主事	进士
道光十一年辛卯恩科（1831年）	徐广缙	河南鹿邑	御史	进士
	花咏春	贵州贵筑	内阁中书	进士
道光十二年壬辰科（1832年，补行辛卯正科）	汪世樽	浙江秀水	编修	进士
	张　琴	云南安宁	编修	进士
道光十四年甲午科（1834年）	王庆云	福建闽县	编修	进士
	朱国淳	浙江嘉善	刑部主事	进士
道光十五年乙未恩科（1835年）	汪鸣相	江西彭泽	修撰	状元
	贾　臻	直隶固城	编修	进士
道光十七年丁酉科（1837年）	刘　浔	河南祥符	编修	进士
	史佩玱	湖北汉阳	编修	进士

续表

乡试时间	姓名	籍贯	官职	出身
道光十九年己亥科（1839年，预行正科）	汪国霖	四川大竹	编修	探花
	阿彦达	蒙古镶黄旗	吏部主事	进士
道光二十年庚子恩科（1840年）	黄恩彤	山东宁阳	刑部郎中	进士
	林杨祖	福建莆田	刑部主事	进士
道光二十三年癸卯科（1843年）	李录霖	江苏丹徒	修撰	进士
	钟保	汉军正黄旗	刑部郎中	进士
道光二十四年甲辰恩科（1844年）	冯桂芬	江苏吴县	编修	进士
	祁宿藻	山西寿阳	检讨	进士
道光二十六年丙午科（1846年）	冯誉骥	广东高要	编修	进士
	邹振杰	湖南浏阳	编修	进士
道光二十九年己酉科（1849年）	孙锵鸣	浙江瑞安	编修	进士
	王守存	山东日照	户部主事	进士
咸丰六年丙辰科（1856年，补行辛亥、乙卯两科）	毕道远	山东淄川	侍读学士	进士
	丁绍周	江苏丹徒	编修	进士
咸丰十一年辛酉科（1861年，补行壬子、己未两科）	洪调纬	湖北江夏	编修	进士
	龚嘉儁	云南昆明	员外郎	进士
同治元年壬戌恩科（1862年，补行戊午科）	章鋆	浙江鄞县	修撰	状元
	赵新	福建侯官	检讨	进士
同治三年甲子科（1864年）	黄锡彤	湖南善化	编修	进士
	王祺海	山东诸城	吏部郎中	进士
同治六年丁卯科（1867年）	钱宝廉	浙江嘉善	侍读学士	进士
	王师曾		御史	进士
同治九年庚午科（1870年）	陈振瀛	顺天宛平	编修	进士
	马相如	正黄旗	御史	进士

续表

乡试时间	姓名	籍贯	官职	出身
同治十二年癸酉科（1873年）	崔志道	陕西鄠县	编修	进士
	陈毓秀	江苏江阴	户部主事	进士
光绪元年乙亥恩科（1875年）	廖寿恒	江苏嘉定	编修	进士
	陆芝祥	广东番禺	编修	进士
光绪二年丙子科（1876年）	朱文镜	汉军镶红旗	编修	进士
	李嘉乐	河南光州	御史	进士
光绪五年己卯科（1879年）	李联芳		编修	
	潘宝璜		编修	
光绪八年壬午科（1882年）	胡　胜	顺天宝坻	编修	进士
	庞鸿文	江苏常熟	编修	进士
光绪十一年乙酉科（1885年）	檀　玑	安徽望江	编修	进士
	丁振铎	河南罗山	编修	进士
光绪十四年戊子科（1888年）	王祖光	顺天大兴	编修	进士
	崔永安	汉军正白旗	编修	进士
光绪十五年己丑恩科（1889年）	陈同礼	安徽怀宁	编修	进士
	潘炳年	福建长乐	编修	进士
光绪十七年辛卯科（1891年）	刘玉珂	湖北安隆	编修	进士
	宋育仁	四川富顺	检讨	进士
光绪十九年癸巳恩科（1893年）	张亨嘉	福建侯官	编修	进士
	劳肇光	广东鹤山	编修	进士
光绪二十年甲午科（1894年）	曹福元	江苏吴县	编修	进士
	汪凤樑	江苏元和	检讨	进士
光绪二十三年丁酉科（1897年）	尹铭绶	湖南茶陵	编修	进士
	谭启瑞	贵州镇远	编修	进士

续表

乡试时间	姓名	籍贯	官职	出身
光绪二十六年庚子恩科年（1900年，未开）	胡孚寰		御史	
	李传元		编修	
光绪二十七年辛丑科（1901年，补行庚子恩科）	李传元	江苏新阳	编修	
	伍铨萃	广东新会	编修	
光绪二十九年癸卯恩科（1903年）	骆成骧	四川资州	修撰	状元
	钱能训	浙江嘉善	御史	进士

注：本表系根据嘉庆谢启昆修《广西通志》，《清实录》以及唐谷、汤松年修《广西通志稿》等整理汇辑而成。

清代全国乡试的录取名额依各省大小而有差异。当时广西乡试中额屡有增减：顺治二年（1645年）定为60名；顺治十七年（1660年）照旧额减半，计30名；康熙三十五年（1696年）议准乡试增广名额，定广西增中10名；康熙五十年（1711年）议准直省中额，均于五分内加增一分，广西增中8名；乾隆元年（1736年）议准直省中额，除零数不计外，于十分中酌减一分。广西定额为50名，酌减5名，遂为定额45名，从此成为定制。[①] 但自乾隆九年（1744年）后，乡试中额时有增加，譬如嘉庆二十五年（1820年）、同治元年（1862年）增加为55名，同治九年（1870年）定为59名，多属因捐输军饷而为。[②]

乡试录取分为正、副两榜，名列正榜者称为举人，可获得参加会试和任官的资格。对于乡试举人起送会试，清政府明确规定："直隶举人会试，由本籍地方官员具结，申送布政司，

① 商衍鎏：《清代科举考试述录》，生活·读书·新知三联书店，1958年版。
② 梁精华：《广西科举史话》，广西人民出版社，1993年版，第71页。

转祥督抚给咨，仍造册送部。直隶于前一年十二月……福建、四川、广东、广西、云南、贵州于九月，各如期起送，并严禁胥吏需索留难。如不依题定期限，以致迟误者，该管官印行参处。”①由此可见当时对乡试举人起送会试的要求还是相当严格的。“各省举人水脚银两，于起送会试前该州县全数给发”②，规定举人赴京会试的差旅费由地方政府支给，广西当然也不例外。

同前代相比，清代广西壮族地区的乡试可谓盛况空前，效果显著。据统计，在清代广西文科乡试100科中，共计中式举人5075名，远超前代。如按当时行政区划类分，则其具体中式情况如下：桂林府2516名，柳州府258名，庆远府26名，梧州府454名，太平府104名，南宁府331名，浔州府401名，平乐府299名，思恩府150名，郁林直隶州451名，镇安府16名，泗城府16名，钦州及廉州府（原属广东）共53名。③在中式的5075名举人中，共有解元100名，成为举人群体中的佼佼者。其中，临桂30名，全州10名，在广西所有的府、州、县中所占比例甚高。

兹据文献记载，将广西清代历科乡试解元名单汇录如下，从中亦可略窥清代广西科举乡试之空前盛况。

---

① 萨迎阿等纂《钦定礼部则例》卷八六《举人起送会试》。

② 萨迎阿等纂《钦定礼部则例》卷九二《乡会试发榜》。

③ 杨新益、梁精华、赵纯心：《广西教育史——从汉代到清末》，广西师范大学出版社，1997年版，第221页。

表16　清代广西壮族地区历科乡试解元名录

姓名	籍贯	中式时间	官职
何　清	临桂	顺治十四年丙申（1657年）	云南迤东道
全二戴	灵川	顺治十七年庚子（1660年）	连成知县
唐　甲	全州	康熙二年癸卯（1663年）	庆远教授
唐象益	灌阳	康熙五年丙午（1666年）	湘阴知县
唐宗（忠）弼	全州	康熙八年己酉（1669年）	怀集教谕
冼懋才（方）	岑溪	康熙十一年壬子（1672年）	
谢明英	全州	康熙十一年壬戌（1682年，补行辛丑乡试）	思恩教授
戴蕃嵩	马平	康熙二十三年甲子（1684年）	直隶元城知县
陈台枢	永康	康熙二十六年丁卯（1687年）	
陆应几（纪）	河池	康熙二十九年庚午（1690年）	镇南知州
唐时梗	灌阳	康熙三十二年癸酉（1693年）	云梦知县
刘如宴	临桂	康熙三十五年丙子（1696年）	睢宁知县
张　宏	临桂	康熙三十八年已卯（1699年）	永安学正
卿　悦	灌阳	康熙四十一年壬午（1702年）	平乐教谕
陈元林	荔浦	康熙四十四年乙酉（1705年）	
谢济世	全州	康熙四十七年戊子（1708年）	
蒋洽秀	永宁	康熙五十年辛卯（1711年）	
王廷铎	灌阳	康熙五十二癸巳恩科（1713年）	增城知县
肖　莹	平乐	康熙五十三年甲午（1714年）	福安知县
伍福展	永宁	康熙五十六年丁酉（1717年）	禄丰知县

续表

姓名	籍贯	中式时间	官职
王敏学	富川	康熙五十九年庚子（1720年）	武陵（宁）知县
陈宏谋	临桂	雍正元年癸卯恩科（1723年）	
陈朝垣	郁林	雍正二年甲辰（1724年，补行癸卯乡试）	
蒋　偰	临桂	雍正四年丙午（1726年）	
邓维瑚	全州	雍正七年己酉（1729年）	
陈　仁	武宣	雍正十年壬子（1732年）	
潘乙震	东兰	雍正十三年乙卯（1735年）	
王　安	马平	乾隆元年丙辰恩科（1736年）	
文兆奭	灵川	乾隆三年戊午（1738年）	
谢鹏翼	全州	乾隆六年辛酉（1741年）	马平教谕
刘定逌	武缘	乾隆九年甲子（1744年）	
胡德球	临桂	乾隆十二年丁卯（1747年）	
谢廷琛	全州	乾隆十五年庚午（1750年）	娄县知县
拱翊勋	临桂	乾隆十七年壬申恩科（1752年）	
林时蕃	义宁	乾隆十八年癸酉（1753年）	
唐迁仪	全州	乾隆二十一年丙子（1756年）	新宁学正
刘嵾钟	临桂	乾隆二十四年己卯（1759年）	应山知县
许其谊	临桂	乾隆二十五年庚辰恩科（1760年）	
张以宁	永福	乾隆二十七年壬午（1762年）	
袁　珖	平南	乾隆三十年乙酉（1765年）	惠安知县
莫异兰	临桂	乾隆三十三年戊子（1768年）	
周　琢	临桂	乾隆三十五年庚辰恩科（1770年）	高台知县

续表

姓名	籍贯	中式时间	官职
谢天爵	横州	乾隆三十六年辛卯（1771年）	兴平知县
唐　峨	全州	乾隆三十九年甲午（1774年）	北流教谕
邓文纯	临桂	乾隆四十二年丁酉（1777年）	天河训导
苏世传	灵川	乾隆四十四年己亥恩科（1779年）	富阳知县
梁世喆	崇善	乾隆四十五年庚子（1780年）	
岑　照	田州	乾隆四十八年癸卯（1783年）	
蒋学韩	灵川	乾隆五十一年丙午（1786年）	
卿祖一	灌阳	乾隆五十三年戊申（1788年）	
秦树（维）松	阳朔	乾隆五十四年乙酉恩科（1789年）	
朱　桓	临桂	乾隆五十七年壬子（1792年）	
唐维锡	临桂	乾隆五十九年甲寅恩科（1794年）	
邹永阶	临桂	乾隆六十年乙卯恩科（1795年）	
黄体仁	桂平	嘉庆三年戊午（1798年）	
阳焕云	临桂	嘉庆五年庚申恩科（1800年）	
刘简臣	容县	嘉庆六年辛酉（1801年）	宾州教谕
唐维钊	临桂	嘉庆九年甲子（1804年）	直隶任邱知县
陈锡璞	灌阳	嘉庆十二年丁卯（1807年）	永康教谕
汪能肃	临桂	嘉庆十三年戊辰恩科（1808年）	
吴鼎元	雒容	嘉庆十五年庚午（1810年）	
陈守壑（继昌）	临桂	嘉庆十八年癸酉（1813年）	

续表

姓名	籍贯	中式时间	官职
覃武保	容县	嘉庆二十一年丙子（1816年）	
李　萑	荔浦	嘉庆二十三年戊寅恩科（1818年）	
梁卓汉	归顺	嘉庆二十四年己卯（1819年）	
余绍先	永宁	道光元年辛巳恩科（1821年）	
卢昌彦	平乐	道光二年壬午（1822年）	
朱庭芬	临桂	道光五年乙酉（1825年）	
李天元	象州	道光八年戊子（1828年）	
朱　琦	临桂	道光十一年辛卯恩科（1831年）	
卢大亨	宣化	道光十二年壬辰（1832年，补行辛卯正科）	
蒋奇淳	桂林	道光十四年甲午（1834年）	
周作孚	临桂	道光十五年乙未恩科（1835年）	
唐遇隆	灵川	道光十七年丁酉（1837年）	
周榕森	临桂	道光十九年己亥（1839年，预行正科）	
唐启华	桂林	道光二十年庚子恩科（1840年）	
蒋英元	全州	道光二十三年癸卯（1843年）	
严寅恭	苍梧	道光二十四年甲辰恩科（1844年）	
苏尔均	义宁	道光二十六年丙午（1846年）	
周　冠	桂林	道光二十九年己酉（1849年）	
李　璲	苍梧	咸丰六年丙辰（1856年，补行辛亥、己卯两科）	
唐景崧	灌阳	咸丰十一年辛酉（1861年，补行壬子、己未两科）	

续表

姓名	籍贯	中式时间	官职
梁德显	宣化	同治元年壬戌恩科（1862年，及补行戊午正科）	
毛色馨	富川	同治三年甲子（1864年，补行辛酉正科）	
邹　仁	临桂	同治六年丁卯（1867年）	
睦组云	桂林	同治九年庚午（1870年）	
崔雄飞	马平	同治十二年癸酉（1873年）	
张仲良	桂林	光绪元年乙亥恩科（1875年）	
李鹍年（光卓）	永福	光绪二年丙子（1876年）	
孔矢璘	永安	光绪五年己卯（1879年）	
翁裕珍	象州	光绪八年壬午（1882年）	
刘明华	博白	光绪十一年乙酉（1885年）	
毛荫蕃	灵川	光绪十四年戊子（1888年）	
阳国祯	临桂	光绪十五年己丑恩科（1889年）	
张其润	临桂	光绪十七年辛卯（1891年）	
朱永观	横州	光绪十九年癸巳恩科（1893年）	
谢宝树	思恩	光绪二十年甲午（1894年）	
蔡桐昌	博白	光绪二十三年丁酉（1897年）	
施献勷	横州	光绪二十七年辛丑（1901年，补行庚子恩科）	
梁昌诰	临桂	光绪二十九年癸卯恩科（1903年）	广东从化知县

注：本表系根据清嘉庆谢启昆修《广西通志》及唐谷、汤松年修《广西通志稿》等史志资料整理汇辑而成。

（3）会试。会试于乡试之后的第二年在京城举行，由礼部负责主持，通常三年举行一次。顺治元年（1644年），诏定“以子、午、卯、酉年乡试，辰、戌、丑、未年会试。乡试以八月，会试以二月”[①]。

会试分三场：初九日为首场，十二日为第二场，十五日为第三场。[②]会试内容和程序，大体同乡试，“第一场四书制义题三、五言八韵诗题一，第二场五经制义题各四、性理论题一，第三场策问五”[③]。

会试中式者称“贡士”，第一名称“会元”，只有通过会试的贡生方可取得参加下一级也是更高一级的考试——殿试的资格。

会试录取常因时制宜，并无定额。广西于顺治十四年（1657年）首度举行乡试，是故广西举人参加会试始于顺治十五年（1658年）。其时，会试实行分卷录取制度，各卷取录数额并不相同。譬如，顺治三年（1646年）、九年（1652年）规定俱取四百名，分为南、北、中三卷录取。其中，南卷取中二百三十三名，北卷取中一百五十三名。四川、广西、云南、贵州四省，安、庐、凤、滁、徐、和等府、州为中卷，取中十四名，录取人数最少。顺治十二年（1655年），规定将中卷并入南、北卷。厥后中卷屡分屡并。康熙五十一年（1712年），鉴于各省取中人数不均，边省或致遗漏，因而废南、北、官、民等字号，分省取中。按应试人数之多寡，钦定中额。[④]据《清实录》记载，每届会试，礼部以会试中额钦定取中额数：乾隆年间，广西每届取中

---

① 赵尔巽等撰《清史稿》卷一〇八《选举志三》。

② 赵尔巽等撰《清史稿》卷一〇八《选举志三》。

③ 萨迎阿等纂《钦定礼部则例》卷八六《仪制请吏司》。

④ 赵尔巽等撰《清史稿》卷一〇八《选举志三》。

二至八名；嘉庆年间三至八名；道光年间五至七名；咸丰年间二至八名；同治年间十一至十四名；光绪年间十一至十三名不等。

会试中式放榜之后，新贡士的朱、墨卷须由皇帝选派大臣进行磨勘，新贡士还要到礼部填写亲供并在殿廷进行复试。磨勘、复试合格者，方才取得参加殿试的资格。其下第举人，可继续参加以后的会试，也可通过拣选、大挑、截取等途径进入仕途。[①]

（4）殿试。殿试一般是在每年会试后的三月份举行，清初考试地点设于天安门外，乾隆五十四年（1789年）谕“新进士殿试，著在保和殿考试”[②]。此后遂成定制。

清代殿试只考策问一场，经史时务策一道，前后相沿不变。

殿试由“天子亲策于廷”后，将贡士按策试成绩分为三甲予以录取，给予出身和授官。按规定，“一甲三人，曰状元、榜眼、探花，赐进士及第。二甲若干人，赐进士出身。三甲若干人，赐同进士出身”，“一甲状元授修撰，榜眼、探花授编修，二、三甲进士授庶吉士、主事、中书、行人、评事、博士、推官、知州、知县等官有差”。[③]

据文献记载，清代广西起送的举人经过殿试后中式文科进士者共有587名（含恩赐），为广西历代科举进士及第之最。若按当时行政区划统计，则其登第情况分别为：桂林府298名，柳州府27名，庆远府5名，梧州府52名（含原属广西、今属广东的

① 谢青、汤德用主编《中国考试制度史》，黄山书社，1995年版，第245页。

② 谢青、汤德用主编《中国考试制度史》，黄山书社，1995年版，第246页。

③ 赵尔巽等撰《清史稿》卷一〇八《选举志三》。

怀集2名），太平府7名，南宁府38名，浔州府42名，平乐府38名，郁林直隶州62名，镇安府4名，思恩府7名，泗城府3名，廉州府4名（原属广东、现属广西钦州地区）。[①]

若按朝代统计，则其额数分别为：顺治朝2人，康熙朝30人，雍正朝103人，嘉庆朝69人，道光朝96人，咸丰朝27人，同治朝72人，光绪朝171人。其大体走势是：前后起伏不定，呈波浪式发展，最后达到顶峰。这显然与清代广西的乡试情形有密切联系。乡试作为科举考试的初始阶段，在很大程度上决定着整个科举考试的趋向与成效。清代广西的乡试由于屡遭战乱影响而出现时断时续的局面，因此进入会试阶段继而获得进士取录资格的考生呈现出起伏不定的走势当在情理之中。

2.武科。清朝沿明代旧制，“文武并重”。科举开设文科的同时，亦设有武科考试。武科考试的程序与形式亦分童试、乡试、会试和殿试四级进行。被录取者，分别有“武生”“武举人”和“武进士”等称号。其进士及第者亦依文科之例，有状元、榜眼、探花等名次之别，其官职高低则依考试成绩好坏而定。

顺治元年（1644年），清廷诏定武科三年一考，子、卯、午、酉年乡试，辰、戌、丑、未年会试，依文科之例进行。

（1）乡试。武科乡试在十月举行，考试地点规定为：直隶、奉天于顺天府，各省于布政司。顺治二年（1645年），清代武科乡试正式开考，到光绪二十七年（1901年）武科废置为止，前后持续250余年。

---

① 杨新益、梁精华、赵纯心：《广西教育史——从汉代到清末》，广西师范大学出版社，1997年版，第248页。

清代武科乡试共分三场：首场试马射，二场试步箭，三场试策二问、论一篇。首场、二场为外场，三场为内场。各直省以总督、巡抚为监临、主考官，科甲出身同知、知县四人为同考官。乡试中式称“武举人”。

武科乡试额，按康熙二十三年（1684年）题准，广西因人数不足，不设科，俟应试人数足额，再定中额。康熙二十六年（1687年）规定：“略视各省文闱之半。雍正年，小有增减。……咸、同间，各省输饷广额如文闱例。综计顺天中额百十……广西三十六……贵州二十五。”①

清代广西武科乡试中式举人额数，根据隆安、同正、柳州、武宣、雒容、柳江、柳城、象县、来宾、临桂、全州、灌阳、阳朔、荔浦、修仁、平乐、贺县、藤县、永安、北流、灵山、合浦、宾阳、上思、镇安、凌云、田阳、宜山、罗城等县志记载，共计1104人。至于清代整个广西壮族地区武举乡试中式总额，则有待进一步补正。②

（2）会试。武科会试于乡试后的次年九月在京师举行，由兵部主持，分内、外三场。同文科一样，武科会试亦有正科、恩科之分，其考试内容与武科乡试相同，中式者曰武进士。

武科会试中额，“多或三百名，少亦百名。康熙间，内场分南、北卷，各中五十名。五十二年，始分省取中，临期以外场合式人数请旨裁定”③。据《清实录》载，每届会试，兵部以武科

---

① 赵尔巽等撰《清史稿》卷一〇八《选举志三》。

② 梁精华：《广西科举史话》，广西人民出版社，1993年版，第107页。

③ 赵尔巽等撰《清史稿》卷一〇八《选举志三》。

会试中额请旨，钦定取中额数为：康熙年间，广西取中一名；乾隆年间一至二名；嘉庆、道光年间一名；同治年间一至二名；光绪年间二至三名。[①]可见清代广西壮族地区武科会试中额甚少。

（3）殿试。武科殿试是武科考试的最高阶段。一般是在会试后的十月份举行，具体日期由兵部拟定具奏请旨。考试内容包括试策和马、步、射、弓、刀、石等项。殿试之后，由皇帝亲定甲第。一甲三名，赐武进士及第；二甲若干名，赐武进士出身；三甲若干名，赐同武进士出身。一甲一、二、三名，分别称“武状元”“武榜眼”“武探花”。

关于武进士的授职情况，“初制，一甲进士或授副将、参将、游击、都司，二、三甲进士，授守备、署守备。其后，一甲一名授一等侍卫，二、三名授二等侍卫。二、三甲进士授三等蓝翎侍卫，营、卫守备有差”[②]。

清代广西壮族地区中式的武进士，根据地方史志资料记载，主要包括：柳州沈绍周、区公武，武宣梁士聪、覃贵福，柳城涂献彪，象县韦世徵，融县梁壮观、李秉隆，临桂林士宽、邱侃、朱纯录、程斌、罗光杰、周之凤、李文蔚、汤绍良、马结龙、宋廷标、白宝、关瑞隆、龙金源、黄瑞鹏、阳焕东、马定邦、赵元瑞、陈桂梁、秦步升、朱行鹤、程癸、李天英，全州邓学谦、蒋良秀、蒋高、邓松、俞焯、蒋良宽、马奠三，北流吴槐、李冠春、党肇观、党修现、黄彩先、陈莫，恭城李濬、周南、欧阳豹，荔浦李时德，平乐欧崑，贺县莫朝贵，藤县区士达、区士

① 梁精华：《广西科举史话》，广西人民出版社，1993年版，第107页。
② 赵尔巽等撰《清史稿》卷一〇八《选举志三》。

连，富川毛亮、林冠军、毛霖熙，贵县甘其卓，合浦韩烈彪，上思林寿椿、韦文蔚，灵川郭录绪、阳焕东、文占魁、张鹏翼、苏汝泰、石秉珪、唐同璋，等等。[①]

（二）因地制宜的科考举措

清代，从中央到地方，科举考试条例严密有加，科举考试政策更加完备。在王朝国家主导下，一方面，广西严格依照科举制度贯彻执行；另一方面，鉴于广西的实际情况，中央王朝和广西地方政府因地制宜，采取了一系列针对民族地区的行之有效的措施，确保科举考试能够顺利进行。

1.扩建贡院。清代，随着读书应试人数的不断增多和科举规模的空前扩大，原有的贡院已不能适应日益发展的科举新形势，因而需要进一步扩大考场空间，确保科举考试的正常进行。

清代规定："乡会试年，修理贡院。内外官房、墙屋、举子号舍，及一切什物，均行修整置备。事竣，顺天府尹及各省督抚，咨户、工二部核销。"又"贡院三年一修，均照定例核销。如遇恩科之年，其修理事宜，樽节办理，不得援照常例，浮昌开销"，"各省贡院，建添号舍房间，该督抚核实具题，仍由礼部题覆。其动用公项及估计兴修各事宜，由户、工二部定议"。[②]各省贡院号舍均有一定规模，数量不等，多者达数千间。

清代广西贡院，设于省治桂林王城——靖江王府（即今广西师范大学王城校区），作为整个广西乡试的考场，并按照清制，

① 梁精华：《广西科举史话》，广西人民出版社，1993年版，第108页。
② 萨迎阿等纂《钦定礼部则例》卷八三《乡会试》。

当“事隶省布政司”[①]。从康熙朝开始，贡院规模不断扩大。到乾隆朝时，贡院的号舍已由原建的2600余间增加到5000余间，增加几近一倍。迄道光十二年（1832年），扩建后的贡院号舍总计为5011间。由贡院号舍数目的递增情况可以推断，道光年间广西乡试考生可达5000人左右，足见清代广西乡试科场之盛。贡院的扩建，既适应了清代广西科举考试发展的需要，又为整个清代广西科举考试的进一步发展创造了条件，不失为因时制宜之举。

2.增设考舍。清代广西壮族地区乡试考场设在桂林，而童试考场则散于各地。为了适应科举考试不断发展的需要，便于各族子弟就近赴考取进，清廷在土司地区广泛增设考舍。譬如，乾隆三十八年（1773年），庆远府设立了考棚，思恩县学士则无须再赴柳州赶考。再如，道光十九年（1839年），谕准在泗城、镇安两府接壤之地奉议州城合建考棚，一改清初两府武科生员因路途远而赴南宁考者少之弊，便于两府武科生员就近考试，利于政府选拔人才。

3.“宾兴”之制。清代广西对科举考试颇为重视，对应试举子给予种种优待。为了确保应试举子能安心读书和顺利赴考，各地纷纷筹备“宾兴”基金，以扶助举子应试科举。兹以桂平、藤县、容县和宾阳等诸县志记载为例详述之。

在桂平，咸丰朝后，民间曾成立“宾兴”育才基金会，由各界人士捐款，集资购置田产铺宅，出租取息，以津贴本县籍府、县学生员的入学结金（担保金），承担生员、举人参加乡试、会

① 萨迎阿等纂《钦定礼部则例》卷八三《乡会试》。

试和京官在京等候铨录的旅费，以及祝贺新科进士、举人、优贡、拔贡的花红彩礼。

在藤县，为方便士子参加科举考试，在知县的倡导下，同治年间创办了一座兼具“奖学基金会”和“士子招待所”性质的宾兴馆，知县唐凤翔购得南门内与藤邑义学毗邻周家破屋一所，捐献改建以作公寓。唐凤翔离任时，即将公寓拨作宾兴馆馆址。但因经费阙如，未能建成。同治五年（1866年）秋，知县边莫晋继任，以县中十八都、三十都及四十二都等处所抄“匪产”（田地），请准拨充“宾兴”产业，永为士子岁科两考、乡会两闱应试公用。

在容县，为鼓励、资助生员从学，以昌文教，光绪三年（1877年），县民通过倡捐集资和移拨所设资产，在容城北门街设立了一所宾兴馆（即峤雅堂），所集之资除建馆外，拥有租谷18万多斤。当地规定凡文武所进生员结金，县学每名给20两，府学每名加6两。其余应乡试者有卷金，应会试及优拔廷试者有水脚银，文武科甲有花红银，均列清册刊行。

在宾阳，为激励士进，光绪三年（1877年）成立了“宾兴”组织，作为资助文武乡试、会试旅费的组织。先后捐款及入籍补项共得钱6000余串，作为开宾盛试押1间的本钱，收息除押内和公用开支外，以2/3资助诸生赴乡试旅费，1/3资助会试和优贡朝考旅费。会试旅费按乡试旅费的5倍资助。

各地“宾兴”组织和制度的设立与推行，对举子赴省会和京城参加文武乡试和会试进行资助，可以使那些家境贫寒的举子得以顺利赴试，直至完成学业，这对科举制度的顺利推行和人才的培养与选拔无疑起到一定的保障作用。

4.放宽籍别限制。雍正九年（1731年），广西巡抚金鉷呈请朝廷准许外籍人士到民族地区入籍考试。礼部议复称："泗城、镇安二府及庆远府属之荔波县、东兰州，太平府属之宁明县，旧无应试童生，请令外省及本省别府之人有情愿入籍者，咨查本省如无过犯，准其编入烟户，入籍考试，仍呈明学政注册。入学中举之后，照奉天定例，不许搬回原籍。其嫡亲子男弟侄同时入籍有名者，准其一体考试。嗣后如有土属内改流之州、县，均请准照此例，于十科后停止。应如所请。"①不仅如此，清朝还规定，准许寄籍各生在广西壮族地区参加乡试。譬如，据《清实录》记载，咸丰十一年（1861年），清廷批复广西学政张正椿请旨，同意永安州、容县取进寄籍各生。服贾在20年以上，现无原籍可归者，准其在广西乡试，以示体恤。这种放宽对应试对象籍贯的限定的做法，有助于促进壮族地区文化教育的发展、人才培养和科举选拔。

5.准予土民读书应试。随着改土归流的普遍推行，清代桂西一带原土司统治区纷纷设立了官学、书院、社学、义学等文化教育机构，改土归流前只准许土官土目子弟读书应试的局面有所改观，土民渐得准许读书投考。康熙二十五年（1686年），令各土司官有愿送子弟就近府、州、县读书者，命该教官收纳训诲。②康熙四十三年（1704年），令湖广各府、州、县熟苗中有通晓文义者，准与汉人一同考试。广西土司之民人子弟及贵州苗民，并照此例。康熙四十四年（1705年），兵部议覆，两广总督于成龙

① 《清世宗实录》卷一〇五。

② 《清圣祖实录》卷一二五。

疏言："土司子弟中有读书能文者，注入民籍，一同应试。"从之。康熙五十九年（1720年），朝廷重申，广西土司子弟有文艺通者，就近流官州县附考取进。雍正八年（1730年），令广西土官土目子弟，"俱应童试"。嘉庆五年（1800年），令军机大臣寄信广西巡抚，"土民等读书应试"，"不准土司阻抑"。次年，又谕内阁："嗣后退种土司粮田之正民、杂民，准其呈明应试。"这些都是中央王朝在壮族地区大力推行科举、反对地方保护主义、放宽政策限制的有力证明。由此可见，清代中央王朝确能因地制宜、因时制宜，不仅在壮族地区积极鼓励土官子弟读书应举，而且为广大土民读书应举扫除了各种障碍，在一定程度上有利于壮族地区科举的推行与文教事业的发展。

6.专设少数民族学额。随着民族地区改土归流的普遍推行，中央王朝在原先没有官学和科举考试名额的民族地区先后办起了学校，同时增加了民族地区的学额，以此推动民族地区科举考试的发展。譬如，康熙五年（1666年），朝廷令广西各土司子弟愿习经书者，许在附近府、州、县考试，文义通达者，每府、州、县额取2名。据《清文献通考》记载，雍正七年（1729年），朝廷决定割永定土长官司辖地之清潭、南乡二里，忻城土县辖地之窖灰、功德二里成立理苗县，县署设在高泉。该县设教一人，负责忻城土县、永定、永顺土长官司、南丹土州、那地土州等地的文武科童试。雍正十一年（1733年），定广西改土归流地区各学教职生员例，镇安府改土归流，立府学，设教谕，取进文武生员各10名。嘉庆二年（1797年）和三年（1798年），朝廷批准西隆州学、龙胜厅、罗城县学、怀远县学各设苗学额2名。另外，清廷先后规定，平乐、富川二县学均额外取进瑶童2名，兴安、灌阳二县学瑶童应试的人数在10人以上，准其酌取1名，20至30名准其酌取2名，不为定例。这一系列的特殊优待政策，为广西少数民族子弟在教育上争取了更多读书应举权利与机会。

不仅如此，清廷对于少数民族读书应试予以优待的同时，对汉族生童应考严加审查。“当时苗瑶应考，其生童曰新童，其试卷曰新卷，必注明字样，学习阅卷，例须从宽取录。”[①]“又以汉族生童，多诡托新童，以牟幸取，因厘订（定）考核办法，严加取缔。如考取各生，必查其现在所居山峒村寨，有无户籍田庐可凭，并取具瑶总瑶头甘结立案，以资征信。冒混者，本生照例治罪，仍将疏玩之地方官严予参处，故特族子弟，稍能学问，便可入学，其功名之获得甚易。”[②]对应考的汉族生童不法行为的严惩，意味着对少数民族生童的公正与公平对待，也充分保障了少数民族生童的合法权利与公平竞争机会。

7.优待教官。为保障壮族地区文教事业与科举制度的发展，清政府对本土教官给予一定的优待。譬如，顺治十五年（1658年），题准土司子弟，有向化愿学者，得立学一所。地方官取文理精通一人，充为教读，训督瑶童。其教读每年给饩银8两，灯油纸笔银24两，地方官动用钱粮支给。与此同时，清廷规定，对广西壮族地区官学教官俸满考成给予优待，其办法是缩短任期，定为三年俸满，撤回内地候升，泗城府学、东兰州学、宁明

---

① 李彦福、黄启文、莫雁诗等编《广西教育史料》，广西人民出版社，1990年版，第78页。

② 李彦福、黄启文、莫雁诗等编《广西教育史料》，广西人民出版社，1990年版，第78页。

州学教官撤回内地即以调补所遗之缺，并加一级。对教官的优待既是对广西文化教育的重视和扶持，也是对科举取士的保障。

（三）科举考试的时代特征

清代是广西科举考试的鼎盛时期。在政府主导下，科举考试稳步推进，不仅规模空前，成效显著，而且特点鲜明，独具时代特色。

1.慎重科名。清朝统一全国后，对科举取士极为重视。据史书记载，清军入关后，清初一代重臣范文程曾奏称："治天下在得民心。士为秀民，士心得，则民心得矣。请再行乡、会试，广其登进。"[①]他主张通过开科取士来选择人才，以笼络当时的知识分子，扩大封建统治的社会基础。这一奏议最终获得了清初统治者的采纳。顺治二年（1645年）秋八月举行乡试，顺治三年（1646年）春二月举行会试，"嗣后以子、卯、午、酉年八月乡试，丑、辰、未、戌年二月会试。奉特旨开科，则随时定期"[②]，清代科举由此开端。在中央王朝的重视与推动下，广西各级地方政府对科举取士亦极重视，这从清代广西乡试"鹿鸣宴"的举办中即可看出。通常情况是，乡试发榜的次日，主考官、监临、学政、内外帘官、新科举人等都要参加由巡抚主持的"鹿鸣宴"，以示各布政使司对新考中的举子的祝贺和对乡试全体考官的酬谢。从历史上看，"鹿鸣宴"之设始自唐朝，清代因之，且有过之而无不及。在宴会上，须给主考、监临等官金银花、杯盘、绸缎等物，以示酬谢；发给新榜举人顶戴衣帽等物，以表祝

① 赵尔巽等撰《清史稿》卷二三八《范文程传》。
② （光绪）《大清会典事例》卷三三〇《礼部》。

贺；同时表演“魁星舞”，歌唱《鹿鸣》诗以助酒兴。此乃乡试之一大盛事，以示皇恩浩荡和对人才的器重，颇受各级政府重视。如据史载，嘉庆九年（1804年），广西在桂林举行乡试后，就曾特邀乾隆进士、曾任翰林院编修的武缘县人、84岁高龄的刘定逌以乾隆九年（1744年）甲子解元的身份重赴“鹿鸣宴”，当时广西巡抚张百龄曾即席手书“玉清尊宿”四字以赐之，尊之为德高望重的学界前辈，足为新科举人师范。相比较而言，乡试“鹿鸣宴”虽不可与“进士赐宴”等同而语，却有异曲同工之妙，实为隆重的待士仪式和激励士进之良策，充分彰显了王朝国家对科举考试的重视及对知识与人才的尊重，从而在社会上营造了一种读书进取的良好氛围。

另据史书记载，乾隆九年（1744年）十月二十七日，乾隆帝亲临翰林院，赐大学士及翰林等宴，“因便阅贡院”，“得诗四首”，其文云：

幸翰林院赐大学士及翰林等宴，因便阅贡院，及知云路鹏程诚不易易也，得诗四首。翰苑凉庭筵酌令辰，棘闱来阅凤城佚。百年士气经培养，寸晷檐风实苦辛。自古曾闻观国彦，从今不薄读书人。白驹翙传周雅，佐我休明四海春。尽道文章接上台，菁莪乐育济时才。千秋得失非虚也，咫尺云泥亦幻哉。若有泪眶啼挂落，那无笑口对花开。凤池多少簪豪者，都向龙门烧尾来。万里扶摇正翮抟，飞龙利见岂为干？志贤圣至应顺立，玄孔终无大是难。见说经纶推国士，从来桃李属春官。但合姓字朱衣点，那惜三条泪烛残。周遭闱棘院沉沉，景物当前总入吟。材拟圭璋方特达，文归雅正薄艰深。禹门鱼变辞凡水，乔木莺迁出故林。寄语至公堂里客，莫教冰鉴负初心。

乾隆九年十月二十七日御笔

整诗近300字，自始至终透露出乾隆帝对文教事业的高度重视。今桂林市王城内广西师范大学国学堂的后墙上仍镶嵌着乾隆赐翰林之诗刻。康熙二十年（1681年），清政府将广西贡院设在明靖江王府旧地。清末，广西贡院全部拆除，改建学校。乾隆帝赐翰林诗文石碑便成为清代广西贡院留下的珍贵遗存之一，不仅成为乾隆帝重视文教的重要物证，而且成为清代王朝国家重视科举、尊重知识和培育人才的历史见证。

2.盛于往昔。从史书记载来看，清代广西科举的乡试盛况堪称空前，远超以往任何一个朝代，这从清同治年间《广西乡试录序》及其后序[①]所叙中即可得到明显的反映。从清朝伊始至同治六年（1867年）共计200余年的时间里，科举考试因“至我朝而法始善”，故“得人称盛”。广西“桂林为古荆州域，山川之胜奇秀甲天下。而士之读书好学者，率皆潜修笃行不沾沾焉，以仕进为荣，以故历年乡举应试者不过二三千人。咸丰年间，数被兵革。而士之读书好义者，又因团卫乡间不汲汲焉，以科名为务，以故历科补行乡举，应试者仍不过三千余人。今皇上御极之六年，寰宇又安，人文蔚起，各直省乡试循例举行，广西与焉”。在当时全国统一、社会安定、人文蔚起的情况下，各直省纷纷举行乡试，广西也不例外。于是，钱氏“奉命典试”，“喜粤民之得

① 李彦福、黄启文、莫雁诗等编《广西教育史料》，广西人民出版社，1990年版，第49–51页。

复旧业，而士之励志读书谓必加于往日者”。结果，“入闱校艺，取试卷而综计之，盖四千五百有奇。既幸粤省读书之士日以增，而尤惧臣等衡文之识有不逮。矢勤矢慎，弹二十昼夜之力，得士凡五十二人”。时任广西乡试副考官掌山西道监察御史王师曾于《广西乡试录后序》中亦称：“……虽兵燹之余，士民凋敝，而輶轩所过，户解弦歌，今岁应试之士，尤盛于往昔。则我朝教泽之深，其沦浃于人心，诚有不以艰危易虑者。”由此可见，清代广西科举乡试之盛堪称前所未有。

兹据清嘉庆年间谢启昆修《广西通志》及今人相关统计，将广西历代科举中式进士人数列表统计如下，从中亦可略窥清代广西科举考试的鼎盛状况之一斑。

表17　广西历代科举进士及第额数对照一览表

朝代	进士及第人数	占历代进士及第总数的百分比
唐代	12	1.07%
宋代	279	24.8%
元代	10	0.89%
明代	239	21.24%
清代	585	52%
合计	1125	100%

3.数被兵革。清代广西科举虽成效空前，但其进程并非一帆风顺，呈现出明显的不稳定性特征。前已述及，清代全国乡试始于顺治二年（1645年）。广西曾是明末抗清的中心，直至顺治十三年（1656年）方始为清朝所统治。同年，清廷始定“广西省于明年丁酉科举行乡试”。顺治十四年（1657年）广西乡试首度举行。因此，同全国其他地区相比，清代广西科举乡试举行的时

间相对略晚，正、恩两科乡试共计推迟了5科。随后，广西乡试照例举行了6科。此后，由于政局不稳与社会动荡等原因，广西科举乡试出现了时停时补，多科未能“循例举行”的情况。譬如，康熙年间，由于吴三桂叛清，康熙十一年（1672年）壬子科之后，鉴于地方骚乱，致使广西乡试停了2科；康熙二十年（1681年），广西乡试因筹备不及而未能按期举行，是年十二月，清廷始谕命补行，以编修乔莱为正考官、员外郎杨佐国为副考官，于次年二月补行乡试。自此至道光末年，广西乡试仍照例举行。但自道光末年至咸丰年间，因太平军兴，天地会党起事，全省局势动荡不稳，广西乡试遂停补无常。譬如，咸丰元年（1851年）辛亥恩科，二年（1852年）壬子及五年（1855年）乙卯正科，三科乡试皆因太平军兴而未能如期举行，直至咸丰六年（1856年），清廷鉴于广西地方局势初定，谕准广西特开一科，将辛亥恩科与乙卯正科归并举行；咸丰八年（1858年）及九年（1859年），因天地会党起事，戊午正科、己未恩科两次乡试广西均未能按期举行，直至咸丰十一年（1861年），清廷才谕准广西补行壬子正科及己未恩科乡试，本年辛酉科及戊午科，于次年特开一科归并举行；同治元年（1862年），清廷谕命各省举行恩科乡试，广西依例办理并补行戊午及辛酉两正科。至此，旧缺科目方告补齐，广西科举乡试步入正轨。

据统计，清代全国正、恩两科及加科乡试共计112科，广西由于上述种种原因，乡试开科总数相对略少，共计100科。光绪二十九年（1903年）癸卯恩科乡试，是广西举行的最后一次乡试。其后不久，清廷谕令废止科举，乡试亦随之“寿终正寝”，同全国一样，广西科举正式停开。由于受战争与政局的影响，清代广西科举乡试的不稳定性特征显而易见。

4.严防弊窦。中国古代，自从设立科举制度以来，历代王朝对科场秩序甚为重视，对科场弊窦多有论处，譬如宋代已有因科场作弊而论罪者，明代对科场作弊的惩处较严，清代尤甚，视防弊为要政，对于科场营私舞弊的考官和考生决不姑息，重者或处以极刑。早在清入关后，清廷就曾针对科场弊窦的处置办法做出明确而具体的规定。如据史载，顺治二年（1645年）规定："生儒入场，细加搜检。如有怀挟片纸只字者，先于场前枷号一个月，问罪发落。如有请人代试者，请代与受代之人一体枷号问罪。搜检员役知情容隐者同罪。"[①]康熙五十三年（1714年）又明确规定："凡考试，举人入闱，皆穿拆缝衣服，单层鞋袜。止带篮筐、小凳、食物、笔砚等项，其余别物皆截留在外。如违治罪。"[②]如此种种举措虽未能完全杜绝科场之弊，但对于严防科场弊窦无疑具有一定的震慑作用。广西亦莫能外，兹举数例科场案件及其惩处办法以证之。

据史书记载，乾隆二十五年（1760年），礼部议复："广西学政鞠恺奏称：广西童生应试多因亲友影射，冒籍混考，竟有一学多至数十名者。不急为严禁，则土著进取为难，边地文风日坏等语。应令该学政彻底清厘，除现在查确者，即勒令归籍；其未经发觉者，于部文到日，勒限一年令本生自首，由该学教官会同州县结送学政，咨回原籍。逾限不首，发觉斥革，仍将不行详查之教官、州、县照例议处。再，本年现届乡试，其已经查确各

① 《清朝文献通考》卷四七。

② （光绪）《大清会典事例》卷三四一《礼部》。

生，应照例罚停乡试一科。”[①]乾隆三十三年（1768年），谕军机大臣等：“据鄂宝奏，学政梅立本考试郁林州时，勒索供应，恣意凌辱陆川县知县杨梿，致该县忿恨自刎一案，其情甚属可恶。已降旨该抚，将梅立本革职拿问，严审定拟，并将任所赀财，即行查封矣。”[②]乾隆四十八年（1783年），谕军机大臣等：“据孙士毅奏：本年广西乡试取中第一名岑照，系土（田州）知州岑宜栋之子。家道素丰，向无文名。检查该生岁考及录遗试卷，与三场墨卷核对，文理相去悬殊。此次取中文字，断非本人所作，必有传递、代倩、夹带等弊。请将岑照革去举人，以便从严审办等语。科场大典，自应关防严密，抡取真才，岂容稍有冒滥？该抚既经查出岑照平日文理，与闱中试作悬殊，其为舞弊幸中，显而易见。著即将岑照革去举人，交该抚亲提研讯，彻底根究，按律定拟具奏。至所请外帘、提调、监试及监临失于觉察，自系伊等应得处分。俟孙士毅审明具奏到日，再降谕旨，交部分别议处。”[③]道光二十年（1840年），谕内阁：“梁章钜奏查出乡试士子在场滋事，照例惩办事一折。广西临桂县生员秦承瀛于首场点名时，拥挤争先，经该教官弹压，反肆口辱骂。上林县生员李天麟，于已交卷后，潜入号舍，经委员斥逐，反行拒殴，于士习殊有关系。著该抚亲提研讯，按律定拟具奏。”寻奏：“生员秦承瀛于点名时拥挤争先，并未辱骂教官；李天麟于交卷后，潜入号舍，经委员斥逐，向其支撑，亦无拒殴情事，惟于试场滋事，若

① 《清高宗实录》卷六一六。
② 《清高宗实录》卷八一三。
③ 《清高宗实录》卷一一八九。

仅斥革照不应重律杖八十，免其发落，不足示惩，应请再加枷号两月，以肃场规而端正士习。”下部议，从之。[①]光绪十二年（1886年），谕军机大臣等：“乌拉布、李鸿藻等奏：贵州举人舒彩，两次领卷入场，均未交卷。广东举人罗熙尧、广西举人蒙焯第，于第一场领卷入场，亦未交卷。检查号戳底簿，与查号册核对，该举人均未各归本号。其越号枪代，匿卷混出，情弊显然。请饬部讯办等语。著刑部密传出结官工部主事胡治铨，将舒彩交出审讯。并密速查传罗熙尧、蒙焯第到案，一并研讯，务得确情，按律惩办。原折著抄给阅看。将此谕令知之。”[②]光绪二十七年（1901年），谕：“两广总督陶模奏遵旨饬查广西学臣劣迹，据实复陈一折。前据御史黄曾源奏参广西学政刘家模贪鄙各节，当交陶模查办。兹据复称：该学政嗜好甚深，关防不严，罔知检束。所至之处，增索棚规供应，并任听船户满载私盐，被缉私厂拿获。该学政谓有衣物寄放在船，电请查追，一时传为笑柄等语。学政为一省师表，当如何洁清自矢，恪守官箴？似此贪劣昭著，实属辜恩负职。御史刘家模著即行革职，以示惩儆。”[③]凡此种种表明，清代广西科举同全国一样，严防弊窦，立法之周，甚于往昔。

5.区域失衡。清代广西文科乡试共开100科，总计中式举人5075名（含原属广东、现属广西地区的举人），中式进士共计587名（含恩赐），其规模与数量大大超过了以前任何一个朝代。

---

① 《清宣宗实录》卷三三九。

② 《清德宗实录》卷二二五。

③ 《清德宗实录》卷四九一。

这就表明，在王朝国家的主导下，经过本土的推进与践行，清代广西的科举考试总体上确实已经发展到了鼎盛时期，取得了前所未有的成就。但是，我们应该看到，就清代而言，由于整个广西地区社会经济和文化教育发展水平仍然存在一定的区域差异性，导致清代广西各地科举考试的发展及其成效不可避免地存在一定的区域差异性与不平衡性。兹以中式举人数额为例说明之。自顺治十四年（1657年）至道光二十年（1840年），广西全省各行政区历朝乡试中式举人数额详如下表所列：

表18　清代前中期广西各地历朝乡试中式举人时空分布一览表

（单位：人）

<table>
<tr><th>府名</th><th>顺治</th><th>康熙</th><th>雍正</th><th>乾隆</th><th>嘉庆</th><th>道光</th><th>合计</th><th>备注</th></tr>
<tr><td>桂林府</td><td>51</td><td>389</td><td>143</td><td>598</td><td>265</td><td>202</td><td>1648</td><td rowspan="12">（1）本表根据《广西通志稿》选举中式名册统计。
（2）本表所列中式人数仅系顺治十四年（1657年）至道光二十年（1840年）的中式举人数额。</td></tr>
<tr><td>柳州府</td><td>3</td><td>45</td><td>19</td><td>15</td><td>36</td><td>28</td><td>146</td></tr>
<tr><td>平乐府</td><td>2</td><td>61</td><td>17</td><td>64</td><td>15</td><td>26</td><td>185</td></tr>
<tr><td>梧州府</td><td>5</td><td>79</td><td>24</td><td>64</td><td>30</td><td>50</td><td>252</td></tr>
<tr><td>浔州府</td><td>0</td><td>28</td><td>17</td><td>77</td><td>56</td><td>42</td><td>220</td></tr>
<tr><td>郁林府</td><td>5</td><td>51</td><td>24</td><td>115</td><td>35</td><td>42</td><td>272</td></tr>
<tr><td>南宁府</td><td>3</td><td>47</td><td>15</td><td>104</td><td>35</td><td>37</td><td>241</td></tr>
<tr><td>思恩府</td><td>3</td><td>16</td><td>10</td><td>36</td><td>24</td><td>16</td><td>105</td></tr>
<tr><td>庆远府</td><td>0</td><td>11</td><td>3</td><td>8</td><td>6</td><td>10</td><td>38</td></tr>
<tr><td>泗城府</td><td>0</td><td>0</td><td>2</td><td>5</td><td>2</td><td>0</td><td>9</td></tr>
<tr><td>太平府</td><td>0</td><td>15</td><td>17</td><td>23</td><td>16</td><td>8</td><td>79</td></tr>
<tr><td>镇安府</td><td>0</td><td>0</td><td>0</td><td>0</td><td>3</td><td>2</td><td>5</td></tr>
</table>

从上表统计结果来看，清代广西地区从顺治十四年（1657年）至道光二十年（1840年）的100多年间，考中举人的共有3201人，其中桂林府1648人，柳州府146人，平乐府185人，梧

州府252人，浔州府220人，郁林府272人，南宁府241人，思恩府105人，庆远府38人，泗城府9人，太平府79人，镇安府5人。由此不难看出，其时广西各地中举数额和科举考试发展水平的差距还是相当明显的。其中，桂林府居于首位，其中举人数占全省中举总额的50%以上；郁林府次之；而土司统治所在地桂西南、桂西和桂西北一带，庆远、泗城、太平和镇安四府中举总额并无柳州府中举人数之多，而合计庆远、太平、思恩、泗城、镇安五府中举数额，尚不到当时广西全省中举总额的7.5%。

再以中式进士数额为例。据统计，自顺治十四年（1657年）至道光三十年（1850年），整个广西地区中式进士数额为308人。其中，桂林府161人，约占52.3%；而少数民族聚居的庆远、太平、思恩、泗城四府，总共只有进士20人，约占6.5%；镇安府更是无一中式进士。又自咸丰初年至光绪六年（1880年），广西地区共计取中进士139名。其中桂林府78人，约占全省进士总额的56.1%；梧州、浔州、郁林、南宁四府（州）取中进士合计46人，约占全省进士总额的33.1%；而庆远、镇安二府竟无一中式进士。

另从整个清代来看，广西全省中式的587名文科进士中，按当时行政区划统计，其登第情况分别是：桂林府298名，柳州府27名，庆远府5名，梧州府52名（含原属广西、今属广东的怀集籍2名），太平府7名，南宁府38名，浔州府42名，平乐府38名，郁林直隶州62名，镇安府4名，思恩府7名，泗城府3名，廉州府4名。[①]其中，少数民族聚居的庆远、思恩、泗城、镇安、

---

① 梁精华：《广西科举史话》，广西人民出版社，1993年版，第80–106页。

太平等五府也仅有进士26名，仅占全省进士总额的4.4%左右。由此可见，直至清代，广西各地的科举水平仍然存在着明显的区域差异与不平衡性。究其原因，在很大程度上跟清代广西各地社会经济与文化教育发展的区域差异性与不平衡性有关。

综观广西古代史，直至清代，广西各地社会经济与文化教育发展水平的区域差异与不平衡性仍然明显地存在着，桂北和桂东地区一如既往地居于领先地位，桂南和桂西地区仍然处于相对落后的状态，由此导致桂北和桂东地区的科举成效相对突出，而桂南和桂西地区的科举成效相对落后，从而在科举中额上出现明显的“桂北多桂南少，桂东多桂西少”的不均衡状况。

本章小结

作为明清时期王朝国家在广西地区实施开发的重要组成部分，明清时期广西的文化教育事业获得了空前的发展，取得了前所未有的成就。

从官学教育的发展来看，明代广西的官学教育在继承前代官学教育发展成果的基础上不断发展和完善，最大限度地适应当时社会政治经济发展的需要，最终形成完备的官学教育体系。明代广西的官学教育在整个古代广西教育发展史上占有十分重要的地位，具有承前启后、继往开来的历史作用，对近代广西壮族地区官学教育的进一步发展具有不可忽视的奠基之功。不仅如此，明代广西壮族地区官学教育的发展还有力地推动了各民族之间的交往交流交融。明代广西壮族地区新创办的府、州、县学，绝大部分坐落在桂西一带少数民族聚居区，这对推动中原汉文化在边陲地区的传播、加快少数民族地区文化教育事业的发展、增进汉壮民族之间的联系、促进民族地区社会风俗的嬗变具有十分重要的意义。清袭明代旧制，在各地设置府、州、县学，在改土归流的地区增设厅学。总体而言，清代广西壮族地区从桂北、桂东到桂西、桂西北，包括左、右江流域和红水河流域在内，所有的府、厅、州、县基本上都设立了学校，致力于推行儒学教育，这对于推动广西壮族地区文化教育事业的发展无疑具有十分重要的意义。

从书院教育的发展来看，明代是广西壮族地区书院发展史上的重要阶段。在元代广西书院教育空前衰落的背景下，明代广西壮族地区一改前代的颓势，迎来了广西壮族地区书院教育发展史上的第一个高峰期。尽管在发展过程中经历了曲折与起伏，不时受到封建政权的影响，但总体仍呈上升态势，成绩仍较为可观。当然，由于受区位因素的影响，书院教育在广西各地区的发展呈现出明显的区域不平衡性。清代是广西壮族地区书院发展的鼎盛时期，不仅书院建置规模空前，而且地域分布甚广，与前代相比，清代广西书院的空间分布格局已经发生了明显的变化，其中最显著的一个特点是在原有的基础上，已经向广西西部地区深入扩展。

从科举考试的角度来看，明代是广西科举制度全面发展的时期，明代广西壮族地区共有举人5098名，进士239名（含恩赐）。这些地方精英通过官学教育和科举之路，得以跻身官僚队伍，不仅有利于社会中下层知识分子向社会上层流动，而且有利于改善吏治。清代是中国科举考试的鼎盛时期，从中央到地方，各级地方政府都十分注重对人才的抡选。据统计，清代全国共举行乡试

112科。广西由于受战乱影响，前后只举行乡试100科，文科中式举人计5075人，中式进士共587人，其中状元4名。

从总体上看，自唐宋以来，官学、书院和科举三位一体，实际上已成为一个地方文化教育事业发展状况的最重要、最直接的体现。明清时期广西地区官学、书院与科举的空前发展，既是明清时期王朝国家主导下广西全面和深入开发的必然结果，也对明清时期广西地区的全面和深入开发起了一定的推动作用。因此，明清时期作为广西壮族地区文化教育发展史上的必经阶段，在广西文化教育发展史上的地位是不容忽视与低估的。

第五章

明清时期王朝国家主导下壮族地区的军事治理与边防建设

现代意义上的“军事治理”概念，泛指“对军队建设和发展全部要素进行规划设计、系统部署和资源调配的一切实践活动的总和”①。本文借鉴运用这一概念，特指明清时期王朝国家在壮族地区实施的军事管理与控制，是明清王朝在军事层面推进壮族地区开发的重要体现。明清时期，随着封建专制主义中央集权制度的空前强化，中央王朝对边疆民族地区的管理与控制也空前加强。这一时期，中央王朝在壮族地区的军事设置更加严密和完备，边防建设得到进一步加强，这既是明清王朝国家势力不断深入边疆民族地区的结果，也是明清王朝国家全面加强对边疆民族地区的开发的重要表征。明清时期王朝国家在壮族地区实施的军事治理与边防建设，是明清王朝边疆经略与国家治理的重要组成部分。

---

① 王启兵、马雷：《全面加强军事治理的重大意义、深刻内涵和实践要求》，《政工学刊》2023年第7期。

第一节　壮族地区卫所制度的建立

明朝统一全国后，为巩固其封建统治，在壮族地区不断完善行政机构建制的同时，还在壮族地区普遍设立卫所，于各要害处驻以重兵，全面建立起卫所制度，加强对广西壮族地区的军事防卫，从而进一步加强对壮族地区的有效管理和实际控制。

史称："洪武初，建都江表，革元中书省，以京畿应天诸府直隶京师，后乃尽革行中书省，置十三布政使司，分领天下府州县及羁縻诸司，又置十五都指挥使司，以领卫所番汉诸军，其边境海疆，则增置行都指挥使司。"①洪武二年（1369年），中书省臣曾以杜绝"边患"为由，建议将广西诸峒之人迁入内地，结果遭到明太祖的反对，他明确主张"惟以兵分守要害，以镇服之。俾之日渐教化，则自不为非，数年之后皆为良民，何必迁也"②。洪武三年（1370年），置南宁、柳州二卫，时广西省臣言，"广西地接云南、交趾，所治皆溪峒苗蛮，性狼戾，多畔。府卫兵远在靖江数百里外，卒有警，难相援，乞立卫置兵以镇"，"诏从之"③。另据史书记载，"初，太祖沿边设卫，惟土著兵及有罪谪戍者。遇有警，调他卫军往戍，谓之客兵"④，"羁縻卫所，洪武、永乐间边外归附者，官其长，为都督、都指挥、指挥、千百户、镇抚等官，赐以敕书印记，设都司卫所"⑤。明丘

① 《续通典》卷一四〇《州郡·明》。
② 《明太祖实录》卷四三。
③ 张廷玉等撰《明史》卷三一七《广西土司传一》。
④ 张廷玉等撰《明史》卷九一《兵志三》。
⑤ 张廷玉等撰《明史》卷九〇《兵志二》。

濬亦称："岭南五管，而桂、邕、容三管地属岭南西道，……而广西实全得桂、邕二管及容管之少半。邕即今南宁府，其地控制左右两江，实为安南咽喉之地，国初，因前代之旧，设太平、田州、镇安四府，龙州等七州。宣德中，又升思恩州为府，用其土人为守长，佐贰幕职则用流官，惟太平府全用流官，而其属州仍其旧俗。凡此羁縻州郡岁久，首领世袭，人自为战，如古诸侯民兵之制，遇有征伐，亦赖其用。但今控制之戍，仅有南宁、驯象二卫、太平一所，似乎单弱，请如张栻所言，及今无事，于此地屯兵以为重镇，遴选守将，谨护其土，以为久远之计，庶可以销变于未然之先也。"[①]从洪武六年（1373年）起，明朝便在广西首先设置都指挥使司，委派苏州卫指挥佥事王真担任广西都指挥使司第一任指挥使。接着，又在桂林设立左、右二卫指挥使司，在南宁、梧州、柳州、玉林等地建立了许多卫所组织，从而全面建立起对广西壮族地区的军政统治。

为了镇压土司地区各族民众的反抗，切实加强对这些地区的控制与统治，明初以数十万兵力平定南方之后，将大部分兵力留驻下来，建立了大量的卫所，驻军屯戍，"以威服之"。史称，明代广西"领府十一，州四十七，县五十三，又羁縻长官司四，而卫所参列其中"[②]。据史书记载，"永乐六年正月初四日敕：敕近得交趾布政司奏：坡垒、丘温、隘留三处，乃交趾咽喉。其地有瘴，官军难于服习。欲于附近思明、太平、田州等处，量其土军，设立卫所；照依陕西潼关、四川瞿塘，军隶广西，民属交

① 丘濬撰《议控制羁縻州郡》，载《粤西文载》卷五六。

② 顾祖禹撰《读史方舆纪要》卷一〇六《广西一》。

趾，庶几人习水土，又得互相制驭。敕至，尔等会集计议，斟酌行之，务在两便。”[①]据嘉靖《广西通志》记载，明廷先后在广西地区设立11个卫、21个千户所和许多巡检司[②]，其中，大部分卫所设在流官统治区域，一部分卫所设在土司政区周围，从而构成了对土司统治区的直接军事威慑。

按《明史·地理志》记载，明初，从中央到地方都建立卫所制度。凡军事上重要的地方设卫，在卫之下设千户所，千户所之下设百户所。百户所为112人，千户所为1120人，一卫统率5个千户所，共5600人。[③]据《明史》记载，明代广西都司辖有桂林右卫、桂林中卫、南宁卫、柳州卫、驯象卫、南丹卫、庆远卫、浔州卫、奉议卫、广西护卫、梧州千户所、怀集千户所、武缘千户所、古田千户所、贵县千户所、贺县千户所、全州千户所、太平千户所、象州千户所、平乐千户所、郁林千户所、灌阳千户所、河池千户所、武宣千户所、五屯屯田千户所、迁江屯田千户所、靖江府仪卫司。[④]有学者依据史志资料进行统计，明廷先后在广西设立广西护卫、桂林右卫、桂林中卫、南宁卫、柳州卫、南丹卫、庆远卫、浔州卫、奉议卫、宝庆卫、驯象卫11个卫，在广西梧州、怀集、武缘、贵县、贺县、全州、太平、象州、平乐、郁林、宾州、来宾、富川、容县、灌阳、河池、武宣、向武等地设立19个千户所，再

---

① 《永乐六年正月初四日敕》，载《粤西文载》卷二。

② （嘉靖）《广西通志》卷二七《兵防一》。

③ 钟文典主编《广西通史（第一卷）》，广西人民出版社，1999年版，第311页。

④ 张廷玉等撰《明史》卷九〇《兵志二》。

加上五屯屯田千户所和迁江屯田千户所，一共21个千户所。[①]由此可见，明代卫所遍及广西全境，表明明代中央王朝十分重视加强对壮族地区的军事统治。

从文献记载上看，这些卫所机构绝大部分是在洪武年间设置，其中，驯象、南丹、奉议三卫和向武千户所最初是设在桂西土司辖区内，其他卫所均设在流官直接统治的地区。史称，洪武二十八年（1395年），奉议、南丹、都康、向武、富劳、上林寇平，“时兵部尚书致仕唐铎参议军事，以朝廷尝命征剿毕日，置卫守之，乃会诸将相度形势，置奉议等卫并向武、河池、怀集、武仙、贺县等处守御千户所，设官军镇守。诏从其言”[②]。关于南丹卫设置的背景，史称，洪武二十八年（1395年），“南丹土官莫金叛，帝命征南将军杨文，龙州平后，移师讨南丹、奉议等处。……大军进征奉议，调参将刘真分道攻南丹，破之，执莫金并俘其众。后遣宝庆卫指挥孙宗等分兵击巴兰等寨，蛮僚惧，焚寨遁去，官兵追捕斩之，蛮地悉定。诏置南丹、奉议、庆远三卫，以官军守之”[③]。由此可见，明廷于南丹置卫的目的，主要还是在于防范土司的叛乱。按史书记载，明朝在庆远府境内设置的庆远、南丹两卫，各辖前、后、左、右、中五所，官兵13600多人，分守河池、南丹、思恩、荔波等地。关于明代在奉议州置卫的目的，史称：“论者以奉议弹丸地，三面交迫田州，独南界镇安，其势甚蹙。明初，置卫，铨官如宋元故事，盖欲中断田、

① 钟文典主编《广西通史（第一卷）》，广西人民出版社，1999年版，第311–312页。

② 张廷玉等撰《明史》卷三一九《广西土司传三》。

③ 张廷玉等撰《明史》卷三一七《广西土司传一》。

镇，以伐其谋。”[①]盖其主观上有“分而治之”，以杀田、镇之势，防其吞并扩疆，以免成尾大不掉之势之用意。从中亦可看出，明初深入土司统治地区设卫置所，实是出于政治上的目的，主要还是为了加强对诸土司的控制与统治。由此看来，明初于诸土司统治地区设置卫所，对于镇压地方土司的叛乱，维护多民族国家的统一，巩固和加强中央王朝同广西地方的联系还是有其积极作用的。据史书记载，洪武二十一年（1388年），“广西布政司言向武州叛蛮梗化。时都督杨文佩征南将军印，讨龙州、奉议等处，复奉命移师向武。文调右副将军韩观分兵进讨都康、向武、富劳诸州县，斩世铁。以兵部尚书唐铎言，置向武州守御千户所”[②]。显然，向武千户所之设是于黄世铁变乱之后，故其防范土官叛乱之用意甚明。

从组织性质上看，卫所官兵是一种耕战结合的队伍，且耕且守。为了保证卫所官兵的军饷供应，明政府还推行了卫所屯田制。其屯守之法，各地不一。史称：“卫所军士以三分守城，七分屯种，又有二八、一九、四六、中半等例，皆随地而异。”[③]洪武二十九年（1396年），“广西布政司言：‘新设南丹等三卫及富川千户所，岁用军饷二十余万石，有司所征，不足以给。’帝命俱置屯田，给耕种。寻遣中使至桂林等府市牛给南丹、奉议诸卫军士”[④]。另据顾祖禹《读史方舆纪要》记载，迁江屯田千户所，“旧在县治东。洪武二十五年建，直隶都司。嘉靖三年，王

① 张廷玉等撰《明史》卷三一九《广西土司传三》。

② 张廷玉等撰《明史》卷三一九《广西土司传三》。

③ （嘉靖）《广西通志》卷二九《兵防三》。

④ 张廷玉等撰《明史》卷三一七《广西土司传一》。

守仁议曰：迁江八所，皆土官世职，旧有俍兵数千，分置八寨，今虽衰耗，尚有四千余众，若留四所屯田于外，调四所合南丹一卫之众以守，足为柳庆间一巨镇。既而抚臣林富言：八寨原系迁江八所土官所辖地方，合如守仁议，量迁四所官兵，并召募精锐，协力防守。七年，迁置所于县东南境，接浔州府界，西达八寨，压屯堡七十二，编户五里”[①]。据学者统计，明代广西都司卫所屯田，明初为51340亩，嘉靖年间增至461034亩。[②]另据明苏濬在《广西通志》中所记，万历二十五年（1597年），广西有耕兵15933名，屯田281225亩。其中，桂林府耕兵1833名，屯田32643亩；南宁府耕兵1210名，屯田4749亩；柳州府耕兵5475亩，屯田85143亩；浔州府耕兵295亩，屯田49506亩；梧州府耕兵1574名，屯田52088亩；平乐府耕兵5172名，屯田51961亩；庆远府耕兵374名，屯田5135亩。[③]由此可见，明廷在广西广泛设卫置所，加以募兵和屯田补给，其加强对广西的控制与统治之目的甚为明显。

值得指出的是，明代中央王朝为加强对广西西部土司地区进行管理与控制所做的努力，还表现为试图在田州土府和泗城土州建立卫所等组织机构。史称，洪武十六年（1383年），广西都指挥使耿良言，“田州府知府岑坚、泗城州知州岑善忠，率其土兵讨捕瑶寇，多树功绩。臣欲令选取壮丁各五千人，立为二卫，以善忠之子振、坚之子通为千户，统率其兵，俾之守御，且耕且

---

① 顾祖禹撰《读史方舆纪要》卷一〇九《广西四》。

② 钟文典主编《广西通史（第一卷）》，广西人民出版社，1999年版，第312页。

③ （万历）《广西通志》卷二三《兵防志二》。

战。此古人以蛮夷攻蛮夷之策也。如此，则官军无远冒瘴疠之患，民免馈运之劳矣”，“诏是其言，行之”。[①]从文献记载来看，这一意图最终并未真正实现。这是因为，岑振与岑永通其后皆袭替父职，充任本地土官，而文献中亦从未见关于此二地实际设有卫所的记载。

从历史上看，明代在广西西部土司地区设置驯象、南丹和奉议三卫和向武千户所，充分反映了明朝统治者为加强对广西西部土司地区进行管理与控制所做的努力，但后来这些卫所先后被撤往广西东部地区。史称：“奉议卫设于贵县，驯象设于横州，南丹设于宾州，皆在左、右两江之中，要使控制蛮夷，声息援接，五屯以备藤峡，昭平以续江道，建置俱不为无意。”[②]这里说的虽是诸卫所迁治后的情况，但其作为军事防卫的功能依然未变。

第二节　壮族地区巡检司的设置

明朝统一全国后，基于强化中央集权统治的需要，除在壮族地区建立卫所制度外，还在壮族地区广泛设置巡检司，这表明中央政权在进一步强化对边疆民族地区的军事管控，对壮族地区的统治更加深入。

从史籍记载来看，巡检司始设于五代，盛于两宋，元明清时

---

① 《明太祖实录》卷一五七。

② 王士性撰《广志绎》卷五《西南诸省·广西》。

期为县级衙门之下的基层组织，其功能性以军事为主，为州县所属捕盗官，主要职能是维护当地治安。按《明史·职官志》云："巡检司、巡检、副巡检，主缉捕盗贼、盘诘奸伪。凡在外各府州县关津要塞处俱设，俾率徭役弓兵警备不虞。初，洪武二年，以广西地接瑶壮，始于关隘冲要之处设巡检司，以警奸盗，后遂增置各处。十三年二月，特赐敕谕之，寻改为杂职。"[①]另据《明实录》记载：洪武二年（1369年）九月壬辰，"广西行省言：'靖江、平乐、南宁等府，象、宾、郁林等州，地接瑶壮，其关隘冲要之处，宜设巡检司，以警奸盗。'从之"[②]。洪武十二年（1379年），广西梧州府同知郝修奏称："两广之间，地多溪峒，瑶僚杂居，不时出没为患，宜于险要之地增设巡检司。"他建议宜于两广之间险要之地增设巡检司。[③]此议获得明太祖朱元璋的批准，并立即推行。据《明史·地理志》记载，明代广西壮族地区设置的巡检司数量就有224处，足见其时壮族地区巡检司的设置与分布相当普遍。一个个军事据点星罗棋布地分布在广西各地[④]，仅在洪武十四年（1381年），明廷便在广西各地增设了30所巡检司[⑤]。从文献记载来看，巡检司的设置依具体情况可增可废[⑥]，亦可废后复设，譬如，永乐十三年（1415年），复设广西湖润寨巡检司[⑦]。也有升为县级机构者，譬如，永乐二年（1404

① 张廷玉等撰《明史》卷七五《职官四》。
② 《明太祖实录》卷四五。
③ 《明太祖实录》卷一二六。
④ 《明太祖实录》卷一三七。
⑤ 《明太祖实录》卷一二六。
⑥ 张廷玉等撰《明史》卷四〇《地理志六》。
⑦ 《明太祖实录》卷一六四。

年），与安南相邻的凭祥巡检司因为“百姓乐业，生齿日繁”，而被升为凭祥县，原巡检司巡检李升为知县。[①]由于巡检司皆设在本民族地区，故巡检大多是由当地少数民族担任。譬如，复设的湖润寨巡检司的巡检岑勇武即为当地已故土官岑郎利之子[②]；为民巡检司巡检安宇，其父原为马湖土官知府，以罪死狱中，安宇至广西，后因平乱有功被任命为巡检[③]。重要据点都派遣大批军队驻守。据文献记载，仅洪武、永乐年间，驻守广西的官军总数多至十二万[④]。洪武十一年（1378年），工部定广西布政使司岁造军器之数“甲胄六百，马步军刀二千，弓一千，矢一十五万”[⑤]。洪武二十八年（1395年），明廷设置广西总兵官，负责统领马、步官军。[⑥]由此可见，明朝统一广西以后，十分重视对广西的军事布防。

明代中央王朝在广西设置的巡检司中，土巡检司的广泛设置极具地域特色。据文献记载，成化二年（1466年），名将韩雍[⑦]

---

① 《明太宗实录》卷三一。

② 《明太祖实录》卷一六四。

③ 《明武祖实录》卷一二五。

④ 《明孝宗实录》卷六六。

⑤ 《明太祖实录》卷一一八。

⑥ 《广西军官志》，载《粤西文载》卷一六。

⑦ 韩雍（1422—1478），字永熙。南直隶苏州府长洲县人。明朝中期名臣、诗人。明英宗正统七年（1442年）登进士第。初授御史，曾出巡河道及江西，参与平定浙江叶宗留起义及福建邓茂七起义。明代宗时累擢右佥都御史、巡抚江西，以弹劾宁王获罪，被勒令致仕。天顺年间复官，历官大理少卿、兵部右侍郎。明宪宗成化元年（1465年），以右佥都御史之职前往广西讨平大藤峡起义，俘杀首领侯大苟，截断江上大藤，改地名为断藤峡。平乱后以左副都御史之职提督两广军务。后请分设广东、广西两巡抚，获朝廷准许，专理军事。成化十年（1474年），受人诬陷，被勒令致仕。成化十四年（1478年）病逝，年五十七。明武宗时追谥“襄毅”，后世称其为“韩襄毅”。有《襄毅文集》传世。

向明宪宗提出设立土巡检的意见。他认为，“制盗于初发，一谋士而有余，治盗于既张，疲万人而不足，是以摘盗之隐，而禁盗之萌，莫如巡检”，如各巡检选用流官，则“不辨土音，不谙地理，沿牒迁转，终难责成”，遂力主选用土官，“因俗而治，应可承宁”。[①]迄弘治年间，广西监察御史祁司员奏，“流官巡检不谙其俗，请于各巡检司增设土官副巡检一员”，“原无巡检司者，亦多设土官副巡检以治之”。[②]从时间分布上看，明代中央王朝在广西设置土巡检的时间，“最早是洪武初设置的凭祥土巡检，最迟是万历初镇压八寨农民起义后，在八寨设置的土巡检。其间设置土巡检最多、最普遍的是在永乐至嘉靖年间。这段时间正是广西农民起义蓬勃兴起的时期，许多土巡检都是为着镇压农民起义而设置的，带有浓厚的军事镇压色彩”[③]。至于土巡检革废的时间，各地虽有先后之别，但大多数土巡检的废革是在明末清初，“明末由于明朝对广西的统治力量已削弱，有的地方农民起义复兴，势衰力弱的土巡检已无法继续存在下去”，“到清初，广西的政治、军事形势出现了错综复杂的局面，土巡检的存在对稳定清朝在广西的统治起不了什么作用，所以自明末延续到清初的土巡检就被废革”。[④]

从空间分布上看，明代广西土巡检设置的地域范围甚广。据

---

① 魏笃修《浔州府志》卷二八《艺文志》。

② 《明孝宗实录》卷八六。

③ 钟文典主编《广西通史（第一卷）》，广西人民出版社，1999年版，第326页。

④ 钟文典主编《广西通史（第一卷）》，广西人民出版社，1999年版，第326–327页。

《明史·地理志》记载，明代广西设置过土巡检的州县有永宁州、平乐县、恭城县、贺县、修仁县、永安州、博白县、桂平县、平南县、融县、天河县、忻城县、荔波县等13个州县。据明人方孔炤《全边略纪》及清人毛奇龄《蛮司合志》记载，明代广西设置过土巡检的州县还有容县、苍梧县、武宣县、阳朔县、横县、迁江县、武缘县、藤县、岑溪县、永淳县、宣化县、来宾县、宾州、义宁县、柳城县、上林县、象州、马平县、洛容县、罗城县、宜山县、思恩县、河池州、临桂县、荔浦县、富川县、新宁州、隆安县、贵县等29个州县。据《读史方舆纪要》和《明史》记载，嘉靖初年，思田之乱平息，明政府将田州和思恩土府改流后，将原田州分割出一部分设置了凌时、砦马、大田子甲、万洞、阳院、思郎、累彩、怕河、武龙、拱甲、床甲、婪凤、下隆、县甲、篆甲、砦桑、怕牙、思幼、候周等19个土巡检司[1]，将原思恩土府分为兴隆、那马、白山、定罗、旧城、下旺、安定、都阳、古零等9个土巡检司[2]。

为便于读者更能直观地了解和掌握，兹据《明史》卷四五《地理志六》，将明代中央王朝在广西设置的巡检司机构及其空间分布列表统计，如表19所示。

① 顾祖禹撰《读史方舆纪要》卷一一一《广西六》。

② 张廷玉等撰《明史》卷三一八《广西土司传二》。

表19　明代广西巡检司设置及其空间分布一览表[①]

（单位：个）

地区	府名	流、土巡检司	数量
桂北	桂林府	芦田市、两江口、湘山渡、六峒、盐砂寨、唐家铺、白石潭、千秋峡、伏荔市、都乐墟、白竹寨、西延、建安、柳浦、平塘、嵩顺里、桐木镇、常安镇、富根镇、兰麻镇、铜鼓市、桑江口。	22
	平乐府	榕津寨、龙平寨、团山堡、广运堡、足滩堡、甑滩堡、镇峡寨、势江源、边尊寨、白霞寨、寨下市、信都乡、沙田寨、点灯寨、峰门寨、南源寨、大宁寨（土）、兴宁寨（土）、白花洞（土）、白面寨（土）、西岭寨（土）、水浐营（土）、昭平堡（土）、丽壁市（土）、古眉寨（土）、群峰寨（土）。	26
桂东	梧州府	长行、安平、东安、罗粒、白石寨、窦家寨、赤水镇、滑州、周村、驿面、思罗、大洞、粉壁寨、平河村、南渡、义平、横岭、文俊、周罗、沙河、双威寨、都陇、中山、清湾、温水寨、赵家寨、长宁寨、平安寨、棠木寨、安定（土）、春台（土）、平山（土）、兆常（土）。	33
	浔州府	大黄江口、靖宁乡、大宣乡、思隆乡、木盘浦、常林乡、大同、秦川、武林、新安寨、北山寨、桥头墟、瓦塘渡、五州寨、东茔渡、郭东里、峒心（土）、三堆（土）、大峡（土）、平岭（土）、罗秀（土）。	21

① 张廷玉等撰《明史》卷四五《地理志六》。

续表

地区	府名	流、土巡检司	数量
桂中	柳州府	新兴镇、都博镇、归化镇、江口镇、运江、平乐镇、章洛镇、东来寨、古寨镇、古清镇、洛好镇、廖河镇、武阳镇、莫难镇、通道镇、安湘镇、乐善镇、中峒镇、浔江镇、万石镇、宜良镇、丹阳镇、界牌镇、宝积山、思管镇、清流镇、鹅颈隘、长安镇、保江镇、理源镇、西峒镇、龙门镇、鹅颈镇、尖山镇、安永镇、县郭镇、东乡、周冲、闲仔、安城镇、梁村、清水镇、罗日镇、李广镇、三畔镇、琴水桥、思龙镇、三门滩镇、大约镇（土）。	49
桂南	南宁府	金城寨、那南寨、那龙寨、迁隆寨、八尺寨、那楼寨、驮卢寨、古江口、南乡、南里乡、武罗乡、修德乡、渠乐寨、迁隆峒（土）。	14
桂西	庆远府	大曹镇、怀远镇、德胜镇、东江镇、东禅镇、金城镇、都铭镇、土堡镇、安化镇、归思镇、谱义镇、古定镇、北兰镇、思农镇（土）、归仁镇（土）、三寨堡（土）。	16
	思恩军民府	镆铘寨、博溢寨、高非寨、西舍寨、横山寨、古零（土）、定罗（土）、那马（土）、下旺（土）、兴隆（土）、白山（土）、安定（土）、旧城（土）、都阳（土）。	14
	镇安府	湖润寨（土）。	1
	土田州	凌时、砦马、大田、万洞、阳院、思郎、累彩、怕何、床甲、拱甲、婪凤、武龙、下隆、县甲、篆甲、砦桑、思幼、侯周（土）。	18
	泗城土州	罗博关（土）。	1
合计			215

由此可见，明代广西境内巡检司的设置甚广。从空间分布上看，明代广西巡检司大多分布在汉族与少数民族杂居的地区。在汉族与少数民族聚居地区接壤的“冲要之处”，则多设有土巡检司，由少数民族中有势力的首领分别担任正、副土巡检。土巡检的设置，实际上是明代统治者“以夷制夷”思想的真实呈现。

毋庸置疑，明代广西地区巡检司的普遍存在自有其合理之处，对于维护当地社会秩序、强化地域统治等方面确实发挥了不小的作用。如据史载，位于梧州、平乐二府之间的昭平巡检司，与当地土官一起，“造哨船三十，使之往来府江巡哨”①；与安南接壤的永平寨巡检司，在当地收办秋粮②；凭祥巡检司内，出现了“百姓乐业，生齿日繁”的景象。由此可见，“随着巡检司的普遍设置，明朝把广西的一些僻远的边疆地区有效地控制起来，为这些地区的开发创造了条件”③。从这个意义上说，巡检司的普遍设置，实际上又成为这一时期壮族地区整个开发系统中不可或缺的有机组成部分。

第三节　壮族地区的边防建设

广西壮族地区地处南部边陲，西南部与越南接壤。入明以后，一方面，中央王朝基于封建大一统的传统理念，从巩固多民族国家

---

① 《明孝宗实录》卷一一六。

② 《明宣宗实录》卷一〇四。

③ 方铁、方慧：《中国西南边疆开发史》，云南人民出版社，1997年版，第325页。

的统一与稳定的角度出发，十分重视对边疆的经营与开发；另一方面，中央王朝基于明清帝国周边形势的实际情况，对壮族土司土兵甚为认同与倚重，借助壮族土司土兵的实力进一步加强对南部边疆地区的防卫。宣德年间，安南统治者不断侵扰钦州一带，钦州西部一带多被安南侵占。在安南贵族的威迫下，钦州如昔等地土酋黄金广等以澌凛、罗浮、古森、葛源等4峒19村归附安南，安南随即侵占如昔、贴浪二都。嘉靖六年（1527年），安南莫登庸篡位，取代陈氏，成为安南王。嘉靖十五年（1536年），安南再度侵占如昔、铁浪二都，时任钦州知州林希元上疏朝廷，主张问安南侵占之罪，廉州知府张岳则反对出兵，主张和平解决。其结果，在两广总督蔡经、总兵官毛伯调兵出征的压力下，嘉靖十九年（1540年），安南统治者莫登庸上表投降，同时将原先侵占的钦州如昔、铁浪二都及澌凛、古森、丫葛、金勒等4峒归还中国。[①]

降及近代，1862年，法国殖民者入侵越南，企图以越南为跳板，进而侵略中国，我国南疆因此受到了严重威胁，广西更是成为抗法卫国的最前线。在王朝国家与民族面临危难之际，广西籍清朝名将刘永福率领以壮族为主的黑旗军奔赴前线抗法，在广西各族民众的积极参与与全力支援下，军民共同战斗，取得了镇南关（今友谊关）和临洮战役的重大胜利。可是，腐败无能的清政府结果竟与法国侵略者签订了屈辱的《中法天津条约》，乘胜撤兵，使抗法战争“不败而败”。战后，广西壮族地区被迫开辟口岸，并被法国控制，广西社会半殖民地半封建化程度加深。我国广西、广东、云南边界地区，直接暴露在法国侵略者的枪炮之

① 覃彩銮：《广西开发史》，广西师范大学出版社，2013年版，第206页。

下，随时都有被侵犯的危险。形势的变化，使边防建设提高到与国家的安全、各族人民的安全息息相关的重要地位。①

中法战争结束后，越南沦为法国殖民地。强敌为邻之下，清廷开始注重西南边事，以广西提督苏元春兼任广西边防督办，加强边防指挥。从光绪十一年（1885年）起，苏元春即着手推进广西边防建设②，主要包括以下各项内容：

（一）加强边防管理

为便于主持边务，苏元春将广西提督署由柳州移驻龙州，配属提标两营。沿边划分中、东、西路3防区：镇南关、关前隘、凭祥为中路，驻兵10营；镇南关以东至上思州的剥机隘为东路，驻兵4营；镇南关以西至小镇安的百怀隘为西路，驻兵6营。

（二）构筑沿边防御工程

苏元春先是修复镇南关，接着建龙州城，城周2.5米，城身土筑，内外硅石砌筑。同时，修筑边境炮台，历时12年，共设大炮台34座、中炮台48座、碉台83座，购置德国克虏伯大炮20门。此外，分别在凭祥、龙州建大、小连城。

（三）修筑交通要道

陆路方面，光绪十六年（1890年），苏元春着力修筑龙（州）镇（南关）公路。此后10年，又在边境加宽填平和开辟500多千米道路，以龙州为中心，道路纵横交错。各路均设据点、炮台、关隘卡口。水路方面，炸掉水口、平而两河暗礁，疏

---

① 覃彩銮：《广西开发史》，广西师范大学出版社，2013年版，第207页。

② 广西大百科全书编纂委员会编《广西大百科全书·历史》，中国大百科全书出版社，2008年版，第509-510页。

浚明江岜耀滩。光绪十九年（1893年），邀请龙州绅商，集资7200元，官商合股，组办邕龙车渡公司，以改善交通。

（四）移民实边

苏元春在广西实行招民垦荒政策，凡认垦沿边荒田者，官府出资为其搭盖茅屋，并配发耕牛、种子与农具。为边防官兵及其家属建造住房，又提供农具、耕牛等必要的生产资料，鼓励其落户边疆。大力发展商业，开发一批边境圩场。安置越南难民，将自愿留居中国的越南人编列民籍，妥为安置。

（五）兴办军工矿业

苏元春在龙州公母山设军械局，在凭祥大连城设军装局、火药局、八角保卫局。在上思开采煤矿，兴办军工矿业。

（六）设立对汛所

苏元春于峙马隘、镇南关、平而关、布局隘、水口关、里板隘、平孟隘等7处，分设对汛所。对汛督办署设驻龙州水口；各对汛所，即由该处防营将弁分别主持。后又增设龙邦隘对汛所。光绪二十三年（1897年）春，增设九特隘对汛所；后又增设那波、陇匡（高上）、苛村（本哥）等3处对汛所。

本章小结

从国家治理的角度而言，“军队驻防的边防体系是国家力量深入边疆的又一重要方面”[①]。军事布防与边防建设是明清时

---

① 聂迅：《“天地君亲师”到“天地国亲师”——清以来滇东南边疆民族的国家认同》，《中国边疆史地研究》2021年第2期。

期中央王朝在壮族地区实施开发的重要内容，也是明清王朝国家推进边防建设治理的重要组成部分。明末清初著名思想家顾炎武曾称：广西各城“咸置卫所，要害则置巡检司”①。由此可见明清时期卫所和巡检司在广西壮族地区军事防卫中的重要地位与作用。

从表象上说，明代卫所和巡检司略有不同，卫所属于征战的军事组织，而巡检司则属于地方治保组织。从本质上看，两者实则相同，在震慑各族民众的反抗方面，两者可谓同向同行，目的一致，且互为补充。两相结合，共同构筑起震慑和防范各族民众起事和壮族土司构乱的军事布防大网。明周琦曾称：“广西设有副总兵参将以御壮贼，有府州县官以养百姓。近又有总镇、总督、总兵，其网甚密。”②由此可见，明代中央王朝对广西壮族地区的军事布防是相当严密的。当然，辩证地看，此种军事布防在当时具体的历史条件下，对于维护社会治安、稳定社会秩序和巩固边防是起到一定的积极作用的。特别是明代在广西非土司统治区设置各种不同性质的土巡检，“说明了明朝比之过去历代更加依赖土官的力量来统治广西各族人民，广西土官力量空前膨胀，广西土官制度的发展已经到了它的鼎盛时期”③。

从时间上看，晚清政府主导下广西壮族地区的边防建设，恰是清代大规模改土归流和中法战争之后，在边地政体转变的

---

① 顾炎武撰《天下郡国利病书》卷一五〇。

② 周琦撰《条陈地方利病疏》，载《粤西文载》卷五。

③ 钟文典主编《广西通史（第一卷）》，广西人民出版社，1999年版，第327页。

关键时期，确实起到了稳定边疆并巩固国防的重要作用。广西壮族地区的各族民众在抗法战争中立下了不朽功勋，做出了积极的贡献。在战争结束后，广西壮族地区各族民众又坚定支持和积极投入到王朝国家的边防建设事业之中，开展边疆交通建设，实行招民垦荒政策，发展边境圩场贸易，参与边防管理与边政建设，为守土安边、保家卫国做出了重要的贡献，在促进边疆与内地一体化的同时，其向心力与国家认同意识也不断增强。

第六章

明清时期王朝国家主导下壮族地区开发的历史评价

毛泽东同志曾经指出："我们必须学会全面地看问题，不但要看到事物的正面，也要看到它的反面。"[①]就整体而言，我们应该看到，一方面，明清时期王朝国家主导下的壮族地区开发是取得了前所未有的成效的，其历史地位和社会影响不可低估；另一方面，由于种种原因，明清时期王朝国家主导下的壮族地区开发仍存在一些问题和不足，值得我们认真地加以总结，以便能以史为鉴，面向未来，更好地为新时代"建设壮美广西　共圆复兴梦想"而努力奋斗。

---

① 毛泽东：《关于正确处理人民内部矛盾的问题》，载《毛泽东文集（卷七）》，人民出版社，1999年版，第238页。

第一节　壮族地区开发的积极作用

明清时期，在王朝国家的主导下，在各族民众的积极参与下，壮族地区的开发在原来的基础上，大大地往前推进了一大步，取得了前所未有的新成就，对壮族地区社会政治、经济、文化等诸方面的发展发挥了积极的作用，产生了相当深远的影响。

一、增强壮族地区的国家认同与中华民族共同体意识

恩格斯曾经指出："当我们深思熟虑地考察自然界或人类历史或我们自己的精神活动的时候，首先呈现在我们眼前的，是一幅由种种联系和相互作用无穷无尽地交织起来的画面，其中没有任何东西是不动的和不变的，而是一切都在运动、变化、生成和消逝。"[①]从联系和发展的观点来看，明清时期王朝国家主导下的壮族地区的全面开发，既是壮族地区历史逻辑发展的结果，推动了壮族地区社会历史的发展和进步；又是明清王朝国家治理的重要组成部分，是明清时期王朝国家边疆经略的重要体现，是各民族共同参与的结果，是统一的多民族国家范围内中央与地方、边疆与内地、边缘与中心同频共振的结果。因此，明清时期王朝国家主导下的壮族地区的全面开发，进一步加强了壮族地区与内地之间的联系，进一步促进了壮族同各民族之间的交往交流交融，进

---

① 《马克思恩格斯全集（第25卷）》，人民出版社，2001年版，第386页。

一步增强了壮族地区的向心力与国家认同意识。

以土司制度的推行为例。作为明清时期中央王朝在壮族地区推行的一种特殊的政治制度和民族政策，土司制度在增强壮族地区的政治稳定、维护多民族国家的统一、保卫祖国边疆的安全、加强各民族间的经济文化联系、促进壮族地区社会历史的发展与进步等方面均起到了重要的积极作用。明清时期王朝国家通过在壮族地区推行土司制度，在巩固中央集权的同时也强化了对地方社会的有效管理与统治，从而在“中心”与“边缘”之间实现了有效的良性互动，不仅进一步巩固了统一多民族国家的稳定，促进了多民族国家边疆的形成与稳固，而且有力地促进了边疆民族地区社会历史的发展与进步，而边疆民族地区的稳定和发展，对于加强民族团结、巩固边疆安全、维持国家统一又是十分重要的。因此，明清时期王朝国家在壮族地区推进开发的过程，实际上就是壮族地区不断强化国家认同意识和不断铸牢中华民族共同体意识的过程。

二、推动壮族地区社会经济的进一步发展

明清时期，王朝国家在壮族地区实施的一系列经济开发举措，对于壮族地区社会经济的进一步发展起到了相当大的推动作用。广置屯田是明清政府为巩固其于壮族地区的统治的一项重要举措，也是明清时期壮族地区经济开发的一项重要内容。随着屯田的广泛设置，对壮族地区农业生产的发展带来了积极的影响。一方面，“按照明朝的规定，凡参加屯田的兵士，家眷必须同驻，

或者专程从内地把屯田士兵的家小送到屯田之地”[①]，这样一来，伴随着屯田的广泛推行，又有相当数量的外来人口移居壮族地区，特别是军屯的主体多是以汉族为主的内地各民族，不仅人数众多，而且分布广泛，他们的到来，不仅使壮族地区的民族构成发生了重大变化，而且增加了一定数量的劳动力，带来了内地先进的思想文化与生产技术，提高了壮族地区的农业生产水平，对于地处边陲的壮族地区而言，“更有其移民殖边的特殊意义”[②]，从而为壮族地区农业生产的进一步发展和边疆地区的进一步开发创造了有利的条件，做出了积极的贡献。另一方面，随着屯田的广泛推行，壮族地区的田地得到了大量开发和有效利用，扩大了耕地面积，增加了粮食产量，从而有效解决了当地驻军的粮饷问题。如据史载，宣德二年（1427年），巡按广西监察御史汪景明奏称：“比较广西都司，洪熙元年所种样田子粒，除正粮外，每军均有余粮一十九石有奇，人民赏钞三锭，提督官倍之。命行在户部给赏如例。”[③]

清代统一广西后，在明代开发取得的历史成就的基础上，积极采取各种政策与措施，无论是农业、手工业、商业贸易，还是水陆交通、边防建设等方面，均能继续推进广西的全面与深入开发，从而取得了较大的成就，为广西壮族地区社会经济的进一步发展奠定了坚实的基础，成为壮族地区开发史上的重要时期。不

① 方铁、方慧：《中国西南边疆开发史》，云南人民出版社，1997年版，第335页。

② 方铁、方慧：《中国西南边疆开发史》，云南人民出版社，1997年版，第336页。

③ 张廷玉等撰《明史》卷一五四《李彬传》。

仅如此，明清时期王朝国家在壮族地区实施的开发，还推动了壮族地区社会经济形态发生新的变化。在土司制度的推行下，原先的封建领主制经济严重地束缚着社会生产力的发展，至明清时期王朝国家在壮族地区的空前开发及大量汉族人口源源不断地进入壮族地区，使得壮族地区的社会经济形态发生了新的变化，壮族地区的封建地主制经济发展起来了，这就为后来实施的改土归流奠定了基础，这不仅有利于壮族地区的社会发展与进步，还有利于王朝国家的统一与稳定。

三、促进壮族地区文教事业的空前发展

文教事业历来是区域开发与建设的重要领域。明清时期王朝国家在壮族地区实施的全面而深入的开发，极大地促进了壮族地区文教事业的发展。

首先，从官学教育的发展来看。广西地处祖国南部边陲，与全国其他经济文化发达的地区相比，历史时期其文明开化程度确实稍显滞后，此乃不争之事实。但是，随着社会历史的不断向前发展和中原文化的南传，广西地区学校数量日渐增多，教学设备趋于齐全，生员数额不断扩大，官学教育因此为地方乃至多民族国家培养了大量治术人才。从空间分布上看，宋元时期，广西的官学主要集中分布在桂北、桂中和桂东地区，桂西一带少数民族聚居的羁縻州县并未设有官学。而降及明代，广西除原有官学外，新创办的23所学校绝大部分坐落在桂西和桂西南少数民族聚居地区。整个明代，广西壮族地区的官学设置明显呈现向西发展的态势，这对促进壮族地区文化教育事业的发展无疑会起到一

定的积极作用。据史书记载，明代在广西壮族地区推行儒学教育，包括南宁府、太平府、桂林府、田州、上思州、忠州、左州、新宁州、永康州、忻城、荔波、思恩、桂平、河池、修仁、隆安、怀集、平乐等地。[①]这对促进人才培养和地方文教事业的发展无疑具有重要作用。

清代沿袭明代旧制，在各地设置府、州、县学，在改土归流的地区还增设了厅学。这些新建的学校基本上设在少数民族聚居的地区，从而为这些地区文化教育的发展奠定了基础。到清末，土司地区凡已改土归流的府、厅、州、县，基本上都设立了官学，共计24所，约占当时广西全省官学总数的1/4。这些学校共设文学额207名，武学额201名，廪生额235名，增生额235名，分别占当时全省各该类学额的1/4左右。总体而言，清代广西壮族地区所有的府、厅、州、县基本上都设立了学校，官学设置已相当普遍，覆盖面广，致力于推行封建儒学教育。

其次，从书院教育的发展来看。明代广西创办的书院除了分布在桂北的桂林府、柳州府和庆远府，桂东北的平乐府，桂东的梧州府和浔州府外，还分布在桂南的南宁府、思恩府、太平府、思明府和廉州府，同时已逐步向西推进，整个明代桂西地区设立的书院已有4所，皆位于今崇左市，分别是肇化书院、静庵书院、左阳书院和太子泉书院。降及清代，广西书院的发展及其空间分布格局已经发生了明显的变化，其中最显著的一个特点，就是在原有的基础上，已经向西部地区深入扩展。这与当时广西西

① 方铁、方慧：《中国西南边疆开发史》，云南人民出版社，1997年版，第379页。

部地区的改土归流具有直接关系。改土归流后，流官进驻广西西部地区实行直接管理，不仅进一步加强了中央集权，极大地促进了桂西地区同内地之间的联系以及儒学在桂西地区的传播，而且减少了一些封建剥削，客观上有利于桂西地区社会经济文化的发展与进步。譬如，镇安土府于雍正七年（1729年）改土归流后，镇安知府、顺天府大兴县举人陈谟即购地筹办秀阳书院，泗城府云峰书院、归顺州道南书院等也都是在当地改土归流后建立的。随着桂西一带各地书院的创办，广西全省各府、州、县也就基本上都有了书院。①

最后，从科举考试的发展来看。明清时期，一方面，广西壮族地区科举中式人数明显增多，为封建社会培养了一大批人才。据统计，明代广西共有举人5098名，进士239人（含恩赐）；清代广西文科中式举人计5075人，中式进士共587人，其中状元共4名。这些举人和进士的出现，不仅有利于社会中下层知识分子向社会上层流动，进而有利于改善吏治，而且对于广西地区乃至整个中国社会的发展和进步无疑具有十分重要的意义。另一方面，科举考试不断由桂东向桂西、由桂北向桂南推进，以此为基础，儒学在桂西、桂南地区得到广泛传播，极大地促进了桂西、桂南地区文教事业的发展，进而在整体上推动了明清时期广西地区文教事业的发展。

---

① 李彦福、黄启文、莫雁诗等编《广西教育史料》，广西人民出版社，1990年版，第39页。

四、加速壮族地区的近代化进程

明清时期是广西社会发展史上的重要时期，也是广西社会发展史上的关键时期。明清时期王朝国家主导下的广西开发不仅是对广西地区传统开发的继承与创新，更是为广西的近代化转型和发展奠定了良好的基础。兹以文化教育中的书院教育为例加以说明。

通过对明清时期王朝国家主导下广西书院建设与发展的梳理，可以看出，明清时期壮族地区的书院教育取得了前所未有的发展。总体上看，这些书院的建设与广西社会的发展始终处于良性互动的状态，成为促进广西地区文化教育与经济社会发展的重要因素，不仅为壮族地区培养和造就了一大批人才，而且晚清时期广西的书院改制，更是为广西地区教育的近代化奠定了必要的基础，开启了广西教育的近代化进程。

众所周知，清朝末年，中国社会动荡不安，边疆危机日益加深。这一时期，同全国其他地区一样，广西壮族地区书院弊窦丛生，在清末中国社会大动荡、大变革的背景下，在西方文化冲击和教育改革思潮的影响下，当时的书院教育已经不能适应广西经济社会发展的实际需要。光绪二十七年（1901年），清政府颁布书院改学堂的上谕，要求将各省城、各府以及各直隶州、各县的书院分别改设为大学堂、中学堂和小学堂等不同层次、不同等级的学堂。[①]光绪二十八年（1902年）清政府颁布《钦定学堂章

① 杨家骆：《清光绪朝文献汇编·光绪朝东华录》，台湾鼎文书局，1978年版，第4719页。

程》。光绪二十九年（1903年）清政府颁布《奏定学堂章程》，使改制后的学堂有章可循。光绪三十一年（1905年），清政府正式下令废除科举制度，为书院改制扫除了一些障碍。在清政府颁布书院改学堂的诏令后，广西地方官府及士绅积极响应，极力推进广西壮族地区的书院改制。清末广西的书院改制主要是以“改学堂”为主，在各式新型学堂的兴办过程中，出现了与传统书院教育不同的课程内容、考试方式与管理方法，体现了当时社会发展与教育变革的新趋势。书院改制作为清末广西教育改革的重要突破口，通过书院改学堂，催生了广西近代新式教育，推进了广西近代教育体系的形成，推动了广西近代教育的产生与发展。

第二节　壮族地区开发存在的问题

辩证唯物主义认为，任何事物都是一分为二的，分析问题和看待事物必须坚持辩证的观点。我们在看到明清时期王朝国家在壮族地区实施开发所取得的巨大成就与重要影响的同时，也要看到其不利的因素和存在的问题，以便为新时代背景下壮族地区的进一步开放、开发提供必要的历史经验借鉴。

一、区域差异性与不平衡性

通过对明清时期王朝国家在壮族地区实施开发实态的梳理与探析，可以发现，明清时期王朝国家在广西地区实施的开发与建设一个最显著的特征，就是区域差异性与不平衡性。

从整体开发的趋势来看，明清时期王朝国家在广西实施的全面而深入的开发，总体上是由桂北、桂东向桂南、桂西逐渐推进的，这一时期广西的开发显然已由传统的、主要集中于桂北和桂东地区的开发，逐渐推进并深入到桂南和桂西地区的开发。在很大程度上可以说，明清之前，桂西地区并未得到实质性开发，而到了明清两代，王朝国家在壮族地区实施的开发已逐渐推进到了桂西地区，将广西的开发与建设推进到了前所未有的程度，从而奠定了后世广西地区开发与建设的基本态势与大体格局。

但是，我们也应该看到，表面上的开发背后，其实仍存在着区域的差异性与不平衡性。从历史上看，相比较而言，桂东和桂北地区开发较早，发展较快，而桂南和桂西地区开发较晚，发展较慢，这是不争的事实。毋庸置疑，壮族地区此种发展的区域差异性与不平衡性古已有之，明清时期在王朝国家主导下实施的开发，虽然在一定程度上缩短了地区间的差距，但一时难以彻底消除。

从经济开发的角度来看，明清时期，相对于桂北和桂东南地区而言，桂西一带壮族土司统治区的社会经济发展还是比较落后的，两者之间仍存在较大差距。譬如，桂东的梧州、桂平等地由于靠近广东，清代不少汉族商人迁到此地居住。据《创造粤东会馆碑记》载，广东商人到桂平、大湟江镇、金田圩等地区做生意的情况是，“四方商贾，挟策贸迁者，接迹而来。舟车辐辏，货购积聚，熙来攘往，指不胜屈，而以我东粤之商旅于桂平永和、大宣两圩者尤盛”。《桂平县志》亦载：江口圩又名湟江圩，旧为瑶人贸易场，乾隆间迁今地，清世瑶人远遁，外籍日众，圩渐繁盛。“嘉同光而后，浔州府城设立厘金入口加税，石咀、新圩、南绿与平南之思旺圩来趁者皆有水路可达。故昔日县城繁盛之景象尽为此圩所夺，为全省各圩镇之冠。”[①]相比较而言，桂西壮族土司统治区的经济发展尚属落后。譬如，思恩旧治“皆在万山之中，水道不通，故各夷所须鱼、盐诸货类，皆远出辗转鬻买，往返旬月，十不致一，常多匮绝”[②]。永乐十年（1412年），“广西太平府都结州言：本州言岁运纳太平守御千户所，陆行四百余里，山溪险阻，运载甚难，南宁卫至本州，可通舟楫，乞运纳南宁。从之”[③]。正统七年（1442年），令广西布政使司土官衙门不通河道去处，岁征粮米折收银两。[④]南丹，“不通舟楫，山路崎岖”[⑤]。右江，“石壁巉岩，江流迅急，两岸无路，中深不可测，舟则扪石山上，以故商旅罕通”[⑥]。由于交通运输不畅，导致部分土司统治区商品经济的发展受到了一定程度的影响，特别是与外界联系、交往较少的部分边疆地区此时仍是“不知商贾，惟务农事”[⑦]。由此可见，明清时期，广西地区社会经济发展的区域差异性与不平衡性依然存在。

从文化教育的角度而言，明代广西官学教育发展仍然呈现不平衡态势，相对而言，桂东和桂北地区较为发达，桂南和桂西地区较为落后，终明一世，桂西地区的镇安府一直未设立府、州、县学。从明代广西中式举人和进士的数量统计与空间分布来看，

① 黄现璠、黄增庆、张一民编著《壮族通史》，广西民族出版社，1988年版，第401页。
② 王守仁撰《处置八寨断藤峡以图永安疏》，载《粤西文载》卷七。
③《明太宗实录》卷一二四。
④（嘉庆）《广西通志》卷一五五《经政略》。
⑤《明太祖实录》卷二四四。
⑥ 杨芳编纂《殿粤要纂》，“庆远府图说”条。
⑦（道光）《上思州志》卷七《舆地》。

明代在全广西境内，桂林、柳州、梧州、南宁等府科举考试中式举人和进士为数较多，反映出这些地区社会经济与文化教育发展较为发达，而庆远、太平、思恩等府中式的举人和进士则为数甚少，镇安、泗城、思明等府甚至竟无一中式举人，更别说进士及第了。这种区域差异性在明代之前即已存在，降及明代，中国的经济重心虽然进一步南移，封建统治者的民族政策有所完善，但由于历史造成的原因，这种区域不平衡局面仍未能从根本上得以彻底改变。

从开发的强度而言，明代在王朝国家主导下的壮族地区开发虽较前代有了较大的发展，但大体上仍处于局部开发阶段，尚未达到全面而深入的程度，或谓处于全面开发的“前夜”。这主要体现为，这一时期的开发区域主要集中于桂东和桂中地区，而桂西地区仍多处于地方土司的实际控制之下，开发强度与范围仍极其有限，大多未属赋税承担区域。明人陆应阳在《广舆记·广西》中列举了广西各府州的粮赋额，其中桂林府、梧州府均为12万石，以下依次是平乐府、柳州府、南宁府、浔州府、庆远府和太平府，其他府州则无粮额。

二、生态环境遭受一定程度的破坏

明清时期，王朝国家在壮族地区推进开发的历史进程中，个别地方由于受经济利益的驱使，没有正确处理好经济开发与生态环境保护的关系，加以明清时期特别是清中期，随着省外汉族移民的大量迁入，广西壮族地区迎来了开发的高潮，对森林植被的破坏较为严重，导致部分生态环境遭到了一定程度的破坏，从而又反过来影响和制约了社会经济的良性发展。如据史载，明代中期，全州人陈邦偁、陈邦修在谈及全州的水利时称：“水所发源，必藉林樾蔽翳，乃免熯烁。近年万昇乡民规利目前，鬻商贩置炭窑，伐木无时，林疏而山就童，窑密而土益燥，经旬不雨，流脉微细，田畴失溉。”[①]由于人为地、无节制地乱砍滥伐，导致山岭童秃，森林植被遭受破坏，水土流失严重，极易干旱，进而影响农田水利灌溉。万历二十九年（1601年），桂林府为保护全州淋田源的水源林，特地出榜晓谕：

为禁护水源林以资灌溉，以裕征纳事。淋田一源，出自天仙而来，分派下灌，何啻千百余亩，然山阴则源润，虽有旷旱不竭，故培养山林滋润源头亦至理也。曾经吴成举赴州告给示禁伐，第彼意在利市，假公济私，以一人禁，以一人伐，而数十年巨木欲卖尽矣，此本厅之所亲而目睹者。今七排复呈禁伐，故不得以成举概疑众排间而有之。所有水源林木，务在培养茂盛，则源不期裕而自裕矣，系国课民命，敢有违禁，擅取一木一竹者，许七排指名呈究，定行严治不贷，特禁示。[②]

这一针对水源林的砍伐和保护所做的专门规定，从侧面反映出明代全州森林资源已遭到较大破坏，此与当时全州的经济开发程度不无关系。乾隆年间，正值王朝国家在广西地区实施开发的高潮时期，其时谢庭瑜在《论全州水利上临川公》中称：

① （康熙）《全州志》卷八《艺文志》，康熙二十八年刊本。
② 参见《淋田源禁砍水源林木碑》，今存全州县龙水镇龙水村旧祠堂。

郡之资灌者多沟涧细流，其源发于山溪。往者山深树密，风雨暴斗，雷奔云泄，旱干无虞，惟苦汛隘。比岁以来，流日狭浅，弥旬不雨，土田坼裂，农夫愁叹，水讼纷纭……涧水之源，虽由山发，实藉树而藏……迩来愚民规利目前，伐木为炭，山无乔材，此一端也。其害大者，五方杂氓，散处山谷，居无恒产，惟伐山种烟草为利，纵其斧斤，继以焚烧，延数十里。老干新枝，嘉植丛卉，悉化灰烬，而山始童矣。庇荫既失，虽有深溪，夏日炎威，涸可宜待。①

可见过度垦殖和乱砍滥伐对森林植被与生态环境造成了极大的破坏。嘉庆四年（1799年），恭城县下西乡高界源、大源、小源、芹菜源的瑶民邓明全、盘福和、盘有田等控告八角岩村虞光成等人冒充山主，于嘉庆二年（1797年）将瑶山土岭私自批租给外省汉人邹用元、邓显荣、朱化龙、毛万里等耕种，导致汉人在种植杂粮时“将树木尽行砍伐，伤坏水源”②。道光《灌阳县志》卷一《舆地·水利》记载：“灌邑之山川不独疆界所由分，亦即田禾所由茂，何也？以土浅水薄，十日不雨。田即干坼。惟赖深山树木浓荫，水源不竭，沟浍常有山箐长流之水到田，是以田禾葱茂，秋成有获。乃见小利者往往斩伐树木，烧炭挖瓢，剥取香皮，种种戕贼，真可痛恨。”道光《庆远府志》卷二《地理志中·气候》载：“在昔土旷人稀，草木蓊蔚，其疠较甚。今则深山蛮峒皆为楚、粤、

---

① （乾隆）《全州志》卷十二《艺文下》，乾隆三十年刊本。

② 李刚、俸斌、俸艳、俸贵华编《广西恭城瑶族历史资料》，漓江出版社，1990年版，第19页。

黔、闽人所窜处，刊焚垦艺，材木濯濯，故瘴气亦渐消亡。”由此可见，明清时期，王朝国家在广西不断推进开发的历史进程中，由于种种原因，导致局部地区的生态环境遭受一定程度的破坏。

三、因战乱而造成的影响

毋庸置疑，明清时期，在王朝国家主导下，在相对稳定的社会环境中，壮族地区的开发取得了空前的成就。但是，在长达数百年的历史进程中，壮族地区的开发还是受到了一些战乱的影响的。由于明王朝多次用兵镇压壮族地区各族民众起事，社会动荡不安，社会生产力遭到严重摧残，大量土地荒芜，社会经济遭到严重破坏，从而导致区域开发受到了严重的制约和影响。因此，同全国经济较为发达的江浙一带地区相比，这一时期广西虽得到一定程度的开发，但相对而言还是比较落后的。史称：“广右（广西）财赋不足东吴一大县……计一省之赋不足一省之用，粤东及楚岁岁邛给，而上供之典寥寥矣。”由此可见，这一时期广西的发展进度还是较为缓慢的，这在一定程度上也反映出，此起彼伏的战乱及动荡不安的社会局势，在一定程度上对广西地区的开发与社会发展产生了不良的后果与影响。

四、空前开发引发的社会问题

毋庸置疑，明清时期，大量移民的到来，不仅为壮族地区带来了先进的思想文化与生产技术，而且为壮族地区带来了大量的劳动力，对壮族地区的开发具有十分重要的作用。但是，自发移民的大量到来，也会给壮族地区的社会治理带来一定的隐患。为此，清政府对客民户口进行了严格清查和实行保甲制度，加强对“外籍流寓民人”的管控。乾隆三十年（1765年），广西布政使淑宝上奏，令各土司地严加究逐外省游棍，如若土司容留，将治重罪。乾隆三十二年（1767年），清廷议复广西布政使淑宝奏折：“并令佐杂同会土司将外籍流寓民人，一并清查造册，送兼辖官稽查。如土目容留匪类，立拿重罚。”①道光七年（1827年），清廷谕令广西巡抚苏成额：“严饬各府、州、县并苗疆土司，将现在外来山民人，开载户口……一体编入保甲……并严禁里保私租山地，搭盖土房，使奸匪无所容留。”②道光八年（1828年），御史周炳绪奏称：“严饬各府厅州县及苗疆土司，将现在种山客民，逐细清查。”③清政府不仅对进入土司地区的外来人口进行严格管理，而且严厉禁止土司地区的土民擅自进入非土司地区。如据史载雍正十三年（1735年），清廷规定：“其土官土人除无故擅入民地潜越外省者仍照原例遵行外，如有差贡公务并缉拿盗逃等事应远赴外省者，许呈明该管官转报本省……如土官土人有潜往外省生事为匪别经发觉者，将该土官革职，土人照无私引渡关津律，杖八十。”④由此可见，自发移民的存在，确实给明清时期壮族地区的社会治理带来一定的影响，从而引发了一些社会问题，导致清政府不得不采取必要的管控措施，以确保壮族地区的稳定和发展。

---

① 《清高宗实录》卷七七七。
② 《清宣宗实录》卷一三一。
③ 《清宣宗实录》卷一三五。
④ 王言纪修，朱锦纂《白山司志》卷一七。

五、思想认识上存在的局限性

明清时期，在王朝国家主导及广西地方政府的积极推动下，壮族地区的开发取得了一系列新成就。但是，壮族地区原有的一些落后的旧观念与传统意识一时还难以迅速转变和彻底消除，有的甚至长期存在，一定程度上制约了壮族社会的发展与进步。

明清时期，中央王朝为了笼络地方土官，以便巩固中央政权及其于壮族地区的统治，曾经制定一系列优待土官子弟读书应举、准许承袭的政策和措施，并积极推行。与此同时，地方土官为了稳固其世袭统治地位，防止土民入学读书应举，以免他们出仕而脱籍、不服土官统治，因而制定了一些压制土民、不准土民读书应试的政策和措施，以维护日趋没落的土司制度。

作为辖区内的最高统治者，壮族土官为了维护其世袭统治地位和绝对权威，对土民子弟读书应举的权利往往横加限制和剥夺。改土归流前的土司地区，由于受土官的种种限制，其文化教育和科举活动未能得到广泛推行。譬如，据清代赵翼所撰的《檐曝杂记》记载，在土田州，“土民虽读书，不准应试，恐其出仕而脱籍也”，“田州与奉议州（改流州）一江相对，每逢议州试日，田州闻炮声，但遥望太息而已”。为了维护其世袭统治地位，土官不惜实行愚民政策，想方设法限制土民读书和参加科举考试，唯恐土民读书做官而摆脱其统治。据《凤山县志》记载，乾隆年间，凤山人“罗斌有文武才，愤土官之限制，私赴柳州投考①。以一巨石

① 科试必经原籍州考，录送府考，由府录送院考，三试中，又要原籍廪生保结。罗斌无州府录送廪保至院试，乃赴柳州。

塞马路，学使怪而问之，斌陈述土官限制情形，学使特别准考，即录取郡武生”。壮族土官对土民读书应考的限制由此可见一斑。

由此可见，虽然明清时期王朝国家全面推进对壮族地区的经营与开发，但是壮族土司固有的狭隘的地域观念与封建意识并未同步消除，这在一定程度上制约了壮族地区开发的历史进程，或多或少地阻碍了壮族地区社会的发展与进步。

本章小结

明清时期向来被视为中国社会转型的重要时期，清朝特别是清末表现得尤为明显。明清王朝一方面基于巩固和强化专制主义中央集权之需，另一方面基于对传统的“夷夏之防”观念的转变，积极采取各种措施，全面加强对壮族地区的经营与开发，取得了前所未有的成就。

一方面，明清时期王朝国家在壮族地区的空前开发，对壮族地区的社会发展产生了积极的影响。一是随着开发的深入，使本地区在农业、手工业、商业、交通运输等各方面均获得了前所未有的发展，促进了这一地区产业结构的变化，促使这一地区的经济发展整体跃上新台阶，由此带动了壮族地区经济社会的发展与进步。二是文教事业不断向桂西地区推进发展，明清时期整个广西壮族地区所有的府、厅、州、县基本上都设立了学校，这对于推动广西壮族地区文化教育事业的整体发展无疑具有十分重要的意义。三是通过明清时期王朝国家主导下的壮族地区的全面而深入的开发，进一步加强了壮族地区与内地之间的联系，进一步促进了壮族地区与内地各民族之间的交往交流交融，进一步增强了壮族地区的向心力与国家认同意识。四是明清时期王朝国家主导下的壮族地区开发不仅是对壮族地区传统开发的继承与创新，更是为壮族地区的近代化转型和发展奠定了基础，创造了条件，加速了壮族地区的近代化进程。

另一方面，明清时期王朝国家主导下的壮族地区的开发，也存在一些不容忽视的问题，主要表现为：一是在全面开发的同时仍然存在着区域差异性与不平衡性，相比较而言，桂东和桂北地区开发较早，发展较快，而桂南和桂西地区开发较晚，发展较慢。二是在壮族地区推进开发的进程中，个别地方由于受经济利益的驱使，没有正确处理好经济开发与生态环境保护的关系，导致一些生态环境遭到了一定程度的破坏，从而又反过来影响和制约了社会经济的良性发展。三是此起彼伏的战乱及由此造成的动荡不安的社会局势，在一定程度上对壮族地区的开发与社会发展产生了不良的后果与影响。四是自发移民的存在，给壮族地区的社会治理带来了一定的影响，引发一些社会问题，对壮族地区的开发与建设有所不利。五是壮族地区一些落后的旧观念与传统意识一时难以彻底消除和迅速转变，有的甚至长期存在，一定程度上制约了壮族社会的发展与进步。

下编

国家治理视角下
明清时期壮族地区的
改土归流

改土归流是一种制度性变革，既是明清时期王朝国家在壮族地区推进全面开发的必然结果，又是明清时期壮族地区实施全面开发的重要组成部分，是壮族地区社会发展史上的一个重大事件。

翻开历史的画卷，走进岁月的长河，我们可以清楚地看到，元朝统一西南边疆民族地区后，进一步加强对这一区域的统治与经营，在继承和借鉴唐宋时期“以夷制夷”的羁縻制度的基础上，正式推行土司制度，特许壮族首领“世守地方”[①]，世统其民，“因俗而治”，从制度上实现对该地区的间接统治，有力地维护了多民族国家大一统的政治格局。

明代承袭元制，在壮族地区继续推行土司制度，并对其加以拓展和完善，从而将其推进到前所未有的全盛时期。史称：“迨有明踵元故事，大为恢拓，分别司郡州县，额以赋役，听我驱调，而法始备

① 《清世祖实录》卷一三一。

矣。”[①]这一时期，“无论是中央王朝对土司的掌控与管理，还是土司内部以及对辖区土民的统治，都形成了一套严密的制度”[②]，不仅影响当世，而且为清初所承继。

清初因明制，中央王朝在壮族地区继续推行土司制度，令壮族首领“谨守疆土”，“因俗而治”，土司制度进入鼎盛时期并开始由盛转衰。

辩证唯物主义认为，任何事物都处于不断的运动、变化与发展之中，皆有其产生、发展与消亡的过程，绝对静止不变的事物从未有之。土司制度亦是如此。伴随着明清时期土司制度的全面发展及至鼎盛，其本身所固有的各种弊端也日益败露。诚如学者研究指出：“元明及清前期的土司虽然名义上归属中原王朝，但也呈现半自立或游离状态。中原王朝对西南偏远地区土司经常处于鞭长莫及之境地。”[③]事实确也如此。随着自身统治势力的日渐壮大，诸土司渐趋膨胀自傲，或伺机“称兵构衅”，不仅危害地方，而且对中央王朝在地方上的统治构成严重威胁。史载：“滇省汉土交错，最称难治。治滇省者，先治土人，土人安而滇人不足治矣。”[④]显然，土司问题已成为治理好云南边地的头等大事。

缘于上述，随着明清中央王朝政权的进一步稳固，改土归流

---

① 张廷玉等撰《明史》卷三一〇《湖广土司传》。

② 覃彩銮：《广西开发史》，广西师范大学出版社，2013年版，第146页。

③ 于逢春：《“泛中原农耕文明板块”视域中的西南边疆及土司研究》，《民族学刊》2012年第5期。

④ 方国瑜主编《云南史料丛刊（第八卷）》，云南大学出版社，2001年版，第425页。

势在必行。所谓“改土归流”，简言之，即“由土司之治而变为流官之治”①，亦即“废除由当地民族集团的酋长所担任的土官，改为由朝廷派遣来的流官来担任地方官”②，“实行同内地一样的州县制统治”③。明清时期，尤其是清代正是中国大规模改流之时。明朝建立以后，随着封建社会的发展和专制主义的不断强化，一些土属地方基于自身利益的需要，争袭夺地，内外作乱，严重影响到中央王朝的稳固统治，尤其是自明永乐末期以后，“土司已明显跋扈难驭”④，为此，随着封建统治的日渐巩固，明廷便着手对一些寻衅构乱的地方土司予以废除，以示惩戒。实际上，从文献记载来看，明代建立之初，在继续推行土司制度的同时，即已着手对部分土司进行改流⑤，但因其时各方面条件尚未完全成熟，改流很不彻底，存在较大的反复性，“复流为土”的现象所在多有。降及清初，相沿承袭明代的土司制度，在保持土司制度的延续性的同时，却使土司制度固有的弊端因此得以相沿成习，“土司欺压人民的本性，特别是其对抗地方政府乃至于中央的倾向，并没有因改朝换代而有所改变”⑥。实际

---

① 佘贻泽编著《中国土司制度》，正中书局，1944年版，第159页。

② 王柯：《从“天下”国家到民族国家：历史中国的认知与实践》，上海人民出版社，2020年版，第163页。

③ 王柯：《从“天下”国家到民族国家：历史中国的认知与实践》，上海人民出版社，2020年版，第174页。

④ 于逢春：《“泛中原农耕文明板块”视域中的西南边疆及土司研究》，《民族学刊》2012年第5期。

⑤ 蓝武：《广西土司制度的历史渊源与改土归流开始的时间问题辨析》，《楚雄师范学院学报》2012年第1期。

⑥ 于逢春：《“泛中原农耕文明板块”视域中的西南边疆及土司研究》，《民族学刊》2012年第5期。

上，清初虽“因明制”，怀柔土司以安定边陲，但朝廷内外有关强化对土司管控的呼声仍不绝于耳。早在顺治十六年（1659年），贵州巡抚赵廷臣即奏请清廷加强对土司制度的管理，主张使“土官按籍袭替”才“不致争土夺职”，以免“争夺不已，酿成变乱”之势。[①]这就表明，其时土司之祸已非小事。于是，清代，尤其是在雍乾年间，在明代业已开启的局部改土归流的基础上，在壮族地区实施了大规模的改土归流，这是“对土司制度的一次重大变革”[②]。这次大规模的改土归流工作取得了较大成功，可以说是达到了预期的目的。

从联系和发展的观点来看，明清时期壮族地区的全面开发无疑为王朝国家实施大规模的改土归流创造了必要的条件，奠定了良好的基础，而经过大规模的改土归流以后，壮族地区诸土司各自为政的樊篱被冲破，画地为牢的界限被突围，壮族地区的开发与建设因此获得了更为广阔的空间和更加快速的发展。换言之，明清时期中央王朝大规模改土归流政策的顺利推行，为壮族地区的经济开发与社会发展扫除了制度上的障碍，进一步推进了王朝国家在边疆地区的治理与经营。

总体而言，土司制度是社会发展到一定历史阶段的产物，是在历史运行的进程中逐步形成和发展的，其间经历了一个动态的渐进过程。如同任何事物一样，土司制度亦有其萌芽、形成、发展到衰亡之过程。因此，对涉及土司衰亡问题的改土归流领域的

---

① 张广泗修，杜诠纂《贵州通志》卷三五《艺文志》。

② 陈季君、党会先、陈旭：《播州土司史》，中央民族大学出版社，2015年版，序言第1页。

探究就成为土司制度研究中绝对不可回避的重要课题。从历史上看，壮族地区的改土归流是一个曲折而漫长的历史过程，是“一场长时期、全方位的社会变革”[①]，始于明初，盛于清代，终于民国时期，绵延长达数百年时间，对壮族社会历史乃至中国社会历史的发展产生了十分重要的影响。诚如学者所言：“历史上，‘中国’之所以成为‘中国’，不止是秦汉以来，北方从‘筑长城，界中国’逐渐到‘长城两边是故乡’，也应该包括唐宋以后，南方的开疆拓土和改土归流，把过去被视为‘蛮荒’或‘化外’之地的南疆逐渐纳入版图。”[②]因此，从这个意义上说，明清时期的改土归流实际上是王朝国家推进壮族地区内地化进程的重要组成部分。对壮族地区改土归流进行专门而系统的研究，不仅事关全面了解壮族社会历史发展之大事，更是事关正确认识中国历史疆域之形成及铸牢中华民族共同体意识之大事，其意义重大且影响深远。

---

① 崔继来：《“改土归流”与清代广西土司地区行政隶属关系变动》，《民族史研究》2016年。

② 杜树海：《边境上的中国：11世纪以来广西中越边境地区的历史与记忆》，九州出版社，2019年版。

第七章

明清时期壮族地区
改土归流起始时间辨析

制度史研究是史学研究的重要内容，改土归流是中国土司制度史的重要组成部分。对壮族土司制度的改土归流进行深入研究，不仅有助于人们全面了解改土归流的源流与演变，而且有助于人们正确认识明清时期壮族地区改土归流与壮族地区全面开发之间的内在关系。

从历史上看，壮族地区的改土归流历经明代、清代和民国时期三个时段，明代开始进行局部改流，清代进行大规模改流，民国时期进行余部改流后最终完成。这既为古史所记，亦为当下学界之共识。但是，一旦涉及溯源问题，具体到广西壮族地区改土归流最早开始的时间问题，历来学界却多有争议，众说纷纭。对这一问题进行深入辨析，将有助于人们全面了解和正确认识广西壮族土司制度发展的历史进程及其规律以及历史时期中央王朝与壮族土司之间的相互关系。

第一节　关于壮族地区改土归流起始时间的讨论

从历史发展的观点来看，元明清时期中央王朝在边远民族地区实施土司制度乃属权宜之计，一旦其统治地位日渐巩固和政权力量足够强大，便伺机剥夺地方土官的世袭统治地位，改由中央王朝委派的流官进行直接管理和统治，实行与内地划一的政治制度，将土属地方陆续纳入中央王朝的集权统治之下，从而实现其从形式到内容上的真正大一统的局面。改土归流因而成为土司制度的重要内容，对改土归流问题的研究也就成为土司制度研究的题中应有之义。

关于广西壮族地区改土归流开始的时间，学界众说纷纭，莫衷一是。总而言之，大致有以下三种不同的观点：

一是认为始于宋代。譬如，陈业强认为，“其实明代改土归流最早者，是洪武初年改忻城土官设流官知县。如果要追溯到更远，早在宋朝就已经有改土归流的事情了”，“早在宋朝初、中期，广西已开始改土官设流官”。[①]覃成号认为：“封建王朝中央对广西少数民族地区进行改土归流，一般认为始于明洪武初年对忻城土县和钦州七峒长官司的改流。其实，早在宋徽宗时已有改土归流之举。”[②]

二是认为始于明代初期。譬如，谈琪认为：“为了加强对土

---

① 陈业强：《广西土官制的流弊及历代改土延缓的原因》，《学术论坛》1984年第1期。

② 覃成号：《广西“改流复土”浅语》，《广西民族研究》1993年第1期。

官的控制，削弱土官的权力，明王朝一开始便对广西土司实行‘改土归流’政策。”[①]粟冠昌认为：“明代广西土官制度的改流自明初就开始了，直至明后期都断断续续地推行，改流的地方也不是很少。洪武初首先被改流的是钦州七峒长官司；不久，太平府也被改流。”[②]

三是认为始于明代中叶。譬如，钟诚认为，“广西壮族地区改土归流的过程是一个长期的反复斗争过程”，“明中叶，开始逐步废除土官，设置流官”。[③]

综合来看，学者们对于此类问题的关注与研究，一方面大大凸显了改土归流在土司制度研究中的重要地位，另一方面也使得关于改土归流问题的讨论众说纷纭，从而助推这一领域研究的不断深入。

从历史发展的角度来看，废除土官的世袭统治，改由中央王朝委派的流官直接管理民族地区的内部事务，这一做法确实早在土司制度的雏形期——羁縻制度时代即已开始，只因当时各种条件尚未完全成熟而最终宣告流产罢了。据文献记载，北宋大中祥符年间，广西抚水蛮寇宜州，安抚使曹克明击破之，“诏以抚水州为安化州，抚水县为归仁县，京水县为长宁县”[④]。崇宁四年(1105年)，“以王江、古州、归顺，置提举溪峒官员，改怀远军为

---

① 谈琪：《广西“改土归流”的社会基础》，《广西民族学院学报（哲学社会科学版）》1984年第2期。

② 粟冠昌：《明代广西土官制度的改土归流问题》，《广西民族研究》1989年第3期。

③ 钟诚：《广西壮族地区的改土归流初探》，《中央民族学院学报》1979年第3期。

④ 脱脱等撰《宋史》卷四九五《蛮夷传》。

州”。政和二年（1112年），“设知州一人、兵职官二人、漕官一人、县令簿一人，提举溪峒公事”①。再如南丹州，自宋初以来以土酋莫洪燕及其世裔为安抚使，因俗而治，以统其民，其地安定。大观年间，广西经略使王祖道失于安抚，置州拓境，并擒杀土官莫公佞，将南丹州改为观州，驻军防守，遂而引起“蛮夷”倡乱，至绍兴初年，莫公佞之弟莫公晟率其部众围攻观州。事闻于朝廷，帝曰：“前日用事之臣，贪功生事，公为欺罔，其实苦民费财，使远俗不安也。”其后，将新置之观州复为南丹州，公晟“始贡马，率诸蛮来归”。宋高宗曾对辅臣曰：“得南丹非为广地也，但瑶人不叛，百姓安业为可喜耳。”②据统计，宋徽宗时期，曾将今广西西北部“酋蛮”统治之州县改设平、从、允、孚、庭、观等12州，后因“蛮酋”斗争不断，遂不得不撤所置正州。不过，缘于宋时广西的土司制度尚未正式确立，故一般未将其纳入后来所谓的严格意义上的“改土归流”序列。从行政管理的角度而言，正如学者所言：“羁縻制向土司制过渡，行政区域作局部调整，流、土时有互换，未成定型，尚不足称改土归流。”③

列宁曾经指出：“在分析任何一个社会问题时，马克思主义理论的绝对要求，就是要把问题提到一定的历史范围之内。”④在深入探讨广西改土归流的起始问题时，理应如此。笔者认为，从土司制度的形成与发展史来看，元代是土司制度正式确立的时期，是故所有谈及改土归流的问题，理应置于元代之后的历代土

① 《清罢岭南西路平观二州奏》，载《粤西文载》卷四。

② 脱脱等撰《宋史》卷四九五《蛮夷传》。

③ 张声震主编《壮族通史（中）》，民族出版社，1997年版，第657页。

④ 《列宁全集（第20卷）》，人民出版社，1958年版，第401页。

司制度的框架下进行，离开“土司制度”这一对象来谈“改土归流”似有空中楼阁之嫌。从这一角度出发，真正意义上的广西改土归流开始的时间理应从元代开始起算，但是从目前掌握的资料来看，元代广西壮族地区尚无改土归流之实，故其时广西尚无改土归流之说。因而，广西改土归流开始的时间自然而然推到明代。明代是中国土司制度进一步发展和完善的重要时期，严格意义上的改土归流正是从明代开始的，这已成为学界的主流观点。但是，具体到广西地区，在明代统治的二百多年间，其改土归流工作最早始于何时，又是一个颇有争议的问题。从以往的研究成果来看，学界的看法尚有不尽相同之处。陈梧桐认为，“过去史学界一般认为明代的改土归流始于永乐年间，其实洪武三年广西庆远南丹安抚司废司设府及四年湖广慈利安抚司的罢废，应是明代改土归流之始”[①]。胡绍华认为，“明代在广西改流较早，从洪武年间就开始了”，其表现为“洪武元年将忻城土司改为流官知县”。[②]粟冠昌认为，广西地区的改土归流始于明朝统一广西的过程中，“明代广西土官制度的改流自明初就开始了”，具体表现为对钦州七峒长官司的改流。[③]

由上可知，学界对广西土司制度改流开始的时间，向来颇有争议，表明这一问题确有进一步深入探讨的必要，这不仅关系到土司制度本身发展的历史问题，甚至关系到广西社会历史发展的定位问题。

---

① 陈梧桐：《论朱元璋对南方少数民族的政策》，《江西社会科学》1995年第6期。

② 胡绍华：《中国南方民族史研究》，民族出版社，2004年版，第316页。

③ 粟冠昌：《广西土官制度研究》，广西民族出版社，2000年版，第86页。

第二节　壮族地区改土归流最早开始于明朝初年

笔者更倾向于认为，壮族地区改土归流最早开始于明初，其具体的体现就是明初王朝统治者对钦州七峒长官司的改置。这是因为，对钦州七峒土官职衔的革除，意味着中央王朝对该地方土官权威的不再认同，实际上就是取消了该地方土官的世袭统治地位，这才是真正意义上的制度性变革。从土司制度发展的全过程来看，实施土司制度实为封建王朝的一种权宜之计，改土归流才是它的最终目的和归宿，而土司制度经过元代的正式确立与初步发展之后，其本身固有的一些弊端已开始日渐暴露，故至明朝初年，在统一全国的过程中，出于政治统治之需，明王朝在个别条件稍具的地方实施改土归流政策完全是有可能的。据史书记载，洪武元年（1368年），明朝平章廖永忠、参政朱亮祖率兵统一雷州、廉州等地方，钦州七峒[①]的土官相继将元朝发的旧印缴给参政朱亮祖，希望明朝发新的印信。朱亮祖等以七峒地方人口稀少为由，不再颁予新印，同时革去诸峒土官的长官职衔，仅给称为峒长，各土官因而大失所望。[②]宣德二年（1427年），澌凛峒黄金广、古森峒黄宽、鉴山峒黄子娇、博是峒黄建等以四峒29村292户叛投安南，安南则分别封授黄金广等为经略使、经略同

① 关于钦州七峒，(嘉靖)《钦州志》卷九引《钦州路总管府记》载："元顺帝至正十二年，两江峒贼黄圣许反。贼兵猖獗，攻掠（钦）州（路）城及灵山、安远二县。时罗、贴浪、(古森、澌凛、如昔、博是、鉴山）七洞，人民亡散殆尽。大兵征讨，贼渠窜入深洞，倘道绝险，仅获其妻、子。"

② 林希元纂修《钦州志》卷九。

知、佥事等官，并予世袭，职守本峒地方，以固其叛附之心。[①]后来，七峒地方虽已收回，但并无实权的峒官名号也被撤销了。万历中期，安南侵扰中国边陲地区，寇掠钦州峒地，戴耀调集汉兵、土兵进行反击，取得了胜利。为防备安南再次入侵，戴耀遂向明廷提出禁止安南互市和加强防御力量并恢复峒官设置的建议[②]，明廷虽然同意了戴耀的建议，但经过洪武初年改流之后，钦州峒官的势力已大为削弱，防边之事盖由朝廷独自当之[③]。

继钦州七峒之后改流的是太平府。至正十九年（1359年），上思州土官黄英衍乘元朝统治动荡之机，“聚兵据太平路，夺印，行总管事，劫迁兵民于驮卢，建治垂十年”[④]。洪武元年（1368年），明朝平章杨璟进兵广西，威逼左右两江土属地区，黄英衍为之恐惧，随即遣使奉印纳款归附。虽说黄英衍之叛起于元代，但明初统治者为警告其他土官使其效忠朝廷，遂改路为府，同时对太平府“铨流官知府治之”[⑤]。黄英衍虽免遭死罪，但仍被迫举族移徙泰州且受“编管”[⑥]。

从文献记载来看，继钦州七峒和太平府之后，历朝诸代局部改流仍多有发生。终明之世，改土归流作为明代中央王朝“控制土司的一种手段”[⑦]，俨然已成为明代广西社会政治生活中的一

① 林希元纂修《钦州志》卷九。

② 顾炎武撰《天下郡国利病书》卷一五〇。

③ 张声震主编《壮族通史（中）》，民族出版社，1997年版，第657-658页。

④ 《明室驭蛮》，载《粤西丛载》卷二六。

⑤ 《明室驭蛮》，载《粤西丛载》卷二六。

⑥ （嘉靖）《广西通志》卷五五《外志六》。该志中谓英衍迁泰州是在洪武元年（1368年），疑误。

⑦ 李世愉：《清代土司制度论考》，中国社会科学出版社，1998年版，第35页。

件大事，成为土司地区社会历史发展的必然趋势。因此，从时间上看，明代在广西地区的改土归流在明朝统一广西的过程中即已开始。明朝统一广西之初，对钦州七峒地方的改流，实际上已经拉开了明代广西改土归流的序幕。随后，改土归流工作时断时续地得以推行，直至明朝后期为止，前后持续200多年，可以说是与明代广西土司制度的存在和发展相始终，两者“几乎从洪武初年起就是作为两条同步并行的线同时存在”①。

实际上，相对于西南边疆其他地区而言，明代中央王朝在广西地区实施的改土归流，其开始的时间也是比较早的。如据学者研究认为，有明一代，广西的改土归流始于洪武年间；贵州地区改土归流始于永乐年间；四川地区改土归流始于弘治年间；云南地区改土归流始于正统年间。②

本章小结

毋庸置疑，土司制度作为入元之后中央王朝在边远民族地区推行的一种与封建大一统政权迥然有别的、特殊的政权组织形式与治理策略，它的存在与发展有其历史的合理性。但是，经过元代的正式确立与初步发展之后，到明代时期，土司制度本身固有的一些弊端开始暴露，且其生存的环境也在发生变化，因此对一些土司的改流被提上了议事日程。从这个意义上说，明代土司制

① 吴永章：《中南民族关系史》，民族出版社，1992年版，第346页。

② 胡绍华：《中国南方民族史研究》，民族出版社，2004年版，第314-315页。

度的改流当在情理之中。对钦州七峒的改流就是一个典型的案例。事实证明，改土归流是土司制度发展史上的重要一环，也是壮族地区社会发展史上的一个关键节点，对壮族地区社会历史的发展具有承上启下之功，有着相当重要的影响。缘由于此，厘清改土归流最早开始的时间，无疑是研究改土归流的起点，它不仅对正确认识土司制度发展的历史及其规律具有相当重要的意义，而且对于正确把握壮族社会历史发展的进程及其规律同样具有十分重要的意义。

从严格意义上说，广西改土归流最早开始的时间是在明朝统一广西之初，具体表现为明初在统一广西的过程中对钦州七峒长官司的改流，由此揭开了明清时期中央王朝在广西地区实施改土归流的序幕。对此进行深入辨析，对于还原壮族土司制度乃至壮族历史的本来面目和深化对壮族土司制度乃至壮族历史的研究，对于准确把握壮族土司制度乃至壮族本身发展的历史方位，具有十分重要的理论意义与学术价值。

第八章

明清时期朝廷内外关于壮族地区改土归流问题的论争

改土归流是一项复杂的系统工程，又是一个艰难的历史过程，在它真正实施之前，明清朝廷内外围绕着如何治理土司的问题存在颇多意见分歧，“种种陈奏不一”[①]，而其最终得以实施实际上也是经历了较长时期的争议与辩论的结果。通过对明清时期王朝国家朝廷内外关于广西土司制度改土归流问题的论争情形进行深入剖析，不仅有助于我们全面了解明清时期王朝国家在壮族地区实施的改土归流的历史及其实质，还有助于我们深入认识明清时期王朝国家与壮族土司之间的相互关系以及壮族地区融入多民族国家的历史进程及其规律。

---

① 《清圣祖实录》卷一〇八。

第一节　明代关于壮族地区设土与设流的论争及其结果

明代王朝国家在广西实施改土归流的进程中，朝廷内外围绕设土与设流的问题曾有过激烈的论争。在壮族土司土官宜存宜废的问题上，各方意见不尽一致，明显存在认同上的差异，并由此导致了一场旷日持久的拉锯式论争。这场论争可以说是伴随明代广西改土归流的全过程，对明代王朝国家在广西实施的改土归流政策有着相当重要的影响。

一、论争的缘起

明朝统一全国后，随着社会历史的发展，土司制度所固有的各种弊端日渐暴露出来。土司官族内部及土司与土司之间，常因争夺袭位或土地而产生矛盾与斗争。与此同时，由于土司制度具有浓厚的封建割据性，土司政权与中央政权之间也极易产生矛盾和冲突。于是，明朝建立伊始，就在一些矛盾较为突出的壮族土司统治区实施改土归流政策，废除壮族土官的世袭统治，改由中央王朝委派流官直接管理。此种制度性变革势必触及上至王朝统治阶级、阶层或集团的利益，下至地方壮族土司土官及各族民众的利益，还会涉及多民族国家的边防问题。随着时间的推移，土司土官宜存宜废的问题日益突出，众说纷纭，莫衷一是，使改流陷入两难境地。因此，改土归流并非一帆风顺，更非一蹴而就，而是经历了一个曲折而漫长、尖锐而复杂的斗争过程。此种斗争，既有政治层面的直接对抗与冲突，也有舆论层面的思想交锋。事实证明，正是由于各种错综复杂的矛盾与斗争交织在一起，导致明代广西改土归流出现了较大的反复性。这种反复性现象的出现，一个重要原因，就是当时在对待土司土官宜存宜废的问题上，明朝统治阶级内部显然意见不尽一致，在改土归流问题上朝廷内外存在着思想认识上的不统一和认同上的较大差异。于是，各方或主张设土，或主张设流，或主张流土兼治，意见纷呈，异议迭现，形成思想交锋。

二、论争的焦点及各方主张

经济基础决定上层建筑。从总体上说，明代是广西壮族土司制度发展史上的上升阶段和全盛时期，土司制度在一定程度上尚能适应其赖以存在的经济基础的正常发展，土司制度的存在仍然具有较大的内在合理性与历史必然性。因此，当时明政府在广西实施改土归流的时机尚未完全成熟，条件尚未完全具备。改土归流在很大程度上是中央王朝缘于土司的作乱而采取的一种应急性措施，借以规范土司的行为和加强对土司的控制，并未从根本上动摇土司制度的统治根基。在改土归流过程中，绝大多数地方先后出现了土司反抗与“复流为土”等情况，个别地方的构乱甚或危及南部边陲的稳定与安全。到明朝中后期，当土司制度固有的各种弊端较多地暴露出来以后，一些封建官僚仍坚决反对在偏僻落后地区实行改土归流，特别是当改流工作遭到土司土官及其民众的强烈反抗后，统治阶级内部更是议论纷纷。其论争的焦点是，在明代广西改土归流的条件尚未完全成熟的情况下，壮族土司统治区的州县官吏是选用本地少数民族首领还是由中央王朝派遣流官充任。在此问题上，明显存在两种甚至三种迥然有别的思想主张。

首先，持“设土论”者，大多因循传统的“以夷制夷”思想，鉴于壮族土司在稳固边疆防卫与维持地方社会秩序等方面具有一定作用，因而力主保留壮族土司土官的世袭统治地位。王守仁、林富、揭稽、姚镆等均持此观点，而其中尤以王守仁的议论最具代表性。嘉靖年间，两广总督王守仁奏称：

> 臣又闻诸两省土民之言，皆云思恩流官之设，亦徒有虚名，而反受实祸。诘其所以，皆云思恩未设流官之前，土人岁出土兵三千，以听官府之调遣；既设流官之后，官府岁发民兵五千，以防土人之反复。即此一事，利害可知。且思恩自改流设官以来，十八九年之间，反者五六起，前后征剿，曾无休息。不知调集军兵若干，费用粮饷若干，杀伤良民若干，朝廷曾不能得其分寸之益，而反为之忧劳征发。浚良民之膏血，而涂诸无用之地，此流官之无益，亦断然可睹矣。……若尽杀其人，改土为流，则边鄙之患，我自当之。自撤藩篱，非久安之计，后必有悔。①

嘉靖六年（1527年），王守仁“缪膺重命”②，任两广总督兼巡抚之职，亲赴广西平息思恩、田州之乱和大藤峡少数民族起

① （雍正）《广西通志》卷一〇〇《艺文四》。

② 王守仁原著，施邦曜辑评《阳明先生集要：经济篇》卷六《处置平复地方以图久安疏》。

事，平复地方，“以图久安”。他从壮族土司守土防边作用的角度出发，认为“必须仍存土官”，反对思恩、田州等土属地方改流。这是反对废除土官极具代表性的意见：

夫流官设而夷民服，何苦而不设流官乎？夫惟流官一设而夷民因以骚乱，仁人君子亦安忍宁使斯民之骚乱，而必于流官之设者。土官去而夷民服，何苦而必土官乎？夫惟土官一去而夷民因以背叛，仁人君子亦安忍宁使斯民之背叛，而必于土官之去者。①

在这一思想的指导下，王守仁权衡利弊，认为非用土官不可，但应以流官知府加以控制。为此，他在嘉靖七年（1528年）提出了处置思田之乱的具体善后事宜：

一、议特设流官知府，以制土官之势。请改田州为田宁府，因其城池，修置府治，设流官知府同知、经历知事各一员；其思恩府设流官知府，宜仍旧，惟令土目各以土俗自治；

一、议仍立土官知州，以顺土夷之情。谓岑氏世有田州，民心系恋，今请仍建一州，以立岑氏之后。查得岑猛有子二：长邦佐，自幼出继，为武靖州知州。武靖当瑶贼之冲，邦佐才足制驭，宜复旧职。而今所建州，请以猛幼子邦相授吏目，置州事，俟后递升为知州，以承岑氏之祀。若思恩府，则岑浚之后已绝，不必更设土官知州矣；

① （嘉庆）《广西通志》卷一九五《前事略十七》。

一、议分设土官巡检，以散各夷之党。谓田宁府地，除割八甲立州外，余四十甲分设十九巡检司，每司立土巡检一员，而以土目之能服众如卢苏、王受等十九人为之。其办纳丘（兵）粮与连属制御之道，悉隶之流官知府，而其官职地土，令得传之子孙，庶人知自爱，而不知轻犯法。其思恩府各目甲，亦宜仿此建置；

一、议用人言。……[1]

时人对王守仁的设土主张极为称赞："自新建伯王守仁至日，尽释其罪，议立土官，建置衙门，以夷治（制）夷。听招效顺，安居乐业，且复出兵应调，驯善等诸齐民，至今帖然。"[2]显然，王守仁的设土主张曾经取得积极效果，土官之设在当时确有存在的合理性。

流官的"因循"与"苟且"，也是设土派立论之根由。时广西布政使林富曾称思恩府：

自岑濬受诛二十余年，反者数起，朝廷始因成功不废，设立流官，其实选来知府，皆不过因循岁月，苟且避祸。盖未有卓然自立，能禁制诸夷头目者。非其心不欲，势不可耳！[3]

在《议上思田等处事宜疏》中，林富指出：

---

① 《明世宗实录》卷八九。
② 张瀚撰《松窗梦语》卷八。
③ 林富撰《议上思田等处事宜疏》，载《粤西文载》卷七。

夷方反复之人，非我族类，姑顺其土宜以尽其力，固我藩篱。而我中国之民得以安居耕凿，不罹侵扰毒螫之患，此则圣人达权通变，与世推移，秘算神谋，万代如见者也。今若改设流官于田州，非但撤藩去屏，备多力分，而夷汉杂居之祸，兵粮转输之苦，图籍虚存之弊，吏士他日之虞，将必有古人所虑者矣！弘治年间，思恩岑浚无后，改设流官。夫流官未设之前，该府岁出兵粮以备召用；既设之后，非惟不复出兵输粮，反设守备官一员，督兵千余，以守其地。且二十年来叛者数起，至屡勤王师，糜费财力不可胜纪。田宁之事为鉴不远，思恩是也……臣等窃意今日田宁事情，但当仰体圣祖立法本意，下循土夷相传旧俗，降为州治，仍以岑邦相为土官知州，使统属其头目，以招辑土人。其田宁府可以裁革，不必再设流官，仍照土官衙门事体，止选吏目一员。而又如新建伯王守仁所议，推选头目，设为土巡检，明立地界，使分管而世守之，各照原额出办兵粮。夫降为州治，以削其权，分设土巡检，以杀其势，无事则掎角而守，有事则彼此相防。[①]

显而易见，林富的设土主张与王守仁的观点是一致的。正统八年（1443年），广西左布政使揭稽等亦奏称，“所属土官地方，夷僚贴然安靖；惟流官地方，内多瑶、壮、伶数种，散居深山，不入版图，专事劫杀，虽有官军哨守，严则暂退伏，缓则辄出劫掠。况兼岚瘴毒雾，戍卒染病，死亡无算，军民日渐消耗，蛮贼日加猖獗”，建议“因其地方，择其类所信服者立

① （嘉庆）《广西通志》卷一九六《前事略十八》。

为世袭土官，开设衙门，庶为长治久安之计。设有顽梗，不服土官统理者，就调土兵剿捕。以夷攻夷，万无不克”。[①]揭稽等人从“以夷制夷”的立场和观点出发，极力主张设立土官以维持地方安靖。

嘉靖中期，姚镆以右都御史提督两广军务，他在嘉靖六年（1527年）上奏，力主“仍设土官”：

> 流官之设，徒有虚名，反受实祸。思恩未设流官之前，土人岁出兵三千以听官府之调遣。既设流官之后，官府岁出兵数千以备土人之反复，流官之无益，断然可睹。况田州邻交趾，深山绝谷，悉瑶壮盘据，必仍设土官，斯可借其兵力以为屏蔽。若改土为流，则边鄙之患，自我当之，后必有悔。[②]

此外，周琦、丘濬、冯俊等人均主张设置土官，对改土归流同样持反对意见，此不赘述。

其次，持“设流论”者，大多从“夷夏之防”“以夏变夷”的观点和立场出发，主张设置流官，以便对壮族土司辖区进行直接统治。姜绾、萧晚、苏濬、徐霞客等人均持此观点。

史称，弘治中，姜绾为庆远知府，“总督刘大夏奇其材，荐为右江兵备副使。思恩知府岑濬逐田州知府岑猛，绾献策总督潘蕃，蕃令与都指挥金堂合诸路兵大破贼，思恩平，绾

① 《明英宗实录》卷一〇八。

② 夏燮编《明通鉴》卷五三。

条二府形势，请改设流官比中土，廷议从之”[①]。时任右江兵备萧晚认为：朝廷流官制瑶、壮，“亦欲用夏变夷，不忍化为异类也”[②]。从文献记载来看，改流派的“土”“流”界限是十分明确的。譬如，思明府属上石西州因嗣绝而改流，但思明府未改流，遂形成土官统领流官的局面，当即遭到猛烈抨击。大学士苏濬称：“左右江土司相错，然以流官而辖土官者有之，未有以土官而反辖流官者。上石西州，土官绝世业，已改土归流，乃思明土知府犹倨然临其上。是夏未能变夷，而夷反能制夏。足顾居上，手顾居下，大防溃矣。”[③]为平息此事，明廷遂于崇祯年间将上石西州改隶太平流府，终遂“设流论”者之愿。弘治年间，改忻城流县为土县，割宜山县述昆、莫往等乡设长官司，曾引起部分官吏的反对，直指此举为“失策”。苏濬奏云：

忻城自唐、宋已属内地，而涵濡于国家衣冠礼乐之化者，逾百余载。一旦怵于邪说，裂冠毁冕，弃赤子而驱之从禽，当事者有戒心矣。述昆、莫往诸乡，距郡城数十里，而近乃不能固其圉，而举三百余村之内地畀之长官司，弃腹心以资敌，而纵虎狼于堂庑，非熟计也。[④]

明代著名地理学家徐霞客明显倾向于“设流论”，力主对寻

① （嘉庆）《广西通志》卷二四八《宦绩录八》。

② 张萱撰《西园闻见录》卷八二。

③ 《上石西州论》，载《粤西文载》卷五七。

④ 《上石西州论》，载《粤西文载》卷五七。

衅构乱的土司予以严惩，设立郡制，改土归流。针对当时田州与归顺争夺镇安嗣位、归顺借交趾莫夷之兵出战的情况，徐霞客指出："土司世绝，皆有当宪。今龙英、镇安正宜如昔日太平立郡故事，疆理其地。"①

除上述情形外，当时朝廷内外亦有部分官员鉴于广西的实际情况，游移于"设土"与"设流"之间，主张或土或流，"务在处置得宜，夷夏两便"。史称：

> 嘉靖七年四月庚午……吏部等衙门尚书桂萼等以修省会议条陈十二事……一言云贵川广，夷人互相观望，若因势收其心，可以不烦兵而定。在两广者，宜责新建伯王守仁，使之开诚心，召号土民而察其所愿，或用流官，或用土官，务在处置得宜，夷夏两便。在云南者，则以夷攻夷，昔称良法。②

由此看来，一方面，明代统治阶层确实存在部分官员主张因时而变，因时制宜，灵活处置，而毋拘泥于"土""流"之设的变通思想，另一方面也表明，随着社会历史的发展和时代的变迁，土民的心理也在发生变化，土司统治也会存在不确定性因素，故而对土司问题的处置并非一成不变，或"土"或"流"，要"处置得宜"。

① 徐霞客撰《徐霞客游记》卷四上《粤西游日记三》。

② 《明世宗实录》卷八七。

三、明朝统治者的处置态度

各级官员关于土司土官宜存宜废问题的论争，明朝最高统治者有针对性地做出了回应。对于专制主义中央集权高度集中的明代而言，设置土司与任用土官不过是权宜之计，实属不得已而为之。诚如王守仁所言："又节该钦奉敕谕谓：'贼平之后，公同议处，应设土官流官，何者经久利便？'是陛下之心惟在于安民息乱，未尝有所意必也。"[①]而"各处巡检类以流官，不辨土音，不谙地里，沿牒迁转，终难责成"[②]。至于土官，"彼果能效力，省我边费，朝廷岂惜一官！"[③]。由此看来，明朝中央在宜土宜流问题上显然处于两难境地，一时难以抉择，"未尝有所意必"。由于流官不谙土俗，难以贯彻和有效推行中央划一的政策，致使改流工作屡屡受阻；而在土司制度尚处上升和全面发展的时代，土官并非全无是处，其守土防边的作用不可忽视。因此，在当时具体的历史条件下，明廷对改土归流工作多少有些犹豫不决。在这种情况下，明朝统治者既要考虑处理民族关系，实现以夷制夷、"以夷攻夷"的需要，又不能过多地放弃流官统治下地主阶级既得的政治、经济利益，于是采取了折中办法：第一，大土司尽量少设，小土司可以多设；第二，不论设置大土司还是小土司，都要采取适当的措施，以防坐大[④]。事实证明，在当时各种

---

① （雍正）《广西通志》卷一百《艺文四》。

② 苏濬撰《士兵征戍论》，载《粤西文载》卷五。

③ （嘉庆）《广西通志》卷一九〇《前事略十二》。

④ 苏建灵：《明清时期壮族历史研究》，广西民族出版社，1993年版，第124页。

条件尚未完全成熟的情况下，明朝统治者强制推行改土归流政策，势必会遭受挫折甚或失败，明代广西实施改土归流进程中出现的“复流为土”现象即为明证。时人对此多有议论，指责改土归流为“治夷之失”，认为改流“徒益茧丝，我自为圉，事端愈众，棼而扰之，乱可日俟”。[①]抑或有鉴于此，终明之世，明王朝一直未在广西壮族土司统治区实施大规模的改土归流，甚至到明朝中后期，明王朝还在广西增置了不少新的土司。据史载，弘治六年（1493年），明朝在广西庆远府宜山县增设了永顺、永定二长官司，以土人为长官、副长官。弘治九年（1496年），又将忻城流官正县降为土县。同时，在原来没有土司的府属如桂林、平乐、梧州、浔州、柳州、南宁等地设置了近百个土巡检或土副巡检，利用土官来管束土民，借以维持基层社会秩序。

事实上，上述明代中央王朝的处置方略是有其深刻的时代背景的。环视明代周边形势，就北部边地而言，明朝面临着残元势力的威胁。明初，蒙古势力迫于明军进攻的压力而退居塞北后，建立了北元政权，其元气并未受到太大损伤，“引弓之士不下百万众也，归附之部落不下数千里也，资装铠仗尚赖而用也，驼马牛羊尚全而有也”[②]，足见残元势力仍然保持着强大的军事力量，他们意欲借此恢复对中原的控制。在占据河套地区之后，残元势力以大漠为依托，屡为边害，频频南下，不断向明朝统治地区发动军事进攻，西北边地因此遭受巨大损失。次看东南一隅。明中期以后，由于政治腐败，宦官专权，海防松弛，导致东南沿

① 魏濬撰《峤南琐记》卷上。
② 谷应泰撰《明史纪事本末》卷一〇。

海一带倭乱频繁，“滨海数千里，同时告警”[①]，一时竟成明朝的心头之痛、难除之患。再看西南边防形势。有明一代，交趾统治集团经常蚕食或武装侵扰西南边境，与其毗邻的广西左右江一带壮族土司统治区屡遭侵袭，受害尤深。譬如，洪武十年（1377年），“交人以兵攻破永平寨，遂越铜柱二百余里，侵夺思明属地……交人侵迫益甚”[②]。敌寇常常“威逼近边土官，致其骇散”，又“擅据西平州，杀土官”[③]。永乐年间，钦州“诸砦巡司为其所袭，濒海居民，颇遭劫掠”[④]。又如“钦、忠、上思三州之人，累岁蒙骚扰之害”[⑤]。崇祯十一年（1638年），“交夷内侵，劫掠村寨”。凡此种种“毒虐于众，杀戮无辜”的暴行，使“边境之民受其残酷，嗷嗷无诉”[⑥]。这不仅使人民群众的生命财产遭受重大损失，还严重威胁南部边陲的稳定与安全。于是，权衡利弊之下，明朝统治者以为“今之四夷，北虏为急”[⑦]，“国家安危，重寄在西北边”[⑧]，终将北部残元势力视为头号威胁，将治理边务的重点定在北方，即重点防守退居漠北的蒙元后裔鞑靼、瓦剌诸部。诚如《明史》所言：“鞑靼地，东至兀良哈，西至瓦剌。当洪、永、宣世，国家全盛，颇受戎索，然叛服亦靡常。正统后，边备废弛，声灵不振。诸部长多以雄杰之姿，恃其

① 《明世宗实录》卷三九六。
② 嵇璜纂《续文献统考》卷二四六《四裔考》。
③ 李文凤撰《越峤书》卷一〇，齐鲁书社，1996年版。
④ 林希元纂修《钦州志》卷九。
⑤ 陈子龙等辑《明经世文编》卷一九四。
⑥ 李文凤撰《越峤书》卷二，齐鲁书社，1996年版。
⑦ 陈子龙等辑《明经世文编》卷二五〇。
⑧ 沈朝阳撰《皇明嘉隆两朝闻见纪》卷六。

暴强，迭出与中夏抗。边境之祸，遂与明终始。”从当时对周边民族的统治来看，明朝统治者出于客观实际的需要，为了抵抗来自北边更具威胁的残元势力，对南方民族地区的施治，服从于以防范北方残元势力为主的前提，因而在南方民族地区采取了以抚为主的方针，倚赖当地少数民族首领的力量保障王朝在南方民族地区的统治。因此，尽管从严格意义上说明代广西地区的改土归流工作自明初即已开始①，但在设土与设流之争问题上，明朝统治者最终还是采取了折中的办法，甚至于倾向以设土为主。对此，嘉靖时提学副使田汝成之论说或许可视为较好之注脚。他说：“明兴，诸酋纳款者，因而与之，俾掌其土，夷索以藩，父子继，兄弟及，比封建之遗焉。疏节阔目，恢而不弛，寓约束于假借。洪武、永乐，皇棱大抗，四隩既同，时掣鲸鲵，寡惩众诫，莫不重足叠迹，以待征令。弘治以前，恬熙世际，详内略外，诸酋稍稍越法，然继及之典，甲令具昭，下乞上俞，无怵异謜。”②由此看来，“明政府没有必要去废除土司制度，改土归流只能是作为控制土司的一种手段”③。

四、论争的实质及意义

列宁曾经指出：在分析任何一个社会问题时，马克思主义理论的绝对要求，就是要把问题提到一定的历史范围之内。分析这

① 粟冠昌：《广西土官制度研究》，广西民族出版，2000年版，第86页。

② 陈子龙等辑《明经世文编》卷二五七。

③ 李世愉：《清代土司制度论考》，中国社会科学出版社，1998年版，第35页。

场论争，亦应如此。明代关于壮族地区设土与设流问题的论争，其焦点在于，在明代广西改土归流的条件尚未完全成熟的情况下，壮族土司统治区州县官吏的选任，是从本地选用少数民族首领，还是由中央王朝委派流官充任。土司是辖区内的土皇帝，土司政权是土司统治区的最高一级政权。因此，关于设土与设流问题的论争，从表面上看是土官宜存宜废问题的思想交锋，其实质是在中央集权的王朝体制下，是否保留土司统治区少数民族世袭政权以实行地方自治的问题。这并非简单的族属问题，而是事关民族地区的稳定、开发与国家的边疆安全问题，是涉及如何正确处理当地少数民族首领与中原王朝关系的重要问题。在这个问题上，明朝统治者能审时度势，从广西的实际情况出发，采取灵活的办法，制定了符合广西实际的统治政策。

思想是行动的指南。明代朝廷内外出现的关于设土与设流问题的论争，无疑在一定程度上影响了改流工作的进程及效果。实际上，不管是设土派也好，设流派也罢，表面上各方观点迥异，实则殊途同归，其论争都是为了加强中央政权对土司的管理与控制，进而巩固中央集权统治和保障南部边陲的稳定与安全。因此，这场论争的意义在于：一方面在明代广西改土归流条件尚未完全成熟的情况下，在土官宜存宜废的问题上，它为中央政权提供了一定的决策参考依据；另一方面在明代中央与地方的关系上，论争的过程实际上也为中央王朝与壮族土司在地方调适与国家认同关系创造了持续校正的契机，为清代广西成功实施大规模改土归流积累了经验。

第二节　清代关于壮族地区改土归流问题的争议及其决策

清代，在如何治理边地土司的问题上，朝廷内外或主张改流，或主张保土，同样存在着诸多分歧。最终，王朝最高统治者顺应时势，因时制宜地实施改土归流政策。

一、朝廷内外的不同主张

从文献记载来看，康熙年间，各地疆臣有关加强土司管控之议甚多。康熙二十年（1681年），三藩之乱始平，西南边疆局势趋稳，土司处置问题遂而被正式提到议事日程。各级官吏基于不同的角度，针对土司存废问题，纷纷上疏直抒己见，“或云土司系外彝，即令土官管理，易于行事，不可遂取其地；或云土司予以大职，令其管理事务，恐有权柄，不为我节制；或云我所取之地，何复令彼管理，仍取之为便；或云设流官管理，可多得钱粮”，“或云宜补流官，或云宜补土官，或云可令管兵，或云不可令管兵，种种陈奏不一”[①]。由此可见，在宜土宜流的问题上，康熙朝时各级官吏意见并不统一。康熙二十二年（1683年），康熙帝曾称：“土司事宜，或云宜补流官，或云宜补土官，或云可令管兵，或云不可令管兵，种种陈奏不一。云南、贵州离京甚远，往来移文，多需时日。遣该部贤能司官一员，前往会同云贵督抚、提督，酌量彼处情形，详加定议具奏，则一举可毕

① 《清圣祖实录》卷一〇八。

矣。”[①]康熙帝此语足以表明，清初康熙年间，清朝统治阶层对于土司治理问题确实仍存争议，在“设土”与“设流”问题上并未达成一致意见，亟待“定议具奏”。雍正四年（1726年），鄂尔泰巡抚云南兼总督事，上疏奏请改流称：“前明流土之分，原因烟瘴新疆，未习风土，故因地制宜，使之乡道弹压。今历数百载，相沿以敌制敌，遂至以盗治盗，苗倮无追赃抵命之忧，土司无革职削地之罚。直至事大上闻，行贿详结，上司亦不深求，以为镇静，边民无所控诉。若不铲蔓塞源，纵兵刑财赋事事整饰，皆治标而非治本。”[②]鄂氏此言，明确指出了土司制度的腐朽性及改土归流的必要性。

二、清朝统治者的处置态度

毋庸置疑，在皇权至上的封建时代，作为最高统治者和决策者，清帝对改土归流的态度至关重要，这将直接影响到改土归流政策的实施与否。

上已述及，康熙时期，各地疆臣有关加强对土司进行管控之议甚多。为此，康熙帝颇为慎重，于康熙二十二年（1683年）特遣兵部侍郎库勒纳等前往云南等地，“会同云贵督抚、提督，酌量彼处情形，详加定议具奏”[③]，并谕库勒纳等：“今遣尔等前往，务善为区处，使可永远遵行。尔等即定议来复，毋得游移

① 《清圣祖实录》卷一〇八。
② 魏源撰《圣武记》卷七《雍正西南夷改流记上》。
③ 《清圣祖实录》卷一〇八。

两可。”[①]要求务必定夺，不得模棱两可。最终，康熙帝依据库勒纳等实地调查所奏，决定“因明制”，准许西南边地土司承袭任事，清代土司制度因此得以确立。康熙二十五年（1686年），云贵督抚及四川、广西巡抚“俱疏请征剿土司”，岂料康熙帝却谓“从来控制苗蛮，惟在绥以恩德，不宜生事骚扰”，批评云贵总督蔡毓荣、云南巡抚王继文等人“身为督抚，不思安静抚绥，惟诛求无已，是何理也”，要求“传示九卿、詹事、科道，令其详议具奏”，最终九卿等会议称“土司劫掠，应敕该督抚剿、抚并用”，此议得到康熙允许。[②]其后，康熙帝又专谕兵部、吏部，谓封疆大吏“宜宣布德意，动其畏怀，俾习俗渐驯，无相侵害，庶治化孚于远迩”，批评云南、贵州、广西、四川等处各官，“不惟不善加抚绥，更尔恣行苛虐，利其土产珍奇，资藏饶裕，辄图入己；悉索未遂，因之起衅，职为厉阶，蠢尔有苗，激成抗拒”，认为“土司苗蛮，授官输赋，悉归王化。有何杌陧，互相格斗，无有宁居”，要求“务令该地方督、抚、提、镇等官，洗心易虑，痛改前辙，推示诚信，化导安辑，各循土俗，乐业遂生”。[③]显而易见，康熙帝的怀柔政策成为主导这一时期王朝国家治理地方土司的基本方略，这显然是康熙时期王朝国家没有在壮族地区实施大规模改土归流的重要原因。其之所以如此，一方面表明清代土司问题的极端复杂性，如何处理仍须因时制宜、因时而变；另一方面是与康熙时期的全国政治局势颇有关联。其时，清朝虽已

① 《清圣祖实录》卷一〇八。
② 《清圣祖实录》卷一二四。
③ 《清圣祖实录》卷一二四。

完成全国统一大业，社会稳定，政权巩固，但在平定三藩之乱后，明朝旧属郑氏势力仍然占据台湾，尤其是北部地区喀尔喀部和准噶尔部尚未纳入版图，并且受到沙俄的威胁，因此保持包括壮族在内的西南边疆民族地区的稳定，有利于中央王朝应对其他危机。康熙帝的决策堪称明智之举。

经过历代君主的长期经营，雍正帝继位后，清朝在全国的统治地位更加稳固。这一时期，经过元明两代长时期发展的土司制度的各种弊端暴露无遗。清雍正二年（1724年）谕四川、陕西、湖广、广东、广西、云南、贵州督抚提镇曰："联闻各处土司，鲜知法纪，每于所属土民，多端科派，较之有司，征收正供不啻倍蓰。甚至取其马牛，夺其子女，生杀任情。土民受其鱼肉，敢怒而不敢言……"[①]土司苛政由此可见一斑。由此造成的严重后果和影响是，一方面，就地方而言，严重阻碍了地方社会经济的进一步发展。作为一种特殊的地方行政管理制度，土司制度是以封建领主制经济为经济基础的，各土司就是不同等级的封建领主，俨然其领土内之土皇帝。"土司们占有耕地、山林和水源，土民们经济上被迫依附于土司，从而形成了土司对土民的人身占有关系。"[②]这些土司凭借世袭权威，肆意苛索，草菅人命。土民没有人身自由，缺乏必要的生产积极性，直接影响了社会经济的发展。另一方面，就中央王朝而言，严重影响了清朝统一多民族国家的稳定。土司制度具有浓厚的封建割据性，各土司土官各

---

① 《清世宗实录》卷二〇。

② 马大正主编《中国边疆经略史》，武汉大学出版社，2013年版，第553页。

自为政，拥兵自重，内而相互倾轧争袭，外而相互构衅仇杀，甚至公然对抗中央王朝，对清朝的统一与稳定造成严重威胁。雍正四年（1726年），时任云南巡抚兼管云贵总督事的鄂尔泰奏称：“为翦除夷官，清查田土以增赋税，以靖地方事。窃以苗倮逞凶，皆由土司。土司肆虐，并无官法，恃有土官土目之名，行其相杀相劫之计，汉民被其摧残，夷人受其荼毒，此边疆大害，必当翦除者也。”雍正帝朱批曰：“朕心中嘉悦，竟至于感矣！有何可谕。勉之。”其后，鄂尔泰又奏称：“云南土官多半豪强，苗众悉听其指使，残暴横肆，无所不为。其土官懦弱者，凶恶把目为害尤甚，不但目无府州，亦并心无督抚。及至事大经官，或欲申理，夷等暗行贿赂，捏详结案，上司亦不深求，以为镇静，而刁抗不法、任拘不到者又复不可奈何，隐忍了事”，“若不及此清理，约定规程，即使拿几土官、杀几苗首，亦不过急则治其标，本病未除，恐终难宁帖”。[①]鄂尔泰关于改土归流的奏请，得到了雍正帝的允准。最终，清政府为维持土司政区的安定和巩固王朝国家大一统的政治局面，特委任鄂尔泰为云南、贵州、广西三省总督，全权负责改土归流事宜。鄂尔泰由此开启了雍正四年至九年（1726—1731年）“蛮悉改流，苗亦归化”[②]的大规模改土归流工作，这标志着自元明以来的土司制度即将退出历史的舞台，成为历史的陈迹。

雍正五年（1727年），雍正帝在关于改土归流的诏令中称：

---

① 《云南巡抚管云贵总督事鄂尔泰为翦除夷官、清查田土、以增租赋、以靖地方奏事（雍正四年九月十九日）鄂尔泰折二》。

② 方国瑜主编《云南史料丛刊（第八卷）》，云南大学出版社，2001年版，第425-427页。

“向来云、贵、川、广以及楚省各土司僻在边隅，肆为不法，扰害地方，剽掠行旅，且彼此互相仇杀，争夺不休，而于所辖苗蛮尤复任意残害，草菅民命，罪恶多端，不可悉数。是以联命各省督抚等悉心筹画，可否令其归土改流，共遵王化？此朕念边地穷民皆吾赤子，欲令永除困苦，咸乐安全，并非以烟瘴荒陋之区尚有土地人民之可利，因之开拓疆宇，增益版图而为此举也。”[①]从雍正五年到九年（1727—1731年），清政府在广西实行了“先改土司，次治土目”的方针，将广西的改土归流工作推向高潮。据文献记载，从雍正五年到七年（1727—1729年），清政府将广西的泗城、东兰、思恩、镇安诸强悍土司，或参革，或夺印，或调整改组行政区域，或添设流官知府吏目；雍正八年（1730年），鄂尔泰又派兵征讨思明土州所属的邓横寨，“三路进攻，一鼓而克”，“于是远近土目争缴军器二万余，巡边所至，迎扈千里，三省边防皆定”。[②]可以说，清朝经过此番改流工作，在最大限度削弱地方土司势力的同时，也极大地加强了中央王朝在广西地区的统治力量，因此，清代广西的改土归流工作取得了显著的成效，达到了预期目的。

本章小结

从本质上说，明代中央王朝仍然继承元代旧制，致力于在壮族地区推行土司制度，其实质是王朝统治者意欲在广西壮族地区

---

① （嘉庆）《广西通志》卷一《训典一》。

② 魏源撰《圣武记》卷七《雍正西南夷改流记上》。

实施“以夷制夷”的民族政策，最终达到巩固中央王朝在壮族地区统治的目的。诚如学者所言：“无论是出于何种原因，在西南边远少数民族地区实行的土司制度，都是在全国一统的为地主阶级利益服务的政治大环境中，为保障领主阶级利益保留了一块飞地。从社会进步的角度讲，则是在比较先进的社会形态中，允许一种落后的社会生活方式合法地存在着。因此，在封建王朝的具体施政和国家机器的运转中，两种利益追求和两种社会形态的摩擦和冲突也就成为必然。”[①]针对壮族土司日益暴露出的弊端，明代朝廷内外关于“设土”与“改流”问题的争论，最终还是以采纳折中的意见为主。事实上，明代广西壮族土司制度的发展基本上是与改土归流同步进行的。闹得沸沸扬扬的明代广西壮族土司的改土归流，虽然最终大多是以“复流为土”而结束，但它同时也表明，中央集权与地方分权之间的矛盾已日趋激化，王朝政权在广西壮族地区的统治力量已受到削弱，土司制度赖以存在的社会政治经济基础也开始动摇。明代在广西实施的局部改流，为清代在广西实施大规模的改土归流积累了经验和奠定了基础。

从文献记载来看，与明代相比，清代对改流问题虽有分歧，但缘于入清以后土司制度呈现极端的腐朽性，表明这一制度已渐趋衰落，因而各方争论的最终结果具有一致性，即高度认同对土司制度实施归流，为壮族地区的社会发展扫除障碍。特别是随着形势的发展，边疆与内地一体化进程加快已成为不可逆转的历史趋势，使清朝统治者形成了较强的边疆内地一体化观念，对边疆巩固与开发以及统一多民族国家主权与领土完整的历史责任感空

① 马菁林：《清末川边藏区改土归流考》，巴蜀书社，2004年版，第24页。

前强烈。乾隆帝曾说："夫开边黩武，朕所不为；而祖宗所有疆宇，不敢少亏尺寸。"在这样的背景下，土司制度与王朝国家政治大一统的不和谐关系逐渐暴露出来，因此雍正时期最终决定在西南地区实施大规模的改土归流工作。与明代的改土归流相比，清代的改土归流是有计划、有步骤、有组织、大规模进行的，取得了良好的效果，对加强王朝国家在西南边疆地区的统治和巩固国防具有十分重要的意义。

第九章

明清时期王朝国家在壮族地区实施改土归流的原因

从动态发展的角度来看，明清时期王朝国家在壮族地区实施的改土归流经历了由明代局部改流至清代大规模改流、由明代改流的反复性与不彻底性到清代改流的彻底性这样一个变动过程，是明清两代因时制宜的结果。这里的“时”，即是说明清两代在改流原因上既存在共性的因素，也存在时代的相异性。其中的“共性”，一般认为是王朝国家势力向壮族土司地区延伸、壮族土司地区开发及壮族土司自身腐朽没落等诸种因素综合作用的结果。而其“相异性”，更多的是指基于自下而上的视角，中央王朝因壮族土司地区本土因素的作用而做出应对的结果。在这里，侧重谈谈明清时期王朝国家在壮族地区实施改土归流的本土因素。

第一节　明代壮族地区实施局部改土归流的原因

明代，随着土司制度的全面发展，诸土司的势力不断膨胀，土司制度的腐朽性与没落性日益暴露出来，地方土司与中央王朝之间的矛盾日趋尖锐化，甚至危及王朝国家的稳固统治。正如学者所言："土官既繁，其中不逞之徒所在难免，故与政府之冲突，时有所闻；中叶而后，猖獗愈甚，播州、水西诸处边乱如麻，驿报日急矣。"①随着社会生产力的不断发展，土司制度逐渐丧失其赖以存在的基础和条件，愈来愈成为社会历史发展的障碍。在此情况下，为了进一步强化对壮族地区的封建统治，明代中央王朝遂抓住一切有利时机，在广西壮族地区逐步推行改土归流政策。史称，明代"土官嗣绝、本族无可承者及叛逆诛夷，始铨流官代之"②。这就明确指出了明代在广西实施改土归流的主要原因。实际上，其具体原因远不止于此。综合来看，当时中央王朝在壮族地区实施改土归流的具体原因较为复杂，大致有如下几种原因：一是因地狭人稀而改流。譬如，明初，钦州七峒地窄人稀，不适宜继续设置土官而被改流即属此类。二是因土官未能驭众而改流。譬如，庆远曾是元代设置安抚司之地，洪武元年（1368年）明军下广西，安抚使莫天护首来款附。次年，明廷因设庆远南丹军民安抚司，仍以莫天护为同知统领其地。后因"天

① 顾颉刚、史念海：《中国疆域沿革史》，商务印书馆，1999年版，第214页。

② 魏濬撰《西事珥》卷八《历朝羁縻之法》，北京图书馆藏本。

护素庸弱，不能御众，而宗族强者，动肆跋扈，至于杀河池县丞盖让，与诸蛮相煽为乱”，诏“改庆远安抚司为庆远府”[①]，由流官任知府。三是因土官反叛朝廷而改流。譬如，洪武七年（1374年），奉议州土官黄志威始授世袭知州，二十八年（1395年），志威死，世铁袭，“与其子嗣隆皆以逆诛，罢奉议州为卫”[②]，改铨流官。“宣德间，暹叛，攻破左门，占据村峒四十余所，帅臣顾兴祖讨诛之，始改流官”[③]。四是因土司之间互相攻伐而改流。譬如，宣德间，养利州赵姓土官“稍侵其邻境，肆杀掠。万历三年讨平之，改流官”[④]。成化八年（1472年），永康县杨姓土官“其裔孙杨雄杰纠合峒贼二千余人，入宣化县劫掠，且伪署官职。总兵官赵辅捕诛之，因改流官”[⑤]。五是因土司官族内部争袭而改流。譬如，洪武初，左州土官黄胜爵归附，授世袭知州，再传，子孙争袭，相仇杀，成化十三年（1477年），改土归流[⑥]。永乐二年（1404年），江州土官黄威庆奏，乞以次男中荣承袭，始授知州，及中荣孙瑛侵掠邕境，官军擒瑛，诛之，后土族争袭，据地以叛，剿平，弘治十八年（1505年）改流，隶南宁府[⑦]。六是因土司绝嗣而改流。譬如，上石西州，“明初归附，既而更赵、何、黄三姓，皆绝，始改流官”[⑧]。永

---

① 《明太祖实录》卷五〇。
② 《右江土司志》，载《粤西文载》卷一二。
③ 顾祖禹撰《读史方舆纪要》卷一一〇《广西五》。
④ 张廷玉等撰《明史》卷三一八《广西土司传二》。
⑤ 张廷玉等撰《明史》卷三一八《广西土司传二》。
⑥ 张廷玉等撰《明史》卷三一八《广西土司传二》。
⑦ 纪堪瑾纂修《南宁府志》卷二《舆地》。
⑧ 顾祖禹撰《读史方舆纪要》卷一一〇《广西五》。

乐中，上林长官司，以泗城土酋岑善忠第三子子成世袭长官。天顺八年（1464年），为泗城酋岑豹所戕杀，擅据其地。嘉靖初，“泗城衰乱，而子成之裔皆绝，因以流官吏目掌司事”[①]。七是因州县省并而被裁废。譬如，恩城州，土官岑钦为田州土官岑溥之叔，“相仇杀，溥败，钦入田州，焚府治，大肆杀掠”，弘治三年（1490年），“钦复入田州，与泗城土官岑应分据其地。巡抚秦竑请调兵剿之。兵部言兵不可轻动，惟令守臣谕令应缚钦自赎。五年，钦走岑应所借兵，总镇檄应捕之，钦遂杀应父子。已而应弟接佯以兵送钦，亦杀钦父子。有司以恩城宜裁革，从之，州遂废”[②]，后其地并入田州。洪武元年（1368年），思同州土官黄克嗣归附。万历二十八年（1600年），废土官，并入永康州。

明朝建立以后，随着社会历史的发展，土司制度本身所固有的各种弊端日渐暴露出来。土司官族内部或土司与土司之间，常因争夺袭位或争夺土地而发生尖锐的矛盾与斗争。与此同时，由于土司制度具有浓厚的封建割据性特点，因此土司政权与中央政权之间极易产生矛盾与冲突，这与中央王朝的大一统思想极不和谐。于是，明朝建立以后，在一些问题比较突出的壮族土司统治区开始实施改土归流政策，废除壮族土官的世袭统治，改由中央王朝委派的流官进行直接管理。这实际上是一场制度性的变革。从联系与发展的观点来看，改土归流并非一个孤立的历史事件，而是广西壮族土司与明代中央王朝之间的矛盾日益尖锐化的必然

① 顾祖禹撰《读史方舆纪要》卷一一一《广西六》。

② 张廷玉等撰《明史》卷三一八《广西土司传二》。

产物，是明代专制主义中央集权不断强化对南部边陲民族地区的统治的必然结果。

第二节　清代壮族地区实施大规模改土归流的原因

有学者研究指出："人类制度史上没有尽善尽美的制度，制度总是根据时代进步、国家发展和人民需要而不断发展的。"① 土司制度亦是如此。清初承明制，在壮族地区继续推行土司制度，但随着历史的不断向前发展，其腐朽性与没落性更加败露，不仅严重影响了土司统治区社会历史的向前发展，而且对清王朝的集中统一管理极为不利，因而需要对土司制度进行变革。清代雍正年间，如同全国其他土属地方一样，中央王朝在壮族地区实施了大规模的改土归流工作。那么，为何经过漫长的发展历程之后，清代中央王朝选择在雍正年间在壮族地区实施大规模的改土归流工作呢？个中缘由，详述于兹。

一、外部原因

辩证唯物主义认为，外因是事物变化的条件，往往通过内因而起作用。就清代而言，王朝国家在壮族地区实施大规模改土归

---

① 任晓伟：《以强大制度优势提升国家治理效能》，《中国社会科学报》2019年11月5日第1版。

流的外部因素，主要是中央王朝进一步加强中央集权、强化对地方的统治和巩固多民族国家的统一。

（一）巩固多民族国家统一的需要

众所周知，明清时期是中国专制主义中央集权制度发展到顶峰的时期，同时清代也是中国封建社会由盛转衰的时期。从文献记载上看，清代土司的腐朽没落远超前代。政治上，对于西南土司尾大不掉的问题，清代时人们普遍认为其“夷性犷悍，嗜利好杀，争相竞尚，焚烧劫掠，习以为恒。去省穹远，莫能控制，附近边民，咸被其毒”，“虽受天朝爵号，实自王其地”①，俨然诸多独立王国。经济上，土司占地甚广，土官甚多，极大地减少了朝廷赋税。鄂尔泰在其《改土归流疏》中称：“为翦除夷官，清查田土以增赋税，以靖地方事。”雍正帝继位后，清朝国力正处于强盛之时，朝廷越来越不能容忍在其统治范围内存在着大量专权蛮横的土司。同时，迫于清初人口增长以及税收的压力，清政府开始将田赋征收的触角和“移民就宽乡”的视线大范围地转向土司地区。雍正皇帝在谈到改土归流的起因时明确指出：

各处土官鲜知法纪，所属土民每年科敛较之有司征收正供，不啻倍蓰，甚至取其马、牛，夺其子女，生杀任情，土民敢怒而不敢言。莫非朕之赤子，而土民独使向隅。朕心深为不忍……嗣后督、抚、提、镇务严饬所属土官，爱惜土民，毋得滥行科敛。

---

① 张廷玉等撰《明史》卷三一一《土司传》。

如申饬之后不改前非，一有犯事，土官参革，从重究拟。[①]

据文献记载，云南永昌土司，“彼之官世官也，彼之民世民也。田产子女，唯其所欲，苦乐安危，惟其所主，草菅人命若儿戏，然莫敢有咨嗟叹息于其侧者！以其世官世民，不得于父，必得于子于孙，且数倍蓰。故死则死耳，无敢与较者”[②]。土司土官占有耕地、山林和水源，对土民横征私占、肆意苛索。云南姚安府土司“于康熙四十七年以进京费用为名，派苴却十马银五千两，民不能措。遂捏写卖契，令土目带众持械压民照写……乃于各村安设土巡检一员，名曰经管地方，实系暗察各民财产子女，任意取携，派累百端。尤堪发指者，流官即为钤盖印信，土司遂尔称为血产”[③]。由此可见，在土司制度下，土民没有人身自由，深受剥削和压迫，缺乏必要的生产积极性，直接影响了社会经济的发展。

雍正四年（1726年），针对地方土司的种种不法行为，雍正议准：“土官不遵法度，劫杀掳掠男女财物，扰害土民者，即题参革职，别择应承袭之人，或改土归流。”[④]事实证明，土司制度的腐朽与没落，严重影响到清朝多民族国家的统一和稳定，改土归流势在必行。

---

① 《大清会典事例（嘉庆朝）》卷四六九《兵部·土司》，载《近代中国史料丛刊三编（第65辑）》，文海出版社，1991年版，第1648页。

② 刘彬撰《永昌土司记》，载《皇朝经世文编·兵政》。

③ 《朱批谕旨·雍正三年云贵总督高其倬奏》。

④ 《大清会典事例（嘉庆朝）》卷四六九《兵部·土司》，载《近代中国史料丛刊三编（第65辑）》，文海出版社，1991年版，第1654页。

（二）王朝国家推进边疆经略的结果

众所周知，在土司制度下，各地土司具有浓厚的封建割据性，他们各自为政，专事劫杀，相互争斗，甚至对抗中央政权。土司土官独霸一方，致使“土人知有土官而不知有国法久矣”①。地方土司的危害越来越为时人所认识，“筹边之道，在乎防微；保民之方，贵于经久。若仅泥于目前，非不晏安无事，而不知其有事之机自在也”②。由此可见，清代土司制度的存在对于王朝国家的“筹边”与“保民”已构成严重威胁，对王朝国家的边疆经略极为不利。

不仅如此，边疆壮族土司土官的封闭意识与地方保护主义对于明清时期王朝国家一直致力推进的边疆开发无疑也是一种阻碍。如据史载，明人魏濬曾明确指出：“大概土司之形，颇似季周列国，区分畛埒，死力拒守，虽暴寡凌弱、残杀略夺则有之，终莫能越其尺寸。其主或幼弱寡昧，则头目用事，亦略似三家六卿之类。独其人鸷悍鄙俚，无礼乐文章以饰之耳。要之窃中国之威灵，以能保其土地，其贫弱甚者，间或割村为质，亦如诸国割邑割城之例。然有年限，数盈则反，非如瑶壮仇杀驱逐，辄尽其畜产庐亩之属，据而有之者。汉法能行于土司，不能行于瑶壮，何者？力不专，情不急也。”③明人谢肇淛亦不无慨叹地说道：“土司虽曰羁縻，然租税不供，文告不行，其人民土物，非中国有也”，“然土司桀骜视昔百倍，见安奢之变，有轻中国心，我能

---

① （雍正）《云南通志》卷二九《艺文》。

② 刘彬撰《永昌土司记》，载《皇朝经世文编·兵政》。

③ 魏濬撰《官司治瑶壮不如土司能用其众》，载《粤西文载》卷六十一。

必制其命乎！中途反噬，悔之何及？当事者宜熟思之也”。[①]思恩土官岑濬“筑石城于丹良庄，屯兵千余人”，不仅私自设关征税，“截江道以括商利”，甚至于“官命毁之，不听。会官军自田州还，乘便毁其城。濬兵来拒，杀官军二十余人”，公然对抗并杀死前来毁其石城的官军[②]。有的土司甚至公开拒绝向封建朝廷交纳赋税，拒不履行封建义务。《粤西文载》云：“土官以理办兵粮为事。今岑应本州税粮，连年不纳，攘为已有。况访得卢辉、黄杰，俱系庆远等卫军丁，避役投入泗城，家赀巨万。故岑应、岑钦乃土官向背之机，而卢辉、黄杰为军兵外逃之囮。若不急行剿除，则他日用兵，又恐难于今日。”由于地方土司“逆节比起，法令格阂而不行，骎骎乎尾大不掉之患，虽欲羁縻，渐不可得”[③]，严重威胁到王朝国家在土司地区的统治地位和多民族国家的统一与稳定。清代时人对此亦多所觉察：“今之土司，无异古之封建，但古制公侯不过百里，今土司之大者延袤数百里，部落数万余。抢劫村寨，欺压平民，地方官莫之敢指。如遇投诚归化之生番，辄议令其管辖，一则曰以土治土，再则曰素所畏服，不知日积月累，渐成尾大不掉之势。”[④]凡此种种，显然对于明清时期王朝国家着力推进对壮族地区的全面开发和加强对边疆地区的治理是极为不利的。

在这种情况下，废除地方土司的世袭统治、对土司制度进行改土归流便提到了清代王朝国家的议事日程并着力推进实施。

---

① 谢肇淛撰《百粤风土记》，载《粤西丛载》卷二四。
② 张廷玉等撰《明史》卷三一八《广西土司传二》。
③ 田汝成撰《炎徼纪闻序》。
④ 《朱批谕旨·朱批黄焜奏折》。

二、内部因素

广西壮族土司地区从明代洪武年间开始改土归流，但却屡屡出现“复流为土”的现象，而清代的改土归流却几乎没有再出现此种现象。清代王朝国家在广西壮族地区实施的改土归流之所以能顺利进行，与清代广西壮族地区的本土因素有着很大的关系。

清代，特别是清康熙、雍正时期，中央王朝在广西土司地区实施了大规模的改土归流，且几乎没有“复流为土”的现象出现，除了与康熙、雍正两位皇帝的雄才大略和王朝国家综合实力的强大等外因颇有关联外，清代广西土司地区的本土因素也是最不容忽视的内部因素。众所周知，事物的发展变化需要内因和外因共同作用，内因是事物发展变化的根据，外因是事物发展变化的条件，外因通过内因而起作用。正如毛泽东在《矛盾论》中所指出的：“事物发展的根本原因，不是在事物的外部而是在事物的内部，在于事物内部的矛盾性。任何事物内部都有这种矛盾性，因此引起了事物的运动和发展。事物内部的这种矛盾性是事物发展的根本原因，一事物和他事物的互相联系和互相影响则是事物发展的第二位的原因。”①

从历史上看，广西的土司制度由唐宋时期的羁縻府州制度发展而来，在元代正式确立，在明代达到全盛时期。从明太祖朱元璋开始，中央王朝就开始在广西实施改土归流。清承明制，在广西继续推行“以夷制夷”的统治政策，同时，也因时

① 毛泽东：《毛泽东选集（第一卷）》，人民出版社，1991年版，第301页。

制宜地继续在广西实施改土归流。清代广西地区的改土归流除却因应王朝国家治理层面的需要外，在很大程度上实乃广西本土因素使然。①

（一）土官的残酷统治及其危害

土司统治具有明显的封建割据性质。诚如学者所言："土司不论其官爵之大小，辖土之广狭，莫不自成一区域，于其领土之内执有莫大之威权，人民财产皆视为私人之所有物，实一区域中之土皇帝也。土司之贪婪者，每役其人民若牛马，任意宰割而不稍惜，土民受其荼毒，无术伸诉，宛转承受殆若命运所预定者然。土司辖地少而权力小者，虽暴虐其人民，其害犹不过一方而已；若土广人众，而其力又甚强，往往甘冒不韪，妄有所动作，或劫其邻部，或举兵内犯，以致衅起一方，故裁制与处理，遂为政府不可少之工作矣"，"清代处理土司之策略，每因时因事而各有不同，其最著效者，则唯改土归流之法耳"。②壮族土司的残酷统治不仅极大地激化了土官与土民之间的内部矛盾，而且危及王朝国家的稳固统治，这种"内部的矛盾性"为中央王朝在广西壮族地区实施大规模的改土归流提供了契机，成为王朝国家实施大规模改土归流的重要内因之一。

1.经济盘剥。土官作为其领地内的最高统治者，集行政、司法、经济和军事权力于一身。清承明制，继续在广西西部地区

① 蓝武、廖玉连：《清代在广西实施大规模改土归流的本土因素及其影响探析》，《民族学刊》2019年第3期。

② 顾颉刚、史念海：《中国疆域沿革史》，商务印书馆，1999年版，第215–216页。

众设土官，欲令诸土司“势分力敌，自足相制，不能为乱”[①]。但因土官是其领地内的土皇帝，“尺寸土地，悉属官基”[②]，“地方之水，一并归附”[③]，土地有如土官的私人财产，即使是中央政府亦不可随意调整，耕种土官田地的土民需缴纳地租。不仅如此，土司在其辖区内滥行科派，土民受其鱼肉。雍正二年（1724年）五月十九日，上谕“四川、陕西、湖广、广东、广西、云南、贵州督抚提镇：朕闻各处土司，鲜知法纪，所属土民，每年科派，较之有司征收正供，不啻倍蓰，甚至取其马牛，夺其子女，生杀任情，土民受其鱼肉，敢怒而不敢言。莫非朕之赤子？天下共享乐利，而土民独使向隅，朕心深为不忍。然土司之敢于恣肆者，大率皆汉奸为之指使，或缘事犯法，避罪藏身；或积恶生奸，依势横行。此辈粗知文义，为之主文办事，教之为非，无所不至，诚可痛恨。嗣后督抚提镇，宜严饬所属土官，爱恤土民，毋得视为鱼肉，毋得滥行科派。如申饬之后，不改前非，一有事犯，土司参革，从重究拟，汉奸立置重典，切勿姑容宽纵，以副朕子惠元元，遐迩一体之至意。钦此。”[④]

在土司统治地区，主要有劳役地租、实物地租和货币地租三种，其中以劳役地租为主。在土司制度下，耕作役田的土民须世世代代承担相应的劳役，这是土民对土官的无偿负担。所谓劳役地租，即耕作的土民以为土官做苦役的形式支付的地租。兹以广西壮族地区下雷土司为例，其役田和劳役主要有如下几种形式：

---

① 丘濬撰《广西众建土官议》，载《粤西文载》卷五六。
② 王言纪修，朱锦纂《白山司志》卷一七。
③ 王言纪修，朱锦纂《白山司志》卷一七。
④ （嘉庆）《广西通志》卷一《训典一》。

表20　广西下雷土司的役田及其劳役形式一览表

役田名称	劳役形式与内容
挑水田	种田人要常年轮流在土官衙内挑水，每次二人，三天换班，自带伙食。
旗锣田	每户租种一易田，不纳租税，以差役抵租，每月初一、十五土官行香拜庙时充当轿前仪仗，敲锣、扛旗、撑伞。
扫墓田	居住土官墓地附近，替土官照管坟墓，不纳租税。
抬轿田	领种土民专为土官抬轿。
看猫田	领种土民在土官祭祀恶节日里，专为土官守护祭品，防猫偷吃。
印田	领种土民无偿替土官耕种，收入全归土官备办祭礼。
塘田	原为养鱼池塘，后改为田，在下雷乡岜贺屯共八亩，土民代种，收入全归土官。领种土民另得六亩坏田耕种，作为酬劳。
夫役田	耕种土民每年要为土官服夫役，不管有无活干，隔五天要到衙门听候差遣。
斟酒田	岜贺屯土民耕种，常年伺候土官吃饭斟酒。
监路田	每年土官派夫修路时，做监督者。
杀鸭田	耕者每逢土官土目等下乡时，帮杀鸡杀鸭，以供土官土目食用。
鸡田	耕者每年交给郎头一只四五斤重的鸡。
猪路田	耕者须在官田附近修设障碍，不让猪到田边吃农作物。
士兵田	专做土官的士兵，每年每户轮去二次，每次五天，自备伙食。
养姑田	是土官嫁不出去的姑娘，每人约得八至十亩，租给土民耕种。

资料来源：广西博物馆编《广西土司制度资料汇编（第四册）》，油印本，1961年。

如表20所示，各种役田均以劳役名称命名，名目繁多，均为土官所有，耕种役田的土民“不纳赋，惟任徭役即催收各事”[①]，须为土官服相应的劳役。土官通过劳役地租，将土民牢牢地束缚在土地上，“土官画地为牢，民不敢出”[②]，借此对土民实行残酷的经济剥削和压迫。

2.文化压迫。土司统治时期，土民及其子女皆为土官所属，世世代代为土官的奴仆。虽说科举考试成了寒门子弟改变命运的绝好机会，但是，土司土官为了防止土民科举应试而脱籍，想方设法限制土民，不准其入学读书和参加科举考试。据赵翼《檐曝杂记》记载，田州土司地区，“土民虽读书，不许应试，恐其出仕而脱籍也”[③]，“偶有聪明子弟，土官即强之为佣，或令其父公当公差，使为法令所格，不得考试”，以至于“土民以读书为畏途”[④]，而非改变命运之坦途。

3.刑罚苛酷。从文献记载来看，土司统治区域历来没有成文法的规定，刑罚“随他怎样办就怎样办，任意陷害人民”[⑤]，残忍至极。土民所犯如偷鸡、偷竹笋、风流韵事等，往往也会受重大的处罚而破产。更有甚者，土民或因犯罪被杀，而被杀者的亲属还要交纳“八十两、四十两不等，最下亦二十四两”[⑥]的所谓“垫

① 广西财政监理官署编《广西财政沿革利弊说明书（第二编）》，载北京图书馆影印室编《清末民国财政史料辑刊（第五册）》，北京图书馆出版社，2007年版，第391页。

② 刘介：《广西土官故实采访录》，《广西文献》1948年第1期。

③ 赵翼撰《檐曝杂记》，中华书局，1982年版，第68页。

④ 刘介：《广西土官故实采访录》，《广西文献》1948年第1期。

⑤ 广西博物馆编《广西土司制度资料汇编（第四册）》，油印本，1961年。

⑥ 嵇璜纂《续文献通考》卷一三六《刑考》。

刀银”。田州土司地区，其刑罚严酷程度更是难以想象，“土民犯法，动以惨烈的非刑处断。署后有虎圈，常以人饲，观其博噬以为乐”①，视人命为儿戏，由此可见土司制度下土民生命的卑微和土官刑罚的极度苛酷。

4.诉讼审判黑暗。诉讼审判权本是官员为百姓伸张正义、维护权益的利剑，却被土司土官当成剥削土民的工具，各种名目的勒索剥削不胜枚举。《岭表纪蛮》称：“蛮区各县衙署，其陋规之名目亦最多，如铺堂、蜡烛、进笼、出笼、开锁、录供、板子、坐堂、烟茶等费，几于不可枚举。书役警吏，固然个得分肥；甚而至于老妈丫头，亦可染指。堂讯甫终，堂下纷呶即起，即此辈瓜分规费时也。贪索至此，真可谓无孔不入矣。”土民一旦犯罪“坐牢”，生死难料。据《雷平县志》记载，“土官时代，人民犯罪则拘之禁闭室，谓之‘牢’。有黑牢、亮牢之分：黑牢腥臭异常，拘之数月必死；亮牢微见光亮，臭气较少。牢卒收犯，积弊极深，有收押、洗手、看守、灯油、探监、松闸、解镣、除铐等费。倘所索不遂，罪虽轻罚，亦受笞刑之苦。”土司统治的残酷与土民生活的困苦由此可见一斑。

5.腐朽没落。随着土司制度的没落，土司地区已有土官私自将官田出租或典卖。此与清政府历来严禁土官私卖官田颇相违背。乾隆四十三年（1778年），清政府下令土官不能典卖土地，令土司赎回已典卖的土地，同时规定私自典卖官田的惩罚措施：“如有违禁不遵者，立即追价入官田还原主，并将承买之人比照

① 刘介：《广西土官故实采访录》，《广西文献》1948年第1期。

盗卖田律，一亩笞五十，每五亩加一等罪。”[①]乾隆五十六年（1791年）规定：“异籍流民……概不许潜居土司地方，交易借贷，承受当买田产，如再违犯，照偷越番境例加等治罪。”[②]其后清政府再次下令土官将已典卖的土地赎回，但当时广西巡抚台布认为“未便即令备价回赎”，“汉民占种土司田亩为日已久”[③]，土官已无力赎回。直至嘉庆五年（1800年），广西巡抚谢启昆提出了赎回土地的办法：“其无力赎回者，俟收田租满一本一利，田归原主，五年为断。”[④]此后，清政府曾多次下达类似的诏令。

土司制度下土民没有人身自由，甚至连生命安全都没有保障，“生杀予压，惟视官目之喜怒”[⑤]，任凭土官宰割。土司统治时期，土官强占民女的事件时有发生，土民“生女有姿色，本官辄唤入，不听嫁，不敢字人也”[⑥]。更有甚者，土官亡故，“用童男童女陪葬”[⑦]。清代土司的腐朽没落由此可见一斑。

随着土司土官统治的日益残酷和腐朽，土民与土司之间的矛盾斗争愈加尖锐，最终激起了土民的反抗，要求惩处土官，废除土官统治制度。道光年间，安平土司地区发生了由梁生宝、梁胜口等人领导的土民武装起义，深得当地广大土民的支持和响应，

---

① 王言纪修，朱锦纂《白山司志》卷一七。

② 王言纪修，朱锦纂《白山司志》卷一七。

③ 《清仁宗实录》卷四七。

④ 赵尔巽等纂《清史稿》卷三六五《李殿图传》。

⑤ 金光声纂《南宁府志·风俗志》。

⑥ 赵翼撰《檐曝杂记》卷四。

⑦ 郑超雄、黄继先：《土州土治：土司制度面面观》，广西人民出版社，2009年版，第81页。

取得了可喜的成果，不仅赶跑了土官李秉圭，占领了土司衙门，而且废除了土民的各种租税和徭役。咸丰年间，安定土司发生了由卢扶彬等人组织领导的反对土官统治的“大胜堂”，号召当地民众同土官作斗争，土官的衙门也被烧毁。

对于土司土官的残暴统治，雍正皇帝曾称：“朕闻各处土司鲜知法纪，所属土民，每年科派，较之有司征收正供，不啻倍蓰，甚至取其马牛，夺其子女，生杀任情。土民受其鱼肉，敢怒而不敢言。”[①]民国时期，刘介先生更是直言：“土司政治而后，实为其最黑暗之时期。所谓土司，实即一贪残无知之专制官长，生杀自擅之土皇帝，而蛮民即寄命于其刀俎之下，以度其地狱生活。”[②]久而久之，土民的“生活日趋恶化”，土司“残忍嗜杀，大失人心”[③]。

总而言之，壮族土司土官的残酷统治不仅导致下层土民的生活条件与生存环境日趋恶化，而且使土官的统治日失民心，最终激起土民的起事与反抗，这就沉重地打击了土司土官的世袭统治，为清代广西大规模的改土归流奠定了广泛的群众基础。

（二）土司地区社会经济的空前发展

辩证唯物主义认为，物质决定意识，经济基础决定上层建筑。明清时期，壮族土司地区社会经济取得了进一步的发展，这就为清代中央王朝改土归流政策的推行奠定了坚实的经济基础。

---

① （光绪）《镇安府志》卷一。

② 刘介：《广西土官故实采访录》，《广西文献》1948年第1期。

③ 广西博物馆编《广西土司制度资料汇编（第二册）》，油印本，1961年。

1.农业和商品经济的发展。中国古代封建社会属于农业社会，商品经济的发展在很大程度上依赖农业。明朝建立后，鼓励垦荒，农民开垦的土地归其所有。在封建统治者的大力倡导下，广大民众积极开垦耕地，且广西地区大力开展军事屯田。据黄佐《广西通志》统计，明初广西的土地为10.24万顷，到弘治十五年（1502年）广西的耕地数量增加到15.78万顷，增加了一半多。明代在广西建立了卫所制度，实行卫所屯兵制，在土司地区开辟了大量的土地。广西都司所属的卫所屯田由弘治年间的“五百一十三顷四千亩”[①]发展到嘉靖年间“四千六百一十顷三十四亩”[②]，增加了八倍多。军屯的收益主要用于解决军队“粮饷匮乏”的问题。由于军队自耕自食，百姓的负担相对减少，农民可有更多的农产品投入市场。由于大量垦荒屯田，明代广西的粮食产量大幅度增加。据学者研究，“如按每亩3石计，当时广西有耕地一千万亩左右，则每年产量可达三千万石；当时广西人口为100（万）至150万，就以150万人计，每年每人平均有粮20石，是一个很可观的数字”[③]。按人均产粮二十石计算，人均剩余粮食应该有十石，因此，大约有一千五百万石粮食投入市场。另外，明末清初，玉米在桂西的左右江地区普遍种植。桂西土司地区多是山地，土地贫瘠，适合玉米种植。《镇安府志·赋役志》记载：“向惟天保县山野遍种，以其实磨粉为糊，可充一二月。近来汉土各属亦渐多种者。”泗城府“苗人以包粟为主粮”。由此

① （嘉靖）《广西通志》卷二九《兵防志三》。

② 王圻撰《续文献通考》卷十四《田赋考》。

③ 傅荣寿、王中林等编著《广西粮食生产史》，广西民族出版社，1992年版，第67页。

可见，清初广西土司地区玉米已经得到普遍种植，甚至发展成为土民的主粮。此外，康熙时期，番薯在广西也得到广泛种植，南宁、崇左、西林等土属地区均有种植。玉米、番薯等杂粮类作物的种植，极大地丰富了广西的粮食品种，一定程度上满足了贫困土民对粮食的需求，使土司地区稻谷的商品化程度更高，甚至还有部分杂粮进入市场成为商品，不仅增加了市场的商品种类，还促进了土司地区商品经济的发展。与此同时，土司地区还利用自身的地理环境等优势发展茶叶、苎麻等经济作物。据史载，“苎麻，太平最多”①，太平府崇善县“力田日少，种麻日多，民颇得利，日用饮食多以麻易。”②由此可见崇善土属地区商品经济发展程度甚高。随着农产品商品化的发展以及大量的商人涌入土司地区经商，使得壮族土司地区的商品经济获得空前的发展，譬如明代思恩地区，“商贾辐辏，益比于内地矣”③，明清以来已成为广西西南地区的重镇，这就使得相对落后的土司经济进一步受到冲击。

2.地主经济的形成。景泰三年（1452年）开始建立的屯田制延续到了清朝，中央王朝在继承的基础上加以发展，将军屯之外剩余的土地分给土民耕种，鼓励土民开荒垦地的做法在一定程度上激发了土民摆脱土司统治的思想。清初，各土司领地出现了土民逃亡的现象，甚至出现“逃亡故绝，无可著追”④的情况，这就迫使壮族土司土官不得不把劳役地租改为实物地租。因为军

---

① 甘东阳纂《太平府志》万历五年刻本，书目文献出版社，1990年版。

② （嘉靖）《广西通志》卷五〇《外志一》。

③ 顾祖禹撰《读史方舆纪要》卷一一一《广西六》。

④ 邹汉勋纂《安顺府志》卷四十五《文艺志二》。

田、民田不归土司所有，可以自由买卖，所以土司地区出现了土地兼并的现象，这在一定程度上有利于地主经济的形成。随着土司地区商品经济的发展，土官购买的享受性商品日益增多，生活开支日益增大，导致“踵事增华，奢侈无节”[①]，在迫不得已的情况下，土官只能“将田产典给管下土目”[②]，或“贷于客民，辄以田产准折”[③]。清朝前期，安平土司统治区就出现了土官、官族典卖土地的现象，而且立有契约为凭证：“安平州正堂李为发给执照以垂永久事，本年五月十六日，据五处农村赵卑赵二呈称，乾隆十七年内，永买的州城南街李恒贞下城田壹子，名唤那密。取价钱十肆千伍百文。其田交与民世代管耕无异……所有田业永为尔世代子孙管耕。”[④]众所周知，封建领主制经济是土司制度赖以存在的经济基础，土官通过占有土地实行残酷的经济剥削和政治压迫，随着土地占有关系的变化，意味着土官政治从根本上发生了动摇，表明土司制度已趋于崩溃。

总的来说，自明代中期开始，广西土属地区的商品经济得到了很大程度的发展，在一定程度上冲击了封建领主制经济，特别是清代广西土司地区土地典当、买卖现象的出现以及地主制经济的形成，有力地冲击了土司领主制经济，当广西土司地区的地主制经济发展到一定程度后，土司制度赖以存在的封建领主制经济就会走向崩溃。经济基础决定上层建筑，改土归流也就成了顺应

① 王言纪修，朱锦纂《白山司志》卷一七。

② 《中国少数民族社会历史调查资料丛刊》修订编辑委员会编《广西壮族社会历史调查（四）》，民族出版社，2009年版，第50页。

③ 赵尔巽等撰《清史稿》卷三六五《李殿图传》。

④ 《广西大新县壮族调查资料》，广西师范大学图书馆藏，第50–52页。

时代的举措。因此，可以说，明清时期土司地区社会经济的进一步发展为清代大规模的改土归流奠定了坚实的经济基础。

（三）土司军事力量的严重削弱

清代，壮族土司的军事力量已出现明显削弱之势，这就为中央王朝全面实施改土归流政策奠定了必要的军事基础。

1.清代广西土兵数量大量减少。明代广西具体有多少俍兵、土兵，史无明确统计，丘濬认为广西“两江地方二三千里，其所辖狼兵，无虑十数万”①，可知数量不少。明代是壮族土司制度的全盛时期，土司分布“几占广西左、右江及红水河流域”，“各土司各有土兵、俍兵”②，多的过万，少的也有数百。但是，迄明成化、弘治后，因“古田、大藤峡、抚江、八寨、怀远、七山诸瑶，次第绥靖，国家不需要多数的土兵”③，加之明代广西战事不断，身处一线的土兵、俍兵的损失在所难免，从而在一定程度上削弱了壮族土司的军事力量。所以，到了清代，“综广西土兵，盖万三千八百有奇”④而已，壮族土司的整体军事实力已大为削弱。

2.土司家族内部争袭仇杀不断。土官作为一方之土皇帝，不仅集权力与地位于一身，还能荫蔽子孙后代，导致土司家族内部为争夺袭位而引发的矛盾和斗争持续不断。譬如，忻城莫氏土司家族争夺袭位的残杀，从明万历三十三年（1605年）第十代土司时开始，到清代康熙五十年（1711年）第十五代土司时告一

① 丘濬撰《广西众建土官议》，载《粤西文载》卷五十六。

② 张声震主编《壮族通史（中）》，民族出版社，1997年版，第645页。

③ 刘介：《广西土官故实采访录》，《广西文献》1948年第1期。

④ 赵尔巽等撰《清史稿》卷一四〇《兵志五》。

段落，前后长达106年。田州土司统治从明代一直延续到清代，其间的争袭斗争也一直不断。康熙四十一年（1702年），田州又发生大规模的争夺土官继承权的斗争。按照土官承袭法，岑应祺应为田州新一任土知州，但因其年幼，田州的世袭大权落入田州土目辛琦锺、黄天佑以及土官族人岑子疆手中，他们“专权肆恶，不利于其主”[①]，因而遭到忠心土官的老土目陆师等人的反对。为了从辛琦锺等人手中夺回田州大权，陆师等人联合东兰州及云南广南郡等，与辛琦锺、黄天佑和岑子疆在秣马村大战，结果土官军胜利，黄天佑负伤逃跑，岑子疆、辛琦锺逃匿到渌奔村。然而，事情并未从此了结。后来，黄天佑、辛琦锺的外甥又勾结黎光生，用计诱使阳万依率兵攻打田州城。此次因争袭引发的战争，直到“事闻于两台，属右江道按鞠治，以土司仇杀之例，自是地方获安”[②]。一直到清朝末年，关于田州土官权位的争夺始终未有停息。

虽说土司土官家族内部的争袭斗争及土官与土官之间的矛盾属于统治阶层内部的矛盾，但在土官之间无休止的混战中，无辜的平民百姓死伤无数，使得土司的元气大伤，声威江河日下，土司的地域号召力、社会影响力及军事实力也在不断的斗争中被削弱和耗损，进而导致土司势力衰落。

3.绿营兵的设置。清代以前，土司土官最大的职责为“镇压土民，教练新兵；有内乱，要他们去从征；有外患，要他们去御侮；省内的重要城池，要他们抽调峒丁，轮番衙戍；大小关隘，

① 陈如金纂修《百色厅志》卷八，清光绪十八年刊本。

② 陈如金纂修《百色厅志》卷八，清光绪十八年刊本。

要他们去屯田防守，堵寇捕贼”[①]。但是，顺治八年（1651年），清政府攻占广西大部地区后，开始在广西设置绿营兵，成为清王朝在广西统治的主要武装力量。绿营兵驻扎广西全境，包括庆远、太平、思恩、南宁、镇安、泗城等府属土司地方，打破了以往“凡有征调，全倚土兵”[②]的局面。据统计，康熙二十八年（1689年）广西的绿营驻兵为2万人，乾隆二十九年（1764年）为24166人，乾隆五十年（1785年）为23588人[③]。不仅整个广西地区的重要地方均有绿营兵驻守，而且各个驻军的营讯疆里具体明确，驻军与驻军的防区彼此相接，同时设置有专门用于传送情报的塘兵、卡兵，从而构筑起一套严密控御广西全省的军事网络。绿营兵与土兵最大的不同在于土兵效忠土官，而绿营兵则效忠中央王朝，成为牵制土司土兵的重要军事力量，土官也因此由以前的“手操文武军政大权”到“现时什么都没有了”[④]。

总而言之，清代广西壮族土司土兵数量的大幅度减少，土司内部因争袭引发的长期斗争和仇杀，效忠中央王朝的绿营兵的设置，都使得壮族土司土官的军事势力进一步削弱，军事影响力严重降低，从而为清代广西地区的改土归流创造了条件。

（四）土司地区儒学教育的发展与忠君报国观念的形成

清代，壮族土司地区儒学教育的发展与忠君报国观念的形成，为广西地区的大规模改土归流奠定了良好的思想文化条件。

1.土司地区儒学教育的发展。广西在古代一直被视为蛮荒

---

① 刘介：《广西土官故实采访录》，《广西文献》1948年第1期。

② 嵇璜纂《续文献通考》卷二四五《四裔考》。

③ 肖一山：《清代通史》，中华书局，1987年版。

④ 刘介：《广西土官故实采访录》，《广西文献》1948年第1期。

之地。史称："广西瑶、壮居多……而田州、泗城之属，尤称强悍，种类兹繁，莫可枚举，蛮势之众，与滇为埒。"[①]这些有关土司地区的描述虽难免有所夸大和偏颇，但也从侧面反映出古代广西文化教育的落后及其与中原地区存在的极大差距。

明代以前，广西的学校教育主要分布在东部和北部地区。到了明代，得益于统治阶层对文化教育的重视，广西的文化教育事业得到了较大发展，府、州、县学的设置已经逐步推广到土司统治的桂西一带。据钟文典主编的《广西通史》统计，明代广西府州县共有学校65所，其中庆远府5所，平乐府9所，南宁府7所，太平府4所，思恩府2所，思明土府1所。清代，广西共设置了府、厅、州、县学85所，其中包括兴复前代的69所，新办的16所。新办的学校基本上集中分布在壮族聚居区，这就极大地推动了广西壮族地区文化教育事业的发展。在官学教育发展的同时，土司地区的社学、书院以及私塾也得到了一定程度的发展。苏濬《广西通志·学校志》记载："今社学之建，广西郡邑，处处有之，大县十余所，小县一所。"据文献记载，明代广西地区创建的社学多达232所，清代广西地区共建社学69所，表面上看清代广西地区的社学数量比明代少，但这实际上与清代义学的兴办有关。据统计，清代广西地区共建义学237所，其中包括平乐府14所，南宁府14所，太平府12所，归顺直隶州4所，思恩府14所，镇安府10所，田州8所，泗城府3所，庆远府7所，遍及广西壮族地区的所有府、厅、州[②]。

---

① 嵇璜纂《续文献通考》卷二四五《四裔考》。

② 张声震主编《壮族通史（中）》，民族出版社，1997年版。

明清时期，广西的学校教育依王朝规制，与内地的儒学教育一致，以儒家思想为指导，培养服务于封建王朝的人才，特别是对于边疆地区的少数民族子民，封建统治者更加注重培养其忠君报国的观念。从史料记载来看，广西土司地区的文化教育之所以得以发展，除了中央王朝的重视外，也与土司地区的自身积极进取有关。譬如，作为明永乐至成化年间思恩府的土知府，岑瑛“忠君爱民”，“崇儒敬道”，为了让思恩府“用夏变夷”，岑瑛请求“于其郡建学立师，以服行孔子之教”，思恩府因此“设儒学，置教授一员、训导四员”①，加强文化教育。思恩“建学立师”后，不仅“民知读书”，而且还“群才辈出，咸誉髦焉，明礼让而服其教化”②。除此之外，被贬谪到广西的官员、“佐贰幕职”的流官以及逃难至此的中原百姓，对促进广西壮族土司地区文化教育的发展也起到了良好的媒介作用，他们通过潜移默化、浸润熏陶乃至倡导推动的方式，从一定程度上改变了广西土司地区的社会风俗和思想观念以及社会落后面貌。

2. 土司地区忠君报国观念的形成。儒学教育在广西土司地区的传播与发展，不仅使得土司地区的知识分子数量增加，而且使得土司地区越来越多的民众“明人伦”“知教化”。一些吸收中原文化较早、受儒家思想影响较深的土司土官，更是对封建君主及朝廷忠心耿耿。据史载，嘉靖二十九年（1550年），受朝廷征调、统率土兵开赴南海镇压黎民起事的西林土官岑芝，在战争中身负重伤，并未“乞假养伤”，却谓：“土司之设，原以屏翰中

① 张廷玉等撰《明史》卷三一八《广西土司二》。

② 汤琛撰《思恩府儒学科举提名碑》，载《粤西文载》卷四三。

邦；况吾宗几覆，蒙圣恩浩荡，得延一线，今日虽肝胆涂地，不足报高厚于万一，忍以身家之念而偾是乎！尔等努力，无以我为念。”[①]愿为朝廷“肝胆涂地”，足见其深受忠君报国观念的影响。由于受“明季流寇之乱”而进入边疆的汉族移民的思想及其“请愿委派流官管理诉讼”观念的影响，越来越多的土民“彻悟猛醒，反（返）土归流的倾向日益深刻化”[②]，对多民族国家的向心力与认同度明显增强。

由此可见，儒家思想文化在广西壮族土司地区的传播，有利于土司地区忠君报国观念的形成，这不仅影响了上层土官，而且也深深影响了土属地区百姓。土司地区在思想领域发生的深刻变化，从明朝开始一直延续到清代，对土司制度的冲击是巨大的。当广西壮族土司地区越来越多的民众对儒家思想文化产生认同，确立忠君报国观念，乃至铸牢中华民族共同体意识之时，以“以夷制夷”而存在的土司制度也就失去了存在的必要。可以说，明清时期广西壮族土司地区忠君报国观念的形成，不仅使土司制度失去了它存在的思想基础，而且为清代王朝国家在广西实施大规模的改土归流奠定了文化基础，提供了思想准备。

（五）土司地区交通条件的改善

清代，壮族土司地区的交通条件在前代的基础上得到了明显的改善，为改土归流政策的深入推行创造了必要的条件。

1.水运交通的完善。广西的丘陵，为东南丘陵的一部分。桂西土司集中统治区地处云贵高原的东南边缘，山地多，平地少，

---

① 覃冠昌：《广西土官制度研究》，广西民族出版社，2000年版，第77页。

② 广西博物馆编《广西土司制度资料汇编（第四册）》，油印本，1961年。

地理环境复杂，交通发展缓慢。受地理环境和交通条件的限制，桂西地区长期处于相对闭塞的状态，社会生产相对落后。但是，从明代开始，广西西部土司地区的交通得到了较大的发展。

由于广西境内河流众多，山岭林立，故而广西地区的交通运输历来以水路为主。因生活条件恶劣，一些少数民族常在山势险峻的河流两岸“恃险为患，荼毒生灵”①。譬如广西府江，“两岸六百里，湍流悍激，林木翳暗，瑶壮执戈戟窜伏，钩引商船，劫夺盐米，甚至杀官伤吏，屡剿不止”②。后来，依广西副使韩绍沿两江伐木开路的办法，才彻底解决了府江航道的治安问题。与此同时，广西地方官在沿江地区设置水驿，增加内河航运能力，进一步改善广西地区的航道建设，从而形成了囊括庆远府、太平府、思恩府、隆安县、归顺土州等土司地区在内的航运交通网络，极大地提高了广西地区的航运能力。

2.陆路交通的发展。在发展航运的同时，广西地区的陆路交通也得到了较大程度的发展。明清时期，广西地区特别是桂西土司地区大力修建桥梁，譬如太平府的永济桥，横跨左江，成为通往永源州、左州、南宁府的要道。桥梁的修筑，在一定程度上解决了广西地区河流众多、溪流无数、陆路交通不便的问题。

就当时而言，广西地区特别是广西西部土司地区交通条件的改善，不仅有利于土司地区的对外交往交流，而且使得过去土司地区的天然地理屏障不复存在。中央王朝的政治力量、军事力量

① 韩雍撰《议处广西地方事宜疏》，载《粤西文载》卷五。

② 王士性撰《广志绎》卷五《西南诸省·广西》。

由此可以进一步深入土司地区，从而为清代广西土司地区的大规模改土归流提供了较为便利的交通运输条件。

本章小结

从中国古代民族政策发展史来看，无论是唐宋时期羁縻制度的推行，还是元明清时期土司制度的实施，主要原因是“民族地区交通闭塞，民情复杂，风俗殊异，中央王朝不便直接统治，于是就采取‘以夷制夷’的政策，利用当地少数民族酋首代为统治。随着时间的推移和社会的发展，土官或土司制度的弊端逐渐显露出来……严重束缚了生产力的发展，阻碍广西民族地区社会的发展和进步。随着中央王朝对广西民族地区统治的不断加强和统治势力的日益深入，废除落后的土司制度，已成为社会发展的一种必然”[①]。这实际上也指出了本土因素在改土归流中的作用。

从土司制度时代壮族地区改土归流的进程来看，广西壮族土司地区从明初即已开始实施改土归流，但因其时各方面的条件尚未完全成熟，最终出现了“复流为土”的现象。随着社会历史的不断向前发展，广西壮族地区的商品经济开始深入到土司辖区，明末清初土司地区土地买卖和土地典当现象的出现，冲击着封建领主制的经济基础。明清时期，土司地区长期的内部争袭、仇杀以及镇压土民的反抗斗争，都在一定程度上削弱了壮族土司的军事力量，特别是清朝统治者在广西壮族地区广泛设置绿营兵，壮

① 覃彩銮：《广西开发史》，广西师范大学出版社，2013年版，第175页。

族土司的军事力量再也不复清朝以前的地位。作为一种地方分权形式，“土司制度包括政治制度、经济制度（土地制度）和军事制度，是集政治、经济、军事于一体的农奴制度”[①]，当土司地区政治没落，军事废弛，土司制度赖以生存的封建领主制经济崩溃时，壮族土司土官也就无力再与强大的王朝力量相抗衡。特别是随着汉文化教育在土司地区的发展，不仅传播了忠君报国的观念，而且使得越来越多的土司土官与土民对中原文化和儒家思想产生了认同与共鸣，民族认同感与国家认同意识也就空前强烈，“非我族类，其心必异”的思想逐渐淡化乃至消失。随着壮族地区的全面而深入开发与土司地区交通条件的改善，又成为中央王朝的政治势力和军事力量深入土司地区的重要因素，为清代王朝国家在广西壮族地区实施大规模的改土归流提供了便利的交通运输条件。在明代局部改流的基础上，清代广西壮族地区各种内外因素与主客观条件已经成熟，王朝国家主导下的大规模改土归流也就水到渠成了。

总而言之，清代王朝国家在广西壮族地区实施的大规模改土归流，是内因与外因综合作用的结果，其中作为内因的广西本土因素无疑起了决定性的作用。这是合乎历史的辩证法的。

① 张声震主编《壮族通史（中）》，民族出版社，1997年版，第639页。

第十章

明清时期王朝国家在壮族地区实施改土归流的历史进程

任何事物皆有一个从产生到发展，再到消亡之历史过程，土司制度也不例外。壮族土司制度前后存续数百年，经历了从元代正式确立、明代全面发展、清代由盛转衰到民国全面消亡的历史进程。壮族地区的改土归流正是壮族土司制度由发展走向消亡的重要一环，它在王朝国家的主导与推进下实施，从明初开始，在明代实行局部改流，到清代进行大规模改流，经历了一个漫长而曲折、复杂而艰难的过程，成为明清时期王朝国家推进边疆治理、加快边疆地区内地化进程的重要事件，是壮族土司制度退出历史舞台的重要节点和显著标志。

第一节　明代壮族地区实施改土归流的历史进程

明代初年，壮族地区的改土归流正式开始。明朝建立之初，随着王朝国家政权的统一与稳固及其在广西壮族地区统治地位的确立与加强，中央王朝开始着手对一些心存叛逆或有恃无恐的壮族土司进行改流。从时间上看，明代王朝国家在广西壮族地区的改土归流主要集中在嘉靖以前，嘉靖以后改流渐少。兹据文献记载，对明代王朝国家在壮族地区实施改土归流的历史进程略作简要梳理。

洪武初年，最先被改流的是钦州七峒长官司[1]，继之太平府也被改流[2]。洪武二十八年（1395年），奉议州、向武州被改流[3]，同时改流的还有南丹州[4]。洪武三十年（1397年），左州被改流，旋即于建文元年（1399年）复流为土，后因子孙争袭仇杀，成化十三年（1477年）又改土归流[5]。

宣德年间，崇善县改流[6]。宣德七年（1432年），养利州改流[7]。

正统年间，利州改流[8]。

成化八年（1472年），永康州改流[9]。成化十五年（1479

---

① 林希元纂修《钦州志》卷九。

② （嘉靖）《广西通志》卷五五《外志六》。

③ 张廷玉等撰《明史》卷三一九《广西土司传三》。

④ 顾祖禹撰《读史方舆纪要》卷一〇九《广西四》。

⑤ 《土官底簿》卷下“左州同知”条。

⑥ 顾祖禹撰《读史方舆纪要》卷一一〇。

⑦ 顾祖禹撰《读史方舆纪要》卷一一〇。顾祖禹《读史方舆纪要》卷一一〇“崇善县”条载：“宣德七年，改同正州，仍属太平府。”汪溶日《养利州志·官制》云：“宣德七年，土官（赵）文安以罪废绝，铨流官，并设通判吏目治之。”《明史》卷三一八《广西土司传二》载：“宣德间，稍侵其邻境，肆杀掠。万历三年，讨平之，改流官。”这说明养利州在明代曾经历过两次改流。

⑧ 张廷玉等撰《明史》卷三一九《广西土司传三》。

⑨ 张廷玉等撰《明史》卷三一八《广西土司传二》。

年)，上石西州改流[1]。

弘治五年（1492年)，恩城州改流[2]。弘治十八年（1505年)，上思州改流[3]。弘治年间，改流的还有田州和思恩府岑家土官[4]。

嘉靖年间，武靖州和上林长官司改流[5]。

万历二十八年（1600年)，思同州并入成化年间已改流的永康州，实际上也已改土归流。

据不完全统计，明代王朝国家在广西壮族地区共计改流18处，主要集中在左右江地区，详见表21。

表21 明代广西改土归流情形一览[6]

序号	时间	改流州县	备注
1	明初	钦州七峒	
2	明初	忻城县	宣德、正统年间，忻城实行两知县制，同时设立流官知县和土官知县，但实际权力掌握在土官知县手中。弘治十年（1497年)，两广总督邓廷瓒奏请裁忻城流官，留土官知县掌县事。
3	洪武二年（1369年）	太平府	改太平府为流官。

① 《土官底簿》卷下“上石西州知州”条。

② 张廷玉等撰《明史》卷三一八《广西土司传二》。

③ 张廷玉等撰《明史》卷三一七《广西土司传一》。

④ 张廷玉等撰《明史》卷三一八《广西土司传二》。

⑤ 顾祖禹撰《读史方舆纪要》卷一〇八《广西三》、卷一一一《广西六》。

⑥ 广西大百科全书编纂委员会编《广西大百科全书·历史》，中国大百科全书出版社，2008年版，第352-353页。

续表

序号	时间	改流州县	备注
4	洪武二十一年（1388年）	程县	改流时间有二说，此据《明史》卷三一九。一云改流时间为永乐年间。
5	洪武二十八年（1395年）	废除南丹州，改设南丹卫	正统十年（1445年）复设南丹州，以原南丹州土官莫金之子莫禄为知州，世袭。
6	洪武二十八年（1395年）	废奉议州改设奉议卫	建文二年（1400年）复土。
7	洪武二十八年（1395年）	废除向武州，改设向武守御千户所	建文二年，复设向武州，以土官世袭。
8	洪武三十年（1397年）	左州	以土官绝嗣，改设流官。建文元年，左州复土，成化十三年（1477年），又改流。
9	宣德年间	崇善县	
10	宣德七年（1432年）	养利州	先以流官吏目佐之，正统年间改流，不久即复土。万历三年（1575年），再改流。
11	正统年间	利州	先以流官州判任事，嘉靖二年（1523年）废利州，将其地并入泗城土司州。
12	成化八年（1472年）	永康县	土官叛乱，被废；改设流官。万历二十八年（1600年）升为永康州。

续表

序号	时间	改流州县	备注
13	成化十五年（1479年）	上石西州	以土官绝嗣而改设流官。土官赵氏、何氏、黄氏，“凡三姓皆绝嗣，始改流官”。万历三十八年（1610年）改属太平府。
14	弘治五年（1492年）	思城	废恩城州。
15	弘治十八年（1505年）	思恩府	嘉靖七年（1528年），分其地置白山等9个土巡检司，以土目王受等为巡检，“得比于世官”。
16	弘治十八年（1505年）	上思州	嘉靖元年（1522年），以土民叛服不常，下令“择土吏之度者任之”，“仍以土官袭”。
17	弘治十八年（1505年）	田州府	嘉靖七年（1528年），复土。
18	嘉靖年间	武靖州	土官绝嗣，州废。

需要指出的是，由于改土归流从根本上触动了诸土司土官的切身利益，因而遭到了土司土官的强烈反抗。明王朝在广西壮族地区实施的改土归流并不彻底，其间充满着诸多曲折与反复。正如学者所言：“明代壮族西部地区的改土归流随着明朝的建立就已开始，直到明朝末年还在进行，持续进行了200多年。”①

① 张声震主编《壮族通史（中）》，民族出版社，1997年版，第667页。

第二节　清代壮族地区实施改土归流的历史进程

清朝统一广西后，如何处置广西壮族土司问题，引起统治者的关注和重视，这不仅关系到壮族地区的稳定与发展问题，还关系到王朝国家的边疆稳固与安全问题，同时也关系到多民族国家的统一与巩固问题。特别是地方土司的残暴统治及其对王朝国家统一政权构成的威胁，越来越引起统治者的重视。据文献记载，雍正二年（1724年），早已留意到土官土目在土司地区施行暴政的雍正帝谕西南地区督抚提镇称："朕闻各处土司，鲜知法纪，每于所属土民，多端科派，较之有司，征收正供不啻蓓蓰。甚至取其马牛，夺其子女，生杀性情。土民受其鱼肉，敢怒而不敢言。"[①]雍正四年（1726年），鄂尔泰"巡抚云南，兼总督事"，向朝廷奏报壮族土司的骄横不法情形时称："广西土府、州、县、峒、寨等司五十余员，分隶南宁、太平、思恩、庆远四府，多狄青征侬智高、王守仁征田州时所留设。其边患，除泗城土府外，余皆土目横于土司。"[②]地方土司的骄横不法显然已经挑战了清政府的容忍度，再加上雍正初年清统治者在西北对准噶尔和青海、西藏等用兵的不断胜利，中央集权统治得到进一步加强，"清除土司这一赘瘤已被提到日程上来了"[③]。在云南，清朝平定云南地区后，即对广南土府进行改流。

---

① 《清世宗实录》卷二〇。

② 魏源撰《圣武记》卷七《土司苗瑶回民》。

③ 钟文典主编《广西通史（第一卷）》，广西人民出版社，1999年版，第436页。

按文献记载，清代王朝国家在广西壮族地区实施的大规模改土归流可划分为三个阶段：康熙年间为改土归流的初始阶段，雍正、乾隆时期达到改流的高潮阶段，同治、光绪、宣统时期为改流的后期阶段[①]。

康熙年间：改土归流的初始阶段。康熙二年（1663年），清政府对镇安土府进行改流。康熙五年（1666年），西隆州改安隆长官司置，同年升上林长官司为西林县。康熙二十八年（1689年），将原属太平府的陀陵县省入永康州。康熙五十八年（1719年），将思明土州改流置思明州。

雍正、乾隆时期：改土归流的高潮阶段。雍正四年（1726年）到九年（1731年）由云贵广西三省总督鄂尔泰亲自指挥，在西南地区继续进行大刀阔斧的改流。雍正五年（1727年），对泗城府进行改流。雍正七年（1729年），对东兰土州部分地区进行改流，将东兰土州东院内六哨改流置东兰州，同年将归顺土州改流置属镇安府。雍正三年（1725年），废除龙州土州置上、下龙二土巡检司，七年（1729年）废下龙土巡检司，由太平府通判驻扎，同时析土田州置百色厅属思恩府。光绪元年（1875年）将百色厅升至百色直隶厅，属左江道。雍正十年（1732年），改奉议土州，置奉议州判。乾隆七年（1742年），析土田州一百九十八村置阳万土州判，光绪五年（1879年）阳万土州判改流为恩阳州判。乾隆三十一年（1766年），置小镇安厅，属镇安府。

同治、光绪、宣统时期：改土归流的后期阶段。同治九年

---

① 广西大百科全书委员会编《广西大百科全书·历史》，中国大百科全书出版社，2008年版，第491-492页。

(1870年)，改那马土巡检司置那马厅，属思恩府。光绪元年（1875年)，将田州改流，更名为恩隆县，隶属百色直隶厅。

经过大规模的改土归流工作，广西壮族土司特别是左右江流域的壮族土司大势已去。之后，清政府继续推行改土归流政策，并采取三种方式进行：一是因行政改置而改流，二是因土民不愿意受土官管辖而改流，三是因罪被革职而改流[①]。最终，清代王朝国家在广西壮族地区实施的改土归流取得了较大的成功，基本上达到了预期的目的。不过，清政府并未能彻底完成在广西壮族地区的改土归流，直到民国十八年（1929年）位于桂西的那地州实施改流后，广西壮族地区的改土归流工作才算基本完成。

总而言之，清代在广西壮族地区实施的大规模改土归流既是明代局部改土归流的继续和发展，也是清代壮族地区社会经济发展的必然要求。从时间上看，清代自始至终都在实行改土归流，起于康熙、盛于雍正、继之于乾隆，尤其集中于雍正年间，乾隆之后，壮族地区大多处于流官的统治之下，其改制的过程事实上贯穿了清王朝的始终。

据统计，在清代中央王朝未实行改土归流之前，广西共有土府、州、县、峒、司128个，而经过大规模的改流之后，迄光绪三十三年（1907年）剩下的土州、县、司只有43处，迄清末仅剩下41处。可见经过清代大规模的改土归流后，广西境内土府、州、县、峒、司的数量明显减少。直至民国二十年（1931年），随着最后一个土司州的改流结束，王朝国家在广西壮族地区的改

① 广西大百科全书委员会编《广西大百科全书·历史》，中国大百科全书出版社，2008年版，第492页。

土归流工作最终全部完成，标志着延续数百年的壮族土司制度至此寿终正寝，成为历史的陈迹。

本章小结

改土归流作为时代的产物，就土司制度的角度而言，是历史发展的必然结果；就国家治理的角度而言，是王朝国家推进边疆治理、巩固国家统一的内在要求。

从时间上看，明清两代王朝国家在壮族地区实施的改土归流基本都是自始至终地进行，改土归流可谓是经历了漫长的历史过程。最终，明代因条件尚未完全成熟而导致改流并不彻底，出现较大的反复；清代则因改土归流的条件较为成熟，最终在鄂尔泰的主持下，采取恩威并用的政策，使得改土归流获得了成功，改流工作较为彻底，基本达到了预期的目的。《清史稿·土司列传序》称："自（雍正）四年到九年，蛮悉改流，苗亦归化。间有叛逆，旋即平定。"那些在改土归流过程中被革职的土司，或给予惩处，或安置别地，或充任流官。改土归流后原土司辖区内，清朝通过设流官、屯戍兵、建城池、编户籍、立保甲，进一步加强对这些地区的统治。清代实施大规模改土归流的结果，强化了清王朝对壮族地区的统治，在一定程度上改变了土属地区的封闭、落后状况，客观上起到了促进壮族地区社会生产力的发展，加快壮族地区的内地化进程，巩固国家统一与边防安全的作用。

第十一章

明清时期王朝国家在壮族地区实施改土归流的特征及其成因

明清时期，王朝国家在壮族地区实施的改土归流具有显著的时代特点。从整体史的角度而言，改土归流是土司制度的重要组成部分，而作为土司制度发展史上改土归流发生发展的重要时期，明清时期壮族地区的改土归流明显呈现出从局部到大规模化、从不彻底到彻底的历史演进特点。从断代史的角度上看，作为改土归流发生发展中的两个朝代，明清两代壮族地区的改土归流出现了前后迥异的特点，具体表现为明代的改土归流呈现出拉锯式的反复性和不彻底性，而清代的改土归流则呈现出暴风骤雨式的大规模化与彻底性。

第一节　明代壮族地区改土归流的反复性与不彻底性

综观国内外学术界，已有不少学者对明代在广西壮族地区实施的改土归流政策做过专门研究，并且取得了不少有价值的成果，这对深入研究该领域颇有重要参考价值。当然，由于各自研究的视角与侧重点不同，对明代在广西壮族地区实施改土归流的主要特征及其成因问题的论述尚不系统、全面与深入。鉴于此，笔者不揣简陋，在学术界同仁已有研究成果的基础上，特对明代在广西壮族地区实施改土归流的主要特征及其成因问题略加梳理和系统论析，以期有助于人们全面了解和正确认识明政府在广西壮族地区实施改土归流政策的历史真实及明代中央王朝与壮族土司之间的相互关系。

一、明代壮族地区改土归流的显著特征

纵观明代王朝国家在广西壮族地区实施改土归流的历史进程，不难发现，明代广西壮族地区的改土归流是与其土司制度的普遍推行、持续发展直至全盛相伴而行的，具有鲜明的时代特点和区域性特征，深深地打上了时代的烙印。

（一）改土归流的具体原因较为复杂

随着社会生产力的不断发展，土司制度逐渐丧失其赖以存在的基础和条件，愈来愈成为社会历史发展的障碍。在此情况下，为了进一步强化对壮族地区的统治，明代中央王朝遂抓住一切有利时机，不失时宜地在广西壮族地区逐步推行改土归流政策。史称，明代，“土官嗣绝、本族无可承者及叛逆诛夷，始铨流官代之”[①]。这就明确指出了明代实施改土归流的主要原因。实际

① 魏濬撰《西事珥》卷八《历朝羁縻之法》，北京图书馆藏本。

上，其原因远不止于此。综合来看，明代王朝国家在广西壮族地区实施改土归流的具体原因较为复杂，大致表现为如下几种情形：一是因地狭人稀而改流；二是因土官未能驭众而改流；三是因土官反叛朝廷而改流；四是因土司之间互相攻伐而改流；五是因土司官族内部争袭而改流；六是因土司绝嗣而改流。凡此种种，可以看出，明代王朝国家在广西壮族地区实施改土归流的具体原因甚为复杂。

（二）改土归流开始的时间较早且持续的时间较长

从时间上看，明代王朝国家在广西壮族地区实施的改土归流是在明朝统一广西的过程中即已开始，直到明朝末年还在进行，前后持续进行了200多年，可以说改土归流与广西壮族土司制度的存在和发展相始终，两者“几乎从洪武初年起就是作为两条同步并行的线同时存在”[①]。

明代广西改土归流历史的曲折演进过程，实际上是与明王朝政治上的起伏状况是紧密相连的。明朝建立之初，为了确立中央王朝在广西壮族地区的统治地位，遂于广西土属地方大力推行土司制度，允许土官继续世袭，是故明初广西改土归流的州县相对较少。明代中叶，政治腐败，军事废弛，经济危机与边患日趋严重，各地农民起事不断爆发。广西壮族土司反抗封建朝廷的斗争时有发生，各土司之间的相互侵夺仇杀及土司官族内部的纷争愈演愈烈，明朝统治者从“大一统”思想出发，为巩固其于边疆民族地区的统治地位，并最终实现对边疆民族地区的直接统治，从而相对地加大改土归流的力度，抓住一切有利时机废除土官的世

---

① 吴永章：《中南民族关系史》，民族出版社，1992年版，第346页。

袭统治，改派流官进行直接管理。因此，明代广西实施改土归流的州县，大都集中在宣德三年（1428年）至弘治十八年（1505年）的77年间。明代后期，朝政更加腐败，赋役苛重，阶级矛盾更加尖锐，社会矛盾更为复杂，陕北地区成为各种矛盾的焦点，李自成领导的明末农民大起义因此爆发。在此背景下，明王朝为了苟延残喘，不得不集中力量对付农民起义，暂时无暇顾及广大的土官统治区。在广西，王朝统治者重拾一贯的“以夷制夷”政策，公然利用土司土兵来镇压广西各族农民起事，从而对广西土司土兵产生依赖，是故，降至明代后期，广西本土的改土归流遂不再发生。因此，从总体上看，明代王朝国家在广西壮族地区实施改土归流政策，实自明初即已开始。明朝统一广西之初，对钦州七峒地方的改流，实际上已拉开明代广西改土归流的序幕。继明初钦州七峒和太平府改流之后，明朝历代局部改流，绵延未绝，直至明后期为止，故谓其开始的时间较早且持续的时间较长。

（三）改土归流的地方相对较少且成效不大

明代王朝国家在广西壮族地区设置的土司数目，古籍记载不尽一致。《古今图书集成》记载：“广西布政司领长官司三，隶兵部武选。凡设土官知府四人，土知州三十二人，土知县六人，土巡检十三人，皆隶吏部验封。”①《明会典》及清毛奇龄《蛮司合志》所载与此相类似。据正德时所修《土官底簿》记载，广西时有土司167家。而今人对于明代广西土司设

① （雍正）《广西通志》卷九五《诸蛮四》。

置数目的统计结果也不尽相同，有“197员”说[①]，有“190多人”说[②]，有“300多家”说[③]，有“192个”说[④]，有“400家”说[⑤]，有“200处”说[⑥]。姚舜安则认为，到明末，广西总计设立了70个土司衙门，封土司官200余人。如此等等，众说纷纭，莫衷一是。尽管诸古籍记载和今人统计互异或有未备，然就此而论，便可知明代广西土司设置数目之多及其建置规模之大。而就明代王朝国家在广西壮族地区实施改流的数目而言，据文献记载，在明朝统治的270多年间，广西壮族地区前后共有钦州七峒长官司、上林长官司、庆远南丹军民安抚司、太平府、来安府、思恩府、田州府、养利州、左州、江州、上思州、利州、恩城州、奉议州、南丹州、向武州、思同州、武靖州、上石西州、忻城县、崇善县、永康县、程县等共计29处地方实施了改土归流。

---

① 吴永章：《中国土司制度渊源与发展史》，四川民族出版社，1988年版，第166页。

② 林建曾：《试论“改土归流”政策形成、推行的几个阶段》，《广西民族研究》1988年第2期。

③ 龚荫：《中国土司制度》，云南民族出版社，1992年版，第998页及书中涉及广西土司部分。据该书记载，明代广西设置土司最多时达344处，其中土指挥使1处、土千户5处、土百户11处、长官7处、副长官3处、土千总1处、土营长2处、土知府4处、土知州42处、土州判1处、土知县9处、土主簿1处、土巡检76处、土副巡检144处、土典使2处、土驿丞28处、土吏目5处和土头目2处，扣除属于广西清代设置的土官和隶属于今广东省及贵州省设置的土官，则明代在今广西境内设置的土司数目至少也在300多家。本书编写是以清代行政区划为准，故州县土官隶属关系一依清代区划。

④ 雷坚：《试论明代广西土司的置、废、改流及其历史特色》，《广西民族研究》1992年第3期。

⑤ 苏建灵：《明清时期壮族历史研究》，广西民族出版社，1993年版，第156页。

⑥ 粟冠昌：《广西土官制度研究》，广西民族出版社，2000年版，第61页。

如据嘉庆《广西通志》卷六十记载，明代于广西壮族地区废除的土司仅有12家。不仅如此，由于种种原因，许多改流的地方旋而又“复流为土”，出现了明显的反复现象。绝大部分土属地方的改流归于失败，最终能够维持流官长久统治的地方尚属不多。因此，相对于明代王朝国家在广西壮族地区设置的庞大的土司数目和清代王朝国家在广西壮族地区实施大规模的改土归流而言，可以说，明代在广西地区实施改土归流的地方确属较少，其改流规模确属较小，大多数地方仍属土司专制，或土流并存，甚至土大于流。总的来看，明代部分地方改流后并未巩固下来，而是重新恢复了土官的往日统治，导致改土归流的总体成效并不显著。

（四）改土归流的实施大都以军事力量为后盾

改土归流是地方土司与中央王朝之间矛盾尖锐化的产物，是中央集权与地方分权之间的一场较量，处于世袭统治地位的地方土司当然不愿意自动地退出历史舞台。在这种情况下，明代中央王朝为了达到对广西壮族地区进行直接统治的目的，在广西土司统治区实施的改土归流，大都以武力方式或以强大武力作后盾来实现。明朝统治者往往在武装镇压各土司构乱之后，常常趁机在一些土州土县实施改土归流。譬如，永乐二年（1404年），江州土官黄威庆奏请以次男中荣承袭，始授知州，及中荣孙瑛袭，“侵掠邕境，官军擒瑛，诛之，后土族争袭，据地以叛，剿平，弘治十八年（1505年）改流，隶南宁府”[①]。宣德年间，养利州土官赵氏“稍侵其邻境，肆杀掠，万历三年

① 纪堪瑾纂修《南宁府志》卷二《舆地·沿革》。

讨平之，改流官”。成化十八年（1482年），永康县土官杨氏“其裔孙杨雄杰纠洞贼二千余人，入宣化县劫掠，且伪置官职，总兵官赵辅捕诛之，改流官”。嘉靖初，田州土官岑猛无故兴兵，攻泗城，拔六寨，扩军占地，妄图独霸桂西，朝廷命姚镆率兵镇压。岑猛死后，明廷平定了田州，改为流官统治。刘锡蕃曾称：“土司与土司，亦时自相攻击。在过去之历史中，凡属征蛮之役，十之九为土司互斗而起。即改流其土地，覆灭其宗祀，亦大半以此为因缘。”[①]由此可以看出，改土归流虽与诸土司之间的矛盾和斗争关系极大，但是军事力量在改土归流进程中扮演着十分重要的角色。

纵观明代在广西进行改流的土属地方，虽其各自情况不尽相同，但在改流过程中，大都采取武力方式或以强大军事力量作为后盾才能实现。其之所以如此，愚见以为，主要是跟当时壮族土司拥有强大的地方武装——土（俍）兵有关。史称，明代，“广西俍兵于今海内为尤悍……东兰、那地、丹州之俍兵，能以少击众，十出而九胜”[②]。广西左右两江土司，“地方二三千里，其所辖俍兵无虑十数万”[③]，“庆远三土州，各有精兵近万”[④]，田州“精兵数万，呼即应……泗城方千里，兵倍田州”[⑤]。思恩府土官岑濬筑石城于丹良庄，屯兵也多达千余人[⑥]。明苏濬曾称：

① 刘锡蕃撰《岭表纪蛮》第二三章。

② 郑若曾撰《筹海图编》卷一一。

③ 顾炎武《天下郡国利病书》卷一〇六《广西二》。

④ 《土官用兵议》，载《粤西文载》卷五六。

⑤ 顾祖禹撰《读史方舆纪要》卷一一一《广西六》。

⑥ 张廷玉等撰《明史》卷三一七《广西土司传一》。

"土司兵故精劲，每遇警，辄征召，大者数千计，小者百计。"[①]由此可见，明代广西壮族土司土兵的力量是相当强大的。土兵是封建领主的武装力量，受命于土司的意志，接受土司的直接领导。史称，"诸土司兵曰俍兵，皆骁勇善战，而内甲尤劲，非土官亲率之，则内甲不出"，"粤右俍兵鸷悍，天下称最……必土官亲行部署才出"[②]。由此可见，土官对土兵的控制是极其严格的。面对如此强大的壮族土司武装力量，明政府要对构乱的土司进行征剿进而实施改土归流，其难度之大可想而知。于是，以军事力量为后盾实乃势所必然。

（五）改土归流进程中出现较大的反复

从本质上看，改土归流是一场制度性的变革，它的推行势必涉及上至封建王朝各个阶级、阶层或集团的权益，下至壮族土司土官及各族民众的根本利益，甚至还会关涉多民族国家的边防安全问题，因此，改土归流是一个曲折而漫长的、尖锐而复杂的斗争过程。早在土司制度的雏形唐宋羁縻制度时期，中央王朝为加强对南方诸族的统治，曾于熙宁、崇宁年间两度试图废除羁縻州制，终因条件尚未成熟而以失败告终。降至明代，改土归流的过程亦非一帆风顺，其间甚至出现了较大的反复，一些原已改流的州县后来又重新恢复土官的世袭统治。譬如，忻城县，洪武初设流官知县，弘治九年（1496年）复为土县。南丹土州设置不久，土知州莫金因反叛被诛，洪武二十八年（1395年）废州置卫，后因其地多瘴，"既而蛮民作乱，复置土官知州，以金子莫禄为

① 《土兵征戍论》，载《粤西文载》卷五七。
② 《土兵》，载《粤西丛载》卷二四。

之”[①]。上林长官司，在成化年间改流后，又在弘治年间“复流为土”，“正、嘉、隆、万间，朝贡犹时至”[②]。奉议、向武两土州在洪武二十八年（1395年）改流后，又于建文二年（1400年）复土。养利州，在宣德三年（1428年）改流后，旋而复土，其改流与复土反复了多次。钦州七峒在洪武初改流后，又于万历间恢复了峒官统治。上思州，自洪武初土知州授职后，叛服无常，弘治十八年（1505年）改流官，属南宁府。正德六年（1511年），土目聚众攻城，危害地方。嘉靖元年（1522年），“都御史张嵿言：‘上思州本土官，后改流，遂致土人称乱。宜仍其旧，择土吏之良者任之。’议以为然，仍以土官袭”[③]。利州，自知州岑颜被泗城土官岑豹杀害，夺去州印后，曾委流官判州事数十年，嘉靖二年（1523年）被归并于泗城州，以土官复辟而告终[④]。左州，改流后不久即“复流为土”，后因土官子孙争袭，再次改土归流。思恩府和田州府改流时，按常规另设知府、通判、推官、经历、知事各一员，并派兵防守。后因思恩府土官王受联合田州土官卢苏进行反叛，明中央王朝虽委派王守仁到南宁，与都御史姚镆出兵进剿，终以招抚之策方勉强平息。事平之后，又在原田州、思恩地方增设了许多土巡检司，依然恢复到往日“以夷制夷”的统治状态。由此可见，明代王朝国家在广西壮族地区实施的改土归流极不彻底，具有明显的反复性。

---

① 张廷玉等撰《明史》卷三一七《广西土司传一》。

② 张廷玉等撰《明史》卷三一九《广西土司传三》。

③ 张廷玉等撰《明史》卷三一七《广西土司传一》。

④ 张廷玉等撰《明史》卷三一九《广西土司传三》。

二、明代壮族地区改土归流的反复性与不彻底性归因

明代王朝国家在广西壮族地区实施的改土归流呈现出上述多重性特征，从中可以看出其改流过程存在明显的复杂性及归流结果具有明显的不彻底性。可以说，改土归流是一场复杂的斗争，经历漫长而曲折的过程，牵涉到方方面面的利益与问题，因而并非一帆风顺，更非一蹴而就。诚如学者所言："改土归流无异夺土司之实力，故其执行之时颇非易易。"①尤其是处于改流发端时期的明代，各方面的时机和条件均未完全成熟，导致其改流结果并不彻底，出现较大的反复。

具体而言，明代王朝国家在广西壮族地区实施改土归流出现较大反复和不彻底性的原因，不外乎客观和主观两种因素。就客观因素而言，众所周知，生产力决定生产关系，经济基础决定上层建筑。从土司制度的渊源与发展史来看，明代广西改土归流之所以出现较大的反复和不彻底性，是由于明代正值壮族土司制度的全盛时期，土司制度的发展尚处于上升阶段，土司地区新生的地主经济还很脆弱，尚不足以压倒封建领主制经济和撼动壮族土司世袭统治的根基，土司制度在很大程度上尚能适应其赖以存在的经济基础正常发展的需要，各族民众尚能适应土司制度的统治，因而土司制度的存在仍然具有较大的合理性与必然性。这一时期，就中央王朝而言，尚无足够的力量对壮族土司地区进行直

---

① 顾颉刚、史念海：《中国疆域沿革史》，商务印书馆，1999年版，第216页。

接的统治。从总体上看，土属地方的生产力与生产关系之间还是相适应的。在这种情况下，改土归流出现较大的反复与不彻底性也就不难理解了。

从主观因素上看，明代广西改土归流之所以出现较大的反复与不彻底性，当是中央王朝、壮族土司土官和各族民众在关乎改土归流的认识问题上出现较大的认同差异，是各行为体认同上的差异在一定程度上影响和制约着改土归流的进程，甚至成为严重影响和制约改土归流的障碍，最终出现了“复流为土”的局面。从本质上说，改土归流实际上就是一种制度性变革，是在民族地区废除世袭土官，改由中央王朝任命的流官进行统治的一种政治措施。它的推行势必会触及上至中央王朝各个阶层或集团的统治权益，下至地方土司土官与广大民众的切身利益，因而导致各方对此均做出不同程度的回应，表现出不同程度的认同上的差异。其结果，注定了改土归流政策的实施并非一帆风顺，更非一蹴而就，而是要经历一个曲折而漫长的、尖锐而复杂的斗争过程，因而改流进程中出现较大的反复与不彻底性在所难免。

总而言之，明代王朝国家在广西壮族地区实施改土归流存在明显的复杂性及归流结果具有明显的不彻底性，表明中央王朝与壮族土司之间的相互认同关系尚处于不断调适之中。究其原因，归根结底，还是缘于明代广西改土归流条件的不成熟性。马克思曾经指出：“无论哪一种社会形态，在它们所能容纳的全部生产力发挥出来以前，是决不会灭亡的。”[①]明代广西改土归流出现

---

① 《马克思恩格斯选集（第二卷）》，人民出版社，1972年版，第83页。

较大反复与不彻底性的事实充分印证了马克思的这一经典论断。在明代这一特定的历史时段，土司制度还有其存在的合理性和巨大空间，相对于清代大规模的改土归流而言，明代广西的改流工作只能说是局部改流，尚不足以撼动土司制度的统治根基。其重要历史意义就在于，在明代改土归流的条件尚未完全成熟的情况下，为中央王朝与壮族土司社会之间在地方调适与国家认同关系上提供了持续调适的契机，地方调适与国家认同关系达成契合时，便是大规模改土归流之时，也是改土归流彻底成功之日，而这尚需留待清代。因此，从联系和发展的观点来看，明代王朝国家在广西壮族地区实施的改土归流为清代王朝国家在广西壮族地区开展大规模的改土归流工作积累了经验，奠定了基础。

第二节　清代壮族地区改土归流的规模化与彻底性

相比较而言，作为壮族土司制度改土归流的两个重要阶段，清代的改土归流显然要比明代的改土归流更为彻底。正如学者所言：清代的改土归流，“其法本明代旧制，清代不过因其策略稍觉彻底而已”①。清代王朝国家在广西壮族地区实施改土归流所呈现的彻底性表征，通过比较即可看出。粟冠昌先生对此有过详细的比较与分析，很大程度上就能说明这一问题，兹摘录为证：

---

① 顾颉刚、史念海：《中国疆域沿革史》，商务印书馆，1999年版，第216页。

清代广西土属地方的改流，如果将之和明代的作比较，两者有很不相同的地方：明朝改流完全是自上而下地进行的，有的土属地方在改流后曾经发生过土目要求恢复土官制度的斗争，在改流和反改流的斗争中，甚至还有人民群众参加反改流的斗争；清末改流则是在上下夹击的浪潮中进行，有的地方人民群众强烈要求废除土官制度的统治。明朝对一些地方改流后，发生动乱的事情比较多；清代改流后则无此情况，即使是势力很大的泗城土官，在改流时也是俯首听命，唯君命是从；明代改流的地方后来复流为土的比较多；清代除奉议州曾有反复外，其他的没此情况。明代广西地方官员对改流持异议的比较普遍；清代对改流持异议的仅是个别的人而已。明代和清代广西改流的这种差异说明清代广西土属改流的时机已经成熟。[①]

由于清代王朝国家在广西壮族地区实施的大规模改土归流是在时机已经成熟的情况下进行的，因而取得了积极的效果，产生了积极的影响。这种积极的效果和影响反过来也折射出清代壮族地区改土归流的彻底性。对于清代王朝国家在广西壮族地区实施大规模改土归流所产生的积极效果和重要影响，民国《广西特种教育》作了较为全面的概括和总结，足资参考，特摘录如下：

一、改流各县，多数建立义学，特族之贫窭者，可免费读书。

---

① 粟冠昌：《广西土官制度研究》，广西民族出版社，2000年版，第149页。

二、外籍生童，在改流各县应试获选之后，例须为土民教读，不准搬回原籍，特区地方，由此撒播无数的读书种子。

三、改流之后，政府所任牧令，多系科甲出身，能以学问训迪土民，而为其所矜式（如于成龙之于罗城、赵瓯北之于镇安，政绩皆茂），与骄奢淫逸，专制昏蒙之土官，相形之下，益坚土民向化之心。

四、改流之后，汉人得自由迁居特族之区域，不复如土官时代之严酷限制，汉土杂居既久，情感日深，进而婚媾互通，以至于合作同化。

五、改流之后，特族青年子弟，醉心科举之荣誉，相竞为学，读诗书，习国语，具有相当能力者，辄向外活动，因而获得种种新的学识与技术，输入故乡，以谋改造。

六、改流后，政府政令，能直接达于土民，不格于土官，文化事业，自易发展。[①]

本章小结

改土归流作为明清时期与土司制度相伴而行的新事物，它的发生和发展经历了从不彻底到彻底，从量变到质变，从局部到整体的历史演进过程。从联系和发展的角度来看，明代正值土司制度处于稳步上升和全面发展的时期，土司地区的生产力与生产关系、经济基础与上层建筑总体而言还是相适应的，土司制度总体

① 李彦福、黄启文、莫雁诗等编《广西教育史料》，广西人民出版社，1990年版，第78-79页。

还能适应土属地区社会经济发展的需要，改土归流的基础和条件并未完全成熟，因而改土归流并不彻底，不仅局限于针对局部地区和少部分土司实施的改流，而且改流出现较大的反复。降及清代，土司制度固有的各种弊端已完全败露，土司制度已成为土司地区社会经济发展的桎梏，土司地区的生产力与生产关系、经济基础与上层建筑已不相适应，改土归流的基础与条件已经成熟，改土归流势在必行，最终经过大规模的改土归流，结果取得了较大的成功，改流比较彻底，基本上达到了预期的目的。

作为土司制度发展史上改土归流发生发展的两个重要且关键的时期，明清时期王朝国家在壮族地区实施的改土归流明显呈现出从局部到大规模化、从不彻底到彻底的历史逻辑和时代特征。正如土司制度是历史发展的必然产物一样，改土归流同样也是历史发展的必然结果。通过明清两代的改土归流，就王朝国家的层面而言，进一步将周边民族整合进中华民族多元一体的大一统政治格局之中，真正实现对边疆民族地区的直接统治与有效管理，最终实现了多民族国家真正意义上的大一统，多民族国家的统一与边疆的稳定最终得到进一步巩固和加强；就壮族地区的层面而言，不仅进一步促进了壮族地区的团结与稳定，进一步强化了壮族地区的内聚力与向心力，进一步铸牢中华民族共同体意识，而且进一步推动了壮族地区社会历史的发展与进步，加速了壮族地区的内地化进程，开启了壮族地区的近代化进程。

第十二章

明清时期王朝国家在壮族地区实施改土归流的历史评价

综观以往，学界对于改土归流问题的研究，明显呈现出两种不同的取向：一是研究时段的选取主要集中于清代时期，对清代改土归流问题的专门研究成果颇多，而对明代改土归流问题的专门研究成果甚少；二是对改土归流的历史作用的评价，或偏重积极作用，或偏重消极影响，大多各持一端。事实上，任何事物都是一分为二的。辩证地看，改土归流在对边疆民族地区社会发展产生一定积极作用的同时，也不可避免地带来一定程度的消极影响，两者并行不悖，同属于一个过程的两个方面，同属于改土归流这一崭新事物内部的矛盾对立统一体，并存于壮族地区社会发展的特定历史时空之中。

辩证唯物主义认为，任何事物总是处于不断的运动、变化与发展之中的。从壮族地区社会发展的长时段历史来看，土司制度的生成与存续是历史发展的必然，而改土归流也是合乎壮族地区社会历史发展的必然规律的，两者同为壮族地区社会发展史上的关键节点及重要事件，甚至是同向并行的。对此，我们不能用静止的观点而应该用发展的观点来看待问题和分析问题。就壮族土司制度发展史来看，有学者研究认为，“元明时代封建中央王朝加强对广西土司的管理与控制的结果，在一定程度上起到了抑制土司之间的兼并争夺和土司内部仇杀争袭的作用。但是它并没有从根本上消除这一土司制度的劣根性存在的基础，相反，封建王朝完善和发展土司制度的结果，却为这些矛盾斗争的存在提供了现成的温床”，“只有彻底地废除‘家天下’式的土司制度，才能走出实现土司地区社会稳定化的关键的第一步。从这个意义上说，清代大规模的改土归流，正是这一客观历史要求的反映”[①]。因此，改土归流有其必然性，是壮族地区社会历史发展的必然结果，是明清王朝推进边疆经略和国家治理的必然产物，是统一多民族国家历史发展的必然结果，对其作用与影响，我们应实事求是地加以论评。

---

① 韦东超：《明代广西土司地区政局的稳定化趋势考析》，《广西民族研究》1994年第3期。

第一节　明代壮族地区改土归流的积极作用与消极影响

众所周知，明代壮族地区改土归流的州县尚属不多，且大部分出现了“复流为土”的现象，因而改土归流的历史作用尚无法充分地显露和释放出来。在这里，依据有关明代史料对明代壮族地区改土归流的作用与影响作一初步评论，借以考见壮族地区明代改土归流的时代性特点及其有别于清代大规模改土归流的阶段性特征。

一、积极作用

列宁曾经指出：“在分析任何一个社会问题时，马克思主义理论的绝对要求，就是要把问题提到一定的历史范围之内。”[①]分析明代王朝国家在广西壮族地区实施改土归流所产生的历史作用与影响时理应如此。事实证明，在明代这一特定的历史时段和广西壮族地区这一特定的空间区域内，改土归流对壮族地区社会历史发展产生的积极影响是不容否认的。

（一）改土归流进一步加强了明代广西壮族地区同中央王朝之间的联系，进一步强化了壮族地区的内聚力与向心力，进一步增强了壮族地区的国家认同意识

从本质上说改土归流是王朝国家在边疆民族地区实施的一场深刻的政治体制改革，其终极目的就是要实现王朝国家对边

---

① 《列宁全集（第20卷）》，人民出版社，1958年版，第401页。

疆民族地区的直接统治，实现多民族国家真正的大一统。改流后的土属地方，由中央王朝委任的流官代替了世袭的土官进行管理，国家权威进一步深入桂西少数民族聚居地区，中央王朝同壮族地区之间的联系更加密切，这无疑是王朝国家和壮族地区社会政治上的一大进步。据《明神宗实录》卷二〇一载，万历十六年（1588年），“兵部复广西抚按官刘继文等题：思恩军民府既改为流，初无仓库狱囚，亦无周防卫所。议将湖广额调戍守柳州；永州宝庆官军，各量移一百名，改戍思恩，加设职官一员统之，至是上下班期，同至柳州践更，往返行粮建营诸务，抚按酌行，庶守备严而兵饷亦无加设。诏如议行”。显然，改土归流后，中央王朝进一步加强了边疆防卫，基本上消除了土司统治时期各自为政、画地为牢、征调频繁、相互攻伐的情形，对进一步加强中央集权和巩固多民族国家的统一十分有利。

（二）改土归流进一步促进了壮族同各民族之间的交往交流交融，进一步强化了多民族国家大一统的观念

从交往的视角来看，改土归流在很大程度上打破和消除了地方土司各自为政、割据一方的孤立、闭塞的状态，这对加强中央王朝与民族地区之间、边疆与内地之间、各民族之间的联系与交往以及促进边疆民族地区的社会发展与进步无疑具有十分重要的意义。如据《殿粤要纂》载，养利州改流前，俨然一封闭之绝域。万历三年（1575年），养利州改流后，此种封闭隔绝之局面被打破，民族交往交流交融趋于频繁，到明末清初，便有阮、钟、李、朱、林、胡、周、宁等姓民众相继由福建、广东等地或因做官或因经商而迁来，不仅增进了各民族间的联系与情谊，而且对于当地社

会的发展无疑起到相当大的促进作用。《明神宗实录》卷二〇一记载，万历十七年（1589年），“广西巡按孙愈贤言：粤西抚镇，同在会城，两江皆属遥制，以宾州为两江门户。议将总兵移镇其地。又言：各省皆四通八达，惟云、贵仅一线之路。粤之田州，经行十三程，可达普安，由普安入云走贵，往来甚便，故道可寻，驿站可复。议将上驿改流，建哨榷税，其利有五。从之”。由此可见，改土归流在很大程度上可以打破土司制度下各地区、各民族之间的森严壁垒，增进彼此间的交往交流交融。随着改土归流的实施，外地移民不断增多，各民族之间的政治、经济和文化交往与联系不断增强，这对统一的多民族国家的巩固与发展以及壮族地区的社会发展与进步具有十分重要的意义。

（三）改土归流有利于壮族地区社会经济的进一步发展，进一步促进边疆民族地区的稳定与繁荣

改土归流的终极目的就是实现王朝国家在政治上确立对少数民族地区的直接统治，加强政权上的集中，却因此打破了原土司统治区落后的封建农奴制度以及经济上封闭自足的局面，促进了各民族之间的经济文化交流，反映了封建地主经济的发展并逐步战胜领主经济的过程。因此，改土归流实际上又是一次重大的经济变革。随着改土归流的推行，土属地区封建领主制的土地关系和人身依附关系有所改变，生产关系得到一定程度的调整，社会生产力因此得到较大程度的发展。事实证明，业经改流的土属地区，其社会生产的发展有了明显的变化。譬如，左州、庆远府和思恩府等改流较早的府州，农民自动组织起来修筑水坝与水渠，生产积极性有了明显的提高。史称，思恩府改流后，其社会经济呈现出相当繁荣的景象，“四野宽旷，

轩豁秀丽。后山起伏蜿蜒，敷为平原，两水绕山合流而入巨浸。江水既通，商货辐凑，益比于内地”[①]。嘉靖年间，两广总督王守仁曾赞思恩府改流后，迁府治，改变了从前“水道不通”“鱼盐诸类”“常多匮绝”的情况，使“商货自集，诸蛮所须皆仰给于府，朝夕络绎，自然日加亲附”[②]。显然，随着社会经济的进一步发展，土属地方对王朝国家的向心力与认同感明显增强。据《清一统志》卷三六四载，弘治中，曾昺为上思州同知，“先是州以世袭，构兵。昺请改土为流，迁城江北，建立州治，筑土城，立木栅，招遗民，给以田种，皆得服业”，改流后的土属地方各族民众积极生产、安居乐业的景象由此可见一斑。崇善县改流后，最迟到嘉靖年间，农民“力田日少，种麻日多，民颇得利，日用饮食多以麻易”[③]，农村地区商品生产、经济贸易和生活来源发生了较大变化。一些经过改流的州县，汉族群众不断涌入，他们带来先进的生产技术和管理经验，促进了当地社会生产的发展。养利州在万历三年（1575年）改流后，养利州也在明代发展成圩，交换的产品多是本地的农副产品如大米、黄糖、鸡、鸭、猪之类，到了清代，随着外地商人和商品的不断涌入，布匹、洋纱、火油、火柴等手工业品开始为当地人民所青睐。由此可见，壮族地区经过改土归流之后，随着封建割据的消除，各地区各民族间交往交流交融日趋频繁，各族民众安居乐业，社会经济有了明显的发展和进步。

---

① 苏濬撰《广西郡县志》，载《粤西文载》卷一一。
② （嘉庆）《广西通志》卷一二七《建置略二》。
③ （嘉靖）《广西通志》卷五〇《外志一》。

（四）改土归流对地方行政建制具有一定的促进作用，进一步维护中华民族多元一体的政治格局

明代改土归流的实施，表明随着社会历史的向前发展，中央王朝意欲结束其于民族地区“以夷制夷”和“以其故俗治”的间接统治形式，而代之以新的直接统治模式。改土归流以后，明代中央王朝开始在原土司统治区实行同内地汉族地区划一的政治、经济制度，进一步强化对壮族地区的管理与控制。事实上，实行改土归流以后，那些被改流的土州、土县的各种行政机构才逐渐建立健全，职官设置逐步配套，管理机构与体制趋于完备。如据史载，嘉靖六年（1527年），田州府岑猛之乱平息以后，提督两广军务右都御史姚镆即奏请将本府改设流官，除授知府、通判、推官、经历、知事各一员，分理政务，仍加知府以参政职衔，给敕书，以便行事，同时条陈善后七事如下：

一、该府诸夷杂处，叛服不常，宜选任参将一员，练兵防守；

一、大小头目名称不一，宜从汉法，易以千百长之名，其所食租税，仍旧分给，量为节减；

一、学校久废，亟宜设立官师，修明教化，以变夷风；

一、建置官署仓庾，即撤党屋材治之，其合用工费，悉出工帑，毋得科扰；

一、兵戈之后，公私匮竭，宜将嘉靖四年以前，未运税粮，悉与蠲免，五年以后，暂许停征；

一、改设流官，必有仓库、司狱、阴阳、医学，宜各给印记，以全体制；

一、奉议州土官自为岑贼所杀，遂绝，不嗣，止设判官

一员。

今田州既改流官，宜并除奉议州知州吏目各一员，其原设判官裁革。[1]

兵部复议的结果，最终同意了姚镆的奏请。

嘉靖初年，王守仁抚平思恩王受之乱后，“始迁府治于荒田，割南宁府武缘县止戈一二图为编户，裂思恩旧治为九土巡简（检）司，而统于府”。至万历五年（1577年），两广总督凌云翼“以九司种类日悍，蔑视汉官，府治编民甚少，缓急难恃。议改武缘一县，全属思恩，以资弹压”[2]。

上述这些措施包括加强原土司统治区的编户、治安、教育、基本建设、设置流官和减免粮税等内容，打破了土司统治时期的封闭、沉闷、落后局面。随着内地制度文化的植入，原壮族土司统治区在行政体制上与中原地区渐趋一体，此乃合乎社会历史发展潮流，是历史的进步。

（五）改土归流有利于壮族地区文化教育事业的进一步发展与社会风俗的进一步改良

改土归流是一次复杂的社会变革。稍作研究即可发现，许多改流州县在改流之前基本上仍属未设学校的地区，随着改土归流的施行，在原土司统治区设师立学被提上了议事日程，“学校久废，亟宜设立官师，修明教化，以变夷风”[3]。如据史载，太平

① 《明世宗实录》卷七三。
② 《明神宗实录》卷六八。
③ 《明世宗实录》卷七三。

府于洪武三年（1370年）改流，洪武二十八年（1395年）便“首建学校，复兴社学”。太平府府学是左江流域诸土司遣子弟入学之所，不仅太平府所属各土州、土县如此，就连思明土府在建立本府儒学之前，其廪生亦“寄附太平府”。崇善县于宣德三年（1428年）改流，成化间“创立社学，招民间童子，给廪延师训之，土人知学始此”①，“自入流以来，民渐知礼义，颇能官语，以密迩府治故也”②。左州于成化十三年（1477年）改流，万历二年（1574年）“始建学”。左州改流设学校后，“目民颇识文字，知礼义，变旧习者殊多焉”③。崇祯间，梁方图任左州学正，当地“俗多火葬”，禁之不可，方图乃“刊《家礼》等书劝谕，俗为一变”④。上思州旧无学校，未改流前，“官尚土袭，而民夷僚”，“语服悉夷”⑤，弘治十八年（1505年），“州始改流，隶邕郡。正德五年，知州罗环请于督学姚镆，选秀士肄业南宁府学。署州事通判陈瑛始请建学校，次年，颁儒学印记”⑥。史称，上思州改流后，“近渐披声明之化，其习相远之验乎”⑦，“民心已知慕华矣”，“凡受简命而守兹郡者，孰敢不兴文教，引民以入于华也哉！”⑧。思恩府于弘治十八年（1505年）改流，随后发生反改流之乱，嘉靖七年（1528年）地方平复后，立即

① （雍正）《太平府志》卷三二《名宦》。
② （嘉靖）《广西通志》卷五〇《外志一》。
③ （嘉靖）《广西通志》卷五〇《外志一》。
④ （光绪）《广西通志辑要》卷一〇。
⑤ 陈全之撰《蓬窗日录》卷一《寰宇一》“广西”条。
⑥ 纪堪谨纂修《南宁府志》卷二〇《学校志·学宫》。
⑦ 陈全之撰《蓬窗日录》卷一《寰宇一》“广西”条。
⑧ 郭应聘撰《上思州学记》，载《粤西文载》卷二八。

建立儒学，接收不少府属土司遣子弟入学。譬如，那马土巡检黄旸，“本府廪生袭司职”[①]，其孙中通“由府学广西生员袭”；古零土巡检覃文显，“由府庠生袭”，“文显告休，子桂由府庠生纳例授副千户，未袭”[②]。养利土州于万历三年（1575年）改流后，万历四年（1576年），广西督抚按合曾奏请建学立师，后礼部议复“如议建学铨官”，“其云南、四川，凡改土为流州县及土官地方建学者，一以养利州为例”[③]，朝廷从之。改流后的养利州设有“正学”，兴办“社学”“义学”等，招收壮族子弟入学读书应举，据不完全统计，万历年间中举的有赵若林、赵天益2人，清代中举的有冯梦琪等38人。永康州于万历三十八年（1610年）改流，两年后创建州学，“自入流以来，陋习颇变”。由此可见，改土归流对原壮族土司统治区文化教育事业的发展和社会风俗的改良确实具有相当大的促进作用。

值得指出的是，明代中央王朝在改流地区设学立师的目的是“用夏变夷”。《明神宗实录》卷二五称，万历二年（1574年），“建左州、新宁州儒学，各设学正一员，从两广督抚殷正茂等题称，二州改土为流，正用夏变夷之机也”。但其客观上对广西壮族地区社会文化发展的促进作用是不容忽视的。

（六）明代壮族地区的改土归流为清代在壮族地区实施大规模的改土归流积累了经验，奠定了基础

从总体上看，明代王朝国家在广西壮族地区实施的改土归流

① （光绪）《武缘县图经》卷三《地略下》。
② 苏濬撰《右江土司志》，载《粤西文载》卷一二。
③ 《明神宗实录》卷五〇。

属于局部改流，主要还是在小范围内进行，难免带有一定的原始性和被动性，且曾遭到壮族土司的强烈反抗，许多最初改流的府、州、县，其流官政权极不稳固，大都出现过“复流为土”的反复现象，改土归流总体而言极不彻底。但是，从联系和发展的观点来看，明代改土归流出现的“复流为土”的貌似历史倒退现象，仍属暂时的、个别的现象，流官代替土官，地主经济代替领主经济，由“以其故俗治”的世袭自治走向“多元一体”的王朝集中统一管理，终是不可逆转的社会历史发展规律。清承明制，对土司制度实施了大规模的改土归流工作。雍正四年（1726年），清廷接受云南巡抚兼云贵总督鄂尔泰的建议，以为“土司肆虐并无官法，恃有土官土目之名，行其相杀相劫之计，汉民被其摧残，夷人受其荼毒，此边疆大害必当翦除者也”[①]，在云南、贵州、广西、四川、湖广等地开始推行大规模的改土归流工作，终使这一延续了数百年的统治制度基本上退出了历史舞台，这是壮族社会历史发展的一大进步。毋庸置疑，作为壮族社会历史发展中的两个朝代，明代在壮族地区实施的局部改流不仅为清代实现对壮族地区土司制度的全面改流开了先河，而且为清代在广西壮族地区乃至全国范围内实施大规模的改土归流积累了经验，奠定了基础，起到了先驱的重要作用，这是值得肯定的。

二、消极影响

历史证明，任何一种社会改革必须具备一定的条件，超越条

---

① 鄂尔泰撰《改土归流疏》，载《皇朝经世文编·兵政》。

件的改革往往会遭致挫折甚至失败。改土归流作为一场复杂的社会变革，当然不能例外。历史地看，明代正值广西壮族土司制度全面发展的全盛时期，土司制度总体上尚能适应壮族地区社会经济发展的需要，壮族地区民众尚能适应土司制度的统治，而明王朝在当时因受各种因素的制约而尚无足够之力对壮族土司统治区实行直接统治的情况下，以政治和军事力量作后盾而强制推行改土归流政策，势必会产生一定的不良社会后果和消极影响。

（一）改土归流导致壮族地区社会局势动荡不安，从而引发一系列社会问题

据文献记载，部分业经改流的土属地区曾引起土官和土民的反抗，造成局部社会动乱，导致社会生产生活遭受严重破坏。譬如，洪武初年，忻城土县废土设流。正统年间，因民众纷纷起来反抗，流官无法统治，引起社会动乱，影响正常生产，弘治末年被迫“复流为土”。弘治十八年（1505年），明廷平定岑接等土官构乱之后，在田州改土归流，降知府岑猛为福建平海卫千户，田州由府降为州，以平乐知府谢湖掌州事，结果遭致岑猛反对和土民不满，改流失败。嘉靖六年（1527年），明廷平定岑猛之乱后，又废土设流，以王熊兆署州事，并以兵万人镇其地，复遭以卢苏、王受为首的田州土民之不满，他们“聚众薄府城”，“而城中阴为内应，呼噪四出，官军腹背受攻，力战不支，突围渡江走，贼逼其后，争舟溺死者甚众。贼沿江置阑索，伏药弩，夹岸并起。官军且战且行，抵向武，失士卒三四百人。贼遂入据府城，烧仓粟以万计”[①]。其结果，嘉靖八年（1529年），废流

① 张廷玉等撰《明史》卷三一八《广西土司传二》。

复土，由岑猛幼子岑邦相署州事，田州始靖。弘治十八年（1505年），思恩府改流，“诸蛮未服，相继作乱”[①]，“自设流官以来，十八九年之间，反者五六起，前后征剿曾无休息”[②]。上思州弘治十八年（1505年）改流，正德六年（1511年），“土目黄镏聚众攻城”[③]。上石西州改流后，成化中，知州殷舆为土人毒死，“厥后莅职者，多寄孥于太平，承使令之乏而已，其州地则为思明土酋黄氏所据”，嘉靖中，“州虽属官，而工莅职者旷废如故”，万历十九年（1591年），“知州孙继先复新州治，赫然更始，既而复为蓁莽，论者以为土官辖流官，事体非便，仍改今属（太平府）”[④]。由此可见，不少土府、土州、土县因改流而引发不少社会问题，对壮族地区的社会发展有所不利。

明代王朝国家推行改土归流政策的终极目的就是要实现对土司地区的直接统治，但从改土归流后的情况来看，王朝势力并未完全深入原土司统治区，中央政权亦未能实行有效的管制，相反，个别土属地方的社会局势诸如领地问题甚至比改流之前更为恶化。如据史载，养利州，“风俗雅鲁，土民皆汉时从征之后，昔为俍兵，不无顽梗，自改土为流，最称难治，即施刑罚于教化之内，寓催科于抚字之中，尤恣骄悍，而成尾大不掉之势”[⑤]，“如王赛二村，原养利州地，自土官废绝，被恩城州越僭，今田

① 张廷玉等撰《明史》卷三一八《广西土司传二》。

② （嘉庆）《广西通志》卷一九四《前事略十六》。

③ 张廷玉等撰《明史》卷三一七《广西土司传一》。

④ 顾祖禹撰《读史方舆纪要》卷一一〇《广西五》。《明史》卷三一八《广西土司传二》载：“上石西州，宋属承平寨，元属思明路。明初属思明府，至万历三十八年改属太平府。州更土官赵氏、何氏、黄氏凡三姓，皆绝，始改流官。”

⑤ 汪溶日修纂《养利州志·风土》（手抄本）。

入恩城，粮遗养利。又柴村、侣村以及蒙村、娜村、那逐、大岭村等村，原系养利州地，因土官时供女万承，遂尔吞僭，至今不吐，以致下甲一带村场隔断两截。又耸峒、郭村、用村、禄村、邑劳、顿显、盘舍、更村、那湾、来村等一带村场，亦系养利地，自土改流，龙英强僭，逼城二里。又上下印村，亦系养利地，自土官废绝，被太平州越僭。四围悍土恃强侵夺，以致养利村场隔截零星”①。由此观之，养利土州改流后的社会效果并不理想。

（二）改土归流在一定程度上加重了各族民众的负担

从本质上说，在封建专制制度下，改土归流不过是以一种统治制度代替另一种统治制度，以一种剥削形式取代另一种剥削形式，其阶级压迫和剥削的根本性质依然未变。改土归流后，封建王朝在政治、军事上加强对改流地区进行直接统治的同时，在经济上也加强对改流地区民众的剥削，广大民众依然无法摆脱遭受封建制度压迫和剥削的历史命运。在改土归流的过程中，明王朝为了对付壮族土官土民的反抗，常派大批军队前往镇压。即使是在改流之后，也需派遣大批军队前往土属地方驻守，维持地方社会秩序，以防反复。譬如田州，“既设流官之后，官府岁发民兵数千，以备土人之反复”②。内以“备土人之反复”，外加“边鄙之患”，明廷因改土归流而动用大批的军队，势必要增加大量的军费开支，最终必然会转嫁到各族民众的头上，从而加重各族民众的负担。譬如，养利土州自万历三年（1575年）改流后，

---

① 汪溶日修纂《养利州志·疆域》（手抄本）。

② 夏燮编《明通鉴》卷五三。

虽也陆续革除原来土官强加给农奴的各种夫役苛杂，但已失政的壮族土官仍然凭借其政治与经济的余威，暗中强迫原来的农奴服役，引起农民的反抗，多次控告到官府。至清康熙二十八年（1689年），养利州流官在农民的要求下，明令禁革土官统治时期的夫役和陋规，并将需要禁革的各项镌刻在石碑上作为凭据。实际上，在对各族民众的压迫和剥削方面，封建王朝及其官吏与土司土官是一致的。所以，改土归流并不彻底，有的土官及其下属被留任，凡利于流官统治的土官旧例皆被沿用，“流官至此者亦复彝（夷）之”①，壮族民众依然遭受沉重的压迫和剥削。养利州改土归流后，赵氏虽不能再当州官，但赵氏家族仍然借其传统的经济地位和政治势力取得汉官的重视；每任汉官来时，必去和他们勾结才可，并且汉官还给赵家后代任黄册里长，管理收粮事情。从明末一直到光绪末年，历时近300年，每年收粮时，每收1000枚铜钱赵氏就加到1200枚，从中榨取200枚。这对该里的壮族民众来说，无疑是受了额外的剥削。

从文献记载来看，明代流官统治区域的各族民众，每年所负担的赋役还是相当繁重的。弘治五年（1492年），广西左布政使李孟称：“本省为西南边徼所统，流官州县数仅五十，实计人户不能六百余里，特江南一大县而已，而诸司文职凡六百六十余员，靖江王府自将军而下，凡二百三十余位，桂林等卫、全州等所凡二十七处，岁用禄米俸粮多至三十五万余石，每岁徭役亦不下二万余丁。此外，岁输香药诸物及杂出民间者，不可胜算。今寇盗窃发，方议调兵剿捕，馈运犒赏之费又不可缺顷者。工部移

① （嘉庆）《广西通志》卷一三二《建置略七》

文采办黑铅二万余斤，疲瘵之民，其何以堪！”[①]由此看来，明代流官统治区各族民众的赋役负担异常繁重，改土归流政策的实施，无疑又使明王朝进一步加强对改流地区各族民众的政治压迫和经济剥削。

（三）改土归流对边疆地区的稳定开发与安全保障有所不利

明代，广西西部壮族土司地区地处边陲，与安南为邻，全国的南部边防重任自然而然地落在边境土司及其控制的土兵身上。桂西地区的土司土兵生于边境地区，长于边境地区，对自己辖区内的一山一水、一草一木、一村一寨甚为熟悉，成为防卫边疆、维护祖国主权和领土完整的重要力量。在明代，安南封建王朝曾多次侵犯广西边境，威胁我国南部边疆安全，不少壮族土司土官曾亲率土兵奋勇抗击外来侵略者，将其赶出国境。由此可见，明代中央王朝在条件尚未完全成熟的情况下仓促进行改土归流，对边境地区的稳定开发与安全保障确实是有所不利的。

综上可知，从明代王朝国家治理的角度来看，诚如学者所言，因为“王朝在土司地区有赋役方面的利益，而且很多土司地区其实是王朝的战略或交通要地，所以在力所能及的情况下，王朝一般不会坐视土司地区失序”[②]。明代在壮族地区部分土属地方实施的改土归流，实是中央王朝对壮族地区实行的一种政治制度变革，是中央王朝进一步强化对壮族土司的管理

---

① 《明孝宗实录》卷六〇。

② 温春来：《从“异域”到“旧疆”：宋至清贵州西北部地区的制度、开发与认同》，生活·读书·新知三联书店，2008年版，第315页。

与控制的一种重要手段，对壮族地区社会政治、经济与文化的发展确实起到过一定的促进作用。与此同时，由于明代在广西壮族地区推行的改土归流政策，是在条件尚未完全成熟的情况下进行的，因而改流很不彻底，具有很大的局限性。从联系和发展的观点来看，随着改土归流工作的启动与逐渐推行，表明曾经盛极一时的壮族土司制度至此已开始走下坡路，这是历史发展的必然趋势。

从当时具体的历史条件来看，面对南部边陲壮族地区诸土司间日益暴露出的各种尖锐而复杂的矛盾，明代统治者尚能审时度势，因时制宜，因地制宜，及时做出积极的回应，进一步强化壮族地区的国家认同意识：一方面，对壮族土司采取怀柔与笼络政策，继续维持土司制度的存在和王朝国家在壮族地区的间接统治，以保障边疆地区社会秩序的有序与稳定；另一方面，不失时机地在壮族地区有针对性地推行改土归流政策，将土司统治区纳入中央王朝的直接统治之下，以维护多民族国家的统一与稳定。在上述两手政策日渐推进的过程中，王朝国家所积聚的，主要不是“新的土地或更多的编户”，而是“地方上更多的人群对自己的权威、象征的认同”[①]。其结果，在王朝国家与地方土司的双向互动与持续调适中，进一步巩固多民族国家的统一与稳定，不断铸牢中华民族共同体意识，共同推动统一的多民族国家持续向前发展。

---

① 温春来：《从“异域”到“旧疆”：宋至清贵州西北部地区的制度、开发与认同》，生活·读书·新知三联书店，2008年版，第316页。

第二节　清代改土归流对壮族地区社会发展变迁的影响

清代王朝国家在壮族地区实施的大规模改土归流，对壮族地区的社会发展变迁产生了极为重要的历史影响。

所谓社会变迁，就社会学的角度而言，是指一切社会现象发生变化的动态过程及其结果，它包括一切方面和各种意义上的变化，具体体现在社会结构、社会制度、社会风俗、社会价值观念等各个方面，是社会的发展、进步、停滞、倒退等一切现象和过程的总和。改土归流作为一种社会政治制度变革，对边疆民族地区社会发展变迁影响甚巨。在这里，侧重探讨清代王朝国家在壮族地区实行大规模改土归流后壮族社会的整合重构及其发展变迁，包括政治变迁、经济变迁、文化教育变迁和军事变迁等，从中窥见清代大规模改土归流对壮族地区社会发展产生的重要作用与重大影响。

从文献记载来看，经过明清时期的改土归流，特别是经过清代大刀阔斧的改土归流后，壮族地区在政治、经济、文化、军事等领域均发生了制度性重构与较大变化，中央王朝在原土司辖区内，“设流官、屯戍兵、建城池、编户籍、立保甲，加强了对这些地区的统治”[①]。改土归流后，“清王朝将实行了改土归流的地区与内地一视同仁，通过调查人口土地，实行保甲制来重新构筑地域社会。与此同时，还通过提倡‘崇文治，正人心，变风

---

① 马大正主编《中国边疆经略史》，武汉大学出版社，2013年版，第555页。

俗’，致力于周边地区的内地化”[①]。经过清代大规模改土归流后的原壮族土司统治区，在政治、经济、文化和军事等诸方面“重新构筑地域社会”，壮族地区乃至边疆地区的社会面貌由此发生了相当大的变化。

一、政治变迁

就政治学的角度而言，政治变迁是指政治体系发生变化，主要强调的是政治体系运行状态和方式的改变，而不考虑此种改变的价值定向。就清代大规模改土归流而言，其所引起的政治体系变化总体而言是朝向“进步”的价值目标的，因此，政治变迁也就是政治发展。

毫无疑问，改土归流是壮族地区的一场政治制度的变革。改土归流后，清代中央王朝以委任的流官代替世袭的土官，中央政权直接下达地方，既巩固了王朝国家的统一，强化了中央集权下的宏观调控，又是壮族地区政治上的一大进步，完成了壮族地区的政治重构。

（一）大规模改土归流前壮族地区的政治态势

在土司制度时代，土司土官皆为世袭，大多苛敛骄横，目无法纪，土属地方“生杀予夺，尽出其酋”[②]，“土司法极严肃，鞭笞杀戮，其人死无二心”[③]。土司土官在政治上对土民进行野

---

① 王柯：《从“天下”国家到民族国家：历史中国的认知与实践》，上海人民出版社，2020年版，第179页。

② 周去非撰《岭外代答》卷三。

③ 邝露撰《赤雅》卷上“法制”条。

蛮的压迫，与土民之间的矛盾日益激化。土司土官在政治上是其辖区内的最高统治者，相当于土皇帝，倚恃中央王朝权威，册封世袭，划疆分治，掌控军、政、财权，对土民握有“生杀予夺”之权，土民生活苦不堪言。

土司土官的构乱使得地方土司与中央王朝之间的矛盾进一步恶化。壮族土司早在明初即已出现构乱行为，到明朝中期规模逐渐扩大，给壮族民众带来了惨重的祸殃。据文献记载，洪武五年（1372年），广西“左、右两江诸州蛮酋乱命”[①]。此后，土司构乱时有发生。雍正四年（1726年），鄂尔泰认为，明朝统治者推行“以夷制夷”的政策，对地方土司的统治只是“徒有虚名”，“历数载”后仍“因其故俗治”已不合时宜，表明清政府对土司土官的骄横所带来的严重危害已有清醒和深刻的认识。

土司与土司之间的挑衅斗争屡见不鲜，土司内部的矛盾也十分尖锐。诸土司为扩充地盘，谋求自身更大的权益与空间，不断武装侵扰邻近土司，导致彼此之间连年仇杀不断。土司家族内部亦常为争袭权位而互相残杀，干戈不止。如据《明史》卷三一八载，宣德元年（1426年），崇善土知县赵暹为扩展自身的统治区域，招纳亡叛，进攻左州，“执故土官，夺其印，杀其母，大肆掳掠，占据村洞四十余所”，“造火器，建旗帜，僭称王，署伪官，流劫州县”。明宣宗命总兵官顾兴祖会同广西三司领兵剿捕，赵暹及其党羽皆就擒。又如，雍正五年（1727年）十二月十八日，“上谕：向来云、贵、川、广以及楚省各土司，僻在边隅，肆为不法，扰害地方，剽掠行旅。且彼此互相仇杀，争夺不休，

---

① （嘉靖）《广西通志》卷五五《外志六》。

而于所辖苗蛮尤复任意残害，草菅民命，罪恶多端，不可悉数”①。由此可见，各土司为扩张统治区域进行混战，导致百姓死伤难以计数，各族民众的生命财产安全受到严重威胁，社会生产遭受严重破坏，壮族地区的社会矛盾趋于激化。

总而言之，随着时间的推移，土司制度显然已不适应壮族地区社会发展的需要，统治阶级内部的矛盾即土官与朝廷以及土司内部的矛盾、农民阶级与地主阶级之间的矛盾等相互交织、互相激荡，促使土属地方的各族民众日渐觉醒，迫切要求结束土司土官在政治上的世袭统治。

（二）大规模改土归流后壮族地区的政治转型

从时间上看，清代壮族地区的改土归流大抵可以分为两个阶段。第一阶段是顺治、康熙、雍正、乾隆时期，对镇安、泗城、思明等强大的土府进行改流。镇安土府是清朝统治广西之后对土属地方进行改流的首个地方。康熙二年（1663年），清政府将原镇安土府（今属德保县）改为镇安府，派通判和知事各员驻扎。雍正七年（1729年），镇安府设置流官知府。第二阶段是光绪时期，对田州、阳万、凭祥等弱小土司进行改流。清朝改土归流政策的实施并非一成不变，只要地方土司对朝廷有驯服之心，便可不用改流。但是，清政府对土官和流官的态度明显有别。从总体上看，从雍正四年到九年（1731年），清政府对广西壮族地区的改土归流推行最盛，中央王朝对部分骄横土司采取参革、夺印、调整改组行政区域、添设流官、知府、吏目等手段进行削弱和打击，其他土司也多有归降之意，是故极少发生大的骚乱行为。迄

① 王言纪修，朱锦纂《白山司志》卷一七。

乾隆年间，只有个别土司进行改流，光绪年间改流略有增多，直到民国成立以后尚有部分土司逐渐改流。

经过改流后的土属地方，其行政建制发生了较大变化，逐步推行同内地一样的行政管理制度，地方行政编制趋于完备，在知府、知州、知县之下，皆设通判、同知和其他吏目书办等杂职，有一套较完整的办事机构和官员，这些改革措施使流官拥有了与内地府、州、县一样的统治权限，成为王朝统治者直接管理地方的工具，服从中央王朝的管理与控制，有利于清王朝加强对土司地区的统治，从而巩固多民族国家的统一。

从历史上看，中国古代封建“大一统”思想可谓根深蒂固。由上可知，在制度层面上，清代雍正年间以后，改土归流在壮族地区得以大规模地开展和成功推行。改土归流后，壮族土司统治区逐渐实现政治重构，清王朝对地方政体和管理体制做了调整，改变了以往“以夷制夷”的民族政策，壮族地区的官制由土官制转变为流官制，地方政体与管理体制逐渐向中央王朝靠拢，一定程度上减少了中央和地方的利益冲突，中央政权可以直接管理壮族地区，从而大大加强了中央集权，促进了多民族国家的统一与稳定，逐渐实现壮族地区的政治转型和制度变迁，进一步强化壮族地区民众的国家认同意识，为壮族地区的全面而深入开发创造了极为有利的政治条件和制度保障。

二、经济变迁

经济变迁包括生产力和生产关系的变化，生产中量的增长和质的提高。经济的变化与发展是社会变迁的重要内容之一，给整个社会变迁以决定性的影响。清代大规模的改土归流使壮族土司统治区的生产关系得以调整，社会生产力得到迅速发展，经济制度发生了明显的变化，由封建领主经济过渡到封建地主制经济，从而实现了壮族地区经济上的转型。

（一）大规模改土归流前壮族地区的经济态势

众所周知，自然因素和人口数量是影响经济发展的两大重要因素。在土司制度赖以存在的封建领主经济下，壮族地区民众大多生活于水火之中，时有起事反抗。明代巡按御史冯彬曾主张“据其巢，耕其土，联络为势，互为犄角，盖贼之所穴，皆美田肥土，我兵无不愿得之者，因其愿而令之，蔑不胜矣”[①]，即通过武装占田的方式实施镇压。农民无地耕种，只好四处逃亡，人口数量逐渐减少。壮族地区尤其是桂西壮族地区不仅蕴藏着丰富的矿产资源，如河池、南丹、那地产铜、锡矿，永康州产铅矿，上龙土巡检产硝，奉议州产硝黄，这些都是社会经济发展所需要的，而且清代有的壮族土司统治区已经发展成为区域交通与商品转运的重要枢纽。譬如，地处右江上游的百色其时已经成为“铜运盐运与夫东道行商帆樯时集”，“汉土环居，商贾辐辏，由南而东者于此发舟，由东而南者于此登陆”的一个重要港口[②]。但是，在土司制度下，地方土司各自为政、封建割据的闭塞状态不仅使土司统治区本土资源得不到有效开发和利用，而且也使通过土司统治区的商业贸易和交通运输遭受阻碍。因此，欲发展壮族地区社会经济，增加王朝国家的财政收入，务必解放生产力，打

---

① 《明世宗实录》卷三一二。

② 张声震主编《壮族通史（中）》，民族出版社，1997年版，第668页。

破各地区、各民族之间的封闭状态。

从土地占有关系上看，壮族土司土官在其管辖区域内，实为土地的最大拥有者，而且王朝册封土官，土地和百姓一并封许，“地方水土，一并归附”，“尺寸土地，悉属官基”[①]。土司土官可以支配自身所有的土地和土民，通过劳役地租和超经济剥削对土民进行剥削，将农奴牢牢地束缚在自己控制的土地上。农奴需要耕种役田，须服兵役、夫役等诸种劳役。农奴打柴、打猎、打鱼所获柴火、猎物、水产等皆不能归己所有，必须按规定上交一部分给土官，如此超经济剥削使农奴负担沉重。按《清史稿》云：“其（指土司向清政府所纳）钱粮不过三百余两，而取于下者百倍。一年四小派，三年一大派。小派计钱，大派计两。土司一取子妇，则土民三载不敢婚。土民有罪被杀，其亲族尚出垫刀数十金，终身无见天日之期。”[②]由此可见，土司土官在经济上对土民的剥削异常苛重，土民的生活异常拮据和贫苦，这不仅打击了土民的生产积极性，而且阻碍了壮族地区社会生产力的发展。

综上所述，随着时间的推移，土司领主经济已然不适应社会生产力发展的需要，在土司统治的后期，壮族民众饱受其苦，其生产积极性与主动性得不到调动，经济发展形势堪称严峻。

（二）大规模改土归流后壮族地区的经济转型

清朝统一后，清查户口，丈量土地，农业、手工业和商业在新的经济制度的影响下逐渐得到恢复和发展。雍正元年（1723

① 王言纪修，朱锦纂《白山司志》卷一七。

② 赵尔巽撰《清史稿》卷七三、卷五一六、卷五一七、卷五二〇等。

年)，谕户部：“国家承平日久，生齿殷繁，土地所出仅可赡给，倘遇荒歉，民食维艰。将来户口日增，何以为业？惟开垦一事于百姓最有裨益。但向来开垦之弊，自州县以至督抚，俱需索陋规，致垦荒之费浮于买价，百姓畏缩不前，往往膏腴荒弃，岂不可惜！嗣后各省，凡有可垦之处，听民相度地宜，自垦自报，地方官不得勒索，胥吏亦不得阻挠。至升科之例，水田仍以六年起科，旱田以十年起科，著为定例。”[①]据《皇清职贡图》记载：“庆远府属瑶人向隶土司，雍正七年，改土归流，遂入版籍，供赋役。其过山瑶僻处山巅，以焚山种植为业，地力渐薄则他徙，故以过山为名。不知纺织，布帛皆市之壮人。性善走，生子始能行，烧铁石烙其足底，使痛痒皆无所知，故履险如平地。男女俱插长簪，短衣绣领，结丝网为袋以负物，以绳系额而行。”由于清政府采取鼓励百姓垦荒的政策，因此耕地面积得以大大增加。据调查，大新县境的安平和太平两个土州自改土归流后，陆续废除了搬运砖瓦、挑盐运草、修庙修街、抬轿护送和土官来往时的土丁操演等各种力役和徭役，也废除了奉送鸡、鸭、猪、芝麻、棉花、黄豆和随时的杂征等各种超经济剥削，只保留了田例粮银以及婚丧送礼、兵役征调等，以实物地租代替劳役地租，社会生产力因此获得一定程度的解放，从而极大地促进了农业生产与社会经济的快速发展。

大规模改土归流后壮族地区经济上的一个重要变化就是土地所有权的变更。有学者研究指出：“改土归流以前，西南大部分地区处于领主经济阶段，土司占有所辖地区的全部土地，辖区内的

① 《清朝文献通考》卷三《田赋考三》。

人民基本是都是其农奴，这种生产关系已逐渐成为生产发展的障碍，清代随着农业生产的发展，土地买卖的现象日趋频繁，内地商人和地主到西南边疆地区购买土地的增多，失去政治权势的土司们因为经济日益没落只得出卖土地。”[①]随着封建领主制的经济基础逐渐被瓦解，“以租佃关系和土地买卖为特点的封建地主制经济迅速发展起来，这种与内地趋于一致的土地所有制，对促进农业生产的发展是有利的”[②]。因此，从这个意义上说，壮族地区土地占有关系的变化也是清代王朝国家主导下的壮族地区全面开发与大规模改土归流的必然结果。

从人口迁移与社会流动的角度来看，改土归流之后，汉族地区的农民、手工业者、商人等源源不断地进入壮族地区。据统计，从乾隆十八年到五十一年（1753—1786年）的33年间，广西壮族地区的人口增加250多万，至嘉庆十七年（1812年），又增加100多万。人口增加的速度如此迅速，除了自然增长之外，显然与外来移民有很大的关系。这些外来移民带来了先进的生产技术，使得壮族地区的农业和手工业逐渐兴盛起来。譬如，边疆地区的庆远府，至道光初年，已是“皆为楚、粤、黔、闽人垦耕”[③]。当时相当繁盛的纺织业，壮族妇女所织“壮人布”，“以青白缕相间成文，极坚韧耐久。用为手巾，每幅可三四年不敝”，

---

① 方铁、方慧：《中国西南边疆开发史》，云南人民出版社，1997年版，第409页。

② 方铁、方慧：《中国西南边疆开发史》，云南人民出版社，1997年版，第410页。

③ （道光）《庆远府志》卷三《地理志·风俗》。

所织的花巾，“以白布画花卉人物于上，织成极工”[1]，这些织物不仅吸收了中国传统的纺织技术，而且极具地域与民族特色，成为优秀的艺术作品。

农业和手工业的发展带动了土属地方商业贸易的发展和繁荣。如据史载，明清时处于两广交通要道的广西桂平县，其时广东汉人来此做生意者甚多，在桂平县城、大湟江镇、金田圩等地均建有粤东会馆。据《创造粤东会馆》碑记：“四方商贾，挟策贸迁者，接迹而来，舟车辐辏，货购积聚，熙来攘往，指不胜屈，而以我东粤之商旅于桂平永各、大宣两圩者尤盛。”[2]另据《桂平县志》记载：“江口圩又名湟江圩，旧为瑶人贸易场，乾隆间迁今地。清世瑶人远遁，外籍日众，圩渐繁盛。”[3]镇安府归顺州于雍正七年（1729年）改土归流后，外来商人渐渐增多，广东、湖南、江西等陆续有人来归顺经商，于太平街建粤东会馆，居仁街建湖广会馆，循礼街建江西会馆。又如，乾隆十七年（1752年），“安平土州赵卑、赵二买得州城南阳李恒贞下城田一子，取价钱44500文；乾隆三十四年（1769年），官族李备愿将祖父遗下名分膳田一召，大小共四片，向巴贺村农督处永卖”[4]。不仅土地买卖盛行，商品交换也得以发展。与此同时，汉官、商人进入壮族土司地区从事矿产开发，壮族地区土司制度

① 本书编写组编《壮族简史》，民族出版社，2008年版，第61页。

② 黄现璠、黄增庆、张一民编著《壮族通史》，广西民族出版社，1988年版，第401页。

③ 黄现璠、黄增庆、张一民编著《壮族通史》，广西民族出版社，1988年版，第401页。

④ 《中国少数民族社会历史调查资料丛刊》修订编辑委员会编《广西壮族社会历史调查（四）》，广西民族出版社，1987年版，第50-51页。

的统治基础逐渐崩溃，转向封建地主占有制。农奴也随着土地制度的变化而摆脱了对土官的人身依附关系。土地不再受土官的垄断，土地占有关系发展了变化，原先土官占有的土地大部分被收归中央，一部分分给官吏和农民，他们可以耕种自己分到的土地或从地主那里租来的田地，以一家一户为生产单位，通常是自己生产自己消费，过渡到典型的自给自足的自然经济。

改土归流以前土属地区并无养济院，改土归流之后土属地方开始由中央政府直接管辖，因此开始有了养济院性质的救济机构与制度。譬如，镇安府于康熙二年（1663年）改土归流，雍正十三年（1735年）议准：广西镇安府，向未有孤贫口粮，应准其各设四名，每年每名给银三两六钱，遇闰加一两二钱，以用雍正十三年为始，均于地丁银内动支。

总而言之，经过清代大规模的改土归流后，一方面，土属地方的土地所有制发生了明显的变动，生产关系日渐适应生产力发展的需求，极大地提高了壮族民众发展生产的积极性和主动性，成为土属地方经济发展的新动力；另一方面，随着外来人口的不断迁入，不仅给壮族地区带来了内地先进的生产技术，而且为壮族地区增加了大量劳动力。所有这些，使得壮族地区的社会经济得到一定程度的恢复和发展，在很大程度上有利于清代壮族地区的全面开发与建设。

三、文化变迁与教育发展

就文化学的角度而言，文化变迁是指文化内容和结构在量上的缓慢变化过程，包括因文化的积累、传播、融合与冲突而引起的旧文化的改变和新文化的增长，是文化环境诸现象如文化特质、文化模式、文化风格的演变等。所谓教育变迁，就教育学的角度而言，是指在某一较长历史时段中教育的发展与变化。

从文献记载来看，大规模改土归流前，壮族地区的文教事业总体而言发展缓慢。经过清代大规模改土归流之后，儒学南传进入桂西壮族地区，壮汉民族之间的交往交流交融日益频繁，土属地方的壮族子弟从不准读书和严禁科举，到有了受教育的机会和通过科举获得出身授官的权利，从而极大地推动了壮族地区文化教育与传统思想观念的转型。

（一）大规模改土归流前壮族地区的文教态势

据《明史·土司传》记载："土司应袭子弟，悉令入学，渐染风气，以格顽冥。如不入学者，不准承袭。"由此可见，明王朝明确规定土司的子弟必须学习汉文化方能具有承袭的资格，因此，在壮族土司制度下，一方面对土司土官的子弟提倡文化教育，确保其能够世袭官职；另一方面则对土民实行愚民政策。政治上，土司土官利用其政治特权限制土民读书，规定"土民虽读书，不许应试，恐其出仕而脱籍也"[①]；同时，土司土官利用保送土民应考的权利，对土民参加考试多加阻挠。经济上，土司土官通过各种经济剥削来压榨土民，致使土民生活贫困，无钱读书。因此，土司制度时期，中央王朝虽在壮族地区兴办官学和书院，推行科举，企图通过教化辅助统治的方式达到控制地方的目的，但因土司地区地处边疆，经济落后，加之土司土官的诸多限制，地方割据扰乱又时有发生，土民生活较为贫困，根本无暇顾

① 赵翼撰《檐曝杂记》卷四。

及文化教育，导致许多地方官学徒有其名，几乎无人入学读书。

众所周知，在等级森严的封建社会里，统治阶级设学立师的根本目的就是通过教育进行思想上的统一，进而巩固封建政权的统治。毋庸讳言，壮族土司统治区的各族民众由于生活条件的限制，在文化上长期与中原文化隔绝。在土司土官管辖区内，侧重通过军事震慑及民族习惯法的方式来维护本地的统治。随着社会经济的发展，土司土官为了稳固其世袭统治地位和权威，限制土民向外流动或迁徙，以此获得长治久安的社会环境，这就需要强化文教，儒家思想便是最好的选择。三纲五常是中国儒家伦理文化中的重要思想，是历代统治者用于教化民众的工具，通过儒学教化来达到维护封建社会的伦理道德和政治制度的目的。

总而言之，在清代大规模改土归流之前，由于壮族土司统治区学校教育起步晚，教育基础薄弱，教育体系发展尚不完善，加之土官的愚民政策对壮族地区文化教育发展的阻碍，因此壮族土司统治区的文教事业发展较为缓慢。

（二）大规模改土归流后壮族地区的文化变迁与教育发展

清代大规模的改土归流在文化教育领域给壮族地区带来了重大变化，不仅改变了壮族地区落后的文化教育风貌，而且改变了壮族地区的文化教育结构，壮族地区与内地之间的文化联系与交流趋于频繁。随着清代大规模改土归流政策的实施，儒家思想文化逐渐在壮族土司统治区得以广泛传播，对土属地方的移风易俗、社会风气改良产生了重要影响。清代基本沿袭明代旧制，除了在土司地区建立府、州、县学之外，还增设了厅学。雍正时期，大兴文化教育，各类学校先后在桂西壮族地区建立起来，如镇安府学、泗城府学、太平土州学、崇善县学、百色厅学等，儒学在桂西壮族地区逐渐得到普及。与此同时，雍正十一年（1733年），谕令各地新办书院。桂西壮族地区的各府、州、县相继设立了许多书院，譬如泗城府设有云峰书院，太平府有丽江书院，崇善有桂香书院，镇安府有秀阳书院，等等。不仅如此，各地还设有义学（亦称"私塾"）。康熙五十一年（1712年），清朝令各省、府、州、县广立义学。康熙五十九年（1720年），"令广西土属设立义学，土属十五处各立义学一所。令该抚择本省举人贡生学品兼优者，每属发往一员教读。土属子弟有文艺精通者，就近流官州县附考取进"①。由此可见，义学主要设立在土属地方壮族聚居区，由本省举人或贡生主其事，给土属地方家境贫寒的学子提供了考取功名的机会。

随着学校的普遍建立，清王朝在桂西壮族地区开科取士，实行科举制度。据文献记载，早在清代大规模改土归流之前，中央王朝即已令土司地区开科举士。譬如，康熙四十二年（1703年），"令湖广各府州县熟苗中有通晓文义者，准与汉人一体应试，广西土司之民人子弟及贵州苗民并照此例"②。改土归流后，由于中央王朝的大力推行，土司地区的科举考试成效更为显著。如据史载，雍正八年（1730年），已有土官土目子弟"俱应童试"。嘉庆九年（1804年），朝廷规定"土民等读书应试"，"不准土司阻抑"。次年，又谕内阁："嗣后退种土司粮田之正民、杂民，准其呈明应

① 龚荫：《中国土司制度史》，四川人民出版社，2012年版，第181页。
② 《清朝文献通考》卷六九。

试。”[①]由此可见，经过大规模改土归流后，清代的科举考试逐渐惠及壮族地区民众，土司土官不得干涉和阻挠土民读书应试，土民不仅有了受教育的权利，而且有了通过科举考试获得出身授官的机会。不仅如此，随着学校教育和科举考试的推行，还培养了一批文人学士，深刻地影响着壮族地区的社会发展与进步。

值得指出的是，为了进一步发展土属地方的文教事业，清政府在壮族地区实施了一些优待政策，确保当地少数民族士子能入学读书和应试科举。雍正年间，曾诏曰：“今滇、黔、楚、粤等省苗民向化，新增土司入学额数，为学臣者，尤宜加意禁饬，毋使不肖士子冒其籍贯，阻土民读书上进之路。”[②]乾隆皇帝亦诏曰：滇、黔、粤西地处边陲，其人文原不及内地，“学政按试各学，只须严切训谕，俾各生恪守臣碑，只遵功令。遇有唆讼滋事者，随时究治……其文风高下只宜因地取材，量为培养。若必求全责备，去取从严，且欲经解诗赋，事事淹通，此于江、浙等大省则然，边方士子，见闻浅陋，未必尽能领会。绳之太过，大率欲从末由，转不能使其心皆诚服”[③]。在此背景下，壮族地区涌现出一批颇有造诣的知识分子。譬如，思明府举人农耕尧撰诗100余篇，为左江文人先驱；左江人郑绍曾在广东任知县数十年，著有《海棠斋诗稿》；武缘县韦丰华著有《今是山房吟草》，有诗数百篇，多反映风土民情及地方掌故；道光进士郑献甫，象州人，先后在庆远、桂林、广州、顺德、东莞、象州主持各大书

---

① 张声震主编《壮族通史（中）》，民族出版社，1997年版，第788页。

② 《清世宗实录》卷六六。

③ 《清高宗实录》卷一〇〇九。

院，著有《补学轩散骈文集》12卷、《补学轩诗集》16卷，共存诗2700多首，成为19世纪中叶中国诗坛上享有盛名的壮族诗人。

四、军事上的变动

清代大规模改土归流前后的壮族土司地区，在军事设置上发生了较大的变化。改土归流后，中央王朝在壮族地区添设军事机构，在中央政权的统一管理下，原本土属地方各自为政、互相割据的局面有所改观，既巩固了清代王朝国家的统一，又使得土兵征调频繁，土司之间互相残杀的惨况有了改变。

（一）大规模改土归流前壮族地区的军事设置

按《明史》云："广西瑶、壮数多，土民数少，兼各卫军士十亡八九，凡有征调，全倚土兵。"明中叶时，卫所制度遭到破坏，明朝统治者为了镇压农民起事，在广西大量招募土兵，壮族土司土兵逐渐发展成为不可或缺的一支军事力量。土兵作为在土属地方耕种役田、服兵役的农奴，完全依附于农奴主，"生杀予夺，尽出其酋"。土司土兵的作用主要是保境、轮戍、征讨三个方面：其一，保境，就是"保境安民"，维护本地区的社会秩序；其二，轮戍，由于明王朝兵力不足，一些城镇、要地派调土兵驻防；其三，征讨，明王朝凡有重大战事，都征调土兵参加。[①]不仅如此，土兵还是各土司之间争夺地方统治权的工具。明代统治者继续采取传统的"以夷制夷"的民族政策，使得土司制度得到

---

① 龚荫：《中国土司制度史》，四川人民出版社，2012年版，第154-155页。

一定程度的发展，随着土司土官势力的日益强大，他们常常为了争夺袭位和财物以及扩张地盘而兵戎相见，针锋相对，战乱不止，土兵因此成为各土司政权统治的工具。

清初的壮族土司地区，是南明桂王朱由榔与明末农民军协同抵抗清政府的主要战场，抗争之下的土属地方壮族民众长期处于南明桂王的势力控制范围之内。在南明桂王恩威并施的军事、政治形势下，土司土官一方面暗中给予南明桂王人力、物力的支持，甚至派出土兵参与桂王部的抗清斗争，另一方面在清朝与桂王政权两军对抗中趁机扩充自己的地盘与势力。在南明桂王抗清失败后，壮族土司土官支持余党的政治态度，是清政府所不能容忍的。清朝统一广西后不久，吴三桂发动了三藩之乱，左右江地区靠近战乱的云南，有些土司土官与叛军之间有着牵扯不清的关系，这让清政府更是耿耿于怀，伺机改流。

综上所述，清代大规模改土归流之前，王朝统治者不论镇压农民起事还是抵御外辱，往往倚靠土兵，但是，随着土司势力的不断发展，中央王朝已经陷入难以控制土司土兵的境地，地方土司与中央王朝的矛盾越来越尖锐，地方动荡不安，直接威胁到清代王朝国家的稳固统治。

（二）大规模改土归流后壮族地区的军事设防

康熙十八年（1679年），平定三藩之乱取得阶段性胜利，吴三桂失败之后，清王朝才真正统一广西。统一之后的清王朝，沿袭明代的地方建制，地方设置省、道、府、县四级，省设总督巡抚。广西多为两广总督辖区，巡抚是其最高行政长官。清初对广西的管理甚严，在左、右江地区设置了两江大帅，驻守桂西土司统治区，加强对地方的防守。史称：“左、右两江各镇以大帅，宿以重兵，并设偏裨益防守。”[①]各地广泛设置绿营兵，派抚提标兵分守地方，各地方也设有城守营，此外还有营汛疆里，各营所设的汛多少不等，多者达五汛，少者亦有三汛。譬如，右江镇标右营驻泗城府城，东至东兰土州凤山哨界100公里，西至西隆州打凹村界155公里，南至土田州杨村界75公里，北至贵州贞丰州昂亭百渡界187.5公里，东南至百色城95公里，西南至西林供村界60公里，东北至东兰土州凤山界235公里，西北至贵州贞丰州者香界205公里。除驻防兵之外，还设有塘兵、卡兵74名，负责放哨或联络传送情报等等[②]。由此可见，清代在桂西壮族土司统治区的驻兵可谓星罗棋布，构成了一套较为完整的军事网络系统，一定程度上能够达到控制地方的目的。

经过大规模改土归流之后，在桂西原壮族土司地区，绿营兵成为其主要的军事武装力量，而清代以绿营兵为国家军队首次进入桂西边地进行布防，这对维护边疆地区的安全和巩固国防具有重要作用。除此之外，土属地方有些关隘则由土兵、“民壮”和官兵共同防守。大规模改流之后，清代桂西原土司统治区还保留着很大一部分土兵，虽直接隶属土司的土兵没有明代多，但土弁土兵、营汛所属土兵数量众多。清王朝对地方残余土兵和土司待遇也有所改变，几次订改抚恤，对参加作战的土司土官或伤亡的土司土官“优加渥泽，以示鼓励”。如据《大清会典事例》卷五八九《兵部·议处》载，乾隆五十八年（1793年）谕，“所有阵亡之屯练降番，俱著加思改照绿营步兵之例，赏恤银五十两，以

① （光绪）《镇安府志》卷六《土司世系表》。

② （嘉庆）《广西通志》卷一七二《经政略二十二》。

示体恤。兵丁舍命阵亡，岂可分别厚薄，此后永以为例”。据此可知，经过雍正年间大规模改土归流后，有关土司土兵的抚恤制度渐渐得以完善，这样一来，土司土兵更乐于听从中央王朝的调配，为国效命，巩固边防。除土兵外，广西壮族地区尚有“民壮”武装，建于雍正六年（1728年），由政府从农民中选拔身体健壮者充任，平日集中练习鸟枪、标枪、挑刀、木棍、虎叉、藤牌等种种武艺，其任务是协助官府巡防治安，可见“民壮”之设在于弥补县城守兵之不足。迄道光年间，随着清朝统治之腐败，会党和民众起事此起彼伏，社会动荡不安，为了增强地方的镇压力量，不得不号召地主绅士组织团练武装。

总而言之，清王朝在壮族土司地区实施大规模改土归流后，其军事依靠力量主要有绿营兵、土兵和“民壮”等，各兵种相互配合，共同维持本地区的社会秩序，地方社会动荡以及以往诸土司之间相互残杀的惨况有了明显改变，进一步巩固多民族国家的统一，进一步促进壮族地区的全面开发与稳定发展。

本章小结

改土归流作为明清时期中央王朝推进边疆经略与国家治理的重要举措，是明清时期壮族地区乃至王朝国家社会政治生活中的一件大事，不仅对壮族地区的社会发展产生了重要的影响，而且对边疆地区的开发、多民族国家的统一以及国家主权与领土完整同样具有十分重要的意义。

事物的发展有其自身的阶段性与延续性，也总是一分为二的。列宁曾经指出：“历史上常常有这样的战争，它们虽然像一切战争一样不可避免地带来种种惨祸、暴行、灾难和痛苦，但是它们仍然是进步的战争，也就是说，它们有利于人类的发展。”①倘若将整个土司制度的改流过程当作一个整体来加以考察，那么明代的改土归流便是这一整体链条中的重要一环，属于整个过程中的初期阶段，其开创之不可磨灭。毋庸置疑，明代局部改土归流为清代大规模的改土归流积累了经验，奠定了基础。我们绝不能因为明代改流过程中出现的一些问题，而否定整个改土归流的积极意义与进步作用。基于历史的视角，从发展的观点来看，统一始终是历史发展的潮流，维护国家统一是历朝历代国家治理的根本宗旨，也是一个国家和民族的共同愿望，统一政权下的流官制度显然要比具有封建割据性的土司制度进步。由此意义上说，改土归流作为一种社会政治制度变革，具有推动社会历史进步的重要意义。因此，从总体上看，明代在壮族地区实施的局部改土归流，其积极作用显然要大于消极作用。

清代王朝国家在壮族地区实施大规模的改土归流后，壮族地区在政治、经济、军事、文化教育等诸方面均发生了很大的变化，壮族地区传统社会得以重构，壮族地区的社会发展与中原地区同频共振，壮族与其他各族人民交往交流交融空前频繁。改土归流后，壮族土司地区以流官代替世袭土官进行直接管理，中央集权加强，完成了政治上的转型。随着封建割据势力的废除，壮族民众摆脱了对土司土官的人身依附，可以耕种自己的或者从地主那里租来的土地，实物地租代替劳役地租，封建领主制转变为封建地主制，实现了壮族土司地区经济上的转型。清王朝将各土

---

① 《列宁全集（第2卷）》，人民出版社，1958年版，第688页。

司割据的区域归于全国统一的军政管辖之下，边防建设与边疆安全得到进一步加强。伴随着儒学的南传与深入，壮族同各民族之间的思想文化交流日益密切，从土司土官不准壮族民众读书和参加科举，到壮族民众有了受教育的机会和通过科举获得出身授官的权利，推动了壮族地区思想上和文化教育上的转型。一言以蔽之，改土归流后壮族地区发生的一系列社会变迁与重构，不仅对于巩固多民族国家的统一与稳定具有十分重要的意义，而且对于推动壮族地区社会经济文化的发展具有相当重要的影响。

总而言之，从设土到设流是历史发展的必然趋势，改土归流是历史发展的必然结果，是不以任何人的意志为转移的。从明代的局部改流到清代的大规模改流，在边疆地区，由土司土官控制的封闭的小社会被打破，代之以更加开放的、互为联系的民族社会，这不仅有利于边疆民族地区的发展与进步，有利于边疆与内地各民族之间的交往交流交融，而且有利于多民族国家的统一与稳定，有利于巩固国防，有利于铸牢中华民族共同体意识。因此，就历史发展的角度而言，明清时期王朝国家主导下的壮族地区改土归流总体而言是值得充分肯定的，是一种历史的进步，是合乎社会历史发展潮流的。

结 语

列宁曾经指出："在分析任何一个社会问题时，马克思主义理论的绝对要求，就是要把问题提到一定的历史范围之内。"这就要求我们在评价任何一个社会问题时，切忌脱离问题产生与存在的特定历史背景，不仅要看到它在整个历史发展进程中的作用，更要看到它在特定历史时空中的作用。由此，对明清时期壮族地区的开发与改土归流问题的研究与论评，应置于明清时期这一特定的历史范围之内，置于国家与地方互动关系的历史时空中加以考察。

历史的发展有其自身的阶段性与延续性。明清王朝建立后，大体仍沿袭前代旧制，在壮族地区因地制宜，因时制宜，因俗而治，进一步完善在壮族地区的行政建置，沿袭前代"以夷制夷"的土司制度，同时又不失时机地实施改土归流，进一步强化对壮族地区的管理与控制。与区域行政制度建设相对应，王朝国家进一步加强对壮族地区在经济、文化、军事等诸方面的制度设计与管控施治，通过实施一系列针对壮族地区的开发举措，包括移民实边、屯田垦荒、建立卫所、边防建设、传播儒学等，进一步发展壮族地区的农业、手工业、商业贸易、交通建设和文化教育事业，不断推进对壮族地区的开发与建设，并取得了前所未有的新成就。因此，明清时期成为广西区域开发与建设史上的关键节点和重要阶段。就系统论的角度而言，这一时期，王朝国家在继承前代经营成果的基础上，将壮族地区的开发与建设推进到了前所未有的新阶段。一方面，无论是从国家层面到地方层面，还是从整体思想到具体举措，无论是从自然环境到社会环境，还是从外部环境到内部环境，壮族地区均较以往任何时期更具备系统经营与全面开发的前提基础和有利条件；另一方面，不仅是传统的经济、文化相对发达的地区（如桂北、桂东地区）的社会政治、经济、文化等诸方面均得到了前所未有的发展，而且向来经济、文化较为落后的桂西地区也前所未有地融入了区域开发与建设的潮流，进一步加快了发展与前进的步伐。正是在明清时期这一特定的历史时空，在如此良好的基础与条件下，在王朝国家的主导下，在各族民众的积极参与下，壮族地区的开发与建设才得以推进到了一个前所未有的新高度。通过明清时期王朝国家主导下的区域开发与改土归流，壮族地区的社会生产力发展水平得到明显提高，壮族地区的社会经济文化得到进一步发展，壮族地区的内地化进程进一步加快，壮族地区的国家认同意识空前增强，为广西的近代化进程奠定了重要的基础，在广西开发与建设史上起到了承前启后、继往开来的历史作用。

我们充分运用历史学的理论与方法，基于国家治理的视角，侧重以明清时期今广西壮族地区这一特定的历史时空为中心，紧紧围绕壮族地区的开发与改土归流两个维度，重溯明清时期王朝国家边疆经略的思想与实践，全景式再现明清时期王朝国家在壮族地区实施开发与改土归流以及加快推进壮族地区内地化过程的历史进程及其规律，深入透析明清时期中央王朝在推进边疆治理进程中国家与地方、中心与边缘、壮族与其他民族的双向互动关系。为此，特将研究整体框架设定为上、下两编，并析分为十二章，其基本内容大体涵盖四大板块。一是明清时期王朝国家在壮族地区实施开发的基础、条件、举措、成就、影响及历史评价。全面探讨明清时期王朝国家在壮族地区实施开发的时代背景、重要举措、历史情形及其实际效果，深入透析壮族地区的开发与王朝国家边疆治理之间的内在关系。二是明清时期王朝国家在壮族地区实施改土归流的多重问题。深入揭示明清时期王朝国家在壮族地区实施开发和推进治理的过程中，针对土司制度固有的诸多弊端及其严重危害，为确保王朝国家政令畅通，扫清王朝国家加强统治的障碍，消除影响边疆安定的隐患及边疆地区内地化过程的不利因素，而实施改土归流的历史真实，包括王朝国家在壮族地区从明代实施局部改土归流到清代实施大规模改土归流的历史背景、主要原因、历史进程、主要特征、历史作用及其历史评价，深入透析壮族地区的改土归流与王朝国家边疆治理之间的内在关联。三是明清时期王朝国家主导下的壮族地区的开发与改土归流之间的内在关系及其在边疆经略与国家治理中的作用。深入透析明清时期王朝国家为推进边疆开发与强化国家治理所做的努力，以及壮族地区内地化进程不断加快及其国家认同意识不断增强的历史真实。四是明清时期王朝国家在壮族地区实施开发与改土归流的历史评价及其现代启示。从国家治理的角度，概括总结明清时期王朝国家在壮族地区实施开发与改土归流的历史经验和教训，为推进新时代各民族交往交流交融、铸牢中华民族共同体意识、促进国家治理体系和治理能力现代化、坚定不移走中国特色社会主义道路提供历史经验。

历史是现实的一面镜子，历史的经验值得借鉴。明清时期王朝国家在壮族地区500多年的统治及其主导和推进的开发与改土归流的历史事实，不仅丰富了中国边疆民族史研究的内容，而且其中的许多经验教训仍值得我们吸纳与借鉴：

第一，在大一统的政治格局下，政府主导，民众参与，两股力量同向同行，是明清时期王朝国家在壮族地区推进开发与改土归流取得成功的根本保证。我国自古是一个多民族的国家，团结和统一始终是历史发展的主流。一部中国史，就是一部各民族交融汇聚成多元一体中华民族的历史，就是各民族共同缔造、发展、巩固统一的伟大祖国的历史。在共同缔造、发展、巩固统一的伟大祖国的历史进程中，各族人民都做出过自己的贡献，壮族亦不例外。明清时期壮族地区的开发与改土归流，就是壮族地区各族民众在明清王朝国家的主导下，积极参与并主动融入区域开发与建设，成为明清时期全国开发与建设的重要组成部分。正是在政府主导和各族民众的共同参与下，明清时期壮族地区的开发与归土归流最终得以有效推进并获得积极的效果。在当今全面建设社会主义现代化国家，以中国式现代化全面推进中华民族伟大复兴的新征程中，仍然需要全国各族人民同呼吸、共命运，中华民族一家亲，同心共筑中国梦。

第二，历史是现实的过去，现实是未来的历史，新时代铸牢中华民族共同体意识具有深厚的历史逻辑基础。明清时期王朝国家在壮族地区实施的开发与改土归流及其成就，正是在王朝国家主导之下各族人民共同参与、团结协作、携手共进的结果。各民族的交往交流交融、广泛的群众基础、强烈的国家认同意识、休戚与共的共同体理念，都是明清时期王朝国家在壮族地区实施的开发与改土归流能够取得成功的重要因素和根本保证。习近平总书记强调，铸牢中华民族共同体意识，就是要引导各族人民牢固树立休戚与共、荣辱与共、生死与共、命运与共的共同体理念。在当今全面建设社会主义现代化国家的伟大新征程中，我们要大力促进各民族共同团结奋斗，为强国建设、民族复兴凝聚磅礴力量；加强各民族交往交流交融，促进各民族像石榴籽一样紧紧抱在一起，共同团结奋斗、共同繁荣发展。

第三，安定和平的社会环境是区域开发与建设顺利开展并取得成功的根本保证，经济开发与生态保护同等重要。明清时期相对稳定的社会环境不仅为壮族地区全面而深入的开发创造了极为有利的条件，而且为壮族地区的成功开发提供了根本保证。与此同时，因利益驱动而在经济开发进程中人为造成的对生态环境的破坏，不仅对人类生存发展以及环境本身发展产生不利影响，而且也给我们敲响了历史的警钟。在大力提倡加强生态文明建设的今天，我们要始终坚持开发与保护并重的原则，要守牢生态底色，打造生态宜居家园，高质量推进绿色发展之路，实现人与自然的和谐共生。

第四，国家治理是一个主权国家永恒的主题，古今中外，概莫能外。我国自古以来就是一个多民族国家，壮族是中国少数民族人口最多的民族，壮族地区是我国土司制度开始较早而结束最晚的核心地区之一。壮族地区的发展事关民族的团结与进步，事关边疆的建设与安全，事关多民族国家的统一与稳定。明清时期壮族地区的开发与改土归流，可以说就是明清王朝推进国家治理的重要组成部分，是国家治理在壮族地区的具体实践，是壮族地区纳入明清王朝国家秩序的重要体现。基于国家治理的视角，就广义的角度而言，改土归流是明清时期王朝国家推进壮族地区开发的重要组成部分，同样属于开发的范畴；就狭义的角度而言，开发与改土归流同属明清时期王朝国家推进边疆治理的两个重要历史事件。可以说，明清时期壮族地区的开发与改土归流既是壮族社会发展的历史逻辑，也是中央王朝推进边疆经略与国家治理的历史逻辑，更是明清统一王朝在边缘地区推进国家治理、加快边疆地区内地化进程的重要体现。因此，从国家治理的角度而言，明清时期王朝国家在壮族地区实施的开发与改土归流，不仅符合当时王朝国家的国情，而且合乎当时壮族地区的实情。今天，在新的形势和任务下，我们仍要坚持一切从民族地区的实际出发，要立足民族地区的资源禀赋、发展条件、比较优势等实际，明确发展定位，确定发展阶段，找准发展目标，推进国家治理体系和治理能力现代化。

第五，国家认同与民族认同是一个亘古不变的主题。壮族是一个具有悠久历史和光荣传统的民族，在中华民族几千年延绵发展的历史长河中，壮族人民群众的爱国主义是激昂的主旋律，对国家的认同始终贯穿在壮族人民为维护民族团结进步、为捍卫国家主权和领土完整所做出的努力与贡献的历史进程之中。在全面建设社会主义现代化国家的伟大新征程中，全国各族人民务必自强自信，守正创新，更加自觉地以自身优秀独特的民族文化和优越的区位条件参与时代竞争，主动融入强国建设、民族复兴伟业之中，顺应中华民族从历史走向未来、从传统走向现代、从多元凝聚为一体的发展大趋势，强化国家认同感与民族凝聚力，全面实现各民族共同繁荣发展，共享强国建设、民族复兴的伟大荣光。

奋斗创造历史，实干成就未来。时至今日，广西各族人民正在中国共产党的正确领导下，以习近平新时代中国特色社会主义思想为指引，传承弘扬优秀历史传统，守望相助，团结奋斗，不断巩固拓展全国民族团结进步示范区成果，积极创建铸牢中华民族共同体意识示范区，奋力谱写中国式现代化广西篇章，努力建设中华民族现代文明，为建设壮美广西、共圆复兴梦想做出更多、更大的贡献，为全面建设社会主义现代化国家、全面推进中华民族伟大复兴贡献广西力量，无愧于国家与民族，无愧于历史，无愧于时代！

参考资料

一、古代典籍

[1] 周去非撰，杨武泉校注《岭外代答校注》，中华书局，1999年版。

[2] 范成大撰，孔凡礼点校《桂海虞衡志》，载《范成大笔记六种》本，中华书局，2002年版。

[3] 脱脱等撰《宋史》，中华书局，1977年版。

[4] 方孔炤撰《全边略纪》，北平图书馆铅印本，1930年版。

[5] 陈子龙等辑《明经世文编》，中华书局，1962年版。

[6] 宋濂等撰《元史》，中华书局，1976年版。

[7] 叶盛撰《水东日记》，中华书局，1980年版。

[8] 张瀚撰《松窗梦语》，中华书局，1985年版。

[9] 邝露撰《赤雅》，中华书局，1985年版。

[10] 魏濬撰《峤南琐记》，中华书局，1985年版。

[11] 王济撰《君子堂日询手镜》，中华书局，1985年版。

[12] 王圻撰《续文献通考》，现代出版社影印本，1986年版。

[13] 申时行等修《明会典》，中华书局，1989年版。

[14] 应槚初辑，凌云翼嗣作，刘尧诲重修《苍梧总督军门志》，中国边疆史地资料丛刊（滇桂卷）本，全国图书馆文献缩微复制中心，1991年版。

［15］杨芳编纂《殿粤要纂》，广西民族出版社，1993年版。

［16］张萱撰，李竞整理《西园闻见录（上、中、下）》，中华全国图书馆文献缩微复制中心，1996年。

［17］沈德符撰《万历野获编》，中华书局，1997年版。

［18］李文凤撰《越峤书》，齐鲁书社，1997年版。

［19］王士性撰《广志绎》，中华书局，2006年版。

［20］郑若曾撰，李致忠点校《筹海图编》，中华书局，2007年版。

［21］田汝成撰，欧薇薇校注《炎徼纪闻校注》，广西人民出版社，2007年版。

［22］王守仁原著，施邦曜辑评，王晓昕、赵平略点校《阳明先生集要》（全二册），中华书局，2008年版。

［23］徐霞客撰，朱惠荣整理《徐霞客游记》，中华书局，2009年版。

［24］朱国祯撰，王根林点校《涌幢小品（上、下）》，上海古籍出版社，2012年版。

［25］王守仁撰，吴光等编校《王阳明全集》，上海古籍出版社，1992年版。

［26］郑若曾撰，傅正等点校《江南经略》，黄山书社，2017年版。

[27] 陈全之撰《蓬窗日录》，上海书店出版社，2021年版。

[28] 唐仁等纂，英秀等修《庆远府志》，道光九年刻本。

[29] 张廷玉等撰《明史》，中华书局，1974年版。

[30] 谷应泰撰《明史纪事本末》，中华书局，1977年版。

[31] 赵翼撰《檐曝杂记》，中华书局，1982年版。

[32] 吴振棫撰《养吉斋丛录》，北京古籍出版社，1983年版。

[33] 计六奇撰，任道斌、魏得良点校《明季南略》，中华书局，1984年版。

[34] 汪森编辑，桂苑书林编辑委员会校注《粤西诗载校注》，广西人民出版社，1988年版。

[35] 汪森编辑，黄盛陆等点校《粤西文载校点》，广西人民出版社，1990年版。

[36] 龙文彬撰《明会要（上、下）》，中华书局，1998年版。

[37] 刘锦藻《清朝续文献通考》，上海古籍出版社，2002年版。

[38] 顾祖禹撰《读史方舆纪要》，中华书局，2005年版。

[39] 汪森编辑，黄振中等校注《粤西丛载校注》（上、中、下册），广西民族出版社，2007年版。

[40] 毛奇龄撰，杨东甫、杨骥校注《蛮司合志校注》，广西人民出版社，2015年版。

[41] 顾炎武撰，黄坤点校《天下郡国利病书》，上海古籍出版社，2022年版。

[42] 赵尔巽等撰《清史稿》，中华书局，1977年版。

二、方志谱牒

[1] 林希元等修纂《钦州志》，上海古籍书店，1961年版。

[2] 谢启昆修，胡虔纂，广西师范大学历史系中国历史文献研究室点校《广西通志》，广西人民出版社，1988年版。

[3] 甘东阳纂《太平府志》，书目文献出版社，1990年版。

[4] 舒启修，吴光升纂，戴义开、刘汉忠点校《马平县志》，广西人民出版社，1997年版。

[5] 德保县志编纂委员会编《德保县志》，广西人民出版社，1998年版。

[6] 谷口房男、白耀天编著《壮族土官族谱集成》，广西民族出版社，1998年版。

[7] 靖西县县志编纂委员会编《靖西县志》，广西人民出版社，2000年版。

[8] 韦业猷纂《忻城土司志》，广西人民出版社，2005年版。

[9] 陈达修，高熊征纂，广西古籍丛书编辑委员会、广西地方志编纂委员会办公室、宁明县地方志编纂委员会办公室整理《思明

府志（影印本）》，广西人民出版社，2011年版。

［10］岑氏族人编《田州岑氏土司族谱》，广西人民出版社，2011年版。

［11］大新县地方志办公室编《大新土司志》，广西人民出版社，2013年版。

［12］张显相修，黎士华纂，广西古籍丛书编辑委员会等整理《平南县志》，广西人民出版社，2015年版。

［13］李仲良修，玉星烛纂，广西古籍丛书编辑委员会等整理《平南县志（据清乾隆二十一年刻本影印）》，广西人民出版社，2016年版。

［14］广西古籍丛书编辑委员会、广西地方志编纂委员会办公室、柳州市地方志编纂委员会办公室整理《柳江县志（据民国铅印本影印）》，广西人民出版社，2016年版。

［15］玉崑山、马杨辉，罗春芳修纂，广西古籍丛书编辑委员会、广西地方志编纂委员会办公室、贺州市地方志编纂委员会办公室整理《信都县志（据民国二十五年铅印本影印，全2册）》，广西人民出版社，2017年版。

［16］朱锦纂，王言纪修，杨东甫、杨骥校注《白山司志校注》，广西人民出版社，2017年版。

［17］谢沄、朱象珽纂修《义宁县志》，广西人民出版社，2017

年版。

［18］羊复礼纂修，广西古籍丛书编辑委员会、广西地方志编纂委员会办公室、百色市地方志编纂委员会办公室整理《镇安府志》，广西人民出版社，2017年版。

［19］周寿祺纂，裘彬、向万鑅、江有燦修《平南县志（据清光绪十年刻本影印）》，广西人民出版社，2017年版。

［20］黄佐纂，林富修，广西古籍丛书编辑委员会、广西地方志编纂委员会办公室整理《广西通志（影印本）》，广西人民出版社，2018年版。

［21］李贤等编纂，方志远等点校《大明一统志》，巴蜀书社，2018年版。

三、石刻碑文

［1］广西民族研究所编《广西少数民族地区石刻碑文集》，广西民族出版社，1982年版。

［2］《中国少数民族社会历史调查资料丛刊》修订编辑委员会编《广西少数民族地区碑文契约资料集》，民族出版社，2009年版。

［3］瞿州莲、瞿宏州：《金石铭文中的历史记忆：永顺土司金石铭文整理研究》，民族出版社，2014年版。

［4］唐凌、熊昌锟选编《广西商业会馆系统碑刻资料集》，广

西师范大学出版社，2014年版。

［5］刘志伟主编，邓永飞等整理辑录：《广西恭城碑刻集》，广东人民出版社，2015年版。

［6］雷冠中等校注：《广西龙胜民族民间文献校注》，民族出版社，2016年版。

［7］韦丽忠、韦茂明主编《宜州历代石刻集》，漓江出版社，2017年版。

［8］莫道才：《广西石刻》，广西师范大学出版社，2021年版。

四、著作

［1］刘锡蕃：《岭表纪蛮》，商务印书馆，1934年版。

［2］徐松石：《粤江流域人民史》，中华书局，1941年版。

［3］佘贻泽编著《中国土司制度》，正中书局，1944年版。

［4］黄现璠：《广西壮族简史》，广西人民出版社，1957年版。

［5］黄臧苏：《广西壮族历史和现状》，民族出版社，1958年版。

［6］商衍鎏：《清代科举考试述录》，生活·读书·新知三联书店，1958年版。

［7］江应樑：《明代云南境内的土官与土司》，云南人民出版社，1958年版。

[8] 广西博物馆编《广西土司制度资料汇编（1—4册）》，广西博物馆油印本，1961年版。

[9] 毛泽东：《矛盾论》，人民出版社，1975年版。

[10]《壮族简史》编写组编写《壮族简史》，广西人民出版社，1980年版。

[11] 黄体荣：《广西历史地理》，广西民族出版社，1985年版。

[12] 李炳东、戈德华：《广西农业经济史稿》，广西民族出版社，1985年版。

[13] 肖一山主编《清代通史》，中华书局，1986年版。

[14] 尤中：《中国西南边疆变迁史》，云南教育出版社，1987年版。

[15] 吴永章：《中国土司制度渊源与发展史》，四川民族出版社，1988年版。

[16] 黄现璠、黄增庆、张一民编著《壮族通史》，广西民族出版社，1988年版。

[17] 李剑农：《中国古代经济史稿（全三册）》，武汉大学出版社，1990年版。

[18] 政协忻城县文史委员会编《忻城文史资料土司专辑》，1991年版。

[19] 傅荣寿等：《广西粮食生产史》，广西民族出版社，1992

年版。

[20] 龚荫：《中国土司制度》，云南民族出版社，1992年版。

[21] 吴永章：《中南民族关系史》，民族出版社，1992年版。

[22] 覃彩銮、黄明标主编《瓦氏夫人论集》，广西人民出版社，1992年版。

[23] 苏建灵：《明清时期壮族历史研究》，广西民族出版社，1993年版。

[24] 梁精华：《广西科举史话》，广西人民出版社，1993年版。

[25] 谈琪：《壮族土司制度》，广西人民出版社，1995年版。

[26] 谢青、汤德用主编《中国考试制度史》，黄山书社，1995年版。

[27] 杨业兴、黄雄鹰主编《右江流域壮族经济史稿》，广西人民出版社，1995年版。

[28] 钱穆：《国史大纲》，商务印书馆，1996年版。

[29] 方铁、方慧：《中国西南边疆开发史》，云南人民出版社，1997年版。

[30] 杨新益、梁精华、赵纯心：《广西教育史——从汉代到清末》，广西师范大学出版社，1997年版。

[31] 张声震主编《壮族通史（上、中、下）》，民族出版社，1997年版。

[32] 覃乃昌：《壮族稻作农业史》，广西民族出版社，1997年版。

[33] 马汝珩、成崇德主编《清代边疆开发》，山西人民出版社，1998年版。

[34] 覃延欢、廖国一主编《广西史稿》，广西师范大学出版社，1998年版。

[35] 陈伟明：《古代华南少数民族民俗文化史》，暨南大学出版社，1998年版。

[36] 李世愉：《清代土司制度论考》，中国社会科学出版社，1998年版。

[37] 王炳照：《中国古代书院》，商务印书馆，1998年版。

[38] 邱树森等：《中华古代史（上、下）》，南方出版社，1999年版。

[39] 王文光：《中国南方民族史》，民族出版社，1999年版。

[40] 钟文典主编《广西通史（三卷本）》，广西人民出版社，1999年版。

[41] 顾颉刚、史念海：《中国疆域沿革史》，商务印书馆，1999年版。

[42] 袁祖亮主编《中国古代边疆民族人口研究》，中州古籍出版社，1999年版。

[43] 何成轩：《儒学南传史》，北京大学出版社，2000年版。

[44] 粟冠昌：《广西土官制度研究》，广西民族出版社，2000年版。

[45] 王双怀：《明代华南农业地理研究》，中华书局，2002年版。

[46] 冈田宏二：《中国华南民族社会史研究》，赵令志、李德龙译，民族出版社，2002年版。

[47] 王双怀：《明代华南农业地理研究》，中华书局，2002年版。

[48] 张声震主编，覃彩銮编著《壮族史》，广东人民出版社，2002年版。

[49] 张显清、林金树主编《明代政治史（上、下）》，广西师范大学出版社，2003年版。

[50] 唐佐明、唐凌主编《广西考试史——中华人民共和国成立前》，广西师范大学出版社，2003年版。

[51] 孙建民：《中国历代治边方略研究》，军事科学出版社，2004年版。

[52] 胡绍华：《中国南方民族史研究》，民族出版社，2004年版。

[53] 吴小凤：《明清广西商品经济史研究》，民族出版社，2005年版。

[54] 谢和耐：《中国社会史》，耿升译，江苏人民出版社，2005年版。

[55] 梁扬、黄海云：《古道壮风：赵翼镇安府诗文考论》，中国社会科学出版社，2005年版。

[56] 刘祥学：《明朝民族政策演变史》，民族出版社，2006年版。

[57] 蓝承恩：《忻城莫氏土司500年》，广西人民出版社，2006年版。

[58]《法国汉学》从书编辑委员会编《边臣与疆吏》，中华书局，2007年版。

[59] 黄家信：《壮族地区土司制度与改土归流研究》，合肥工业大学出版社，2007年版。

[60] 吴晗：《朱元璋传》，人民出版社，2008年版。

[61] 龚荫：《中国历代民族政策概要》，民族出版社，2008年版。

[62] 熊文钊主编《大国地方——中国民族区域自治制度的新发展》，法律出版社，2008年版。

[63] 韦顺莉：《清末民初壮族土司社会研究——以广西大新县境为例》，民族出版社，2008年版。

[64] 张维：《清代广西古文研究》，广西师范大学出版社，

2008年版。

[65] 温春来：《从“异域”到“旧疆”——宋至清贵州西北部地区的制度、开发与认同》，生活·读书·新知三联书店，2008年版。

[66] 成臻铭：《清代土司研究——一种政治文化的历史人类学考察》，中国社会科学出版社，2008年版。

[67] 郑超雄、黄继先：《土州土治——土司制度面面观》，广西人民出版社，2009年版。

[68] 王德明：《广西古代诗词史》，广西师范大学出版社，2009年版。

[69] 黄海云：《清代广西汉文化传播研究》，民族出版社，2009年版。

[70]《中国少数民族社会历史调查资料丛刊》修订编辑委员会编《广西壮族社会历史调查（四）》，民族出版社，2009年版。

[71] 贾东海主编《中国历代民族理论民族政策研究》，中央民族大学出版社，2010年版。

[72] 滕兰花：《明清时期广西区域开发不平衡研究》，民族出版社，2011年版。

[73] 蓝武：《从设土到改流——元明时期广西土司制度研究》，广西师范大学出版社，2011年版。

[74] 陈贤波：《土司政治与族群历史——明代以后贵州都柳江

上游地区研究》，生活·读书·新知三联书店，2011年版。

[75] 唐晓涛：《俍傜何在——明清时期广西浔州府的族群变迁》，民族出版社，2011年版。

[76] 覃乃昌：《壮族经济史》，广西人民出版社，2011年版。

[77] 刘祥学、刘玄启：《走向和谐——广西民族关系发展的历史地理学研究》，民族出版社，2011年版。

[78] 张生寅：《国家与社会关系视野下的明清河湟土司与区域社会》，宁夏人民出版社，2011年版。

[79] 郑维宽：《清代广西生态变迁研究——基于人地关系演进的视角》，广西师范大学出版社，2011年版。

[80] 龚荫：《中国土司制度史（全三册）》，四川人民出版社，2012年版。

[81] 李中清：《中国西南边疆的社会经济：1250—1850》，林文勋、秦树才译，人民出版社，2012年版。

[82] 森正夫、野口铁郎、滨岛敦俊等编《明清时代史的基本问题》，周绍泉等译，商务印书馆，2013年版。

[83] 王德明：《清代粤西文学家族研究》，广西师范大学出版社，2013年版。

[84] 钟文典、刘硕良主编《中国地域文化通鉴·广西卷》，中华书局，2013年版。

[85] 刘祥学：《壮族地区人地关系过程中的环境适应研究》，广西师范大学出版社，2013年版。

[86] 邓洪波：《中国书院史》，武汉大学出版社，2013年版。

[87] 马大正主编《中国边疆经略史》，武汉大学出版社，2013年版。

[88] 龚荫：《中国历代民族政策纲要》，四川人民出版社，2013年版。

[89] 覃彩銮：《广西开发史》，广西师范大学出版社，2013年版。

[90] 袁丽红等：《在互动中走向和谐：壮族与客家关系研究》，广西师范大学出版社，2013年版。

[91] 李良品等：《西南地区土司问题研究》，重庆出版社，2013年版。

[92] 龚荫：《中国民族政策史（全三册）》，云南人民出版社，2014年版。

[93] 上田信：《海与帝国：明清时代》，高莹莹译，广西师范大学出版社，2014年版。

[94] 申扶民、滕志朋、刘长荣：《广西西江流域生态文化研究》，中国社会科学出版社，2015年版。

[95] 玉时阶、胡牧君、何文钜等：《南丹土司史》，民族出版

社，2015年版。

［96］王明东、李普者、陈乐平：《民国时期云南土司及其边疆治理研究》，社会科学文献出版社，2015年版。

［97］李惠玲：《清代岭西词人群研究》，广西师范大学出版社，2015年版。

［98］蓝武、蒋盛楠：《〈白山司志〉点校与研究》，广西师范大学出版社，2016年版。

［99］卜正民：《纵乐的困惑：明代的商业与文化》，广西师范大学出版社，2016年版。

［100］郑维宽：《从制度化到内地化：历代王朝治理广西的时空过程研究》，广西师范大学出版社，2016年版。

［101］王德明：《广西古代文学思想史》，广西师范大学出版社，2017年版。

［102］吕余生、廖国一等：《中原文化在广西的传播与影响》，广西人民出版社，2017年版。

［103］李良品：《中国土司学导论》，中国社会科学出版社，2017年版。

［104］程泽时：《互动与共享——清代苗疆社会转型之理讼调适》，中国法制出版社，2017年版。

［105］杜树海：《中国南疆的区域历史与族群文化》，厦门大学

出版社，2016年版。

[106] 郭声波：《圈层结构视阈下的中国古代羁縻政区与部族》，中国社会科学出版社，2018年版。

[107] 郑维宽：《广西历史民族地理》，广西师范大学出版社，2018年版。

[108] 莫代山：《改土归流后武陵民族地区人口流动与社会治理研究》，民族出版社，2019年版。

[109] 林强、黄振南主编《明清时期广西边防建设研究》，广西科学技术出版社，2019年版。

[110] 常建华：《清朝大历史》，中华书局，2020年版。

[111] 周长山、刘祥学、宾长初主编《广西通史（十卷本）》，广西师范大学出版社，2019年版。

[112] 连瑞枝：《僧侣·士人·土官——明朝统治下的西南人群与历史》，社会科学文献出版社，2020年版。

[113] 杜树海：《边境上的中国——11世纪以来广西中越边境地区的历史与记忆》，九州出版社，2020年版。

[114] 王柯：《从“天下”国家到民族国家——历史中国的认知与实践》，上海人民出版社，2020年版。

[115] 李良品：《元明清时期土司承袭制度研究》，光明日报出版社，2021年版。

五、学术论文

[1] 覃树冠：《清代广西的改土归流》，《广西师范大学学报（哲学社会科学版）》1985年第1期。

[2] 覃延欢：《明清时代广西商品经济的发展》，《广西民族研究》1988年第3期。

[3] 粟冠昌：《明代广西土官制度的改土归流问题》，《广西民族研究》1989年第3期。

[4] 粟冠昌：《清代广西土官制度改流述议》，《广西民族研究》1990年第1期。

[5] 潘向明：《清代滇桂地区开发概论》，《清史研究》1991年第2期。

[6] 韦东超：《明代广西土司地区的编户与赋役考略》，《中南民族学院学报（哲学社会科学版）》1996年第3期。

[7] 郑维宽：《试论明清时期广西经济开发与森林植被的变迁》，《广西地方志》2007年第1期。

[8] 滕兰花：《从王士性的〈广志绎〉看明代广西地区开发的差异》，《广西地方志》2009年第3期。

[9] 王文光、朱映占：《明代土兵述论》，《中南民族大学学报（人文社会科学版）》2009年第4期。

[10] 蓝武：《认同差异与“复流为土”——明代广西改土归流

反复性原因分析》，《广西民族研究》2010年第3期。

［11］蓝武：《明代广西改土归流进程中关于设土与设流问题的论争》，《广西师范大学学报（哲学社会科学版）》2010年第5期。

［12］蓝武：《明代广西地区改土归流的多重性特征》，《广西民族师范学院学报》2011年第2期。

［13］于逢春：《“泛中原农耕文明板块”视域中的西南边疆及土司研究》，《民族学刊》2012年第5期。

［14］蓝武、施丽丽：《明代广西官学教育的发展研究》，《贺州学院学报》2013年第3期。

［15］郑维宽：《论明清时期桂西民族地区的农业开发与生态变迁》，《农业考古》2013年第6期。

［16］江田祥：《20世纪60年代以来西方学界广西民族研究动态与趋势》，《广西民族研究》2013年第3期。

［17］俞兹珍：《推进国家治理体系治理能力现代化的历史逻辑与时代价值》，《福建省社会主义学院学报》2015年第1期。

［18］蓝武、唐玲：《清代广西农田水利建设事业的发展探析——明清时期壮族地区的开发研究之一》，《贺州学院学报》2016年第4期。

［19］蓝武、黄东成：《明代广西书院发展的历史分期、时代特征及其多维成因》，《黑龙江社会科学》2019年第2期。

[20] 蓝武、廖玉连:《清代在广西实施大规模改土归流的本土因素及其历史影响探析》,《民族学刊》2019年第3期。

[21] 蓝武、黄丽丽:《清代大规模改土归流前后桂西地区学校教育发展变迁》,《教育文化论坛》2020年第5期。

[22] 蓝武、黄静莹:《白山土司国家认同的主要表征及其意义》,《遵义师范学院学报》2021年第6期。

后　记

本书是国家社科基金项目《国家治理视角下明清时期壮族地区的开发与改土改流研究》（批准号：16XZS024）的最终研究成果。

毋庸置疑，明清时期王朝国家主导下的壮族地区开发与改土归流具有其自身本质上的特点，这些特点便是壮族在中华民族文化宝库中所增添的贡献。由此而言，在国家治理的视野下，对明清时期壮族地区的开发与改土归流进行专门研究，不仅具有十分重要的历史意义，而且具有十分重要的当代价值。

鉴于此，笔者始终坚持运用辩证唯物主义和历史唯物主义，基于国家治理的视角，以专制主义中央集权制度空前强化的明清时期为时代背景，以壮族地区的开发与改土归流为研究对象，以王朝国家在壮族地区实施开发和改土归流到壮族地区的社会变革为主轴，在对丰富多元的地方性知识充分掌握的基础上，通过对明清时期壮族地区的开发与改土归流历史过程的全面梳理与系统研究，深入探讨明清时期王朝国家为强化对西南边疆的治理而在壮族地区实施开发与改土归流所做努力的历史真实，以及开发与改土归流在边疆治理及壮族地区国家认同建构中所起的重要作用，客观评析明清时期王朝国家的边疆经略及壮族地区国家认同与社会发展的历史进程，实证式再现明清大一统政治格局下国家与地方、内地与边疆之间的互动关系以及历史时期中华民族交往交流交融的历史事实及新时代铸牢中华民族共同体意识的历史逻辑。

毋庸讳言，中国古代边疆开发史是一个挑战度较大的研究课题，不仅涉及边疆问题，而且涉及民族问题，不仅涉及地方层面，而且涉及国家层面，研究头绪繁多，研究难度较大。好在笔者多年来一直扎根边疆，长期致力于边疆民族史地的探索，又沉湎于壮族历史文化的研究，于是有了自身的思路与想法，遂而形诸笔端，仓促而成此作，尚祈方家指正。

壮族地区开发史堪称中国民族地区开发史的一个缩影，明清时期壮族地区的开发与改土归流是明清时期中国边疆民族地区发展历史的一个缩影。就学科属性而言，开发史研究大体属于经济史研究的范畴，这在历史研究中当属热门，是故研究者尚属不少，成果亦丰，但对区域开发史的断代研究尚属不多，确有进一步探讨之必要。近年来，随着中国土司遗址成功列入《世界遗产名录》，中国土司制度与土司文化研究持续升温，学界关于构建中国“土司学”的呼声迭起，土司问题成为区域史、民族史、边疆经略史研究的热点。壮族土司制度是中国土司制度的重要组成部分，将土司制度、改土归流与区域开发历史结合起来进行专门研究，不仅颇具新意，而且全然可行。愚见以为，这不仅可以进一步丰富和充实壮族历史研究乃至中国土司制度研究的内容，而且尚能为学界呼吁多年的构建中国“土司学”添砖加瓦，倘能如